中国科技统计年鉴

CHINA STATISTICAL YEARBOOK ON SCIENCE AND TECHNOLOGY

2005

国家统计局·科学技术部　编

Edited by
National Bureau of Statistics
Ministry of Science and Technology

中国统计出版社
China Statistics Press

(京)新登字 041 号

图书在版编目(CIP)数据

中国科技统计年鉴.2005/国家统计局、科学技术部编.
—北京:中国统计出版社,2005.11
ISBN 7-5037-4810-9

Ⅰ.中…
Ⅱ.国…
Ⅲ.科技统计 - 中国 - 2005 - 年鉴
Ⅳ.G322 - 66

中国版本图书馆 CIP 数据核字(2005)第 126235 号

中国科技统计年鉴 - 2005

责任编辑/徐涛　肖云　刘红玫
装帧设计/艺编广告·张　冰　方　红
出版发行/中国统计出版社
通信地址/北京市西城区月坛南街 75 号　邮政编码/100826
办公地址/北京市丰台区西三环南路甲 6 号
电　　话/(010)63459084　63266600 - 22500(发行部)
印　　刷/河北天普润印刷厂
经　　销/新华书店
开　　本/880 × 1230mm　1/16
印　　张/28.5
字　　数/840 千字
印　　数/1—1700 册
版　　别/2005 年 12 月第 1 版
版　　次/2005 年 12 月第 1 次印刷
书　　号/ISBN 7-5037-4810-9/G·165
定　　价/185.00 元

《中国科技统计年鉴-2005》编辑委员会

Editorial Board

《中国科技统计年鉴－2005》编辑部

Editorial Staff

编者说明

《中国科技统计年鉴－2005》是国家统计局和科技部共同编撰的反映我国科技活动的统计资料书。全书收录了全国三十一个省、自治区、直辖市以及国务院有关部门2004年度科技统计数据。

全书内容分为八个部分。第一部分为1992－2004年全社会科技活动的综合资料；第二部分为地级及以上研究与开发机构科技活动资料；第三部分为全部国有及年产品销售收入在500万元以上非国有（简称规模以上，下同）工业企业科技活动资料，资料中“国有控股”是对“国有及国有控股”的简称；第四部分是高等学校科技活动资料；第五部分为国家科技发展计划统计资料；第六部分是科技活动成果和专利的有关资料；第七部分是综合技术服务部门和科协活动的有关资料；第八部分为科技活动的国际比较资料。最后附有主要统计指标解释。

本书有关符号说明：“空格”表示该项统计指标数据不详或无该项数据；“#”表示是其中的主要项；“＊”或“①”表示本表下有注解。

参与本书编辑的单位还有教育部、国防科工委、财政部、人事部、国土资源部、商务部、国家质量检验检疫总局、国家知识产权局、中国科学院、中国工程院、中国地震局、中国气象局、国家海洋局、国家测绘局、中国科协。对上述单位有关人员在本书的编辑过程中给予的大力支持与合作，表示衷心感谢。

《中国科技统计年鉴》编辑部

二00五年十二月

FOREWORD

The China Statistical Yearbook on Science and Technology – 2005 is prepared jointly by the National Bureau of Statistics and the Ministry of Science and Technology. The Yearbook, which covers data series at the national, provincial and local levels, and autonomous regions, as well as departments directly under the State Council, reports on the development of China's science and technology activities. This is the fifth compilation of the Yearbook.

The Yearbook contains the following eight parts: 1. General Information 2. Independent Research Institutions 3. All state-owned Industrial Enterprises and those Non-state-owned Industrial Enterprises with Annual sales over 5 uilion Yuan 4. Institutions of Higher Education 5. National Program for Science and Technology 6. Results of Science and Technology Activities 7. Scientific and Technologic Services and 8. International Comparisons.

Notations used in this book: " (blank space)" indicates that the data are not available; "#" indicates the major items of the total; " * " or "①" indicates footnotes at the end of the table.

The institutions participating editing this volume include: Ministry of Education, Commission of Science, Technology and Industry for National Defense, Ministry of Finance, Ministry of Personnel, Ministry of Land and Resources, Ministry of Commerce, General Administration of Quality Supervision, Inspection and Quarantine, State Intellectual Property Office, Chinese Academy of Sciences, Chinese Academy of Engineering, China Earthquake Administration, China Meteorological Administration, State Oceanic Administration, State Bureau of Surveying and Mapping, China Association for Science and Technology. We would like to express our gratitude to these institutions of the State Council for their cooperation and support in sparing no effort to provide all the required data.

Editors

December, 2005

目 录 Contents

一、综合
General

二、研究机构与开发机构
Independent Research Institutions

三、规模以上工业企业
Industrial Enterprises Above Designated Size

四、高等学校
Institutions of Higher Education

五、国家科技发展计划
National Program for Science and Technology Development

六、科技活动成果
Results of Science and Technology Activities

七、科技服务
Scientific and Technologic Services

八、国际比较
International Comparison

一、综合
General

1－1　国家财政科技支出（1980－2004）

Government Expenditure for Science and Technology

单位：亿元　　(100 million yuan)

年份 Year	国家财政总支出 Total Government Budgetary Expenditure (A)	国家财政科技拨款 Appropriation for Science and Technology (B)	科学事业费 Operating Expenses for Science	科技三项费 Science and Technology Promotion Funds	科研基建费 Capital Construction for Science Research	其他 Others	科技拨款占财政总支出的比重 % of Total Government Budgetary Expenditure (B/A)
1980	1228.8	64.59	20.95	27.33	11.32	4.99	5.3
1981	1138.4	61.58	22.72	24.12	10.46	4.28	5.4
1982	1230.0	65.29	23.85	26.39	11.17	3.88	5.3
1983	1409.5	79.03	26.66	35.42	10.59	6.36	5.6
1984	1701.0	94.72	32.28	42.45	13.04	6.95	5.6
1985	2004.3	102.59	32.00	44.35	18.83	7.41	5.1
1986	2204.9	112.57	34.56	49.63	20.30	8.08	5.1
1987	2262.2	113.79	29.50	50.60	22.87	10.82	5.0
1988	2491.2	121.12	35.65	54.05	19.70	11.72	4.9
1989	2823.8	127.87	38.45	59.13	17.91	12.38	4.5
1990	3083.6	139.12	44.44	63.48	17.47	13.73	4.5
1991	3386.6	160.69	54.15	73.32	18.40	14.82	4.7
1992	3742.2	189.26	57.16	89.41	24.55	18.14	5.1
1993	4642.3	225.61	65.59	106.56	33.95	19.51	4.9
1994	5792.6	268.25	87.90	114.22	36.06	30.07	4.6
1995	6823.7	302.36	96.86	136.02	38.00	31.48	4.4
1996	7937.6	348.63	109.66	155.01	48.55	35.41	4.4
1997	9233.6	408.86	127.12	189.97	42.74	49.03	4.4
1998	10798.2	438.60	151.92	189.90	47.28	49.50	4.1
1999	13187.7	543.90	168.10	272.80	52.90	50.10	4.1
2000	15886.5	575.60	189.00	277.20	61.50	47.90	3.6
2001	18902.6	703.30	223.10	359.60	63.40	57.20	3.7
2002	22053.2	816.22	269.85	398.60	69.99	77.78	3.7
2003	24650.0	944.6	300.80	416.60	80.2	147.00	3.8
2004	28486.9	1095.3	335.93	483.98	95.9	179.49	3.8

注：本表中2003年和2004年的科研基建费为根据全社会科研基建费支出和全社会科技活动经费筹集总额中政府资金所占份额测算的数据。

1－2 国家财政教育支出(1980－2004)

Government Expenditure for Education

单位:亿元 (100 million yuan)

年份 Year	国家财政总支出 Total Government Budgetary Expenditure (A)	国家财政性教育经费 Government Expenditure for Education (B)	#国家财政预算内教育支出 Budgetary Expenditure for Education (C)	教育支出占国内生产总值的比重 % of GDP (B/GDP)	教育支出占国家财政支出的比重 % of Government Budgetary Expenditure (C/A)
1980	1228.8		108.2		8.81
1981	1138.4		117.6		10.33
1982	1230.0		133.2		10.83
1983	1409.5		151.9		10.78
1984	1701.0		179.8		10.57
1985	2004.3		227.9		11.37
1986	2204.9		270.4		12.26
1987	2262.2		285.9		12.64
1988	2491.2		340.7		13.68
1989	2823.8	503.9	397.7	3.15	14.08
1990	3083.6	548.7	433.9	3.10	14.07
1991	3386.6	617.8	459.7	3.02	13.57
1992	3742.2	728.7	538.7	2.65	14.40
1993	4642.3	867.8	644.4	2.46	13.88
1994	5792.6	1174.7	884.0	2.44	15.26
1995	6823.7	1411.5	1028.4	2.32	15.07
1996	7937.6	1671.7	1211.9	2.35	15.27
1997	9233.6	1862.5	1357.7	2.36	14.70
1998	10798.2	2032.4	1565.6	2.41	14.50
1999	13187.7	2287.2	1815.8	2.55	13.77
2000	15886.5	2562.6	2085.7	2.58	13.13
2001	18902.6	3057.0	2582.4	2.79	13.66
2002	22053.2	3491.4	3114.2	2.90	14.12
2003	24650.0	3850.6	3453.9	2.84	14.01
2004	28486.9	4465.9	4027.8	2.79	14.14

注:本表中所用的国内生产总值指标,1993 年及以后的数据为第一次全国经济普查后调整数。

1-3 全国科技活动人员(1992-2004)
Personnel Engaged in Science and Technology Activities

单位:人 (person)

年份 Year	科技活动人员总数 Total	#科学家和工程师 Scientists and Engineers	占科技活动人员总数比重 % of Total	全国经济活动人口(万人) National Economically Active Population (10 000 persons)	每万名经济活动人口中科技活动人员 S&T Personnel per 10 000 Economically Active Population	每万名经济活动人口中科学家工程师 Scientists and Engineers per 10 000 Economically Active Population	全国人口(万人) National Population (10 000 persons)	每万名人口中科学家和工程师 Scientists and Engineers per 10 000 Population
1992	2270389	1372037	60.4	66782	34	21	117171	12
1993	2452052	1372012	56.0	67468	36	20	118517	12
1994	2575869	1538758	59.7	68135	38	23	119850	13
1995	2624734	1553943	59.2	68855	38	23	121121	13
1996	2903153	1687844	58.1	69765	42	24	122389	14
1997	2885690	1667767	57.8	70800	41	24	123626	13
1998	2814479	1490149	52.9	72087	39	21	124810	12
1999	2905635	1594623	54.9	72791	40	22	125909	13
2000	3223519	2045906	63.5	73992	44	28	126743	16
2001	3141085	2071530	65.9	74432	42	28	127627	16
2002	3221822	2172019	67.4	75360	43	29	128453	17
2003	3284005	2254721	68.7	76075	43	30	129227	17
2004	3481417	2251959	64.7	76823	45	29	129988	17

1-4 全国研究与试验发展(R&D)人员全时当量(1992-2004)
Full-time Equivalent of R&D Personnel

单位:万人年 (10 000 man-year)

年份 Year	研究与试验发展人员全时当量 Total	基础研究 Basic Research	应用研究 Applied Research	试验发展 Experimental Development	#科学家和工程师 Scientists and Engineers	比重 % of Total
1992	67.43	5.84	20.90	40.70	47.19	69.98
1993	69.78	6.33	21.49	41.96	48.92	70.11
1994	78.32	7.64	24.20	46.48	55.20	70.49
1995	75.17	6.66	22.79	45.71	52.20	69.44
1996	80.40	6.96	23.65	49.79	54.80	68.16
1997	83.12	7.17	25.27	50.68	58.87	70.82
1998	75.52	7.87	24.97	42.68	48.55	64.29
1999	82.17	7.60	24.15	50.42	53.11	64.63
2000	92.21	7.96	21.96	62.28	69.51	75.38
2001	95.65	7.88	22.60	65.17	74.27	77.65
2002	103.51	8.40	24.73	70.39	81.05	78.31
2003	109.48	8.97	26.03	74.49	86.21	78.74
2004	115.26	11.07	27.86	76.33	92.62	80.36

1-5 全国研究与试验发展(R&D)人员全时当量按执行部门分组(1995-2004)

Full-time Equivalent of R&D Personnel by Performer

单位:万人年 (10 000 man-year)

	研究与试验发展人员全时当量 Total	研究与开发机构 Independent Research Institutions	企业 Interprises	#大中型工业企业 Large & Medium-sized Enterprises	高等学校 Institutions of Higher Education	其他 Others
1995	75.17	24.46		28.18	14.42	
1996	80.40	23.04		33.84	14.81	
1997	83.12	25.37		32.17	16.58	
1998	75.52	22.66		27.03	16.88	
1999	82.17	23.33		30.30	17.60	
2000	92.21	22.72	46.10	32.88	16.30	7.09
2001	95.65	20.50	53.21	37.93	17.11	4.83
2002	103.51	20.59	60.13	42.43	18.15	4.63
2003	109.48	20.39	65.61	47.81	18.93	4.56
2004	115.26	20.33	69.68	43.82	21.21	4.04

1-6 全国科技活动经费筹集(1992-2004)

Sources of Funds for Science and Technology

单位:万元 (10 000 yuan)

	科技活动经费筹集总额 Total	#政府资金 Government Funds	比重 % of Total	#企业资金 Enterprise Funds	比重 % of Total	#金融机构贷款 Bank Loans	比重 % of Total
1992	5573247	1599703	28.70	1624652	29.15	899166	16.13
1993	6754898	1753724	25.96	1857141	27.49	1188170	17.59
1994	7889057	2181386	27.65	2343579	29.71	1214698	15.40
1995	9625070	2487311	25.84	3051918	31.71	1270806	13.20
1996	10431730	2719714	26.07	3128228	29.99	1497880	14.36
1997	11819282	3098706	26.22	3483689	29.47	1551858	13.13
1998	12897557	3538300	27.43	4025040	31.21	1709832	13.26
1999	14606085	4729764	32.38	5102899	34.94	1287921	8.82
2000	23466834	5933920	25.29	12963664	55.24	1962129	8.36
2001	25893991	6563595	25.35	14583833	56.32	1907606	7.37
2002	29379898	7761912	26.42	16766868	57.07	2018777	6.87
2003	34590986	8392833	24.26	20535424	59.37	2593378	7.50
2004	43283258	9855191	22.77	27712063	64.02	2650049	6.12

1-7 全国科技活动经费内部支出(1992-2004)
Intramural Expenditure for Science and Technology

单位:万元 (10 000 yuan)

年份 Year	科技活动经费内部支出总额 Total	#劳务费 Compensation for Labourers	比重 % of Total	#固定资产购建费 Expenditure on the Purchase of Fixed Assets	比重 % of Total	国内生产总值(亿元) GDP (100 million yuan)	占国内生产总值比重 % of GDP	按人口平均科技经费支出(元) per Capita S&T Expenditure (yuan)
1992	4893282	815394	16.66	1432768	29.28	26638	1.84	42
1993	6227705	1035392	16.63	2038007	32.72	35334	1.76	53
1994	7387063	1477331	20.00	2285183	30.93	48198	1.53	62
1995	8469113	1787382	21.10	2410676	28.46	60794	1.39	70
1996	9329752	1871553	20.06	2690765	28.84	71177	1.31	76
1997	10652257	2115154	19.86	2934338	27.55	78973	1.35	86
1998	11284682	2362408	20.93	3045921	26.99	84402	1.34	90
1999	12849277	2701568	21.03	3574264	27.82	89677	1.43	102
2000	20502472	4757702	23.21	6073208	29.62	99215	2.07	162
2001	23125469	5493008	23.75	6922875	29.94	109655	2.11	181
2002	26715385	6545592	24.50	7226289	27.05	120333	2.22	208
2003	31215698	7514508	24.07	8523507	27.31	135823	2.30	242
2004	40044254	9688164	24.19	11920316	29.77	159878	2.50	308

1-8 全国研究与试验发展(R&D)经费支出(1995-2004)
Intramural Expenditure for R&D

单位:亿元 (100 million yuan)

年份 Year	研究与试验发展经费支出 Total	基础研究 Basic Research	比重 % of Total	应用研究 Applied Research	比重 % of Total	试验发展 Experimental Development	比重 % of Total	占国内生产总值比重 % of GDP	按人口平均R&D支出(元) per Capita R&D Expenditure (yuan)
1995	348.69	18.06	5.18	92.02	26.39	238.60	68.43	0.57	29
1996	404.48	20.24	5.00	99.12	24.51	285.12	70.49	0.57	33
1997	509.16	27.44	5.39	132.46	26.02	349.26	68.60	0.64	39
1998	551.12	28.95	5.25	124.62	22.61	397.54	72.13	0.65	44
1999	678.91	33.90	4.99	151.55	22.32	493.46	72.68	0.76	54
2000	895.66	46.73	5.22	151.90	16.96	697.03	77.82	0.90	71
2001	1042.49	55.60	5.33	184.85	17.73	802.03	76.93	0.95	82
2002	1287.64	73.77	5.73	246.68	19.16	967.20	75.12	1.07	100
2003	1539.63	87.65	5.69	311.45	20.23	1140.52	74.08	1.31	119
2004	1966.33	117.18	5.96	400.49	20.37	1448.67	73.67	1.23	151

注:本页表中所用的国内生产总值指标,1993年及以后的数据为第一次全国经济普查后调整数。

1－9　按执行部门分组的研究与试验发展(R&D)经费支出(1995－2004)

Intramural Expenditure for R&D by Performer

单位:亿元　　(100 million yuan)

年份 Year	研究与试验发展经费支出 Total	研究与开发机构 Independent Research Institutions	企业 Interprises		高等学校 Institutions of Higher Education	其他 Others
				#大中型工业企业 Large & Medium-sized Enterprises		
1995	348.7	146.4		141.7	42.3	
1996	404.5	172.9		160.5	47.8	
1997	509.2	206.4		188.3	57.7	
1998	551.1	234.3		197.1	57.3	
1999	678.9	260.5		249.9	63.5	
2000	895.7	258.0	537.0	353.4	76.7	24.0
2001	1042.5	288.5	630.0	442.3	102.4	21.6
2002	1287.6	351.3	787.8	562.0	130.5	18.0
2003	1539.6	399.0	960.2	720.8	162.3	18.1
2004	1966.3	431.7	1314.0	954.4	200.9	19.7

注:研究与开发机构历年数据均已调整为地级及以上独立核算研究与开发机构及科技信息与文献机构,不含转制所。

1－10　按执行部门和资金来源分组的研究与试验发展(R&D)经费支出(2004)

Intramural Expenditure for R&D by Performer and by Sources

单位:亿元　　(100 million yuan)

	研究与试验发展经费支出 Total	政府资金 Government Funds	企业资金 Enterprises Funds	国外资金 Foreign Funds	其他资金 Others Funds
全国 Total	**1966.3**	**523.6**	**1291.3**	**25.2**	**126.2**
研究与开发机构 Independent Research Institutions	431.7	344.3	22.4	2.6	62.4
企业 Enterprises	1314.0	62.6	1189.3	19.8	42.3
#大中型工业企业 Large and Midium-sized Enterprises	954.4	35.3	904.9	3.9	10.2
高等学校 Institutions of Higher Education	200.9	108.8	74.5	2.6	14.9
其他 Others	19.7	7.8	5.1	0.1	6.6

1－11　国有企事业单位专业技术人员(1991－2004)

Technical Personnel in State-owned Enterprises and Institutions

单位:人　　(person)

年份 Year	合计 Total	小计 Subtotal	工程技术 Engineering	农业技术 Agriculture	卫生技术 Health Care	科学研究 Scientific Research	教学人员 Teaching	国有企事业单位在岗职工(万人) Staff and Workers in State-own Enterprises (10 000 persons)	平均每万名职工中专业技术人员 Technical Personnel per 10 000 Employees
1991	23918589	17168413	5024000	463050	2757993	341934	8581436	9739	2456
1992	24934607	17596532	5204950	476853	2827599	337146	8749984	9954	2505
1993	25964507	18124140	5363632	496279	2916255	333851	9014123	9948	2610
1994	26771198	18658689	5535329	519827	2995940	321036	9286557	9874	2711
1995	27053663	19133834	5625850	535731	3035335	302879	9634039	9975	2712
1996	28019313	19920785	5745367	579157	3130788	303177	10162296	9919	2825
1997	28603117	20495006	5719337	611458	3213762	302684	10647765	9723	2942
1998	28773511	20913343	5656735	635929	3254958	290537	11075184	7766	3705
1999	29042988	21430140	5654863	654138	3329706	283532	11507901	7286	3986
2000	28874159	21650807	5551098	670105	3371966	274506	11783132	6820	4234
2001	28477431	21698037	5316327	674644	3390233	265554	12051279	6355	4481
2002	28344158	21860024	5289166	666998	3402326	262692	12238842	5890	4835
2003	27745585	21739699	4992867	683437	3441109	275496	12346790	5575	4977
2004	27504073	21783019	4807869	704576	3532282	282002	12456290	5375	5117

1－12　国有企事业单位分行业专业技术人员(2004)

Technical Personnel in State-owned Enterprises and Institutions by Industry

单位:万人　　(10 000 persons)

行业分类　Industry	总计 Total	企　业 Enterprise	事　业 Institution
总计 Total	**2178.3**	**416.6**	**1761.7**
农、林、牧、渔业 Farming, Forestry, Farming of Animals and Fishing	106.3	24.4	81.9
工业 Mining, Manufacturing, Production and Distribution of Electricity, Gas and Water	219.4	217.8	1.6
建筑业 Construction	64.1	57.1	7.0
交通运输、仓储和邮政业 Traffic, Transport, Storage and Post	44.7	30.8	13.9
信息传输、计算机服务和软件业 Information Transfer, Computer Services and Software	31.4	29.1	2.3
批发和零售业 Wholesale and Retail Trade	10.9	10.7	0.2
住宿和餐饮业 Accommodation and Restaurants	0.7	0.5	0.2
金融业 Finance	7.2	6.9	0.3
房地产业 Real Estate	5.8	3.1	2.7
租赁和商务服务业 Tenancy and Business Services	3.9	2.7	1.2
科学研究、技术服务和地质勘查业 Scientific Research, Technical Service and Geologic Perambulation	77.1	20.7	56.4
水利、环境和公共设施管理业 Management of Water Conservancy, Environment and Public Establishment	35.9	2.6	33.3
居民服务和其他服务业 Resident Services and Other Services	5.8	2.6	3.2
教育 Education	1220.3	2.6	1217.7
卫生、社会保障和社会福利业 Sanitation, Social Security and Social Welfare	303.6	3.4	300.2
文化、体育和娱乐业 Culture, Sports and Entertainment	19.1	0.7	18.4
公共管理和社会组织 Public Management and Social Organization	22.1	0.9	21.2

注:数据口径为工农科卫教五类人员。

1－13 各地区国有企事业单位专业技术人员(2004)

Technical Personnel in State-owned Enterprises and Institutions by Region

单位:人 (person)

地 区 Region	合计 Total						
		小计 Subtotal	工程技术 Engineering	农业技术 Agriculture	科学研究 Scientific Research	卫生技术 Health Care	教学人员 Teaching
全 国 Total	**27504073**	**21783019**	**4807869**	**704576**	**282002**	**3532282**	**12456290**
东部地区 Eastern Region	9066997	7596962	1211958	197991	58099	1377718	4751196
中部地区 Mid Region	7125693	6125490	873447	203387	35438	1065518	3947700
西部地区 Western Region	5959594	5255858	713674	273000	28634	845564	3394986
北 京 Beijing	438120	333896	92697	5183	4331	72914	158771
天 津 Tianjin	322633	245774	65415	2989	2540	54902	119928
河 北 Hebei	1121888	979980	126256	25109	3508	138666	686441
山 西 Shanxi	771686	643898	121778	20011	4637	97917	399555
内蒙古 Neimenggu	532891	461839	65362	26978	2631	80287	286581
辽 宁 Liaoning	902518	745594	136741	26943	7988	151092	422830
吉 林 Jilin	692096	572176	101602	27263	4748	107542	331021
黑龙江 Heilongjiang	781316	640340	127635	28149	3251	123452	357853
上 海 Shanghai	495975	332649	98518	2674	5759	79219	146479
江 苏 Jiangsu	1165553	999513	136141	30982	6851	161568	663971
浙 江 Zhejiang	771286	655529	94414	18738	4987	132616	404774
安 徽 Anhui	813839	711578	93454	19642	3671	93367	501444
福 建 Fujian	573635	509006	64951	14196	4532	61935	363392
江 西 Jiangxi	683649	598807	76128	20335	3115	107228	392001
山 东 Shandong	1767514	1506300	243782	50406	11714	269211	931187
河 南 Henan	1364110	1216163	130683	29460	4631	174425	876964
湖 北 Hubei	932269	787799	93692	26158	6372	176642	484935
湖 南 Hunan	1086728	954729	128475	32369	5013	184945	603927
广 东 Guangdong	1373980	1172557	143075	16964	5235	234334	772949
广 西 Guangxi	823325	708746	107154	24905	2642	116765	457280
海 南 Hainan	133895	116164	9968	3807	654	21261	80474
重 庆 Chongqing	405402	356964	43153	13313	2173	56322	242003
四 川 Sichuan	1053937	958434	104246	46795	6131	156567	644695
贵 州 Guizhou	559914	502178	61260	27749	1523	73479	338167
云 南 Yunnan	705562	633200	88340	36982	4067	100938	402873
西 藏 Tibet	39019	34732	3047	1298	445	6737	23205
陕 西 Shaanxi	693638	592472	93023	24350	2868	92498	379733
甘 肃 Gansu	440163	394223	58692	20336	1833	54709	258653
青 海 Qinghai	106734	94492	12623	7528	679	18016	55646
宁 夏 Ningxia	143883	120270	21363	9935	714	20642	67616
新 疆 Xinjiang	455126	398308	55411	32831	2928	68604	238534

注:全国数据包含中央属及地方属单位的专业技术人员,分地区数据只含地方属单位。

1－14 各地区科技

S&T Personnel

单位:人

地区 Region		从事科技活动人员 S&T Personnel[①] Total	#科学家和工程师 Scientists & Engineers	研究与开发机构 Independent Research Institutions[②] Sub-total	#科学家和工程师 Scientists & Engineers
全 国	**Total**	**3481417**	**2251959**	**397502**	**262604**
东部地区	Eastern Region	2040368	1334389	198706	139033
中部地区	Mid Region	800714	506581	88696	56220
西部地区	Western Region	640335	410989	110100	67351
北 京	Beijing	301981	235383	78527	58612
天 津	Tianjin	83760	54385	8916	5595
河 北	Hebei	112556	74794	7864	5947
山 西	Shanxi	92789	52640	10540	6795
内蒙古	Neimenggu	35150	22563	6110	4286
辽 宁	Liaoning	165879	114912	16527	11816
吉 林	Jilin	63514	45768	9657	6565
黑龙江	Heilongjiang	94531	68309	10024	7309
上 海	Shanghai	173995	119833	24669	16090
江 苏	Jiangsu	335255	198581	22153	14125
浙 江	Zhejiang	209275	125650	7509	5164
安 徽	Anhui	86028	52432	9929	5976
福 建	Fujian	79953	52079	4379	3135
江 西	Jiangxi	64963	35737	7105	4251
山 东	Shandong	279156	158503	14951	10424
河 南	Henan	144342	83044	16428	9384
湖 北	Hubei	149663	103032	17196	11179
湖 南	Hunan	104884	65619	7817	4761
广 东	Guangdong	292927	196504	11659	7386
广 西	Guangxi	51353	34121	6221	3700
海 南	Hainan	5631	3765	1552	739
重 庆	Chongqing	65896	45953	4919	3152
四 川	Sichuan	178605	113059	32239	18599
贵 州	Guizhou	29870	18144	4284	2583
云 南	Yunnan	47976	31630	7238	4867
西 藏	Tibet	2657	1673	491	278
陕 西	Shaanxi	133077	81042	34609	19998
甘 肃	Gansu	51693	33815	7480	5219
青 海	Qinghai	8786	5651	664	482
宁 夏	Ningxia	10202	6765	834	627
新 疆	Xinjiang	25070	16573	5011	3560

注:①全社会口径。②指地级及以上独立核算研究与开发机构及科技信息与文献机构,不含转制院所。

活动人员(2004)
by Region

(person)

大中型工业企业 Large & Medium-sized Enterprises Sub-total	#科学家和工程师 Scientists & Engineers	高等学校 Institutions of Higher Education Sub-total	#科学家和工程师 Scientists & Engineers
1449441	**841919**	**436807**	**363793**
821725	491839	233569	194646
373722	204944	113968	95042
253994	145136	89270	74105
33800	24479	45872	38236
26796	14677	11711	9793
60090	37416	12322	10543
57365	27646	8420	7197
17709	9849	4372	3634
84327	53077	25673	21393
16459	11519	15279	12429
49735	33617	17170	13855
58550	37420	26111	21221
169503	91093	32182	26606
79488	45147	22927	19522
41543	22743	11183	9291
30943	17982	9018	7656
33086	13893	9165	7685
144155	81315	22661	18829
78564	41243	9122	8026
53740	31760	27242	22525
43230	22523	16388	14034
133181	88488	24170	20083
16739	9489	11662	9953
892	745	923	764
31021	20291	10988	8869
74918	41389	22515	18423
15425	8719	2846	2376
11826	6860	8411	7244
22	22	29	28
52122	26272	18118	14722
17989	11117	5187	4502
3166	1829	1138	965
3988	2790	870	768
9069	6509	3135	2621

1－15 各地区科技活动

Sources of Funds for Science and

单位：万元

地区 Region		科技经费筹集总额 Sources of Funds for S&T Total	#政府资金 Government Funds	#企业资金 Enterprise Funds	#金融机构贷款 Bank Loans	研究与开发机构 Independent Research Institutions Sub-total	#政府资金 Government Funds	#企业资金 Enterprise Funds
全　国	**Total**	**43283258**	**9855191**	**27712063**	**2650049**	**7890944**	**5960408**	**497916**
东部地区	Eastern Region	30040670	6218322	19873741	1884788	5115496	3816550	367297
中部地区	Mid Region	7181914	1577964	4607387	477684	1141974	803480	99791
西部地区	Western Region	6060686	2058920	3230942	287584	1633477	1340383	30827
北　京	Beijing	6031565	2728301	2360561	110047	2584592	2058865	141950
天　津	Tianjin	1303200	219448	922012	104268	144887	122365	6887
河　北	Hebei	951087	205297	644996	45470	160476	133258	440
山　西	Shanxi	684918	126717	480002	48131	78915	63529	7010
内蒙古	Neimenggu	244889	68962	163655	5512	39276	35697	196
辽　宁	Liaoning	1923336	405633	1321051	109989	264225	204283	22489
吉　林	Jilin	607918	160381	368332	34738	153662	109321	4266
黑龙江	Heilongjiang	805429	199437	491996	56838	104973	81397	3347
上　海	Shanghai	3553365	789738	2428123	80526	688701	520046	29963
江　苏	Jiangsu	5154670	621441	3839965	436990	537329	308441	87810
浙　江	Zhejiang	2728357	355130	2027559	236930	172482	133634	9359
安　徽	Anhui	1168257	286689	682865	136998	203180	174571	5840
福　建	Fujian	961366	111651	728136	89102	60827	45928	8481
江　西	Jiangxi	405310	96313	268021	18621	51514	38565	2343
山　东	Shandong	3043480	327716	2352711	226264	187939	131360	14795
河　南	Henan	1183626	202765	839041	71527	185852	121562	23643
湖　北	Hubei	1363287	349390	810444	68872	288805	162065	45535
湖　南	Hunan	963170	156271	666687	41959	75073	52470	7807
广　东	Guangdong	4331551	431337	3219809	444158	293277	142590	45013
广　西	Guangxi	415036	91853	253962	36672	67765	44965	1554
海　南	Hainan	58696	22631	28818	1044	20761	15780	110
重　庆	Chongqing	574118	99770	413265	30993	44565	34084	571
四　川	Sichuan	1827966	651613	958163	90487	588996	512756	14150
贵　州	Guizhou	207717	46344	135671	10731	33917	24046	1126
云　南	Yunnan	367831	130487	171041	32211	103911	84149	2261
西　藏	Tibet	11946	9633	280		7354	7215	
陕　西	Shaanxi	1592895	736305	651522	24176	580810	459219	7500
甘　肃	Gansu	360975	126364	189766	15722	99950	84811	1442
青　海	Qinghai	104267	23541	51472	24302	10003	8814	222
宁　夏	Ningxia	84595	21783	51539	8378	7416	6809	219
新　疆	Xinjiang	268452	52267	190608	8400	49514	37818	1586

注：数据口径同前表。

经费筹集(2004)

Technology by Region

(10 000 yuan)

#金融机构贷款 Bank Loans	大中型工业企业 Large & Medium-sized Enterprises Sub-total	#政府资金 Government Funds	#企业资金 Enterprise Funds	#金融机构贷款 Bank Loans	高等学校 Institutions of Higher Education Sub-total	#政府资金 Government Funds	#企业资金 Enterprise Funds
90642	**20907458**	**647607**	**18324993**	**1552933**	**3916254**	**2106019**	**1486215**
58320	14462049	320007	12803394	1106327	2412430	1297861	906595
29535	3724514	147893	3231778	270840	861284	458745	333153
2786	2720895	179710	2289823	175767	642541	349413	246468
10500	697366	34123	610579	33934	623810	365077	205146
	612967	5246	558116	36562	109973	61063	44022
	553860	13205	506029	25798	71786	33940	35046
	448189	22327	394051	29068	44258	29012	11392
	150315	12489	134469	2973	13654	10260	2333
4700	1117696	59932	993948	61211	220929	93906	103400
25870	200814	2953	192223	3335	67665	37650	24959
	397597	25098	330725	15530	176702	75826	96265
	1730433	20525	1663499	37742	399976	192459	171713
38481	3094867	48815	2711715	255310	402043	212716	164287
2100	1239240	38436	1083588	106654	229050	101767	105033
	688099	12881	564584	106812	134039	84473	29079
	530268	10694	461679	57332	44132	32724	8362
48	241255	22531	203484	13607	43921	26878	14461
1700	2289178	33934	2018912	182582	110079	68241	27818
3200	725705	18533	652905	41338	35346	21650	9703
317	603538	30058	516316	42655	226692	121440	87899
100	419317	13512	377490	18495	132662	61816	59395
835	2586462	54871	2185863	309202	194747	130537	41684
	235026	12434	193221	28282	35788	22883	10652
4	9712	226	9466		5906	5431	84
	360950	19795	312909	23060	71937	32054	31154
45	737520	28527	629493	56430	160140	67578	77686
1	131379	8177	113756	6486	6820	4994	792
60	141266	7173	119148	12692	22643	16215	5299
	12		12		2125	1889	
2000	513495	71600	397140	11190	289706	170542	105429
500	159326	9368	138031	8644	28884	13483	12718
	69994	2551	43626	22900	2979	2929	23
	47042	3856	40776	2310	1833	1639	55
180	174570	3740	167242	800	6033	4947	327

1－16 各地区科技活动

Intramural Expenditure for

单位：万元

地区 Region		科技经费内部支出总额 Intramural Expenditure Total	#劳务费 Compensation for Laborers	#固定资产购建费 Expenditure on the Purchase of Fixed Assets	研究与开发机构 Independent Research Institutions Sub-total	#劳务费 Compensation for Laborers	#固定资产购建费 Expenditure on the Purchase of Fixed Assets
全　国	**Total**	**40044254**	**9688164**	**11920316**	**7063106**	**1722141**	**1405415**
东部地区	Eastern Region	27590005	6800239	7740494	4670803	1063578	892445
中部地区	Mid Region	6651808	1576836	2241416	958606	299369	179424
西部地区	Western Region	5802442	1311102	1938419	1433699	359199	333550
北　京	Beijing	5183862	1373444	942534	2346724	489699	449646
天　津	Tianjin	1167802	238036	388677	133453	27797	19206
河　北	Hebei	860272	178362	272486	119981	19962	17646
山　西	Shanxi	627518	171851	259147	77735	30346	15420
内蒙古	Neimenggu	261256	67173	85048	36492	18592	4653
辽　宁	Liaoning	1779401	371864	435087	256063	65907	77191
吉　林	Jilin	638814	133672	187939	139909	42819	29988
黑龙江	Heilongjiang	661991	210973	156413	89543	38354	14837
上　海	Shanghai	3518901	780068	907086	640263	130061	142024
江　苏	Jiangsu	4816709	1060192	1516672	509346	113776	72663
浙　江	Zhejiang	2438452	603810	760218	156837	38080	26412
安　徽	Anhui	1035681	180377	439788	119659	36683	31892
福　建	Fujian	885908	216187	342054	55048	24308	9470
江　西	Jiangxi	389314	104779	135919	52826	19180	12135
山　东	Shandong	2987876	656674	1063255	177174	60101	40205
河　南	Henan	1148272	236684	471168	172321	40880	26846
湖　北	Hubei	1240045	327992	289040	236484	65339	36356
湖　南	Hunan	910173	210507	302002	70129	25768	11950
广　东	Guangdong	3902220	1306972	1098730	258173	87334	35562
广　西	Guangxi	411174	96860	124112	60141	25107	7487
海　南	Hainan	48602	14632	13695	17741	6553	2420
重　庆	Chongqing	576521	123600	204968	42969	13558	10207
四　川	Sichuan	1739654	384050	603321	504932	108249	122717
贵　州	Guizhou	204476	58058	67619	34892	15738	5843
云　南	Yunnan	339159	87287	108407	86908	29272	25933
西　藏	Tibet	13787	4893	4373	7134	2335	2849
陕　西	Shaanxi	1527023	273994	534287	492185	88307	116080
甘　肃	Gansu	323173	107077	96272	104299	35177	27331
青　海	Qinghai	74670	24041	20009	10775	4033	2149
宁　夏	Ningxia	76806	19210	23410	7066	3179	575
新　疆	Xinjiang	254745	64859	66594	45906	15652	7726

注：数据口径同前表。

经费内部支出(2004)

S&T by Region

(10 000 yuan)

大中型工业企业 Large & Medium-sized Enterprises Sub-total	#劳务费 Compensation for Laborers	#固定资产购建费 Expenditure on the Purchase of Fixed Assets	高等学校 Higher Learning Sub-total	#劳务费 Compensation for Laborers	#固定资产购建费 Expenditure on the Purchase of Fixed Assets
20020466	**4460578**	**6712170**	**3181669**	**582750**	**813701**
13594887	3074071	4222807	1897320	371962	476882
3631544	832838	1405530	714165	99022	184431
2794038	553669	1083834	570182	111767	152391
563868	118870	108967	429614	75477	104788
529879	101464	193893	82710	12635	24405
513343	102691	174993	65647	10250	21814
427607	114538	193139	39295	11591	13752
164892	35870	55460	11996	1780	2091
1048478	194591	226129	192691	32631	46047
258398	46943	112436	59161	10074	8035
335153	135414	81218	150448	9612	31191
1785733	325232	539648	310306	79877	55668
2822780	609299	906145	343534	59395	95340
1149793	286731	371921	190892	32318	44080
658781	94895	300542	120246	15229	50670
491935	103288	200148	35766	6845	8018
230038	57896	85020	37163	7421	17597
2269489	413119	848887	88970	20034	28986
714574	139293	319381	30587	5055	9548
584694	144226	145835	164402	24429	31399
422299	99633	167959	112863	15611	22239
2411060	817279	649810	151631	41281	44893
243087	34385	79968	33344	13540	10071
8529	1507	2266	5559	1219	2843
382149	69609	151061	60085	12620	14090
771300	154789	315545	147021	32000	52590
133248	30777	48618	6446	1936	2045
142885	25562	48121	19013	6977	1929
61	53		1817	38	605
586313	106352	277326	251892	33577	60014
121400	39774	41894	26805	4695	5835
41650	11281	10394	2629	1277	614
41823	7608	13770	3153	1540	761
165230	37609	41677	5982	1787	1746

单位：人年

地 区 Region		研究与试验发展人员全时当量总计 Full-time Equivalent of R&D Personnel Total	#科学家与工程师 Scientists & Engineers	研究与开发机构 Independent Research Institutions	#科学家和工程师 Scientists & Engineers
全 国	**Total**	**1152605**	**926243**	**203310**	**158124**
东部地区	Eastern Region	699876	563414	107546	88150
中部地区	Mid Region	247002	199859	41618	30658
西部地区	Western Region	205733	162974	54146	39316
北 京	Beijing	151542	131753	51339	44258
天 津	Tianjin	29553	22896	4313	3078
河 北	Hebei	34823	28547	3791	3102
山 西	Shanxi	18504	15149	3702	2868
内蒙古	Neimenggu	11417	9641	2530	2007
辽 宁	Liaoning	59967	47033	8592	6230
吉 林	Jilin	22156	18630	4386	3368
黑龙江	Heilongjiang	39233	33699	4810	3621
上 海	Shanghai	59089	48897	14933	11848
江 苏	Jiangsu	103295	76625	10015	7930
浙 江	Zhejiang	63100	45889	2802	2417
安 徽	Anhui	24113	18780	4461	3503
福 建	Fujian	31792	23995	1704	1415
江 西	Jiangxi	19225	14575	3007	2291
山 东	Shandong	72255	57632	5249	4039
河 南	Henan	42126	32576	7646	4924
湖 北	Hubei	50311	40423	9936	7280
湖 南	Hunan	31334	26027	3670	2803
广 东	Guangdong	93051	78873	4493	3599
广 西	Guangxi	14801	12818	1289	1013
海 南	Hainan	1409	1275	315	234
重 庆	Chongqing	20739	16844	2295	1646
四 川	Sichuan	60117	46295	16342	11672
贵 州	Guizhou	7793	6159	1552	1185
云 南	Yunnan	14695	11677	3877	2826
西 藏	Tibet	426	173	370	134
陕 西	Shaanxi	49020	37918	19929	14020
甘 肃	Gansu	14420	11131	3467	2699
青 海	Qinghai	2649	2179	286	219
宁 夏	Ningxia	3515	2810	284	261
新 疆	Xinjiang	6141	5330	1925	1634

注：数据口径同前表。

(R&D)人员全时当量(2004)

R&D Personnel by Region

(man-year)

大中型工业企业 Large & Medium-sized Enterprises	#科学家和工程师 Scientists & Engineers	高等学校 Institutions of Higher Education	#科学家和工程师 Scientists & Engineers
438165	**327124**	**212075**	**206409**
266219	198112	113261	110290
102508	77761	55724	54091
69436	51252	43091	42031
17727	15177	23831	23223
8906	5912	6190	6027
17774	13890	5233	5155
8801	6784	4069	4016
5436	4439	2258	2226
28689	20156	12464	12272
4153	3590	7864	7401
20522	17253	9402	9176
16802	13266	12366	11991
52164	36120	14661	14273
27394	18586	10290	9924
8590	5759	5242	5097
13651	9233	3972	3900
9042	5969	3928	3801
38349	27989	11824	11595
22072	17060	3847	3797
17704	12154	13683	13312
11624	9192	7689	7491
44469	37501	11980	11492
4104	3053	5584	5536
294	282	450	439
10120	7819	4343	4105
19657	13674	11605	11232
3030	2205	1456	1423
3290	2109	4732	4697
4	3	15	15
14523	10679	8115	7920
3857	2818	2491	2473
1229	1051	523	513
1859	1419	414	413
2327	1983	1555	1479

1－18 各地区研究与试验发展

Intramural Expenditure for

单位:万元

地 区 Region		研究与试验发展经费内部支出合计 Total R&D Expenditure	研究与开发机构 Independent Research Institutions Sub-total	基础研究 Basic Research	应用研究 Applied Research
全 国	**Total**	**19663285**	**4317270**	**517025**	**1590759**
东部地区	Eastern Region	14237859	2822897	368173	988699
中部地区	Mid Region	2896976	542588	48093	291667
西部地区	Western Region	2528466	951787	100761	310397
北 京	Beijing	3173331	1551783	238482	439032
天 津	Tianjin	537501	83674	3237	33391
河 北	Hebei	438428	74229	16524	44616
山 西	Shanxi	233570	31621	139	15102
内蒙古	Neimenggu	77951	14075	1644	7516
辽 宁	Liaoning	1069142	160363	10238	52677
吉 林	Jilin	355065	85079	11768	51431
黑龙江	Heilongjiang	353502	32780	2376	11741
上 海	Shanghai	1711168	432699	54745	210841
江 苏	Jiangsu	2139777	319768	17616	133280
浙 江	Zhejiang	1155471	46193	1987	19117
安 徽	Anhui	379356	75896	14662	48743
福 建	Fujian	458874	18197	4400	7199
江 西	Jiangxi	215281	28759	1103	21148
山 东	Shandong	1421242	62068	9109	19783
河 南	Henan	423556	99796	2000	29363
湖 北	Hubei	566204	151336	13692	94697
湖 南	Hunan	370442	37321	2352	19441
广 东	Guangdong	2112055	68933	9937	26422
广 西	Guangxi	118659	11259	709	3691
海 南	Hainan	20870	4990	1897	2341
重 庆	Chongqing	236525	18902	6363	5417
四 川	Sichuan	780122	329125	29012	153148
贵 州	Guizhou	86772	14036	5514	450
云 南	Yunnan	125061	53028	8868	17918
西 藏	Tibet	3633	2138	369	1628
陕 西	Shaanxi	834788	421211	21670	86959
甘 肃	Gansu	143946	60105	22276	19458
青 海	Qinghai	30364	6251	1658	1863
宁 夏	Ningxia	30513	1970	225	885
新 疆	Xinjiang	60134	19687	2454	11466

注：数据口径同前表。

(R&D)经费内部支出(2004)

R&D by Region

(10 000 yuan)

试验发展 Experimental Development	大中型工业企业 Large & Medium-sized Enterprises Sub-total	高等学校 Institutions of Higher Education Sub-total	基础研究 Basic Research	应用研究 Applied Research	试验发展 Experimental Development
2209486	**9544311**	**2009393**	**479365**	**1088031**	**441996**
1466025	7183080	1199138	288138	650205	260794
202831	1407659	456935	113797	263228	79910
540631	953576	353319	77430	174598	101291
874269	412199	287135	88581	149689	48865
47045	244217	77178	15642	37427	24108
13089	248944	41186	12132	24860	4194
16380	159728	28146	8714	13815	5618
4917	48402	7187	1629	1524	4034
97448	699084	102049	16921	67612	17516
21880	118512	31896	10092	15830	5974
18662	183981	93913	12224	72300	9389
167112	821069	189180	31570	113964	43646
168871	1239904	200181	48153	116059	35970
25089	622376	133257	24404	59186	49668
12491	184162	75173	36867	28667	9638
6599	291900	19794	5817	9276	4700
6509	134953	21802	2694	12257	6851
33176	1121522	46750	15114	22972	8664
68432	249587	15336	3935	5614	5788
42948	218378	98171	17718	53354	27099
15530	158358	92499	21553	61391	9555
32575	1475602	98760	28475	47179	23106
6859	56742	26010	5742	12203	8065
752	6263	3668	1329	1981	359
7122	146463	47263	9577	28570	9116
146965	244604	122393	33382	50946	38065
8073	59043	4268	1459	2313	496
26242	33286	13618	3197	6509	3913
141	10	21	13	8	
312583	249286	108075	14551	57492	36032
18372	39987	19077	6369	12019	689
2730	18927	1008	207	636	165
860	21296	1149	296	536	318
5767	35530	3250	1008	1844	398

1－19 全国研究生分学科招生数(1995－2004)

Graduate-entrants of Master Degree and above by Field of Study

单位:人 (person)

		1995	1997	1998	1999	2000	2001	2002	2003	2004
合计	**Total**	**51053**	**63749**	**72508**	**92225**	**128484**	**165197**	**202611**	**268925**	**326286**
哲学	Philosophy	705	880	969	1301	1679	2022	2356	3103	3882
经济学	Economics	4648	7456	9216	10828	14850	8468	11016	14423	17007
法学	Law	2369	4049	4794	5583	8198	11064	13782	18489	22979
教育学	Education	930	1319	1586	2455	3227	4532	5123	7671	10053
文学	Literature	2936	3886	4349	5454	7754	10691	13468	18926	24783
历史学	History	930	1164	1255	1553	2106	2503	2835	3634	4572
理学	Sciences	8496	9629	10821	13182	17707	21286	26240	33969	41067
工学	Engineering	23139	26510	29160	39068	55284	62958	79486	103212	120750
农学	Agriculture	1772	2404	2830	3450	4847	5687	6521	9693	12110
医学	Medicine	5128	6452	7528	9351	12832	16800	19815	26501	33012
军事学	strategics						65	118	124	174
管理学	Administration						19121	21851	29180	35897

1－20 全国高等学校本专科生分学科招生数(1995－2004)

Undergraduate-entrants in Institutions of Higher Education by Field of Study

单位:人 (person)

		1995	1997	1998	1999	2000	2001	2002	2003	2004
合计	**Total**	**925940**	**1000393**	**1083627**	**1548554**	**2206072**	**2682790**	**3204976**	**3821701**	**4473422**
哲学	Philosophy	1747	1636	1341	1763	1847	1805	2175	1520	4067
经济学	Economics	152694	153367	159207	237129	363379	138746	182416	221410	240100
法学	Law	31939	41527	48102	69048	114682	146782	160618	185999	195638
教育学	Education	41258	46681	50295	67257	107259	158283	178223	218575	264251
文学	Literature	131587	143080	161862	230175	343418	417604	509315	612021	724402
历史学	History	15672	16329	16383	19070	22003	16082	15351	16330	17128
理学	Sciences	100295	110443	120531	155880	202466	258201	294867	329656	357070
工学	Engineering	352463	380946	412393	607597	832124	892356	1057241	1242426	1466459
农学	Agriculture	32590	35959	38325	52251	68966	62952	69247	81619	88281
医学	Medicine	65695	70425	75188	108384	149928	174156	207909	257681	299314
管理学	Administration						415823	527614	654464	816712

1－21　全国研究生分学科在校生数(1995－2004)

Graduate-enrollment of Master Degree and above by Field of Study

单位:人　(person)

		1995	1997	1998	1999	2000	2001	2002	2003	2004
合计	**Total**	**145443**	**176353**	**198885**	**233513**	**301239**	**393256**	**500980**	**651260**	**819896**
哲学	Philosophy	1924	2329	2456	3079	4007	5111	6229	7747	9666
经济学	Economics	13885	19002	23530	27763	35342	20301	27061	34675	42425
法学	Law	6644	9794	12180	14581	18890	24654	32754	43718	55575
教育学	Education	2602	3294	3913	5499	7415	9984	12364	17425	22812
文学	Literature	7657	10110	11681	13671	17622	23974	32109	43459	57589
历史学	History	2593	3134	3399	3927	4981	6212	7602	9259	11319
理学	Sciences	24282	27428	29612	33413	41733	49614	63940	82125	102381
工学	Engineering	65653	77222	84580	99211	129799	154508	197278	255754	318063
农学	Agriculture	5244	6388	7496	8856	11380	13112	16475	22105	28930
医学	Medicine	14959	17652	20038	23513	30070	38837	50000	63939	81859
军事学	strategics						159	229	315	427
管理学	Administration						46790	54939	70739	88850

1－22　全国本专科生分学科在校生数(1995－2004)

Undergraduate-enrollment in Institutions of Higher Education by Field of Study

单位:人　(person)

		1995	1997	1998	1999	2000	2001	2002	2003	2004
合计	**Total**	**2906429**	**3174362**	**3408764**	**4085874**	**5560900**	**7190658**	**9033631**	**11085642**	**13334969**
哲学	Philosophy	5826	4916	4756	4892	5068	5372	6637	5974	9980
经济学	Economics	434084	483446	508404	614028	876452	359888	466433	604135	731263
法学	Law	92618	118418	136525	174496	272016	387880	474846	560916	629549
教育学	Education	117367	128848	138745	167145	236208	374450	470293	592123	724416
文学	Literature	365551	412019	453632	563698	818568	1059300	1368278	1719230	2118209
历史学	History	48355	48779	50309	55652	62246	53368	55565	56673	60071
理学	Sciences	309903	332178	359457	421048	536776	716276	852238	1004506	1156113
工学	Engineering	1166931	1262734	1354580	1612200	2148329	2491193	3084999	3693401	4376167
农学	Agriculture	109791	111887	119036	142415	181828	186022	216040	249671	280212
医学	Medicine	256003	271137	283320	329200	422869	529410	656560	814741	976261
管理学	Administration						1027499	1381742	1784272	2272728

1－23 全国研究生分学科毕业生数(1995－2004)

Graduates of Master Degree and above by Field of Study

单位:人　　(person)

		1995	1997	1998	1999	2000	2001	2002	2003	2004
合计	**Total**	**31877**	**46539**	**47077**	**54670**	**58767**	**67809**	**80841**	**111091**	**150777**
哲学	Philosophy	460	664	659	649	775	904	1223	1562	1854
经济学	Economics	2165	4988	4740	6302	7308	3981	4433	6578	8098
法学	Law	1370	2258	2385	3257	3820	4504	5139	7484	11097
教育学	Education	577	902	893	1008	1221	1550	1946	2764	4276
文学	Literature	1607	2584	2795	3310	3714	4193	5157	7426	10483
历史学	History	593	926	859	970	1026	1179	1395	1926	2407
理学	Sciences	6039	7625	7473	8251	8077	8637	9866	13220	17540
工学	Engineering	14675	19918	20681	23369	24378	24873	30078	41337	56074
农学	Agriculture	1111	1788	1715	1949	2282	2136	2790	3849	5165
医学	Medicine	3280	4886	4877	5605	6166	6992	8677	12207	16128
军事学	strategics						17	33	32	59
管理学	Administration						8843	10104	12706	17596

1－24 全国本专科生分学科毕业生数(1995－2004)

Graduates of Institutions of Higher Education by Field of Study

单位:人　　(person)

		1995	1997	1998	1999	2000	2001	2002	2003	2004
合计	**Total**	**805397**	**829070**	**829833**	**847617**	**949767**	**1036323**	**1337309**	**1877492**	**2391152**
哲学	Philosophy	2110	1183	1183	1067	916	925	1012	1196	1331
经济学	Economics	119042	132988	132900	134258	159299	57254	65942	88181	113687
法学	Law	23170	28270	29649	31500	44124	61474	79966	110416	133364
教育学	Education	41898	39595	40716	40271	42052	52563	79812	117072	146685
文学	Literature	115969	116115	119583	120957	146997	157837	198535	286889	367133
历史学	History	18117	14559	14179	13374	13661	10220	11683	13905	14502
理学	Sciences	100566	90513	92729	90395	98200	115829	131494	173031	207490
工学	Engineering	295839	314418	308574	326180	354291	349097	459842	644106	812148
农学	Agriculture	32975	30190	28941	28070	30370	28543	36284	50057	59564
医学	Medicine	55711	61239	61379	61545	59857	62638	79500	111356	154187
管理学	Administration						139943	193239	281283	381061

1－25　中国科学院院士和中国工程院院士(1995－2004)
Academicians of China Academy of Sciences and Academicians of China Academy of Engineering

单位:人　　　　(person)

	1995	1996	1997	1998	1999	2000	2001	2002	2003	2004
中国科学院院士合计 Academicians of China Academy of Sciences	**571**	**563**	**606**	**589**	**632**	**617**	**653**	**639**	**685**	**672**
数学物理学部 Division of Mathematics and Physics	113	111	115	109	117	115	124	122	128	126
化学部 Division of Chemistry	99	99	107	104	110	107	113	110	119	119
生命科学和医学学部 Division of Life Sciences and Medical Sciences	96	93	103	100	109	107	114	112	122	117
地学部 Division of Earth Sciences	102	102	108	106	114	110	115	110	117	113
信息技术科学部 Division of Information Technological Sciences										76
技术科学部 Division of Technological Sciences	161	158	173	170	182	178	187	185	199	121
中国工程院院士合计 Academicians of China Academy of Engineering	**327**	**327**	**439**	**437**	**547**	**542**	**613**	**609**	**660**	**655**
机械与运载工程学部 Division of Mechanical and Vehicle Engineering	49	49	64	64	79	78	89	88	96	96
信息与电子工程学部 Division of Information and Electronic Engineering	59	59	77	77	94	94	102	100	105	104
化工、冶金与材料工程学部 Division of Chemical, Metallurgic and Material Engineering	46	46	60	60	75	74	81	81	88	88
能源与矿业工程学部 Division of Energy and Mining Engineering	42	42	58	58	72	71	81	81	88	88
土木、水利与建筑工程学部 Division of Civil , Hydraulic Engineering and Architecture and Water Conservancy	41	41	57	55	71	71	80	80	87	86
农业、轻纺与环境工程学部 Division of Agriculture, Light Industries, Textile and Environmental Engineering	42	42	58	58	75	74	86	85	92	91
医药与卫生工程学部 Division of Medicine and Health Engineering	48	48	65	65	81	80	89	89	96	94
工程管理学部 Division of Manergement of Engineering							33 *	33 *	36 *	36 *

注:工程管理学部中有28人是跨学部院士。

二、研究机构与开发机构

Independent Research Institutions

2-1 研究与开发

Major Indicators on

	1993	1994	1995	1996
从业人员(万人)	**106**	**103**	**101**	**99**
Employees(10 000 person)				
科技活动人员(万人)	**70.0**	**66.1**	**64.4**	**63.2**
S&T Personnel (10 000 person)				
#科学家与工程师	39.5	38.6	38.0	38.5
Scientists and Engineers				
研究与试验发展人员全时当量(万人年)	**25.9**	**25.7**	**24.5**	**23.0**
Full-time Equivalent of R&D Personnel(10 000man. year)				
#科学家工程师	19.3	19.4	18.4	17.9
Scientists and Engineers				
#基础研究	2.1	2.3	2.1	2.1
Basic Research				
应用研究	9.2	9.3	9.2	8.8
Applied Research				
试验发展	14.6	14.1	13.2	12.1
Experimental Development				
科技经费筹集额(亿元)	**282.5**	**323.7**	**393.5**	**436.0**
Sources of Funds for S&T(100 millon yuan)				
#政府拨款	127.0	158.2	179.2	192.9
Government Grant				
企业资金				
Enterprises Funds				
银行贷款	27.2	32.1	39.4	42.8
Bank Loans				
科技经费内部支出额(亿元)	**266.0**	**308.9**	**353.9**	**409.1**
Intramural Expenditure for S&T(100 millon yuan)				
#劳务费	55.6	75.5	87.7	97.2
Compensation for Laborers				
业务费	83.0	89.3	105.3	125.7
Operating Expenses				
固定资产购建费	65.3	71.6	79.7	91.7
Fixed Assets Purchases				
#研究与试验发展经费支出	111.1	128.7	146.4	172.9
R&D Expenditure				
基础研究	7.4	10.6	10.2	11.3
Basic Research				
应用研究	33.1	38.3	45.5	47.3
Applied Research				
试验发展	70.6	79.8	90.7	114.3
Experimental Development				

注:研究与开发机构历年数据均为县以上独立核算研究机构及科技信息与文献机构,且不含转制所。

机构情况(1993 - 2004)
Research Institutions

1997	1998	1999	2000	2001	2002	2003	2004
97	**94**	**83**	**70**	**62**	**59**	**57**	**56**
61.4	**58.8**	**53.5**	**47.2**	**42.7**	**41.5**	**40.6**	**39.8**
37.5	36.3	33.6	29.7	27.6	27.1	26.6	26.3
25.4	**22.7**	**23.3**	**22.7**	**20.5**	**20.6**	**20.4**	**20.3**
19.2	16.1	16.7	15.0	14.8	15.2	15.6	15.8
2.2	2.7	2.3	2.5	2.4	2.3	2.6	2.7
9.5	9.9	8.6	7.5	7.6	8.1	7.9	8.1
13.7	10.1	12.4	12.8	10.5	10.2	9.9	9.5
502.1	**540.3**	**537.6**	**559.4**	**626.0**	**702.7**	**750.6**	**789.1**
218.5	244.7	338.6	377.4	434.9	498.0	535.0	596.1
	78.1	34.3	37.7	25.4	36.3	47.1	49.8
48.1	63.9	20.9	10.7	8.6	11.9	11.3	9.1
467.1	**479.7**	**491.7**	**495.7**	**557.9**	**620.2**	**681.3**	**706.3**
109.8	116.7	115.1	120.4	142.5	159.8	169.1	172.2
157.6	162.3	178.8	245.1	231.9	298.6	313.4	393.5
99.3	94.2	99.0	99.7	123.9	122.0	138.0	140.5
206.4	234.3	260.5	258.0	288.5	351.3	399.0	431.7
15.0	17.6	20.1	25.3	33.6	40.7	46.9	51.7
69.6	65.9	88.6	66.7	80.0	121.2	141.1	159.1
121.8	150.8	151.9	166.0	174.9	189.4	211.0	221.0

2-2 研究与开发机构科技活动按隶属关系分(2004)

S&T Activities of Research Institutions by Subordination

	总 计 Total	地方部门属 Subordinated to Local Level	省级部门属 Provincial Level	计划单列市部门属 Separate Planning Cities Level	地市级部门属 Miniciple Level	中央部门属 Subordinated to Central Level
机构数(个) **Number of Research Institutions (unit)**	**3979**	**3294**	**1498**	**227**	**1569**	**685**
从业人员(人) Employees(person)	561494	218050	139353	13773	64924	343444
科技活动人员(人) S&T Personnel(person)	397502	148818	95772	9588	43458	248684
#科学家与工程师 Scientists and Engineers	262604	98738	68184	6437	24117	163866
科技经费筹集额(万元) **Sources of Fund for S&T(10 000 yuan)**	**7890944**	**1680842**	**1251831**	**135834**	**293177**	**6210102**
#政府资金 Government Funds	5960408	1088864	798731	78290	211843	4871544
企业资金 Enterprises Funds	497916	123462	105500	6936	11027	374454
银行贷款 Bank Loans	90642	5346	3202	223	1921	85295
科技经费内部支出额(万元) **Intramural Expenditure for S&T(10 000 yuan)**	**7063106**	**1576605**	**1160302**	**128993**	**287311**	**5486501**
#劳务费 Compensation for Laborers	1722141	645869	447357	47097	151415	1076273
业务费 Operating Expenses	3935550	708913	540630	66813	101470	3226637
固定资产购建费 Expenditure on the Purchase of Fixed-assets	1405415	221823	172315	15082	34426	1183592
#购置仪器 Purchasing Equipment	1046453	174938	139915	12915	22108	871515
课题数(个) **Number of Projects(unit)**	**56993**	**26911**	**20149**	**1346**	**5416**	**30082**
课题投入人员(人年) **Input of Personnel(man-year)**	**215075**	**65752**	**45612**	**3827**	**16314**	**149323**
#科学家与工程师 Scientists & Engineers	158350	44437	32482	2714	9241	113913
课题投入经费(万元) **Input of Funds(10 000 yuan)**	**3414388**	**337746**	**261045**	**28049**	**48652**	**3076643**

2-3 研究与开发机构研究与试验发展(R&D)活动情况按隶属关系分(2004)
R&D Activities of Research Institutions by Subordination

	总计 Total	地方部门属 Subordinated to Local Level	省级部门属 Provincial Level	计划单列市部门属 Separate Planning Cities Level	地市级部门属 Miniciple Level	中央部门属 Subordinated to Central Level
研究与试验发展人员全时当量(人年) Full-time Equivalent of R&D Personnel (FTE) (man-year)	**203310**	**39139**	**31249**	**1655**	**6235**	**164171**
#科学家与工程师 Scientists and Engineers	158124	29365	24112	1246	4007	128759
#基础研究 Basic Research	27272	2744	2588	2	154	24528
应用研究 Applied Research	80845	11864	10562	512	790	68981
试验发展 Experimental Development	95193	24531	18099	1141	5291	70662
研究与试验发展经费内部支出(万元) Research and Development Expenses(10 000 yuan)	**4317270**	**326414**	**278287**	**13771**	**34356**	**3990856**
#基础研究 Basic Research	517025	19718	18718	47	952	497307
应用研究 Applied Research	1590759	99483	90465	3688	5330	1491276
试验发展 Experimental Development	2209486	207214	169104	10036	28074	2002272
#政府资金 Government Funds	3442978	237825	201436	9623	26767	3205153
企业资金 Enterprises Funds	224046	16843	15387	455	1001	207203
国外资金 Financed by Abroad	26431	3530	3462	45	22	22901
其他资金 Other	623815	68216	58002	3648	6566	555599
#人员劳务费 Labor Expenses	841316	149620	123159	6956	19506	691696
固定资产购建 Expenses on Fixed Assets	994865	59880	51849	2831	5200	934986
#设备购置 Purchase of Instruments	743047	43818	38347	2147	3324	699230
其他 Other	2481088	116914	103279	3985	9651	2364174

单位:人

地区 Region		从业人员合计 Total Employees	#从事科技活动人员 S&T Personnel	#科学家和工程师 Scientists and Engineers
全国	**Total**	**561494**	**397502**	**262604**
东部地区	Eastern Region	272756	198706	139033
中部地区	Mid Region	127597	88696	56220
西部地区	Western Region	161141	110100	67351
北京	Beijing	108508	78527	58612
天津	Tianjin	11931	8916	5595
河北	Hebei	11239	7864	5947
山西	Shanxi	14070	10540	6795
内蒙古	Neimenggu	8463	6110	4286
辽宁	Liaoning	21902	16527	11816
吉林	Jilin	14386	9657	6565
黑龙江	Heilongjiang	14070	10024	7309
上海	Shanghai	33438	24669	16090
江苏	Jiangsu	28757	22153	14125
浙江	Zhejiang	9716	7509	5164
安徽	Anhui	12591	9929	5976
福建	Fujian	5367	4379	3135
江西	Jiangxi	12345	7105	4251
山东	Shandong	21088	14951	10424
河南	Henan	21747	16428	9384
湖北	Hubei	25590	17196	11179
湖南	Hunan	12798	7817	4761
广东	Guangdong	16401	11659	7386
广西	Guangxi	10924	6221	3700
海南	Hainan	4409	1552	739
重庆	Chongqing	7776	4919	3152
四川	Sichuan	51077	32239	18599
贵州	Guizhou	6603	4284	2583
云南	Yunnan	9584	7238	4867
西藏	Tibet	687	491	278
陕西	Shaanxi	45906	34609	19998
甘肃	Gansu	11514	7480	5219
青海	Qinghai	868	664	482
宁夏	Ningxia	1132	834	627
新疆	Xinjiang	6607	5011	3560

开发机构人员(2004)
Institutions by Region

(person)

Natural Sciences			Social Sciences and Humanities		
自然科学技术领域从业人员 Employees	#从事科技活动人员 S&T Personnel	#科学家和工程师 Scientists and Engineers	社会人文科学领域从业人员 Employees	#从事科技活动人员 S&T Personnel	#科学家和工程师 Scientists and Engineers
525618	**369129**	**240856**	**19497**	**16250**	**13035**
251444	182373	126234	10740	9141	7519
120741	83008	51978	4070	3243	2554
153433	103748	62644	4687	3866	2962
98256	70996	52311	6049	5204	4409
10855	8144	4907	388	288	255
10672	7431	5581	279	190	156
12883	9553	6087	859	696	490
7680	5446	3778	529	451	371
20691	15461	10900	612	548	511
13411	8866	5899	687	543	473
13247	9297	6718	495	424	357
30460	22548	14615	1161	963	730
27890	21402	13598	409	369	283
9161	7000	4776	229	206	175
11924	9347	5621	332	288	158
4841	3913	2771	205	181	154
11810	6656	3963	186	128	109
19348	13463	9448	666	535	418
20789	15667	8808	558	414	343
24465	16316	10488	607	450	377
12212	7306	4394	346	300	247
15087	10525	6632	742	657	428
10190	5554	3210	329	293	215
4183	1490	695			
7417	4628	2931	288	228	182
49567	31013	17745	684	600	449
6234	3977	2338	234	202	162
8926	6644	4365	444	409	349
537	370	196	124	98	71
45105	33959	19579	358	308	216
10331	6633	4631	907	627	412
688	517	380	161	129	92
792	535	371	246	221	188
5966	4472	3120	383	300	255

2-5 各地区地方属研究与

S&T Personnel in Research Institutions of

单位:人

地　区 Region		从业人员合计 Total Employees	#从事科技活动人员 S&T Personnel	#科学家和工程师 Scientists and Engineers
全　国	**Total**	**218050**	**148818**	**98738**
东部地区	Eastern Region	85257	60646	41779
中部地区	Mid Region	70636	46422	30121
西部地区	Western Region	62157	41750	26838
北　京	Beijing	6157	4100	3167
天　津	Tianjin	3674	2893	2170
河　北	Hebei	4098	2952	2165
山　西	Shanxi	8486	6061	3960
内蒙古	Neimenggu	6081	4311	3023
辽　宁	Liaoning	11862	8662	6461
吉　林	Jilin	10522	7343	4924
黑龙江	Heilongjiang	10796	7910	5795
上　海	Shanghai	7998	5697	3942
江　苏	Jiangsu	10226	7332	4723
浙　江	Zhejiang	5845	4260	3061
安　徽	Anhui	4839	3675	2149
福　建	Fujian	4765	3850	2704
江　西	Jiangxi	9833	5031	2802
山　东	Shandong	17404	11938	8246
河　南	Henan	7924	5598	3556
湖　北	Hubei	8593	5652	3802
湖　南	Hunan	9643	5152	3133
广　东	Guangdong	11148	8021	4824
广　西	Guangxi	9521	5616	3328
海　南	Hainan	2080	941	316
重　庆	Chongqing	3795	1898	1308
四　川	Sichuan	11004	6820	4292
贵　州	Guizhou	4990	3109	1831
云　南	Yunnan	6521	5033	3292
西　藏	Tibet	687	491	278
陕　西	Shaanxi	5497	4061	2427
甘　肃	Gansu	6510	4626	3021
青　海	Qinghai	516	406	260
宁　夏	Ningxia	1132	834	627
新　疆	Xinjiang	5903	4545	3151

开发机构人员(2004)

Local Governments by Region

(person)

自然科学技术领域从业人员 Employees	Natural Sciences		社会人文科学领域从业人员 Employees	Social Sciences and Humanities	
	#从事科技活动人员 S&T Personnel	#科学家和工程师 Scientists and Engineers		#从事科技活动人员 S&T Personnel	#科学家和工程师 Scientists and Engineers
192496	**127834**	**83210**	**14169**	**11603**	**9128**
74006	51505	35016	5412	4494	3612
63880	40820	25958	4070	3243	2554
54610	35509	22236	4687	3866	2962
5343	3462	2610	721	557	502
3038	2396	1752	388	288	255
3531	2519	1799	279	190	156
7299	5074	3252	859	696	490
5298	3647	2515	529	451	371
10651	7596	5545	612	548	511
9547	6552	4258	687	543	473
9973	7183	5204	495	424	357
5020	3576	2467	1161	963	730
9359	6581	4196	409	369	283
5290	3751	2673	229	206	175
4172	3093	1794	332	288	158
4239	3384	2340	205	181	154
9298	4582	2514	186	128	109
15664	10450	7270	666	535	418
6991	4861	2999	558	414	343
7543	4834	3171	607	450	377
9057	4641	2766	346	300	247
9834	6887	4070	742	657	428
8787	4949	2838	329	293	215
2037	903	294			
3436	1607	1087	288	228	182
9565	5645	3483	684	600	449
4621	2802	1586	234	202	162
5863	4439	2790	444	409	349
537	370	196	124	98	71
4696	3411	2008	358	308	216
5417	3839	2493	907	627	412
336	259	158	161	129	92
792	535	371	246	221	188
5262	4006	2711	383	300	255

2－6 分行业研究与开发机构从事科技活动人员(2004)

S&T Personnel in Research Institutions by Industry

单位:人　　(person)

行业 Industry	从业人员 Employees	#从事科技活动人员 S&T Personnel	#科学家和工程师 Scientists and Engineers
总计 Total	**561494**	**397502**	**262604**
农、林、牧渔业小计 Farming, Forestry, Animal Husbandry and Fishery	**101903**	**62624**	**38859**
农业 Farming	59990	35968	22346
林业 Forestry	12942	8045	4943
畜牧业 Animal Husbandry	6314	3692	2223
渔业 Fishery	4175	2642	1774
农、林、牧、渔服务业 Service Activities for Agriculture, Forestry, Farming of Animals and Fishing	18482	12277	7573
采矿业小计 Mining	**967**	**742**	**614**
煤炭开采和洗选业 Mining and Washing of Coal	419	302	239
石油和天然气开采业 Petroleum and Natural Gas Extraction	329	264	247
黑色金属矿采选业 Ferrous Metals Mining and Dressing			
有色金属矿采选业 Nonferrous Metals Mining and Dressing	147	109	98
非金属矿采选业 Nonmetal Minerals Mining and Dressing	36	36	18
其他矿采选业 Other Minerals Mining and Dressing	36	31	12
制造业小计 Manufacturing	**36256**	**23467**	**15944**
农副食品加工业 Processing of Food from Agricultural Products	2267	1690	1048
食品制造业 Food Production	943	679	487
饮料制造业 Beverage Production	133	58	33

2－6 续表 1

单位:人 (person)

行　业 Industry	从业人员 Employees	#从事科技活动人员 S&T Personnel	#科学家和工程师 Scientists and Engineers
烟草制品业 Manufacture of Tobacco	25	24	19
纺织业 Textile Industry	1325	650	353
纺织服装、鞋、帽制造业 Manufacture of Textile Wearing Apparel, Footware and Caps	269	153	54
皮革、毛皮、羽毛(绒)及其制品业 Manufacture of Leather, Fur, Feather and Its Products	84	41	33
木材加工及木、竹、藤、棕、草制品业 Processing of Timbers, Manufacture of Wood, Bamboo, Rattan, Palm and Straw Products	256	233	168
家具制造业 Furniture Manufacturing	21	16	7
造纸及纸制品业 Papermaking and Paper Products	152	93	74
印刷业和记录媒介的复制 Printing and Record Medium Reproduction	286	171	89
文教体育用品制造业 Culture, Educational and Sports Goods	64	24	23
石油加工、炼焦及核燃料加工业 Processing of Petroleum, Coking, Processing of Nucleus Fuel	28	10	8
化学原料及化学制品制造业 Raw Chemical Materials and Chemical Products	5059	3185	2163
医药制造业 Medical and Pharmaceutical Products	5895	4246	3046
化学纤维制造业 Chemical Fiber	355	190	130
橡胶制品业 Rubber Products	181	49	28
塑料制品业 Plastic Products	285	130	80
非金属矿物制品业 Nonmetal Mineral Products	1806	1220	783
黑色金属冶炼及压延加工业 Smelting and Pressing of Ferrous Metals	262	135	95

2－6 续表2

单位：人 (person)

行 业 Industry	从业人员 Employees	#从事科技活动人员 S&T Personnel	#科学家和工程师 Scientists and Engineers
有色金属冶炼及压延加工业 Smelting and Pressing of Nonferrous	1298	833	498
金属制品业 Metal Products	90	79	69
通用设备制造业 Manufacture of General Purpose Machinery	2912	1370	895
专用设备制造业 Equipment for Special Purposes	7133	4721	3519
交通运输设备制造业 Transport Equipment	519	313	222
电气机械及器材制造业 Electric Equipment and Machinery	830	636	455
通信设备、计算机及其他电子设备制造业 Manufacture of Communication Equipment, Computer and Other Electronic Equipment	2289	1479	844
仪器仪表及文化、办公用机械制造业 Instruments, Meters, Cultural and Office Machinery	1135	816	615
工艺品及其他制造业 Manufacture of Artwork, Other Manufacture	354	223	106
废弃资源和废旧材料回收加工业 Recycling and Disposal of Waste			
电力、燃气及水的生产和供应业小计 **Production and Distribution of Electricity, Gas and Water**	**2323**	**1561**	**1376**
电力、热力的生产和供应业 Production and Supply of Electric Power and Heat Power	1872	1231	1130
燃气生产和供应业 Production and Distribution of Gas	161	86	47
水的生产和供应业 Production and Distribution of Water	290	244	199
建筑业小计 **Construction**	**5976**	**4476**	**3027**
房屋和土木工程建筑业 Construction of Building and Civil Engineering	5771	4336	2944
建筑安装业 Architectural Installation	20	9	7
建筑装饰业 Architectural Decoration	60	50	12

2－6 续表 3

单位:人 (person)

行　业 Industry	从业人员 Employees	#从事科技活动人员 S&T Personnel	#科学家和工程师 Scientists and Engineers
其他建筑业 Other Construction	125	81	64
交通运输、仓储和邮政业小计 Traffic, Transport, Storage and Post	**3156**	**2687**	**2047**
铁路运输业 Railway Transportation	488	428	318
道路运输业 Road Transport	1265	1076	842
城市公共交通业 Urban Public Traffic	473	410	208
水上运输业 Water Transport	372	280	246
航空运输业 Air Transport	85	85	79
管道运输业 Pipeline Transport			
装卸搬运和其他运输服务业 Loading, Unloading, Portage and Other Transport Services	224	201	170
仓储业 Storage	249	207	184
邮政业 Post			
信息传输、计算机服务和软件业小计 Information Transfer, Computer Services and Software	**2745**	**2279**	**1737**
电信和其他信息传输服务业 Telecom and Other Information Transfer Services	1336	1163	931
计算机服务业 Computer Services	457	356	267
软件业 Software Industry	952	760	539
批发和零售业小计 Wholesale and Retail Trade	**74**	**55**	**38**
批发业 Wholesale	60	43	32
零售业 Retail Trade	14	12	6
住宿和餐饮业小计 Accommodation and Restaurants			

2－6 续表 4

单位:人 (person)

行　业 Industry	从业人员 Employees	#从事科技活动人员 S&T Personnel	#科学家和工程师 Scientists and Engineers
住宿业 Accommodation			
餐饮业 Restaurants			
金融业小计 Finance	**47**	**45**	**20**
银行业 Bank			
证券业 Securities			
保险业 Insurance			
其他金融活动 Other Financial Activities	47	45	20
房地产业小计 Real Estate	**19**	**10**	**4**
房地产业 Real Estate	19	10	4
租赁和商务服务业小计 Tenancy and Business Services	**467**	**395**	**254**
租赁业 Tenancy			
商务服务业 Business Service	467	395	254
科学研究、技术服务和地质勘查业小计 Scientific Research, Technical Service and Geologic Perambulation	**339691**	**252178**	**165071**
研究与试验发展 Research and Experimental Development	301404	223377	144329
专业技术服务业 Professional Technique Services	26055	20060	14419
科技交流和推广服务业 Services of Science and Technique Intercommunion and Generalization	5190	4327	2874
地质勘查业 Geologic Perambulation	7042	4414	3449
水利、环境和公共设施管理业小计 Management of Water Conservancy, Environment and Public Establishment	**19387**	**13297**	**9505**
水利管理业 Management of Water Conservancy	9739	6064	4109

2－6 续表 5

单位：人 (person)

行业 Industry	从业人员 Employees	#从事科技活动人员 S&T Personnel	#科学家和工程师 Scientists and Engineers
环境管理业 Environmental Management	9159	6985	5227
公共设施管理业 Management of Public Establishment	489	248	169
居民服务和其他服务业小计 Resident Services and Other Services	**122**	**81**	**49**
居民服务业 Resident Services	30	25	7
其他服务业 Other Services	92	56	42
教育小计 Education	**2269**	**1881**	**1448**
教育 Education	2269	1881	1448
卫生、社会保障和社会福利业小计 Sanitation, Social Security and Social Welfare	**36271**	**23912**	**16967**
卫生 Sanitation	36271	23912	16967
社会保障业 Social Security			
社会福利业 Social Welfare			
文化、体育和娱乐业小计 Culture, Sports and Entertainment	**4644**	**3550**	**2452**
新闻出版业 Journalism and Publishing Activities	76	46	46
广播、电视、电影和音像业 Broadcasting, Movies, Television and Audiovisual Activities	72	57	43
文化艺术业 Culture and Art	3245	2367	1546
体育 Sports Activities	978	872	640
娱乐业 Entertainment	273	208	177
公共管理和社会组织小计 Public Management and Social Organization	**5065**	**4157**	**3131**
中国共产党机关 Chinese Communist Party Organs	77	72	54
国家机构 Organ of State	4988	4085	3077
人民政协和民主党派 People's Political Consultative Conference and Democratic Parties			
群众团体、社会团体和宗教组织 Mass Communities, Social Communities and Religion Organizations			
基层群众自治组织 Grass Roots Self-government Organizations			
国际组织小计 International Organizations	**112**	**105**	**61**
国际组织 International Organizations	112	105	61

2-7 各地区研究与开发机构研究与

Full-time Equivalent of R&D Personnel

单位:人年

地 区 Region		研究与试验发展人员全时当量 Full-time Equivalent of R&D Personnel	1. 基础研究 Basic Research	2. 应用研究 Applied Research	3. 试验发展 Experimental Development	#科学家和工程师 Scientists and Engineers	自然科学技术领域
全 国	**Total**	**203310**	**27272**	**80845**	**95193**	**158124**	**194874**
东部地区	Eastern Region	107546	18076	43715	45755	88150	101771
中部地区	Middle Region	41618	3166	17264	21188	30658	40501
西部地区	Western Region	54146	6030	19866	28250	39316	52602
北 京	Beijing	51339	11830	19511	19998	44258	47399
天 津	Tianjin	4313	419	1863	2031	3078	4036
河 北	Hebei	3791	104	2395	1292	3102	3738
山 西	Shanxi	3702	146	1721	1835	2868	3700
内蒙古	Neimenggu	2530	373	1231	926	2007	2256
辽 宁	Liaoning	8592	687	2470	5435	6230	8551
吉 林	Jilin	4386	454	2154	1778	3368	4070
黑龙江	Heilongjiang	4810	332	1094	3384	3621	4499
上 海	Shanghai	14933	2373	7163	5397	11848	14542
江 苏	Jiangsu	10015	949	4950	4116	7930	9940
浙 江	Zhejiang	2802	143	1285	1374	2417	2669
安 徽	Anhui	4461	647	2223	1591	3503	4314
福 建	Fujian	1704	299	564	841	1415	1528
江 西	Jiangxi	3007	325	1584	1098	2291	2917
山 东	Shandong	5249	626	1612	3011	4039	4843
河 南	Henan	7646	285	1978	5383	4924	7616
湖 北	Hubei	9936	706	5018	4212	7280	9851
湖 南	Hunan	3670	271	1492	1907	2803	3534
广 东	Guangdong	4493	508	1807	2178	3599	4210
广 西	Guangxi	1289	66	440	783	1013	1224
海 南	Hainan	315	138	95	82	234	315
重 庆	Chongqing	2295	1166	441	688	1646	2295
四 川	Sichuan	16342	1632	6664	8046	11672	16106
贵 州	Guizhou	1552	255	92	1205	1185	1532
云 南	Yunnan	3877	480	1532	1865	2826	3662
西 藏	Tibet	370	115	226	29	134	272
陕 西	Shaanxi	19929	835	7080	12014	14020	19863
甘 肃	Gansu	3467	677	966	1824	2699	3216
青 海	Qinghai	286	87	83	116	219	285
宁 夏	Ningxia	284	39	110	135	261	170
新 疆	Xinjiang	1925	305	1001	619	1634	1721

试验发展(R&D)人员全时当量(2004)
of Research Institutions by Region

(man-year)

Natural Sciences 1. 基础研究 Basic Research	2. 应用研究 Applied Research	3. 试验发展 Experimental Development	#科学家和工程师 Scientists and Engineers	社会人文科学领域 Social Sciences and Humanities	1. 基础研究 Basic Research	2. 应用研究 Applied Research	3. 试验发展 Experimental Development	#科学家和工程师 Scientists and Engineers
24322	**77128**	**93424**	**150922**	**7478**	**2862**	**3366**	**1250**	**6515**
15772	41446	44553	83085	5083	2217	2032	834	4576
2957	16579	20965	29775	1023	208	641	174	816
5593	19103	27906	38062	1372	437	693	242	1123
9990	18283	19126	40714	3472	1767	1065	640	3168
265	1785	1986	2806	233	154	65	14	230
104	2395	1239	3064	53			53	38
146	1719	1835	2866	2		2		2
262	1073	921	1757	266	111	155		242
687	2470	5394	6189	41			41	41
370	1935	1765	3061	316	84	219	13	307
297	928	3274	3399	297	35	158	104	212
2331	6814	5397	11562	391	42	349		286
946	4878	4116	7864	75	3	72		66
44	1251	1374	2294	133	99	34		123
603	2120	1591	3397	147	44	103		106
208	490	830	1261	161	91	70		140
298	1536	1083	2239	70	27	43		35
566	1356	2921	3743	247	46	201		244
270	1963	5383	4908	30	15	15		16
706	5018	4127	7212	57			57	50
267	1360	1907	2693	104	3	101		88
493	1629	2088	3354	277	15	176	86	240
66	420	738	958	59		20	39	51
138	95	82	234					
1166	441	688	1646					
1596	6592	7918	11449	185	36	72	77	181
236	91	1205	1170	20	19	1		15
466	1364	1832	2634	203	14	162	27	180
49	194	29	134	98	66	32		
832	7017	12014	13962	66	3	63		58
677	848	1691	2518	205		106	99	148
87	82	116	218	1		1		1
	35	135	148	114	39	75		113
156	946	619	1468	155	149	6		134

2-8 各地区地方属研究与开发机构研究与

Full-time Equivalent of R&D Personnel of

单位:人年

地 区 Region		研究与试验发展人员全时当量 Full-time Equivalent of R&D Personnel	1. 基础研究 Basic Research	2. 应用研究 Applied Research	3. 试验发展 Experimental Development	#科学家和工程师 Scientists and Engineers	自然科学技术领域
全 国	**Total**	**39139**	**2744**	**11864**	**24531**	**29365**	**34518**
东部地区	Eastern Region	16007	1255	4957	9795	12689	13986
中部地区	Middle Region	12798	701	3627	8470	9171	11681
西部地区	Western Region	10334	788	3280	6266	7505	8851
北 京	Beijing	1945	100	797	1048	1649	1735
天 津	Tianjin	866	154	201	511	741	613
河 北	Hebei	797	24	138	635	657	744
山 西	Shanxi	813	4	119	690	571	811
内蒙古	Neimenggu	1216	173	447	596	959	942
辽 宁	Liaoning	1355		215	1140	1062	1314
吉 林	Jilin	2578	175	941	1462	1989	2262
黑龙江	Heilongjiang	3602	224	610	2768	2626	3291
上 海	Shanghai	1684	303	789	592	1329	1293
江 苏	Jiangsu	1709	145	561	1003	1278	1634
浙 江	Zhejiang	1238	109	282	847	1010	1105
安 徽	Anhui	598	49	202	347	381	451
福 建	Fujian	1180	145	297	738	964	1004
江 西	Jiangxi	1228	100	511	617	842	1138
山 东	Shandong	2829	190	835	1804	2224	2423
河 南	Henan	809	21	75	713	539	779
湖 北	Hubei	1165		206	959	849	1080
湖 南	Hunan	2005	128	963	914	1374	1869
广 东	Guangdong	2381	83	842	1456	1762	2098
广 西	Guangxi	1072	37	378	657	805	1007
海 南	Hainan	23	2		21	13	23
重 庆	Chongqing	234		30	204	186	234
四 川	Sichuan	1517	52	212	1253	1030	1330
贵 州	Guizhou	546	19	78	449	387	526
云 南	Yunnan	2098	153	892	1053	1406	1883
西 藏	Tibet	370	115	226	29	134	272
陕 西	Shaanxi	609	40	150	419	447	543
甘 肃	Gansu	1065		130	935	797	826
青 海	Qinghai	19		1	18	6	18
宁 夏	Ningxia	284	39	110	135	261	170
新 疆	Xinjiang	1304	160	626	518	1087	1100

试验发展(R&D)人员全时当量(2004)

Local Research Institutions by Region

(man-year)

Natural Sciences				社会人文科学领域	Social Sciences and Humanities			
1. 基础研究 Basic Research	2. 应用研究 Applied Research	3. 试验发展 Experimental Development	#科学家和工程师 Scientists and Engineers		1. 基础研究 Basic Research	2. 应用研究 Applied Research	3. 试验发展 Experimental Development	#科学家和工程师 Scientists and Engineers
1599	**9336**	**23583**	**25600**	**4205**	**1130**	**2365**	**710**	**3523**
756	3865	9365	11008	1810	485	1031	294	1584
492	2942	8247	8288	1023	208	641	174	816
351	2529	5971	6304	1372	437	693	242	1123
65	733	937	1467	199	35	64	100	176
	136	477	491	233	154	65	14	230
24	138	582	619	53			53	38
4	117	690	569	2		2		2
62	289	591	709	266	111	155		242
	215	1099	1021	41			41	41
91	722	1449	1682	316	84	219	13	307
189	444	2658	2404	297	35	158	104	212
261	440	592	1043	391	42	349		286
142	489	1003	1212	75	3	72		66
10	248	847	887	133	99	34		123
5	99	347	275	147	44	103		106
54	223	727	810	161	91	70		140
73	463	602	790	70	27	43		35
130	579	1714	1928	247	46	201		244
6	60	713	523	30	15	15		16
	206	874	781	57			57	50
124	831	914	1264	104	3	101		88
68	664	1366	1517	277	15	176	86	240
37	358	612	750	59		20	39	51
2		21	13					
	30	204	186					
16	140	1174	848	185	36	72	77	181
	77	449	372	20	19	1		15
139	724	1020	1214	203	14	162	27	180
49	194	29	134	98	66	32		
37	87	419	389	66	3	63		58
	24	802	628	205		106	99	148
		18	5	1		1		1
	35	135	148	114	39	75		113
11	571	518	921	155	149	6		134

2-9 分行业研究与开发机构研究与试验发展(R&D)人员全时当量(2004)

Full-time Equivalent of R&D Personnel of Research Institutions by Industry

单位:人年 (man-year)

行 业 Industry	研究与试验发展人员全时当量 Full-time Equivalent of R&D Personnel	1. 基础研究 Basic Research	2. 应用研究 Applied Research	3. 试验发展 Experimental Development	#科学家和工程师 Scientists and Engineers
总计 Total	**203310**	**27272**	**80845**	**95193**	**158124**
农、林、牧渔业小计 Farming, Forestry, Animal Husbandry and Fishery	**24363**	**1032**	**5964**	**17367**	**17897**
农业 Farming	15700	600	3563	11537	11421
林业 Forestry	2351	107	487	1757	1770
畜牧业 Animal Husbandry	1474	104	357	1013	1046
渔业 Fishery	826	66	197	563	666
农、林、牧、渔服务业 Service Activities for Agriculture, Forestry, Farming of Animals and Fishing	4012	155	1360	2497	2994
采矿业小计 Mining	**154**	**25**	**2**	**127**	**103**
煤炭开采和洗选业 Mining and Washing of Coal	32			32	25
石油和天然气开采业 Petroleum and Natural Gas Extraction	30			30	27
黑色金属矿采选业 Ferrous Metals Mining and Dressing					
有色金属矿采选业 Nonferrous Metals Mining and Dressing	60			60	35
非金属矿采选业 Nonmetal Minerals Mining and Dressing	27	25	2		11
其他矿采选业 Other Minerals Mining and Dressing	5			5	5
制造业小计 Manufacturing	**6686**	**656**	**1613**	**4417**	**5046**
农副食品加工业 Processing of Food from Agricultural Products	483	18	37	428	321
食品制造业 Food Production	147	3	33	111	137
饮料制造业 Beverage Production					
烟草制品业 Manufacture of Tobacco					
纺织业 Textile Industry	45		13	32	34

2-9 续表 1

单位:人年 (man-year)

行业 Industry	研究与试验发展人员全时当量 Full-time Equivalent of R&D Personnel	1. 基础研究 Basic Research	2. 应用研究 Applied Research	3. 试验发展 Experimental Development	#科学家和工程师 Scientists and Engineers
纺织服装、鞋、帽制造业 Manufacture of Textile Wearing Apparel, Footware and Caps	25			25	15
皮革、毛皮、羽毛(绒)及其制品业 Manufacture of Leather, Fur, Feather and Its Products	17		3	14	15
木材加工及木、竹、藤、棕、草制品业 Processing of Timbers, Manufacture of Wood, Bamboo, Rattan, Palm and Straw Products	147	10	25	112	138
家具制造业 Furniture Manufacturing	7			7	7
造纸及纸制品业 Papermaking and Paper Products	42			42	37
印刷业和记录媒介的复制 Printing and Record Medium Reproduction	11		7	4	7
文教体育用品制造业 Culture, Educational and Sports Goods					
石油加工、炼焦及核燃料加工业 Processing of Petroleum ,Coking,Processing of Nucleus Fuel	8			8	4
化学原料及化学制品制造业 Raw Chemical Materials and Chemical Products	1139	375	253	511	882
医药制造业 Medical and Pharmaceutical Products	2063	169	582	1312	1504
化学纤维制造业 Chemical Fiber	58		14	44	44
橡胶制品业 Rubber Products					
塑料制品业 Plastic Products	16		5	11	11
非金属矿物制品业 Nonmetal Mineral Products	95		26	69	78
黑色金属冶炼及压延加工业 Smelting and Pressing of Ferrous Metals	29			29	25
有色金属冶炼及压延加工业 Smelting and Pressing of Nonferrous	206	3	130	73	147
金属制品业 Metal Products	16			16	12
通用设备制造业 Manufacture of General Purpose Machinery	114		7	107	86
专用设备制造业 Equipment for Special Purposes	1129	20	50	1059	905

2-9 续表2

单位:人年 (man-year)

行 业 Industry	研究与试验发展人员全时当量 Full-time Equivalent of R&D Personnel	1. 基础研究 Basic Research	2. 应用研究 Applied Research	3. 试验发展 Experimental Development	#科学家和工程师 Scientists and Engineers
交通运输设备制造业 Transport Equipment	61			61	55
电气机械及器材制造业 Electric Equipment and Machinery	59		27	32	59
通信设备、计算机及其他电子设备制造业 Manufacture of Communication Equipment, Computer and Other Electronic Equipment	491	58	348	85	312
仪器仪表及文化、办公用机械制造业 Instruments, Meters, Cultural and Office Machinery	278		53	225	211
工艺品及其他制造业 Manufacture of Artwork, Other Manufacture					
废弃资源和废旧材料回收加工业 Recycling and Disposal of Waste					
电力、燃气及水的生产和供应业小计 Production and Distribution of Electricity, Gas and Water	**654**	**34**	**132**	**488**	**581**
电力、热力的生产和供应业 Production and Supply of Electric Power and Heat Power	593	29	125	439	527
燃气生产和供应业 Production and Distribution of Gas	9			9	8
水的生产和供应业 Production and Distribution of Water	52	5	7	40	46
建筑业小计 Construction	**502**		**77**	**425**	**363**
房屋和土木工程建筑业 Construction of Building and Civil Engineering	484		69	415	354
建筑安装业 Architectural Installation					
建筑装饰业 Architectural Decoration					
其他建筑业 Other Construction	18		8	10	9
交通运输、仓储和邮政业小计 Traffic, Transport, Storage and Post	**819**		**250**	**569**	**587**
铁路运输业 Railway Transportation	183		45	138	136
道路运输业 Rood Transport	252		27	225	165
城市公共交通业 Urban Public Traffic	129		66	63	97

2－9 续表3

单位:人年 (man-year)

行 业 Industry	研究与试验发展人员全时当量 Full-time Equivalent of R&D Personnel	1. 基础研究 Basic Research	2. 应用研究 Applied Research	3. 试验发展 Experimental Development	#科学家和工程师 Scientists and Engineers
水上运输业 Water Transport	113		83	30	84
航空运输业 Air Transport	50			50	42
管道运输业 Pipeline Transport					
装卸搬运和其他运输服务业 Loading, Unloading, Portage and Other Transport Services	30		29	1	27
仓储业 Storage	62			62	36
邮政业 Post					
信息传输、计算机服务和软件业小计 **Information Transfer, Computer Services and Software**	**604**		**93**	**511**	**506**
电信和其他信息传输服务业 Telecom and Other Information Transfer Services	371		45	326	303
计算机服务业 Computer Services	75			75	75
软件业 Software Industry	158		48	110	128
批发和零售业小计 **Wholesale and Retail Trade**	**3**			**3**	**1**
批发业 Wholesale	3			3	1
零售业 Retail Trade					
住宿和餐饮业小计 **Accommodation and Restaurants**					
住宿业 Accommodation					
餐饮业 Restaurants					
金融业小计 **Finance**					
银行业 Bank					
证券业 Securities					
保险业 Insurance					

2－9 续表 4

单位：人年 (man-year)

行业 Industry	研究与试验发展人员全时当量 Full-time Equivalent of R&D Personnel	1. 基础研究 Basic Research	2. 应用研究 Applied Research	3. 试验发展 Experimental Development	#科学家和工程师 Scientists and Engineers
其他金融活动 Other Financial Activities					
房地产业小计 Real Estate					
房地产业 Real Estate					
租赁和商务服务业小计 Tenancy and Business Services	**32**			**32**	**20**
租赁业 Tenancy					
商务服务业 Business Service	32			32	20
科学研究、技术服务和地质勘查业小计 Scientific Research, Technical Service and Geologic Perambulation	**155644**	**23900**	**66724**	**65020**	**121599**
研究与试验发展 Research and Experimental Development	149531	22964	64368	62199	116221
专业技术服务业 Professional Technique Services	4412	757	1495	2160	3921
科技交流和推广服务业 Services of Science and Technique Intercommunion and Generalization	329	1	161	167	227
地质勘查业 Geologic Perambulation	1372	178	700	494	1190
水利、环境和公共设施管理业小计 Management of Water Conservancy, Environment and Public Establishment	**3080**	**226**	**1220**	**1634**	**2602**
水利管理业 Management of Water Conservancy	1282	40	470	772	1083
环境管理业 Environmental Management	1751	186	750	815	1488
公共设施管理业 Management of Public Establishment	47			47	31
居民服务和其他服务业小计 Resident Services and Other Services	**12**		**3**	**9**	**7**
居民服务业 Resident Services	12		3	9	7
其他服务业 Other Services					
教育小计 Education	**253**	**10**	**53**	**190**	**218**

2－9 续表 5

单位：人年　　(man-year)

行 业 Industry	研究与试验发展人员全时当量 Full-time Equivalent of R&D Personnel	1. 基础研究 Basic Research	2. 应用研究 Applied Research	3. 试验发展 Experimental Development	#科学家和工程师 Scientists and Engineers
教育 Education	253	10	53	190	218
卫生、社会保障和社会福利业小计 Sanitation, Social Security and Social Welfare	8936	1253	4311	3372	7219
卫生 Sanitation	8936	1253	4311	3372	7219
社会保障业 Social Security					
社会福利业 Social Welfare					
文化、体育和娱乐业小计 Culture, Sports and Entertainment	**426**	**132**	**213**	**81**	**342**
新闻出版业 Journalism and Publishing Activities	15	5		10	13
广播、电视、电影和音像业 Broadcasting, Movies, Television and Audiovisual Activities					
文化艺术业 Culture and Art	215	123	63	29	179
体育 Sports Activities	98		59	39	76
娱乐业 Entertainment	98	4	91	3	74
公共管理和社会组织小计 Public Management and Social Organization	**1122**	**1**	**190**	**931**	**1055**
中国共产党机关 Chinese Communist Party Organs					
国家机构 Organ of State	1122	1	190	931	1055
人民政协和民主党派 People's Political Consultative Conference and Democratic Parties					
群众团体、社会团体和宗教组织 Mass Communities, Social Communities and Religion Organizations					
基层群众自治组织 Grass Roots Self-government Organizations					
国际组织小计 International Organizations	**20**	**3**		**17**	**18**
国际组织 International Organizations	20	3		17	18

2-10 各地区研究与开发机构

Sources of Funds in Research

单位:万元

地 区 Region		科技活动经费筹集总额 Total Sources of Funds	#政府资金 Government Grant	#企业资金 Enterprise Funds	#金融机构贷款 Bank Loans	自然科学技术领域 Natural Sciences Sub-total
全 国	**Total**	**7890944**	**5960408**	**497916**	**90642**	**7486347**
东部地区	Eastern Region	5115496	3816550	367297	58320	4816407
中部地区	Middle Region	1141974	803480	99791	29535	1091886
西部地区	Western Region	1633477	1340383	30827	2786	1578060
北 京	Beijing	2584592	2058865	141950	10500	2416831
天 津	Tianjin	144887	122365	6887		133815
河 北	Hebei	160476	133258	440		156733
山 西	Shanxi	78915	63529	7010		70876
内蒙古	Neimenggu	39276	35697	196		35599
辽 宁	Liaoning	264225	204283	22489	4700	257215
吉 林	Jilin	153662	109321	4266	25870	147418
黑龙江	Heilongjiang	104973	81397	3347		99156
上 海	Shanghai	688701	520046	29963		644698
江 苏	Jiangsu	537329	308441	87810	38481	527599
浙 江	Zhejiang	172482	133634	9359	2100	162862
安 徽	Anhui	203180	174571	5840		196784
福 建	Fujian	60827	45928	8481		55763
江 西	Jiangxi	51514	38565	2343	48	48797
山 东	Shandong	187939	131360	14795	1700	172505
河 南	Henan	185852	121562	23643	3200	179059
湖 北	Hubei	288805	162065	45535	317	280020
湖 南	Hunan	75073	52470	7807	100	69776
广 东	Guangdong	293277	142590	45013	835	268269
广 西	Guangxi	67765	44965	1554		61762
海 南	Hainan	20761	15780	110	4	20117
重 庆	Chongqing	44565	34084	571		40860
四 川	Sichuan	588996	512756	14150	45	579539
贵 州	Guizhou	33917	24046	1126	1	31696
云 南	Yunnan	103911	84149	2261	60	97868
西 藏	Tibet	7354	7215			5699
陕 西	Shaanxi	580810	459219	7500	2000	577463
甘 肃	Gansu	99950	84811	1442	500	88916
青 海	Qinghai	10003	8814	222		8981
宁 夏	Ningxia	7416	6809	219		5130
新 疆	Xinjiang	49514	37818	1586	180	44547

科技活动经费筹集(2004)
Institutions by Region

(10 000 yuan)

#政府资金 Government Grant	#企业资金 Enterprise Funds	#金融机构贷款 Bank Loans	社会人文科学领域 Social Sciences and Humanities Sub-total	#政府资金 Government Grant	#企业资金 Enterprise Funds
5643921	**482352**	**90642**	**197485**	**163782**	**3905**
3582835	353531	58320	135905	115791	2617
763870	98415	29535	29239	22797	1289
1297217	30406	2786	32342	25197	
1929687	130450	10500	84982	70263	2308
112430	6887		2753	2585	
129639	440		1911	1911	
58094	7010		6094	3845	
32180	109		2643	2641	
197702	22489	4700	3705	3704	
103381	4266	25870	4462	4453	
76077	3343		3300	3275	4
486576	29240		11977	10375	262
301361	87659	38481	4613	3542	
125153	9323	2100	4048	3995	
170601	5840		3652	2042	
41320	8481		2383	2281	
36052	2343	48	1012	1012	
118816	14501	1700	6236	5684	47
116839	22339	3200	4170	2497	1285
154545	45535	317	3456	3184	
48281	7739	100	3093	2489	
124985	43951	835	13297	11451	
40582	1289		2783	2420	
15166	110	4			
31880	571		2498	1576	
504607	14150	45	4367	4247	
22286	1126	1	1515	1218	
78759	2252	60	2876	2835	
5560			1083	1083	
456214	7500	2000	1406	1406	
79326	1429	500	7790	2757	
7972	222		923	768	
4627	219		1433	1402	
33224	1539	180	3025	2844	

2-11 各地区地方属研究与开发
Sources of Funds in Research Institutions

单位:万元

地区 Region		科技活动经费筹集总额 Total Sources of Funds	#政府资金 Government Grant	#企业资金 Enterprise Funds	#金融机构贷款 Bank Loans	自然科学技术领域 Natural Sciences Sub-total
全　国	**Total**	**1680842**	**1088864**	**123462**	**5346**	**1444080**
东部地区	Eastern Region	961672	555621	90599	4160	824883
中部地区	Middle Region	369530	271822	22741	500	321701
西部地区	Western Region	349641	261422	10124	686	297501
北　京	Beijing	84401	59179	10013		73677
天　津	Tianjin	32031	17474	3448		25792
河　北	Hebei	27522	25312	440		23779
山　西	Shanxi	46349	39092	2662		38310
内蒙古	Neimenggu	26297	25285	196		22620
辽　宁	Liaoning	84226	51216	10789		77217
吉　林	Jilin	58554	46465	3435	70	52310
黑龙江	Heilongjiang	63403	52214	2227		57585
上　海	Shanghai	136279	83693	1869		92276
江　苏	Jiangsu	120626	60216	4855	1521	110895
浙　江	Zhejiang	89419	60168	8909	100	79799
安　徽	Anhui	39598	25422	3217		33202
福　建	Fujian	42732	31924	6241		37667
江　西	Jiangxi	29475	21156	2010	48	26758
山　东	Shandong	127227	76460	11810	1700	111793
河　南	Henan	41011	29530	3670		34613
湖　北	Hubei	46323	30202	2923	282	39403
湖　南	Hunan	44817	27741	2597	100	39520
广　东	Guangdong	212344	86157	32120	835	187337
广　西	Guangxi	59802	38629	1485		53799
海　南	Hainan	4865	3822	105	4	4651
重　庆	Chongqing	23569	13385	310		19864
四　川	Sichuan	64789	43857	4869	45	56813
贵　州	Guizhou	23501	18705	1126	1	21280
云　南	Yunnan	43946	37537	123	60	37903
西　藏	Tibet	7354	7215			5699
陕　西	Shaanxi	18452	15990	338		15105
甘　肃	Gansu	34390	24579	162	500	25152
青　海	Qinghai	3165	2938			2143
宁　夏	Ningxia	7416	6809	219		5130
新　疆	Xinjiang	36960	26493	1296	80	31993

机构科技活动经费筹集(2004)
of Local Governments by Region

(10 000 yuan)

#政府资金 Government Grant	#企业资金 Enterprise Funds	#金融机构贷款 Bank Loans	社会人文科学领域 Social Sciences and Humanities Sub-total	#政府资金 Government Grant	#企业资金 Enterprise Funds
902491	**119403**	**5346**	**122114**	**101418**	**1612**
447494	88318	4160	60533	53427	324
234174	21384	500	29239	22797	1289
220823	9704	686	32342	25197	
50436	9998		9610	7899	15
12287	3448		2753	2585	
21693	440		1911	1911	
33656	2662		6094	3845	
21767	109		2643	2641	
44635	10789		3705	3704	
40525	3435	70	4462	4453	
46895	2223		3300	3275	4
50224	1147		11977	10375	262
53137	4703	1521	4613	3542	
51687	8873	100	4048	3995	
21452	3217		3652	2042	
27317	6241		2383	2281	
18643	2010	48	1012	1012	
63916	11516	1700	6236	5684	47
25183	2385		4170	2497	1285
24268	2923	282	3456	3184	
23552	2529	100	3093	2489	
68552	31058	835	13297	11451	
34246	1221		2783	2420	
3610	105	4			
11181	310		2498	1576	
36785	4869	45	4367	4247	
16944	1126	1	1515	1218	
32147	114	60	2876	2835	
5560			1083	1083	
12985	338		1406	1406	
20585	149	500	7790	2757	
2097			923	768	
4627	219		1433	1402	
21899	1249	80	3025	2844	

2-12 分行业研究与开发机构科技活动经费筹集(2004)

Sources of Funds in Research Institutions by Industry

单位:万元 (10 000 yuan)

行 业 Industry	合计 Total	#政府资金 Government Grant	#企业资金 Enterprise Funds	#金融机构贷款 Bank Loans
总 计 Total	**7890944**	**5960408**	**497916**	**90642**
农、林、牧渔业小计 Farming, Forestry, Animal Husbandry and Fishery	**735416**	**601109**	**13074**	**2273**
农业 Farming	441284	358387	6928	2077
林业 Forestry	82287	71758	250	1
畜牧业 Animal Husbandry	38333	32366	1232	
渔业 Fishery	38121	31484	792	50
农、林、牧、渔服务业 Service Activities for Agriculture, Forestry, Farming of Animals and Fishing	135390	107114	3873	145
采矿业小计 Mining	**11002**	**3526**	**6037**	
煤炭开采和洗选业 Mining and Washing of Coal	1791	1044	138	
石油和天然气开采业 Petroleum and Natural Gas Extraction	6865	546	5764	
黑色金属矿采选业 Ferrous Metals Mining and Dressing				
有色金属矿采选业 Nonferrous Metals Mining and Dressing	1989	1604	136	
非金属矿采选业 Nonmetal Minerals Mining and Dressing	134	131		
其他矿采选业 Other Minerals Mining and Dressing	224	201		
制造业小计 Manufacturing	**317044**	**185616**	**53409**	**500**
农副食品加工业 Processing of Food from Agricultural Products	15567	10892	2566	
食品制造业 Food Production	6639	4039	1350	
饮料制造业 Beverage Production	522	425	32	
烟草制品业 Manufacture of Tobacco	395	375	20	
纺织业 Textile Industry	3945	3238	4	

2－12 续表1

单位:万元 (10 000 yuan)

行 业 Industry	合计 Total	#政府资金 Government Grant	#企业资金 Enterprise Funds	#金融机构贷款 Bank Loans
纺织服装、鞋、帽制造业 Manufacture of Textile Wearing Apparel, Footware and Caps	841	621		
皮革、毛皮、羽毛(绒)及其制品业 Manufacture of Leather, Fur, Feather and Its Products	319	297	5	
木材加工及木、竹、藤、棕、草制品业 Processing of Timbers, Manufacture of Wood, Bamboo, Rattan, Palm and Straw Products	3383	2763	295	
家具制造业 Furniture Manufacturing	192	156		
造纸及纸制品业 Papermaking and Paper Products	805	374	420	
印刷业和记录媒介的复制 Printing and Record Medium Reproduction	1461	1122		
文教体育用品制造业 Culture, Educational and Sports Goods	151	151		
石油加工、炼焦及核燃料加工业 Processing of Petroleum, Coking, Processing of Nucleus Fuel	118	108	10	
化学原料及化学制品制造业 Raw Chemical Materials and Chemical Products	42620	29716	4334	
医药制造业 Medical and Pharmaceutical Products	67765	39418	2872	
化学纤维制造业 Chemical Fiber	1574	1400	81	
橡胶制品业 Rubber Products	673	653		
塑料制品业 Plastic Products	1200	937	94	
非金属矿物制品业 Nonmetal Mineral Products	7707	3753	1692	
黑色金属冶炼及压延加工业 Smelting and Pressing of Ferrous Metals	2335	1355	117	
有色金属冶炼及压延加工业 Smelting and Pressing of Nonferrous	4499	3430	742	
金属制品业 Metal Products	1067	427		
通用设备制造业 Manufacture of General Purpose Machinery	25478	11518	786	500
专用设备制造业 Equipment for Special Purposes	81334	35718	34647	

2－12 续表2

单位:万元　　(10 000 yuan)

行　业 Industry	合计 Total	#政府资金 Government Grant	#企业资金 Enterprise Funds	#金融机构贷款 Bank Loans
交通运输设备制造业 Transport Equipment	5663	2166	267	
电气机械及器材制造业 Electric Equipment and Machinery	5306	2659	1999	
通信设备、计算机及其他电子设备制造业 Manufacture of Communication Equipment , Computer and Other Electronic Equipment	21639	17440	1040	
仪器仪表及文化、办公用机械制造业 Instruments, Meters, Cultural and Office Machinery	12796	9474	27	
工艺品及其他制造业 Manufacture of Artwork, Other Manufacture	1050	993	11	
废弃资源和废旧材料回收加工业 Recycling and Disposal of Waste				
电力、燃气及水的生产和供应业小计 Production and Distribution of Electricity, Gas and Water	**38986**	**21744**	**2168**	**2000**
电力、热力的生产和供应业 Production and Supply of Electric Power and Heat Power	32641	19905	351	
燃气生产和供应业 Production and Distribution of Gas	1080	397	159	
水的生产和供应业 Production and Distribution of Water	5265	1442	1658	2000
建筑业小计 Construction	**77521**	**15706**	**27510**	
房屋和土木工程建筑业 Construction of Building and Civil Engineering	73331	15114	24729	
建筑安装业 Architectural Installation	92			
建筑装饰业 Architectural Decoration	230	188	18	
其他建筑业 Other Construction	3868	404	2764	
交通运输、仓储和邮政业小计 Traffic, Transport, Storage and Post	**58256**	**19869**	**9035**	
铁路运输业 Rood Railway	4123	585	1691	
道路运输业 Road Transport	31983	10360	1771	
城市公共交通业 Urban Public Traffic	4530	3087		

2－12 续表 3

单位:万元　　(10 000 yuan)

行　业 Industry	合计 Total	#政府资金 Government Grant	#企业资金 Enterprise Funds	#金融机构贷款 Bank Loans
水上运输业 Water Transport	10174	4695	5105	
航空运输业 Air Transport	989	172		
管道运输业 Pipeline Transport				
装卸搬运和其他运输服务业 Loading, Unloading, Portage and Other Transport Services	4483	161	425	
仓储业 Storage	1975	809	43	
邮政业 Post				
信息传输、计算机服务和软件业小计 **Information Transfer, Computer Services and Software**	**75054**	**26624**	**26656**	
电信和其他信息传输服务业 Telecom and Other Information Transfer Services	59682	16748	25447	
计算机服务业 Computer Services	4227	1814	535	
软件业 Software Industry	11145	8062	675	
批发和零售业小计 **Wholesale and Retail Trade**	**217**	**202**		
批发业 Wholesale	158	143		
零售业 Retail Trade	59	59		
住宿和餐饮业小计 **Accommodation and Restaurants**				
住宿业 Accommodation				
餐饮业 Restaurants				
金融业小计 **Finance**	**501**	**500**		
银行业 Bank				
证券业 Securities				
保险业 Insurance				

2-12 续表 4

单位:万元 (10 000 yuan)

行 业 Industry	合计 Total	#政府资金 Government Grant	#企业资金 Enterprise Funds	#金融机构贷款 Bank Loans
其他金融活动 Other Financial Activities	501	500		
房地产业小计 Real Estate	**38**			
房地产业 Real Estate	38			
租赁和商务服务业小计 Tenancy and Business Services	**5305**	**2865**	**525**	
租赁业 Tenancy				
商务服务业 Business Service	5305	2865	525	
科学研究、技术服务和地质勘查业小计 Scientific Research, Technical Service and Geologic Perambulation	**5926850**	**4702973**	**304007**	**82509**
研究与试验发展 Research and Experimental Development	5329648	4327703	276488	81335
专业技术服务业 Professional Technique Services	450719	252486	25393	1174
科技交流和推广服务业 Services of Science and Technique Intercommunion and Generalization	36705	27727	931	
地质勘查业 Geologic Perambulation	109779	95057	1195	
水利、环境和公共设施管理业小计 Management of Water Conservancy, Environment and Public Establishment	**210729**	**113222**	**41119**	**1960**
水利管理业 Management of Water Conservancy	88211	45088	19331	1960
环境管理业 Environmental Management	116961	64829	21490	
公共设施管理业 Management of Public Establishment	5557	3305	299	
居民服务和其他服务业小计 Resident Services and Other Services	**850**	**702**	**35**	
居民服务业 Resident Services	568	527		
其他服务业 Other Services	282	175	35	

2－12 续表5

单位:万元 (10 000 yuan)

行业 Industry	合计 Total	#政府资金 Government Grant	#企业资金 Enterprise Funds	#金融机构贷款 Bank Loans
教育小计 Education	**21362**	**15726**	**47**	
教育 Education	21362	15726	47	
卫生、社会保障和社会福利业小计 Sanitation, Social Security and Social Welfare	**271708**	**152251**	**5804**	**1400**
卫生 Sanitation	271708	152251	5804	1400
社会保障业 Social Security				
社会福利业 Social Welfare				
文化、体育和娱乐业小计 Culture, Sports and Entertainment	**73422**	**54940**	**1404**	
新闻出版业 Journalism and Publishing Activities	4042	2906		
广播、电视、电影和音像业 Broadcasting, Movies, Television and Audiovisual Activities	1612	720		
文化艺术业 Culture and Art	51566	36363	1404	
体育 Sports Activities	13772	12549		
娱乐业 Entertainment	2429	2401		
公共管理和社会组织小计 Public Management and Social Organization	**61435**	**37727**	**7086**	
中国共产党机关 Chinese Communist Party Organs	493	239		
国家机构 Organ of State	60943	37488	7086	
人民政协和民主党派 People's Political Consultative Conference and Democratic Parties				
群众团体、社会团体和宗教组织 Mass Communities, Social Communities and Religion Organizations				
基层群众自治组织 Grass Roots Self-government Organizations				
国际组织小计 International Organizations	**5248**	**5107**		
国际组织 International Organizations	5248	5107		

2-13 各地区研究与开发机构

Intramural Expenditure in

单位:万元

地 区 Region		经费内部支出总额 Total	Intramural Expenditure 劳务费 Compensation for Laborers	业务费 Operating Expenses	固定资产购建费 Expenditure on the Purchase of Fixed-assets	#购置仪器 Purchasing Equipment	自然科学技术领域 Sub-total
全 国	**Total**	**7063106**	**1722141**	**3935550**	**1405415**	**1046453**	**6684633**
东部地区	Eastern Region	4670803	1063578	2714780	892445	663909	4393041
中部地区	Middle Region	958606	299369	479817	179424	133557	911407
西部地区	Western Region	1433699	359199	740954	333550	248987	1380186
北 京	Beijing	2346724	489699	1407379	449646	339140	2189708
天 津	Tianjin	133453	27797	86450	19206	16024	122697
河 北	Hebei	119981	19962	82372	17646	13800	116483
山 西	Shanxi	77735	30346	31969	15420	12552	70183
内蒙古	Neimenggu	36492	18592	13248	4653	3707	32946
辽 宁	Liaoning	256063	65907	112965	77191	40845	248955
吉 林	Jilin	139909	42819	67103	29988	20365	133670
黑龙江	Heilongjiang	89543	38354	36353	14837	13192	83471
上 海	Shanghai	640263	130061	368178	142024	98726	598602
江 苏	Jiangsu	509346	113776	322907	72663	60581	500439
浙 江	Zhejiang	156837	38080	92344	26412	22548	148323
安 徽	Anhui	119659	36683	51085	31892	24775	114334
福 建	Fujian	55048	24308	21270	9470	7670	50077
江 西	Jiangxi	52826	19180	21511	12135	9578	50469
山 东	Shandong	177174	60101	76868	40205	32933	163732
河 南	Henan	172321	40880	104596	26846	18618	166243
湖 北	Hubei	236484	65339	134789	36356	25629	228508
湖 南	Hunan	70129	25768	32411	11950	8848	64529
广 东	Guangdong	258173	87334	135278	35562	29497	236903
广 西	Guangxi	60141	25107	27548	7487	5719	54780
海 南	Hainan	17741	6553	8769	2420	2145	17122
重 庆	Chongqing	42969	13558	19205	10207	8395	39152
四 川	Sichuan	504932	108249	273966	122717	90276	495390
贵 州	Guizhou	34892	15738	13311	5843	4729	32791
云 南	Yunnan	86908	29272	31703	25933	14569	81060
西 藏	Tibet	7134	2335	1950	2849	2386	5480
陕 西	Shaanxi	492185	88307	287798	116080	94369	488871
甘 肃	Gansu	104299	35177	41791	27331	16102	93975
青 海	Qinghai	10775	4033	4593	2149	1637	9790
宁 夏	Ningxia	7066	3179	3313	575	522	4659
新 疆	Xinjiang	45906	15652	22528	7726	6576	41292

科技活动经费内部支出(2004)

Research Institutions by Region

(10 000 yuan)

Natural Sciences				Social Sciences and Humanities				
劳务费 Compe-nsation for Laborers	业务费 Operating Expenses	固定资产购建费 Expenditure on the Purchase of Fixed-assets	#购置仪器 Purchasing Equipment	社会人文科学领域 Sub-total	劳务费 Compe-nsation for Laborers	业务费 Operating Expenses	固定资产购建费 Expenditure on the Purchase of Fixed-assets	#购置仪器 Purchasing Equipment
1582332	**3761985**	**1340316**	**991857**	**180798**	**79442**	**88128**	**13229**	**9352**
969583	2585017	838443	618697	120958	51017	60211	9730	6600
277451	459765	174191	129091	28230	13681	13366	1184	1084
335299	717203	327683	244067	31609	14742	14552	2316	1670
440174	1331888	417645	314789	73485	30106	37033	6346	3751
24851	80261	17586	14404	2745	1199	1393	154	154
18380	81249	16854	13008	1649	492	541	616	616
26811	28397	14975	12107	5728	2637	2863	228	228
16432	12178	4336	3401	2540	1533	774	233	222
61976	110133	76847	40501	3841	2222	1580	39	39
40048	63914	29707	20085	4524	1988	2459	77	77
35376	33950	14145	12600	3634	1809	1656	169	69
117876	351450	129276	86220	11013	5670	4895	448	448
109260	318938	72242	60160	4798	2603	2057	138	138
34927	87695	25701	21987	3889	1271	2484	134	134
34524	48405	31405	24288	3047	1124	1730	192	192
22157	19215	8705	7118	2551	838	1448	265	265
18002	20744	11723	9466	967	622	331	15	15
55387	71204	37141	30289	5380	1993	2258	1128	708
37751	102280	26212	17984	3628	1965	1474	189	189
61228	132455	34826	24465	3376	2211	1072	93	93
23711	29620	11198	8096	3326	1325	1781	221	221
78470	124335	34098	28148	11607	4623	6522	462	347
22508	25426	6845	5092	2281	1304	765	212	197
6125	8649	2348	2073					
12271	16784	10097	8285	2717	1125	1535	58	58
103360	270334	121696	89256	4568	2310	2009	249	249
14650	12527	5613	4500	1406	729	484	193	193
27257	28392	25411	14061	2850	1340	1354	156	142
2113	870	2497	2333	1067	54	1006	7	7
86302	286971	115598	93887	1406	1040	250	116	116
31538	36873	25564	14941	7638	2604	4158	876	270
3484	4206	2100	1588	862	498	326	37	37
2008	2233	418	365	1553	868	606	80	80
13376	20409	7508	6358	2721	1337	1285	99	99

2-14 各地区地方属研究与开发机构

Intramural Expenditure in Research Institutions

单位:万元

地区	Region	经费内部支出总额 Total	Intramural Expenditure 劳务费 Compensation for Laborers	业务费 Operating Expenses	固定资产购建费 Expenditure on the Purchase of Fixed-assets	#购置仪器 Purchasing Equipment	自然科学技术领域 Sub-total
全　国	**Total**	**1576605**	**645869**	**708913**	**221823**	**174938**	**1354840**
东部地区	Eastern Region	896591	324072	431135	141384	112384	770263
中部地区	Middle Region	355359	169385	143790	42186	34005	310245
西部地区	Western Region	324657	152414	133989	38257	28549	274333
北　京	Beijing	87222	25808	41774	19639	8575	76469
天　津	Tianjin	31253	11472	15995	3786	3615	25246
河　北	Hebei	28222	13791	9467	4965	3074	24725
山　西	Shanxi	43437	23997	15227	4214	3892	35885
内蒙古	Neimenggu	25214	15589	6934	2692	1845	21668
辽　宁	Liaoning	80782	33489	38371	8922	7578	73675
吉　林	Jilin	59046	26457	26864	5725	4412	52807
黑龙江	Heilongjiang	63828	31915	24833	7081	6602	57756
上　海	Shanghai	121207	35688	61876	23642	21454	79546
江　苏	Jiangsu	110161	43582	54076	12503	10950	101255
浙　江	Zhejiang	81296	28781	40880	11636	8236	72783
安　徽	Anhui	37335	16109	15664	5563	5001	32009
福　建	Fujian	40307	19294	14422	6590	5544	35335
江　西	Jiangxi	27918	14313	10021	3584	2438	25561
山　东	Shandong	123094	47287	48230	27577	23198	109652
河　南	Henan	37433	18589	15367	3477	2839	31735
湖　北	Hubei	43577	19799	18702	5076	3411	37307
湖　南	Hunan	42785	18206	17112	7466	5410	37185
广　东	Guangdong	188042	62171	104202	21670	19918	166771
广　西	Guangxi	52798	22377	23919	6502	5036	47437
海　南	Hainan	5005	2709	1842	454	242	4806
重　庆	Chongqing	21255	8353	9796	3107	2114	17438
四　川	Sichuan	61007	25669	30383	4955	4378	52944
贵　州	Guizhou	23037	11233	9261	2544	1752	20936
云　南	Yunnan	39968	20946	14091	4931	2693	34120
西　藏	Xizang	7134	2335	1950	2849	2386	5480
陕　西	Shaanxi	18624	10642	5726	2256	1813	15309
甘　肃	Gansu	32111	17283	11322	3506	2143	23499
青　海	Qinghai	3105	1570	1016	518	213	2119
宁　夏	Ningxia	7066	3179	3313	575	522	4659
新　疆	Xinjiang	33338	13238	16278	3822	3654	28724

科技活动经费内部支出(2004)
of Local Governments by Region

(10 000 yuan)

Natural Sciences				社会人文科学领域 Sub-total	Social Sciences and Humanities			
劳务费 Compensation for Laborers	业务费 Operating Expenses	固定资产购建费 Expenditure on the Purchase ofFixed-assets	#购置仪器 Purchasing Equipment		劳务费 Compensation for Laborers	业务费 Operating Expenses	固定资产购建费 Expenditure on the Purchase of Fixed-assets	#购置仪器 Purchasing Equipment
553669	**609671**	**191500**	**147116**	**117000**	**53425**	**56327**	**7248**	**5967**
276134	374510	119619	91763	57160	25001	28410	3750	3215
147989	124034	38224	30459	28230	13681	13366	1184	1084
129548	111128	33657	24895	31609	14742	14552	2316	1670
21196	36073	19201	8137	9687	4090	5232	366	366
9355	13075	2816	2645	2745	1199	1393	154	154
12209	8343	4173	2282	1649	492	541	616	616
20462	11655	3768	3447	5728	2637	2863	228	228
13429	5864	2375	1540	2540	1533	774	233	222
29558	35539	8577	7234	3841	2222	1580	39	39
23686	23675	5445	4132	4524	1988	2459	77	77
28937	22430	6389	6010	3634	1809	1656	169	69
23504	45148	10894	8948	11013	5670	4895	448	448
39067	50107	12081	10528	4798	2603	2057	138	138
25628	36231	10925	7675	3889	1271	2484	134	134
13951	12983	5076	4514	3047	1124	1730	192	192
17143	12367	5825	4992	2551	838	1448	265	265
13135	9254	3172	2326	967	622	331	15	15
42574	42566	24512	20554	5380	1993	2258	1128	708
15571	13151	3014	2375	3628	1965	1474	189	189
16097	16564	4646	2997	3376	2211	1072	93	93
16150	14322	6714	4658	3326	1325	1781	221	221
53307	93259	20205	18569	11607	4623	6522	462	347
19778	21798	5861	4409	2281	1304	765	212	197
2593	1802	410	199					
7066	7375	2997	2004	2717	1125	1535	58	58
21330	27196	4417	3841	4568	2310	2009	249	249
10144	8478	2314	1522	1406	729	484	193	193
18931	10780	4409	2185	2850	1340	1354	156	142
2113	870	2497	2333	1067	54	1006	7	7
8636	4900	1774	1331	1406	1040	250	116	116
14131	6847	2521	1764	7638	2604	4158	876	270
1021	629	469	164	862	498	326	37	37
2008	2233	418	365	1553	868	606	80	80
10961	14158	3605	3437	2721	1337	1285	99	99

2-15 分行业研究与开发机构科技活动经费内部支出(2004)

Intramural Expenditure in Research Institutions by Industry

单位:万元 (10 000 yuan)

行业 Industry	经费内部支出总额 Total	Intramural Expenditure 劳务费 Compensation for Laborers	业务费 Operating Expenses	固定资产购建费 Expenditure on the Purchase of Fixed-assets	#购置仪器 Purchasing Equipment
总计 Total	**7063106**	**1722141**	**3935550**	**1405415**	**1046453**
农、林、牧渔业小计 Farming, Forestry, Animal Husbandry and Fishery	**694044**	**287853**	**302010**	**104180**	**60911**
农业 Farming	419546	172349	174339	72858	38626
林业 Forestry	74188	33284	34045	6859	5453
畜牧业 Animal Husbandry	36305	15275	17567	3463	2369
渔业 Fishery	35905	13512	15234	7158	4268
农、林、牧、渔服务业 Service Activities For Agriculture, Forestry, Farming of Animals and Fishing	128100	53433	60825	13842	10195
采矿业小计 Mining	**11514**	**3645**	**5821**	**2048**	**1909**
煤炭开采和洗选业 Mining and Washing of Coal	1728	1048	480	200	173
石油和天然气开采业 Petroleum and Natural Gas Extraction	8185	2035	4673	1477	1407
黑色金属矿采选业 Ferrous Metals Mining and Dressing					
有色金属矿采选业 Nonferrous Metals Mining and Dressing	1055	444	511	100	58
非金属矿采选业 Nonmetal Minerals Mining and Dressing	322	42	10	271	271
其他矿采选业 Other Minerals Mining and Dressing	224	76	148		
制造业小计 Manufacturing	**301118**	**113799**	**134694**	**52625**	**35998**
农副食品加工业 Processing of Food from Agricultural Products	15049	6758	6506	1786	1451
食品制造业 Food Production	6046	3117	2332	597	597
饮料制造业 Beverage Production	553	280	237	36	36
烟草制品业 Manufacture of Tobacco	380	110	100	170	170

2-15 续表 1

单位:万元 (10 000 yuan)

行 业 Industry	经费内部支出总额 Total	Intramural Expenditure 劳务费 Compensation for Laborers	业务费 Operating Expenses	固定资产购建费 Expenditure on the Purchase of Fixed-assets	#购置仪器 Purchasing Equipment
纺织业 Textile Industry	4144	2199	1583	361	151
纺织服装、鞋、帽制造业 Manufacture of Textile Wearing Apparel, Footware and Caps	860	523	257	80	80
皮革、毛皮、羽毛(绒)及其制品业 Manufacture of Leather, Fur, Feather and Its Products	436	223	190	23	23
木材加工及木、竹、藤、棕、草制品业 Processing of Timbers, Manufacture of Wood, Bamboo, Rattan, Palm and Straw Products	3276	1042	2076	158	158
家具制造业 Furniture Manufacturing	204	71	23	110	110
造纸及纸制品业 Papermaking and Paper Products	1043	623	388	32	32
印刷业和记录媒介的复制 Printing and Record Medium Reproduction	1411	964	353	94	94
文教体育用品制造业 Culture, Educational and Sports Goods	327	315	10	2	2
石油加工、炼焦及核燃料加工业 Processing of Petroleum, Coking, Processing of Nucleus Fuel	142	126	16		
化学原料及化学制品制造业 Raw Chemical Materials and Chemical Products	42497	17326	18324	6847	3012
医药制造业 Medical and Pharmaceutical Products	58098	21142	31658	5298	4738
化学纤维制造业 Chemical Fiber	1820	1243	550	28	28
橡胶制品业 Rubber Products	853	584	151	118	118
塑料制品业 Plastic Products	1285	690	481	114	114
非金属矿物制品业 Nonmetal Mineral Products	7784	3873	3236	675	470
黑色金属冶炼及压延加工业 Smelting and Pressing of Ferrous Metals	2047	1135	797	114	114
有色金属冶炼及压延加工业 Smelting and Pressing of Nonferrous	3163	1491	1229	442	393
金属制品业 Metal Products	881	266	460	155	155
通用设备制造业 Manufacture of General Purpose Machinery	30590	9042	13647	7901	3018

2－15 续表 2

单位：万元 (10 000 yuan)

行　业 Industry	经费内部支出总额 Total	劳务费 Compensation for Laborers	业务费 Operating Expenses	固定资产购建费 Expenditure on the Purchase of Fixed-assets	#购置仪器 Purchasing Equipment
	Intramural Expenditure				
专用设备制造业 Equipment for Special Purposes	74702	25552	34124	15026	13560
交通运输设备制造业 Transport Equipment	3258	1644	1198	416	294
电气机械及器材制造业 Electric Equipment and Machinery	4956	2297	2569	91	91
通信设备、计算机及其他电子设备制造业 Manufacture of Communication Equipment, Computer and Other Electronic Equipment	22915	6315	8849	7751	3017
仪器仪表及文化、办公用机械制造业 Instruments, Meters, Cultural and Office Machinery	11329	4071	3189	4070	3864
工艺品及其他制造业 Manufacture of Artwork, Other Manufacture	1069	778	161	130	110
废弃资源和废旧材料回收加工业 Recycling and Disposal of Waste					
电力、燃气及水的生产和供应业小计 Production and Distribution of Electricity, Gas and Water	**33845**	**11051**	**14259**	**8535**	**8028**
电力、热力的生产和供应业 Production and Supply of Electric Power and Heat Power	27556	9604	12778	5175	4668
燃气生产和供应业 Production and Distribution of Gas	860	372	420	67	67
水的生产和供应业 Production and Distribution of Water	5429	1076	1062	3292	3292
建筑业小计 Construction	**64322**	**20152**	**35248**	**8922**	**8456**
房屋和土木工程建筑业 Construction of Building and Civil Engineering	60835	19019	33047	8769	8303
建筑安装业 Architectural Installation	92	48	34	10	10
建筑装饰业 Architectural Decoration	280	166	68	47	47
其他建筑业 Other Construction	3116	919	2100	97	97
交通运输、仓储和邮政业小计 Traffic, Transport, Storage and Post	**51102**	**13580**	**30620**	**6903**	**4439**
铁路运输业 Railway Transportation	5870	989	4247	635	635

2 - 15 续表 3

单位:万元 (10 000 yuan)

行 业 Industry	经费内部支出总额 Total	劳务费 Compensation for Laborers	业务费 Operating Expenses	固定资产购建费 Expenditure on the Purchase of Fixed-assets	#购置仪器 Purchasing Equipment
	Intramural Expenditure				
道路运输业 Road Transport	27593	6674	16339	4581	2587
城市公共交通业 Urban Public Traffic	3040	1020	1722	298	298
水上运输业 Water Transport	7869	2437	4545	888	418
航空运输业 Air Transport	1100	642	255	202	202
管道运输业 Pipeline Transport					
装卸搬运和其他运输服务业 Loading, Unloading, Portage and Other Transport Services	3525	1206	2157	162	162
仓储业 Storage	2105	613	1355	138	138
邮政业 Post					
信息传输、计算机服务和软件业小计 Information Transfer, Computer Services and Software	**49708**	**15004**	**28468**	**6235**	**6235**
电信和其他信息传输服务业 Telecom and Other Information Transfer Services	37413	10290	23062	4061	4061
计算机服务业 Computer Services	4137	1585	2241	311	311
软件业 Software Industry	8158	3129	3165	1864	1864
批发和零售业小计 Wholesale and Retail Trade	**224**	**133**	**80**	**12**	**12**
批发业 Wholesale	165	99	57	10	10
零售业 Retail Trade	59	34	23	2	2
住宿和餐饮业小计 Accommodation and Restaurants					
住宿业 Accommodation					
餐饮业 Restaurants					
金融业小计 Finance	**560**	**228**	**328**	**5**	**5**
银行业 Bank					

2－15 续表 4

单位:万元 (10 000 yuan)

行 业 Industry	经费内部支出总额 Total	劳务费 Compensation for Laborers	业务费 Operating Expenses	固定资产购建费 Expenditure on the Purchase of Fixed-assets	#购置仪器 Purchasing Equipment
		Intramural Expenditure			
证券业 Securities					
保险业 Insurance					
其他金融活动 Other Financial Activities	560	228	328	5	5
房地产业小计 Real Estate	**36**	**30**	**6**		
房地产业 Real Estate	36	30	6		
租赁和商务服务业小计 Tenancy and Business Services	**4835**	**1679**	**2570**	**586**	**586**
租赁业 Tenancy					
商务服务业 Business Service	4835	1679	2570	586	586
科学研究、技术服务和地质勘查业小计 Scientific Research, Technical Service and Geologic Perambulation	**5146709**	**1033315**	**2998443**	**1114951**	**837195**
研究与试验发展 Research and Experimental Development	4633947	868879	2728603	1036466	770260
专业技术服务业 Professional Technique Services	399208	120548	215216	63444	54103
科技交流和推广服务业 Services of Science and Technique Intercommunion and Generalization	33085	15012	13904	4169	3798
地质勘查业 Geologic Perambulation	80469	28877	40720	10872	9033
水利、环境和公共设施管理业小计 Management of Water Conservancy, Environment and Public Establishment	**184082**	**61417**	**98013**	**24652**	**15799**
水利管理业 Management of Water Conservancy	81017	29463	37377	14177	8721
环境管理业 Environmental Management	97568	31009	56654	9905	7035
公共设施管理业 Management of Public Establishment	5498	945	3982	571	43
居民服务和其他服务业小计 Resident Services and Other Services	**859**	**243**	**510**	**106**	**106**

2-15 续表5

单位:万元 (10 000 yuan)

行业 Industry	经费内部支出总额 Total	劳务费 Compensation for Laborers	业务费 Operating Expenses	固定资产购建费 Expenditure on the Purchase of Fixed-assets	#购置仪器 Purchasing Equipment
	Intramural Expenditure				
居民服务业 Resident Services	534	66	394	74	74
其他服务业 Other Services	325	177	116	32	32
教育小计 Education	**21181**	**10383**	**10216**	**582**	**582**
教育 Education	21181	10383	10216	582	582
卫生、社会保障和社会福利业小计 Sanitation, Social Security and Social Welfare	**368927**	**110719**	**209348**	**48860**	**44010**
卫生 Sanitation	368927	110719	209348	48860	44010
社会保障业 Social Security					
社会福利业 Social Welfare					
文化、体育和娱乐业小计 Culture, Sports and Entertainment	**65442**	**18144**	**30175**	**17124**	**14528**
新闻出版业 Journalism and Publishing Activities	3371	415	756	2200	194
广播、电视、电影和音像业 Broadcasting, Movies, Television and Audiovisual Activities	1339	598	514	228	228
文化艺术业 Culture and Art	46384	12001	21827	12557	12012
体育 Sports Activities	11922	3830	6170	1922	1878
娱乐业 Entertainment	2425	1300	909	217	217
公共管理和社会组织小计 Public Management and Social Organization	**57686**	**20429**	**31608**	**5649**	**4606**
中国共产党机关 Chinese Communist Party Organs	450	198	222	31	31
国家机构 Organ of State	57236	20231	31386	5618	4576
人民政协和民主党派 People's Political Consultative Conference and Democratic Parties					
群众团体、社会团体和宗教组织 Mass Communities, Social Communities and Religion Organizations					
基层群众自治组织 Grass Roots Self-government Organizations					
国际组织小计 International Organizations	**6913**	**338**	**3134**	**3441**	**3049**
国际组织 International Organizations	6913	338	3134	3441	3049

2-16 各地区研究与开发机构研究与试

Intramural R&D Expenditure in

单位:万元

地区 Region		研究与试验发展经费内部支出 Intramural R&D Expenditure	基础研究 Basic Research	应用研究 Applied Research	试验发展 Experimental Development	自然科学技术领域 Natural Sciences
全国	**Total**	**4317270**	**517025**	**1590759**	**2209486**	**4237539**
东部地区	Eastern Region	2822897	368173	988699	1466025	2762119
中部地区	Middle Region	542588	48093	291667	202831	536254
西部地区	Western Region	951787	100761	310397	540631	939168
北京	Beijing	1551783	238482	439032	874269	1506992
天津	Tianjin	83674	3237	33391	47045	81698
河北	Hebei	74229	16524	44616	13089	74032
山西	Shanxi	31621	139	15102	16380	31610
内蒙古	Neimenggu	14075	1644	7516	4917	12942
辽宁	Liaoning	160363	10238	52677	97448	160180
吉林	Jilin	85079	11768	51431	21880	83149
黑龙江	Heilongjiang	32780	2376	11741	18662	30530
上海	Shanghai	432699	54745	210841	167112	429589
江苏	Jiangsu	319768	17616	133280	168871	319121
浙江	Zhejiang	46193	1987	19117	25089	44024
安徽	Anhui	75896	14662	48743	12491	75422
福建	Fujian	18197	4400	7199	6599	16259
江西	Jiangxi	28759	1103	21148	6509	28427
山东	Shandong	62068	9109	19783	33176	59202
河南	Henan	99796	2000	29363	68432	99548
湖北	Hubei	151336	13692	94697	42948	150915
湖南	Hunan	37321	2352	19441	15530	36653
广东	Guangdong	68933	9937	26422	32575	66032
广西	Guangxi	11259	709	3691	6859	10939
海南	Hainan	4990	1897	2341	752	4990
重庆	Chongqing	18902	6363	5417	7122	18902
四川	Sichuan	329125	29012	153148	146965	327478
贵州	Guizhou	14036	5514	450	8073	13797
云南	Yunnan	53028	8868	17918	26242	51553
西藏	Tibet	2138	369	1628	141	2084
陕西	Shaanxi	421211	21670	86959	312583	420981
甘肃	Gansu	60105	22276	19458	18372	54790
青海	Qinghai	6251	1658	1863	2730	6241
宁夏	Ningxia	1970	225	885	860	1311
新疆	Xinjiang	19687	2454	11466	5767	18150

验发展(R&D)经费内部支出(2004)

Research Institutions by Region

(10 000 yuan)

基础研究 Basic Research	应用研究 Applied Research	试验发展 Experimental Development	社会人文科学领域 Social Sciences and Humanities	基础研究 Basic Research	应用研究 Applied Research	试验发展 Experimental Development
491959	**1560359**	**2185221**	**67725**	**24219**	**25966**	**17540**
346428	966609	1449080	51400	20901	18950	11551
46895	287687	201674	5888	1199	3840	851
98639	306062	534466	10439	2123	3179	5139
220998	426254	859741	36677	16643	9924	10110
2303	32755	46639	1568	934	495	140
16524	44616	12892	197			197
139	15091	16380	11		11	
1172	6871	4900	1108	472	636	
10238	52677	97265	183			183
11350	49978	21822	1929	419	1453	58
2013	10438	18078	2183	362	1257	565
54119	208356	167112	3110	626	2484	
17540	132710	168871	646	77	570	
472	18463	25089	2169	1515	654	
14506	48425	12491	475	157	318	
3498	6326	6434	1704	902	802	
977	21034	6416	235	126	109	
9001	17516	32685	2306	104	2202	
1876	29240	68432	248	125	123	
13692	94697	42526	228			228
2341	18783	15530	579	10	569	
9837	24595	31600	2840	100	1819	921
709	3582	6648	289		109	180
1897	2341	752				
6363	5417	7122				
28853	152856	145769	826	159	293	375
5297	427	8073	240	217	23	
8776	16675	26101	1233	92	1034	107
336	1607	141	54	34	21	
21664	86736	312583	229	6	223	
22276	18742	13772	4851		374	4477
1658	1853	2730	10		10	
	451	860	659	225	434	
1536	10847	5767	940	918	22	

2－17 各地区地方属研究与开发机构研

Intramural R&D Expenditure in Local

单位:万元

地 区 Region		研究与试验发展经费内部支出 Intramural R&D Expenditure	基础研究 Basic Research	应用研究 Applied Research	试验发展 Experimental Development	自然科学技术领域 Natural Sciences
全 国	**Total**	**326414**	**19718**	**99483**	**207214**	**289711**
东部地区	Eastern Region	186742	11839	57925	116980	167834
中部地区	Middle Region	71533	3668	21449	46418	65200
西部地区	Western Region	68141	4212	20113	43817	56680
北 京	Beijing	30787	956	10842	18989	27672
天 津	Tianjin	8931	934	1772	6225	7148
河 北	Hebei	6836	155	800	5881	6640
山 西	Shanxi	4547	13	466	4068	4536
内蒙古	Neimenggu	6038	787	2016	3235	4904
辽 宁	Liaoning	8134		881	7253	7951
吉 林	Jilin	20472	929	6522	13021	18543
黑龙江	Heilongjiang	17423	1047	4181	12195	15173
上 海	Shanghai	25134	4125	11177	9832	22024
江 苏	Jiangsu	25384	1591	8091	15703	24738
浙 江	Zhejiang	18827	1639	4549	12640	16658
安 徽	Anhui	4102	261	1111	2730	3628
福 建	Fujian	8771	1314	2527	4930	6832
江 西	Jiangxi	4618	671	1435	2513	4286
山 东	Shandong	23406	582	8358	14466	20540
河 南	Henan	4496	269	733	3495	4248
湖 北	Hubei	4798		527	4270	4376
湖 南	Hunan	11077	478	6474	4126	10410
广 东	Guangdong	30305	540	8928	20837	27404
广 西	Guangxi	8493	382	2919	5192	8174
海 南	Hainan	227	3		224	227
重 庆	Chongqing	1510		201	1309	1510
四 川	Sichuan	11259	220	2352	8688	10429
贵 州	Guizhou	3396	217	326	2853	3156
云 南	Yunnan	12837	791	4095	7951	11362
西 藏	Tibet	2138	369	1628	141	2084
陕 西	Shaanxi	2165	223	514	1428	1936
甘 肃	Gansu	8829		569	8260	3855
青 海	Qinghai	74		10	64	64
宁 夏	Ningxia	1970	225	885	860	1311
新 疆	Xinjiang	9432	998	4598	3836	7895

究与试验发展(R&D)经费内部支出(2004)

Research Institutions by Region

(10 000 yuan)

基础研究 Basic Research	应用研究 Applied Research	试验发展 Experimental Development	社会人文科学领域 Social Sciences and Humanities	基础研究 Basic Research	应用研究 Applied Research	试验发展 Experimental Development
11764	**81298**	**196649**	**34070**	**7949**	**17088**	**9034**
7204	47711	112920	17745	4631	10072	3044
2469	17469	45262	5888	1199	3840	851
2092	16119	38470	10439	2123	3179	5139
583	9797	17293	3022	373	1046	1603
	1278	5870	1568	934	495	140
155	800	5684	197			197
13	455	4068	11		11	
315	1371	3218	1108	472	636	
	881	7070	183			183
511	5069	12963	1929	419	1453	58
684	2878	11611	2183	362	1257	565
3499	8693	9832	3110	626	2484	
1514	7521	15703	646	77	570	
124	3894	12640	2169	1515	654	
105	793	2730	475	157	318	
412	1655	4766	1704	902	802	
545	1321	2420	235	126	109	
474	6091	13975	2306	104	2202	
144	609	3495	248	125	123	
	527	3849	228			228
467	5817	4126	579	10	569	
440	7101	19863	2840	100	1819	921
382	2810	4982	289		109	180
3		224				
	201	1309				
62	2059	8308	826	159	293	375
	303	2853	240	217	23	
699	2852	7811	1233	92	1034	107
336	1607	141	54	34	21	
217	291	1428	229	6	223	
	195	3660	4851		374	4477
		64	10		10	
	451	860	659	225	434	
81	3979	3836	940	918	22	

2-18 分行业研究与开发机构研究与试验发展(R&D)经费内部支出(2004)
Intramural R&D Expenditure in Research Institutions by Industry

单位:万元 (10 000 yuan)

行业 Industry	研究与试验发展经费内部支出 Intramural R&D Expenditure	基础研究 Basic Research	应用研究 Applied Research	试验发展 Experimental Development
总计 Total	**4317270**	**517025**	**1590759**	**2209486**
农、林、牧渔业小计 Farming, Forestry, Animal Husbandry and Fishery	**237158**	**12663**	**61083**	**163412**
农业 Farming	152965	8319	37030	107616
林业 Forestry	20610	813	5684	14113
畜牧业 Animal Husbandry	12015	780	2291	8943
渔业 Fishery	10365	1080	2518	6767
农、林、牧、渔服务业 Service Activities for Agriculture, Forestry, Farming of Animals and Fishing	41204	1671	13560	25973
采矿业小计 Mining	**1293**	**263**	**13**	**1017**
煤炭开采和洗选业 Mining and Washing of Coal	523			523
石油和天然气开采业 Petroleum and Natural Gas Extraction	172			172
黑色金属矿采选业 Ferrous Metals Mining and Dressing				
有色金属矿采选业 Nonferrous Metals Mining and Dressing	295			295
非金属矿采选业 Nonmetal Minerals Mining and Dressing	276	263	13	
其他矿采选业 Other Minerals Mining and Dressing	27			27
制造业小计 Manufacturing	**91389**	**12781**	**22594**	**56014**
农副食品加工业 Processing of Food from Agricultural Products	3283	52	109	3122
食品制造业 Food Production	1506	52	400	1054
饮料制造业 Beverage Production				
烟草制品业 Manufacture of Tobacco				
纺织业 Textile Industry	228		32	197

2－18 续表 1

单位:万元 (10 000 yuan)

行 业 Industry	研究与试验发展经费内部支出 Intramural R&D Expenditure	基础研究 Basic Research	应用研究 Applied Research	试验发展 Experimental Development
纺织服装、鞋、帽制造业 Manufacture of Textile Wearing Apparel, Footware and Caps	158			158
皮革、毛皮、羽毛(绒)及其制品业 Manufacture of Leather, Fur, Feather and Its Products	104		18	86
木材加工及木、竹、藤、棕、草制品业 Processing of Timbers, Manufacture of Wood, Bamboo, Rattan, Palm and Straw Products	2241	148	465	1628
家具制造业 Furniture Manufacturing	75			75
造纸及纸制品业 Papermaking and Paper Products	517			517
印刷业和记录媒介的复制 Printing and Record Medium Reproduction	54		21	33
文教体育用品制造业 Culture, Educational and Sports Goods				
石油加工、炼焦及核燃料加工业 Processing of Petroleum ,Coking,Processing of Nucleus Fuel	70			70
化学原料及化学制品制造业 Raw Chemical Materials and Chemical Products	21471	10297	6946	4228
医药制造业 Medical and Pharmaceutical Products	26254	1186	7833	17235
化学纤维制造业 Chemical Fiber	328		108	220
橡胶制品业 Rubber Products				
塑料制品业 Plastic Products	192		85	107
非金属矿物制品业 Nonmetal Mineral Products	378		69	309
黑色金属冶炼及压延加工业 Smelting and Pressing of Ferrous Metals	140			140
有色金属冶炼及压延加工业 Smelting and Pressing of Nonferrous	642	19	366	257
金属制品业 Metal Products	212			212
通用设备制造业 Manufacture of General Purpose Machinery	794		91	703

2-18 续表2

单位:万元 (10 000 yuan)

行业 Industry	研究与试验发展经费内部支出 Intramural R&D Expenditure	基础研究 Basic Research	应用研究 Applied Research	试验发展 Experimental Development
专用设备制造业 Equipment for Special Purposes	15842	24	304	15515
交通运输设备制造业 Transport Equipment	1009			1009
电气机械及器材制造业 Electric Equipment and Machinery	303		73	230
通信设备、计算机及其他电子设备制造业 Manufacture of Communication Equipment, Computer and Other Electronic Equipment	13492	1004	5167	7321
仪器仪表及文化、办公用机械制造业 Instruments, Meters, Cultural and Office Machinery	2096		507	1589
工艺品及其他制造业 Manufacture of Artwork, Other Manufacture				
废弃资源和废旧材料回收加工业 Recycling and Disposal of Waste				
电力、燃气及水的生产和供应业小计 **Production and Distribution of Electricity, Gas and Water**	**14322**	**438**	**2623**	**11261**
电力、热力的生产和供应业 Production and Supply of Electric Power and Heat Power	11288	405	2397	8487
燃气生产和供应业 Production and Distribution of Gas	80			80
水的生产和供应业 Production and Distribution of Water	2954	33	227	2694
建筑业小计 **Construction**	**5996**		**460**	**5535**
房屋和土木工程建筑业 Construction of Building and Civil Engineering	5542		233	5308
建筑安装业 Architectural Installation				
建筑装饰业 Architectural Decoration				
其他建筑业 Other Construction	454		227	227
交通运输、仓储和邮政业小计 **Traffic, Transport, Storage and Post**	**15120**		**3576**	**11544**
铁路运输业 Railway Transportation	3295		332	2963
道路运输业 Road Transport	7494		765	6729

2－18 续表 3

单位:万元 (10 000 yuan)

行 业 Industry	研究与试验发展经费内部支出 Intramural R&D Expenditure	基础研究 Basic Research	应用研究 Applied Research	试验发展 Experimental Development
城市公共交通业 Urban Public Traffic	715		123	592
水上运输业 Water Transport	2010		1691	320
航空运输业 Air Transport	555			555
管道运输业 Pipeline Transport				
装卸搬运和其他运输服务业 Loading, Unloading, Portage and Other Transport Services	685		666	19
仓储业 Storage	366			366
邮政业 Post				
信息传输、计算机服务和软件业小计 **Information Transfer, Computer Services and Software**	**11034**		**1760**	**9274**
电信和其他信息传输服务业 Telecom and Other Information Transfer Services	9359		1515	7844
计算机服务业 Computer Services	422			422
软件业 Software Industry	1253		245	1008
批发和零售业小计 **Wholesale and Retail Trade**	**27**			**27**
批发业 Wholesale	27			27
零售业 Retail Trade				
住宿和餐饮业小计 **Accommodation and Restaurants**				
住宿业 Accommodation				
餐饮业 Restaurants				
金融业小计 **Finance**				
银行业 Bank				
证券业 Securities				
保险业 Insurance				

2－18 续表4

单位:万元 (10 000 yuan)

行 业 Industry	研究与试验发展经费内部支出 Intramural R&D Expenditure	基础研究 Basic Research	应用研究 Applied Research	试验发展 Experimental Development
其他金融活动 Other Financial Activities				
房地产业小计 **Real Estate**				
房地产业 Real Estate				
租赁和商务服务业小计 **Tenancy and Business Services**	**133**			**133**
租赁业 Tenancy				
商务服务业 Business Service	133			133
科学研究、技术服务和地质勘查业小计 **Scientific Research, Technical Service and Geologic Perambulation**	**3767145**	**472443**	**1428512**	**1866192**
研究与试验发展 Research and Experimental Development	3648406	451172	1389695	1807540
专业技术服务业 Professional Technique Services	95572	18126	28434	49013
科技交流和推广服务业 Services of Science and Technique Intercommunion and Generalization	3647	1	2818	828
地质勘查业 Geologic Perambulation	19520	3144	7565	8811
水利、环境和公共设施管理业小计 **Management of Water Conservancy, Environment and Public Establishment**	**49766**	**3554**	**20188**	**26023**
水利管理业 Management of Water Conservancy	21647	190	5450	16006
环境管理业 Environmental Management	27698	3364	14738	9596
公共设施管理业 Management of Public Establishment	421			421
居民服务和其他服务业小计 **Resident Services and Other Services**	**123**		**31**	**92**
居民服务业 Resident Services	123		31	92
其他服务业 Other Services				
教育小计 **Education**	**3462**	**6**	**518**	**2938**

2－18 续表 5

单位:万元 （10 000 yuan）

行　业 Industry	研究与试验发展经费内部支出 Intramural R&D Expenditure	基础研究 Basic Research	应用研究 Applied Research	试验发展 Experimental Development
教育 Education	3462	6	518	2938
卫生、社会保障和社会福利业小计 Sanitation, Social Security and Social Welfare	**95260**	**12732**	**45930**	**36598**
卫生 Sanitation	95260	12732	45930	36598
社会保障业 Social Security				
社会福利业 Social Welfare				
文化、体育和娱乐业小计 Culture, Sports and Entertainment	**4690**	**2088**	**1834**	**769**
新闻出版业 Journalism and Publishing Activities	341	187		153
广播、电视、电影和音像业 Broadcasting, Movies, Television and Audiovisual Activities				
文化艺术业 Culture and Art	2847	1889	517	440
体育 Sports Activities	622	0	457	166
娱乐业 Entertainment	881	11	860	10
公共管理和社会组织小计 Public Management and Social Organization	**19860**	**19**	**1633**	**18209**
中国共产党机关 Chinese Communist Party Organs				
国家机构 Organ of State	19860	19	1633	18209
人民政协和民主党派 People's Political Consultative Conference and Democratic Parties				
群众团体、社会团体和宗教组织 Mass Communities, Social Communities and Religion Organizations				
基层群众自治组织 Grass Roots Self-government Organizations				
国际组织小计 International Organizations	**493**	**40**	**5**	**448**
国际组织 International Organizations	493	40	5	448

2－19 各地区研究与开发机构研究与试验

Intramural R&D Expenditure in

单位:万元

地 区 Region		研究与试验发展经费内部支出 Intramural R&D Expenditure	政府资金 Government Grant	企业资金 Enterprise Funds	国外资金 from Abroad	其他资金 Other	自然科学技术领域 Natural Sciences
全 国	**Total**	**4317270**	**3442978**	**224046**	**26431**	**623815**	**4237539**
东部地区	Eastern Region	2822897	2268233	146900	23759	384007	2762119
中部地区	Middle Region	542588	398900	57343	1077	85269	536254
西部地区	Western Region	951787	775846	19805	1597	154542	939168
北 京	Beijing	1551783	1316358	78084	14218	143123	1506992
天 津	Tianjin	83674	74359	229	108	8977	81698
河 北	Hebei	74229	73114	25	6	1084	74032
山 西	Shanxi	31621	24525	3372	60	3664	31610
内蒙古	Neimenggu	14075	12656	440	54	925	12942
辽 宁	Liaoning	160363	138645	5949	1514	14255	160180
吉 林	Jilin	85079	61729	2812	257	20281	83149
黑龙江	Heilongjiang	32780	24500	3203	14	5062	30530
上 海	Shanghai	432699	317809	36786	4701	73403	429589
江 苏	Jiangsu	319768	196812	11569	2119	109268	319121
浙 江	Zhejiang	46193	41421	3094	140	1539	44024
安 徽	Anhui	75896	69004	2249	174	4470	75422
福 建	Fujian	18197	14976	739	18	2464	16259
江 西	Jiangxi	28759	23071	633	16	5040	28427
山 东	Shandong	62068	51892	2114	79	7983	59202
河 南	Henan	99796	76605	19305		3885	99548
湖 北	Hubei	151336	91371	21194	409	38363	150915
湖 南	Hunan	37321	28096	4575	147	4503	36653
广 东	Guangdong	68933	38569	8235	852	21278	66032
广 西	Guangxi	11259	9110	321	11	1817	10939
海 南	Hainan	4990	4277	76	4	634	4990
重 庆	Chongqing	18902	18060	313		529	18902
四 川	Sichuan	329125	289840	4815	243	34227	327478
贵 州	Guizhou	14036	9652	451	9	3926	13797
云 南	Yunnan	53028	44834	1710	724	5760	51553
西 藏	Tibet	2138	1957		24	157	2084
陕 西	Shaanxi	421211	319604	6584		95023	420981
甘 肃	Gansu	60105	47934	4180	299	7693	54790
青 海	Qinghai	6251	5210	223	28	789	6241
宁 夏	Ningxia	1970	1717	204		50	1311
新 疆	Xinjiang	19687	15272	564	205	3646	18150

发展(R&D)经费内部支出按资金来源分(2004)

Research Institutions by Resources

(10 000 yuan)

政府资金 Government Grant	企业资金 Enterprise Funds	国外资金 from Abroad	其他资金 Other	社会人文科学领域 Social Sciences and Humanities	政府资金 Government Grant	企业资金 Enterprise Funds	国外资金 from Abroad	其他资金 Other
3373168	**219731**	**25380**	**619260**	**67725**	**59554**	**4103**	**789**	**3280**
2212501	145664	22812	381148	51400	47688	1054	753	1904
393216	57313	1059	84666	5888	5309	0	18	561
767452	16756	1512	153449	10439	6558	3049	17	815
1275218	77161	13292	141321	36677	34191	840	732	914
72492	229	108	8869	1568	1460			108
72918	25	6	1084	197	197			
24518	3372	60	3660	11	6			4
11522	440	54	925	1108	1108			
138463	5949	1514	14255	183	183			
59817	2812	239	20281	1929	1911		18	
22492	3203	14	4820	2183	1974			210
315775	36572	4680	72562	3110	2034	214	21	841
196166	11569	2119	109268	646	646			
39252	3094	140	1539	2169	2169			
68530	2249	174	4470	475	475			
13044	739	18	2458	1704	1704			
22891	603	16	4918	235	120			115
49183	2015	79	7925	2306	2306			
76357	19305		3885	248	248			
90949	21194	409	38363	228	228			
27663	4575	147	4268	579	347			232
35712	8235	852	21234	2840	2798			41
8794	321	11	1813	289	285			4
4277	76	4	634					
18060	313		529					
288283	4815	243	34137	826	825			1
9632	231	9	3926	240	20	220		
43392	1710	724	5727	1233	1233			
1903		24	157	54	54			
319375	6584		95023	229	229			
46125	1498	289	6878	4851	1355	2682	10	804
5200	223	28	789	10	10			
1057	204		50	659	659			
14109	417	130	3495	940	780	147	7	6

2-20 各地区地方属研究与开发机构研究与试验发展

Intramural R&D Expenditure in Local

单位：万元

地 区 Region		研究与试验发展经费内部支出 Intramural R&D Expenditure	政府资金 Government Grant	企业资金 Enterprise Funds	国外资金 from Abroad	其他资金 Other	自然科学技术领域 Natural Sciences
全 国	**Total**	**326414**	**237825**	**16843**	**3530**	**68216**	**289711**
东部地区	Eastern Region	186742	130710	8431	2581	45023	167834
中部地区	Middle Region	71533	52828	3594	597	14516	65200
西部地区	Western Region	68141	54289	4820	354	8681	56680
北 京	Beijing	30787	23433	468	881	6005	27672
天 津	Tianjin	8931	4548	183	89	4112	7148
河 北	Hebei	6836	5920	25	6	886	6640
山 西	Shanxi	4547	4103		60	384	4536
内蒙古	Neimenggu	6038	5915	18	54	50	4904
辽 宁	Liaoning	8134	6387	42		1706	7951
吉 林	Jilin	20472	16990	1381	18	2083	18543
黑龙江	Heilongjiang	17423	12192	1247	9	3975	15173
上 海	Shanghai	25134	16639	1235	895	6365	22024
江 苏	Jiangsu	25384	16334	2334	371	6345	24738
浙 江	Zhejiang	18827	17143	431	34	1219	16658
安 徽	Anhui	4102	2682	298	174	948	3628
福 建	Fujian	8771	7857		18	896	6832
江 西	Jiangxi	4618	3417	310	16	876	4286
山 东	Shandong	23406	15032	855	35	7484	20540
河 南	Henan	4496	3839	76		581	4248
湖 北	Hubei	4798	3013	168	204	1413	4376
湖 南	Hunan	11077	6592	114	116	4256	10410
广 东	Guangdong	30305	17194	2858	252	10001	27404
广 西	Guangxi	8493	6947	62	11	1474	8174
海 南	Hainan	227	223			4	227
重 庆	Chongqing	1510	906	104		500	1510
四 川	Sichuan	11259	9089	920	124	1126	10429
贵 州	Guizhou	3396	2758	401	9	229	3156
云 南	Yunnan	12837	11759	75	4	999	11362
西 藏	Tibet	2138	1957		24	157	2084
陕 西	Shaanxi	2165	1564	64		537	1936
甘 肃	Gansu	8829	4590	2698	53	1489	3855
青 海	Qinghai	74	74				64
宁 夏	Ningxia	1970	1717	204		50	1311
新 疆	Xinjiang	9432	7013	274	75	2070	7895

（R&D）经费内部支出按资金来源分（2004）

Research Institutions by Resources

（10 000 yuan）

政府资金 Government Grant	企业资金 Enterprise Funds	国外资金 from Abroad	其他资金 Other	社会人文科学领域 Social Sciences and Humanities	政府资金 Government Grant	企业资金 Enterprise Funds	国外资金 from Abroad	其他资金 Other
207686	**13452**	**3399**	**65174**	**34070**	**28005**	**3263**	**63**	**2740**
113575	8118	2553	43593	17745	16139	214	27	1364
47145	3564	579	13913	5888	5309	0	18	561
46969	1771	269	7673	10439	6558	3049	17	815
20699	468	874	5632	3022	2642		6	374
2873	183	89	4004	1568	1460			108
5723	25	6	886	197	197			
4096		60	380	11	6			4
4782	18	54	50	1108	1108			
6204	42		1706	183	183			
15079	1381		2083	1929	1911		18	
10184	1247	9	3733	2183	1974			210
14606	1020	874	5524	3110	2034	214	21	841
15688	2334	371	6345	646	646			
14974	431	34	1219	2169	2169			
2207	298	174	948	475	475			
5924		18	890	1704	1704			
3237	280	16	754	235	120			115
12323	757	35	7426	2306	2306			
3592	76		581	248	248			
2591	168	204	1413	228	228			
6159	114	116	4021	579	347			232
14338	2858	252	9957	2840	2798			41
6632	62	11	1470	289	285			4
223			4					
906	104		500					
8262	920	124	1122	826	825			1
2738	181	9	229	240	20	220		
10317	75	4	966	1233	1233			
1903		24	157	54	54			
1335	64		537	229	229			
3123	16	43	674	4851	1355	2682	10	804
64				10	10			
1057	204		50	659	659			
5850	127		1918	940	780	147	7	6

2-21 分行业研究与开发机构研究与试验发展（R&D）经费内部支出按资金来源分（2004）

Intramural R&D Expenditure in Research Institutions by Resources

单位：万元 （10 000 yuan）

行业 Industry	研究与试验发展经费内部支出 Intramural R&D Expenditure	政府资金 Government Grant	企业资金 Enterprise Funds	国外资金 from Abroad	其他资金 Other
总计 Total	**4317270**	**3442978**	**224046**	**26431**	**623815**
农、林、牧渔业小计 Farming, Forestry, Animal Husbandry and Fishery	**237158**	**187261**	**4495**	**3503**	**41899**
农业 Farming	152965	117585	3320	1853	30208
林业 Forestry	20610	16446	182	909	3074
畜牧业 Animal Husbandry	12015	9825	531	11	1648
渔业 Fishery	10365	9585	18	149	613
农、林、牧、渔服务业 Service Activities for Agriculture, Forestry, Farming of Animals and Fishing	41204	33820	445	582	6357
采矿业小计 Mining	**1293**	**794**	**132**		**367**
煤炭开采和洗选业 Mining and Washing of Coal	523	219	43		261
石油和天然气开采业 Petroleum and Natural Gas Extraction	172	67			106
黑色金属矿采选业 Ferrous Metals Mining and Dressing					
有色金属矿采选业 Nonferrous Metals Mining and Dressing	295	206	89		
非金属矿采选业 Nonmetal Minerals Mining and Dressing	276	276			
其他矿采选业 Other Minerals Mining and Dressing	27	27			
制造业小计 Manufacturing	**91389**	**56749**	**9477**	**1111**	**24053**
农副食品加工业 Processing of Food from Agricultural Products	3283	1680	543	13	1048
食品制造业 Food Production	1506	883	411		212
饮料制造业 Beverage Production					
烟草制品业 Manufacture of Tobacco					

2－21 续表 1

单位:万元 (10 000 yuan)

行 业 Industry	研究与试验发展经费内部支出 Intramural R&D Expenditure	政府资金 Government Grant	企业资金 Enterprise Funds	国外资金 from Abroad	其他资金 Other
纺织业 Textile Industry	228	208			21
纺织服装、鞋、帽制造业 Manufacture of Textile Wearing Apparel, Footware and Caps	158	43			115
皮革、毛皮、羽毛(绒)及其制品业 Manufacture of Leather, Fur, Feather and Its Products	104	84			20
木材加工及木、竹、藤、棕、草制品业 Processing of Timbers, Manufacture of Wood, Bamboo, Rattan, Palm and Straw Products	2241	1607		635	
家具制造业 Furniture Manufacturing	75				75
造纸及纸制品业 Papermaking and Paper Products	517	197	321		
印刷业和记录媒介的复制 Printing and Record Medium Reproduction	54	21			33
文教体育用品制造业 Culture, Educational and Sports Goods					
石油加工、炼焦及核燃料加工业 Processing of Petroleum ,Coking,Processing of Nucleus Fuel	70	70			
化学原料及化学制品制造业 Raw Chemical Materials and Chemical Products	21471	12930	3602	9	4930
医药制造业 Medical and Pharmaceutical Products	26254	14313	2357	455	9130
化学纤维制造业 Chemical Fiber	328	180	141		7
橡胶制品业 Rubber Products					
塑料制品业 Plastic Products	192	100			92
非金属矿物制品业 Nonmetal Mineral Products	378	253	64		61
黑色金属冶炼及压延加工业 Smelting and Pressing of Ferrous Metals	140	95			45
有色金属冶炼及压延加工业 Smelting and Pressing of Nonferrous	642	465	98		80
金属制品业 Metal Products	212	41			171
通用设备制造业 Manufacture of General Purpose Machinery	794	417	215		162

2－21 续表2

单位:万元　　　　　　　　　　　　　　　　　　　　　　　　　　　　　　　(10 000 yuan)

行　业 Industry	研究与试验发展经费内部支出 Intramural R&D Expenditure	政府资金 Government Grant	企业资金 Enterprise Funds	国外资金 from Abroad	其他资金 Other
专用设备制造业 Equipment for Special Purposes	15842	9283	1059		5501
交通运输设备制造业 Transport Equipment	1009	765	244		
电气机械及器材制造业 Electric Equipment and Machinery	303	53			251
通信设备、计算机及其他电子设备制造业 Manufacture of Communication Equipment, Computer and Other Electronic Equipment	13492	11212	290		1991
仪器仪表及文化、办公用机械制造业 Instruments, Meters, Cultural and Office Machinery	2096	1853	134		110
工艺品及其他制造业 Manufacture of Artwork, Other Manufacture					
废弃资源和废旧材料回收加工业 Recycling and Disposal of Waste					
电力、燃气及水的生产和供应业小计 **Production and Distribution of Electricity, Gas and Water**	**14322**	**7770**	**5418**	**378**	**756**
电力、热力的生产和供应业 Production and Supply of Electric Power and Heat Power	11288	7417	2798	378	696
燃气生产和供应业 Production and Distribution of Gas	80	80			
水的生产和供应业 Production and Distribution of Water	2954	273	2621		61
建筑业小计 **Construction**	**5996**	**2135**	**2153**		**1708**
房屋和土木工程建筑业 Construction of Building and Civil Engineering	5542	2033	2153		1356
建筑安装业 Architectural Installation					
建筑装饰业 Architectural Decoration					
其他建筑业 Other Construction	454	102			352
交通运输、仓储和邮政业小计 **Traffic, Transport, Storage and Post**	**15120**	**9350**	**4093**	**25**	**1653**
铁路运输业 Railway Transportation	3295	622	2673		
道路运输业 Road Transport	7494	6716		25	754

2－21 续表 3

单位:万元　　(10 000 yuan)

行　业 Industry	研究与试验发展经费内部支出 Intramural R&D Expenditure	政府资金 Government Grant	企业资金 Enterprise Funds	国外资金 from Abroad	其他资金 Other
城市公共交通业 Urban Public Traffic	715	677	38		
水上运输业 Water Transport	2010	493	1348		170
航空运输业 Air Transport	555	460	35		60
管道运输业 Pipeline Transport					
装卸搬运和其他运输服务业 Loading, Unloading, Portage and Other Transport Services	685	308			377
仓储业 Storage	366	73			293
邮政业 Post					
信息传输、计算机服务和软件业小计 **Information Transfer, Computer Services and Software**	**11034**	**4303**	**3652**		**3079**
电信和其他信息传输服务业 Telecom and Other Information Transfer Services	9359	3612	3187		2560
计算机服务业 Computer Services	422		422		
软件业 Software Industry	1253	691	43		518
批发和零售业小计 **Wholesale and Retail Trade**	**27**		**27**		
批发业 Wholesale	27		27		
零售业 Retail Trade					
住宿和餐饮业小计 **Accommodation and Restaurants**					
住宿业 Accommodation					
餐饮业 Restaurants					
金融业小计 Finance					
银行业 Bank					
证券业 Securities					

2－21 续表4

单位:万元　　　　(10 000 yuan)

行　业 Industry	研究与试验发展经费内部支出 Intramural R&D Expenditure	政府资金 Government Grant	企业资金 Enterprise Funds	国外资金 from Abroad	其他资金 Other
保险业 Insurance					
其他金融活动 Other Financial Activities					
房地产业小计 Real Estate					
房地产业 Real Estate					
租赁和商务服务业小计 Tenancy and Business Services	**133**	**133**			
租赁业 Tenancy					
商务服务业 Business Service	133	133			
科学研究、技术服务和地质勘查业小计 Scientific Research, Technical Service and Geologic Perambulation	**3767144**	**3056161**	**184196**	**14228**	**512560**
研究与试验发展 Research and Experimental Development	3648406	2954988	181353	13754	498311
专业技术服务业 Professional Technique Services	95572	79926	2706	474	12467
科技交流和推广服务业 Services of Science and Technique Intercommunion and Generalization	3647	2301	99		1247
地质勘查业 Geologic Perambulation	19520	18947	38		535
水利、环境和公共设施管理业小计 Management of Water Conservancy, Environment and Public Establishment	**49766**	**33487**	**8556**	**3113**	**4609**
水利管理业 Management of Water Conservancy	21647	11169	7644	151	2683
环境管理业 Environmental Management	27698	22004	805	2962	1926
公共设施管理业 Management of Public Establishment	421	314	108		
居民服务和其他服务业小计 Resident Services and Other Services	**123**	**123**			
居民服务业 Resident Services	123	123			

2－21 续表5

单位:万元 (10 000 yuan)

行　业 Industry	研究与试验发展经费内部支出 Intramural R&D Expenditure	政府资金 Government Grant	企业资金 Enterprise Funds	国外资金 from Abroad	其他资金 Other
其他服务业 Other Services					
教育小计 Education	**3462**	**2868**		**83**	**511**
教育 Education	3462	2868		83	511
卫生、社会保障和社会福利业小计 Sanitation, Social Security and Social Welfare	**95260**	**65662**	**1422**	**3588**	**24589**
卫生 Sanitation	95260	65662	1422	3588	24589
社会保障业 Social Security					
社会福利业 Social Welfare					
文化、体育和娱乐业小计 Culture, Sports and Entertainment	**4690**	**4396**			**294**
新闻出版业 Journalism and Publishing Activities	341	341			
广播、电视、电影和音像业 Broadcasting, Movies, Television and Audiovisual Activities					
文化艺术业 Culture and Art	2847	2702			144
体育 Sports Activities	622	564			58
娱乐业 Entertainment	881	789			92
公共管理和社会组织小计 Public Management and Social Organization	**19860**	**11299**	**424**	**400**	**7738**
中国共产党机关 Chinese Communist Party Organs					
国家机构 Organ of State	19860	11299	424	400	7738
人民政协和民主党派 People's Political Consultative Conference and Democratic Parties					
群众团体、社会团体和宗教组织 Mass Communities, Social Communities and Religion Organizations					
基层群众自治组织 Grass Roots Self-government Organizations					
国际组织小计 International Organizations	**493**	**489**		**3**	
国际组织 International Organizations	493	489		3	

2-22 各地区研究与开发机
Scientific and Technological Research Topics

地　区 Region		合计 Total		
		课题数(个) Number of Topics (item)	投入人员(人年) Input of Personnel (man-year)	投入经费(万元) Input of Funds (10 000 yuan)
全　国	**Total**	**56993**	**215075**	**3414388**
东部地区	Eastern Region	36439	113624	2350574
中部地区	Middle Region	9821	44172	421262
西部地区	Western Region	10733	57281	642555
北　京	Beijing	16061	48881	1260793
天　津	Tianjin	946	4955	73633
河　北	Hebei	779	4565	67411
山　西	Shanxi	1242	5040	27962
内蒙古	Neimenggu	689	3069	14245
辽　宁	Liaoning	1808	9428	104689
吉　林	Jilin	1442	4157	44471
黑龙江	Heilongjiang	1535	4765	22373
上　海	Shanghai	3956	13217	291749
江　苏	Jiangsu	3527	11357	309772
浙　江	Zhejiang	1775	4194	89870
安　徽	Anhui	1147	4792	56427
福　建	Fujian	1356	2401	15481
江　西	Jiangxi	723	3624	19915
山　东	Shandong	2401	6922	47240
河　南	Henan	1105	7919	96325
湖　北	Hubei	1761	10045	124384
湖　南	Hunan	866	3830	29405
广　东	Guangdong	3378	6754	83949
广　西	Guangxi	1188	2539	11264
海　南	Hainan	452	950	5987
重　庆	Chongqing	620	2941	20369
四　川	Sichuan	1982	15669	248271
贵　州	Guizhou	895	2344	10035
云　南	Yunnan	1398	4099	24319
西　藏	Tibet	96	389	2139
陕　西	Shaanxi	1324	19569	263179
甘　肃	Gansu	1149	3832	30811
青　海	Qinghai	173	250	1992
宁　夏	Ningxia	200	425	2044
新　疆	Xinjiang	1019	2155	13887

构科技活动课题(2004)

Taken by Research Institutions by Region

自然科学技术领域 Natural Sciences				社会人文科学领域 Social Sciences and Humanities			
课题数(个) Number of Topics (item)	投入人员(人年) Input of Personnel (man-year)	#科学家和工程师 Scientists & Engineers	投入经费(万元) Input of Funds (10 000 yuan)	课题数(个) Number of Topics (item)	投入人员(人年) Input of Personnel (man-year)	#科学家和工程师 Scientists & Engineers	投入经费(万元) Input of Funds (10 000 yuan)
50971	**201953**	**147989**	**3336085**	**4589**	**9181**	**7551**	**50221**
32102	104980	80498	2284522	3325	6050	5212	41498
9110	42197	29846	415734	532	1300	995	4260
9759	54776	37649	635830	732	1835	1348	4465
13434	43607	36075	1211503	2093	3916	3453	31220
774	4568	3187	72160	122	234	234	610
750	4483	3202	67182	15	55	41	153
1102	4755	3476	26612	102	177	129	954
590	2767	2050	13170	79	252	235	852
1653	9060	6584	104001	127	250	231	257
1333	3786	2851	43284	95	281	272	931
1437	4458	3245	20769	90	270	181	1554
3391	12482	9195	288400	431	582	422	2437
3418	11115	7965	309130	76	149	79	208
1669	3963	3030	86898	56	144	136	2174
1066	4519	3203	56274	66	189	111	106
1194	2158	1593	13777	123	137	132	1142
680	3469	2482	19750	9	29	26	31
2195	6261	4795	45658	151	317	263	656
1009	7686	5213	96005	71	134	93	204
1690	9852	7021	124151	53	133	105	99
793	3672	2355	28889	46	87	78	381
3179	6348	4437	79887	131	266	221	2641
1096	2386	1460	10775	49	72	65	260
445	935	435	5926				
541	2836	1961	19894	66	67	44	295
1795	15140	9970	246951	153	444	246	920
799	2135	1429	9554	67	136	125	329
1294	3743	2382	23379	78	257	204	504
68	278	102	2086	23	97		42
1262	19442	13821	262851	39	55	53	209
1067	3597	2621	30362	57	170	116	231
145	199	142	1810	25	35	33	127
146	305	243	1744	48	100	99	222
956	1948	1468	13254	48	150	128	474

2-23 各地区地方属研究与开发

Scientific and Technological Research Topics Taken

地 区 Region		合计 Total		
		课题数(个) Number of Topics (item)	投入人员(人年) Input of Personnel (man-year)	投入经费(万元) Input of Funds (10 000 yuan)
全 国	**Total**	**26911**	**65752**	**337746**
东部地区	Eastern Region	13254	29077	214874
中部地区	Middle Region	6708	18643	57102
西部地区	Western Region	6949	18033	65772
北 京	Beijing	1626	2561	26434
天 津	Tianjin	679	1400	6884
河 北	Hebei	667	1433	6501
山 西	Shanxi	1061	2268	7448
内蒙古	Neimenggu	509	1667	6181
辽 宁	Liaoning	958	3754	17607
吉 林	Jilin	893	2802	12468
黑龙江	Heilongjiang	1263	3657	10758
上 海	Shanghai	1613	2393	17479
江 苏	Jiangsu	1540	2830	19373
浙 江	Zhejiang	1314	2482	34700
安 徽	Anhui	699	1536	4202
福 建	Fujian	1056	2079	10178
江 西	Jiangxi	701	1860	4323
山 东	Shandong	1653	4836	20680
河 南	Henan	670	2304	4933
湖 北	Hubei	660	1991	5060
湖 南	Hunan	761	2225	7910
广 东	Guangdong	2004	4699	53798
广 西	Guangxi	1066	2266	7321
海 南	Hainan	144	610	1240
重 庆	Chongqing	377	801	3548
四 川	Sichuan	1131	2996	12206
贵 州	Guizhou	803	1489	4915
云 南	Yunnan	930	2642	10332
西 藏	Tibet	96	389	2139
陕 西	Shaanxi	387	1498	2714
甘 肃	Gansu	587	1879	4779
青 海	Qinghai	61	130	376
宁 夏	Ningxia	200	425	2044
新 疆	Xinjiang	802	1851	9217

机构科技活动课题(2004)

by Local Research Institutions by Region

自然科学技术领域 Natural Sciences				社会人文科学领域 Social Sciences and Humanities			
课题数 (个) Number of Topics (item)	投入人员 (人年) Input of Personnel (man-year)	#科学家和工程师 Scientists & Engineers	投入经费 (万元) Input of Funds (10 000 yuan)	课题数 (个) Number of Topics (item)	投入人员 (人年) Input of Personnel (man-year)	#科学家和工程师 Scientists & Engineers	投入经费 (万元) Input of Funds (10 000 yuan)
23341	**57664**	**38455**	**307153**	**2696**	**5567**	**4366**	**21090**
11332	25401	17620	196126	1432	2436	2027	12367
6006	16691	10724	51597	532	1300	995	4260
6003	15574	10112	59431	732	1835	1348	4465
1400	2204	1774	24137	200	302	268	2089
516	1056	865	5663	122	234	234	610
638	1351	1019	6273	15	55	41	153
921	1984	1489	6098	102	177	129	954
410	1365	968	5106	79	252	235	852
803	3386	2322	16919	127	250	231	257
784	2431	1763	11281	95	281	272	931
1165	3350	2268	9154	90	270	181	1554
1048	1659	1192	14130	431	582	422	2437
1431	2588	1542	18731	76	149	79	208
1208	2251	1577	31728	56	144	136	2174
618	1263	697	4050	66	189	111	106
894	1836	1316	8473	123	137	132	1142
658	1705	1045	4158	9	29	26	31
1447	4175	3088	19098	151	317	263	656
575	2075	1237	4622	71	134	93	204
597	1816	1233	4840	53	133	105	99
688	2067	992	7394	46	87	78	381
1805	4293	2734	49736	131	266	221	2641
974	2113	1229	6832	49	72	65	260
142	602	191	1238				
298	696	525	3073	66	67	44	295
959	2492	1596	11115	153	444	246	920
707	1280	774	4434	67	136	125	329
826	2286	1464	9392	78	257	204	504
68	278	102	2086	23	97		42
325	1372	853	2386	39	55	53	209
518	1663	1096	4484	57	170	116	231
33	80	41	194	25	35	33	127
146	305	243	1744	48	100	99	222
739	1644	1221	8585	48	150	128	474

2-24 分行业研究与开发机构科技活动课题(2004)

Scientific and Technological Research Topics Taken by Research Institutions by Industry

行 业 Industry	课题数(个) Number of Topics (item)	投入人员(人年) Input of Personnel (man-year)	#科学家和工程师 Scientists & Engineers	投入经费(万元) Input of Funds (10 000 yuan)
总 计 Total	**56993**	**215075**	**158350**	**3414388**
农、林、牧渔业小计 Farming, Forestry, Animal Husbandry and Fishery	**16384**	**37058**	**24565**	**203410**
农业 Farming	9767	21744	14457	116655
林业 Forestry	2098	4519	2919	23312
畜牧业 Animal Husbandry	800	2243	1477	11192
渔业 Fishery	789	1599	1138	9623
农、林、牧、渔服务业 Service Activities for Agriculture, Forestry, Farming of Animals and Fishing	2930	6954	4574	42627
采矿业小计 Mining	**142**	**407**	**322**	**4990**
煤炭开采和洗选业 Mining and Washing of Coal	41	94	54	674
石油和天然气开采业 Petroleum and Natural Gas Extraction	60	217	211	3780
黑色金属矿采选业 Ferrous Metals Mining and Dressing				
有色金属矿采选业 Nonferrous Metals Mining and Dressing	23	58	35	234
非金属矿采选业 Nonmetal Minerals Mining and Dressing	11	23	10	276
其他矿采选业 Other Minerals Mining and Dressing	7	15	12	25
制造业小计 Manufacturing	**3193**	**9027**	**6618**	**77421**
农副食品加工业 Processing of Food from Agricultural Products	202	684	495	3772
食品制造业 Food Production	113	195	166	876
饮料制造业 Beverage Production	3	7	5	11
烟草制品业 Manufacture of Tobacco	1	4	4	10
纺织业 Textile Industry	56	184	120	584
纺织服装、鞋、帽制造业 Manufacture of Textile Wearing Apparel, Footware and Caps	17	37	17	260
皮革、毛皮、羽毛(绒)及其制品业 Manufacture of Leather, Fur, Feather and Its Products	6	16	13	63
木材加工及木、竹、藤、棕、草制品业 Processing of Timbers, Manufacture of Wood, Bamboo, Rattan, Palm and Straw Products	62	144	136	1272

2－24 续表1

行 业 Industry	课题数(个) Number of Topics (item)	投入人员(人年) Input of Personnel (man-year)	#科学家和工程师 Scientists & Engineers	投入经费(万元) Input of Funds (10 000 yuan)
家具制造业 Furniture Manufacturing	2	9	7	94
造纸及纸制品业 Papermaking and Paper Products	36	66	45	341
印刷业和记录媒介的复制 Printing and Record Medium Reproduction	9	23	12	125
文教体育用品制造业 Culture, Educational and Sports Goods	11	5	1	238
石油加工、炼焦及核燃料加工业 Processing of Petroleum ,Coking,Processing of Nucleus Fuel	2	8	4	8
化学原料及化学制品制造业 Raw Chemical Materials and Chemical Products	388	1067	791	12620
医药制造业 Medical and Pharmaceutical Products	1021	2455	1776	20565
化学纤维制造业 Chemical Fiber	20	79	60	169
橡胶制品业 Rubber Products	4	21	7	130
塑料制品业 Plastic Products	9	35	25	104
非金属矿物制品业 Nonmetal Mineral Products	66	264	183	754
黑色金属冶炼及压延加工业 Smelting and Pressing of Ferrous Metals	26	69	56	321
有色金属冶炼及压延加工业 Smelting and Pressing of Nonferrous	36	187	140	508
金属制品业 Metal Products	6	21	13	87
通用设备制造业 Manufacture of General Purpose Machinery	91	317	249	1436
专用设备制造业 Equipment for Special Purposes	673	2042	1531	19273
交通运输设备制造业 Transport Equipment	53	78	57	587
电气机械及器材制造业 Electric Equipment and Machinery	38	179	129	1071
通信设备、计算机及其他电子设备制造业 Manufacture of Communication Equipment, Computer and Other Electronic Equipment	122	474	343	9824
仪器仪表及文化、办公用机械制造业 Instruments, Meters, Cultural and Office Machinery	117	345	223	2245
工艺品及其他制造业 Manufacture of Artwork, Other Manufacture	3	13	12	72
废弃资源和废旧材料回收加工业 Recycling and Disposal of Waste				
电力、燃气及水的生产和供应业小计 Production and Distribution of Electricity, Gas and Water	**684**	**773**	**669**	**18609**

2-24 续表 2

行 业 Industry	课题数（个） Number of Topics (item)	投入人员（人年） Input of Personnel (man-year)	#科学家和工程师 Scientists & Engineers	投入经费（万元） Input of Funds (10 000 yuan)
电力、热力的生产和供应业 Production and Supply of Electric Power and Heat Power	652	631	545	14837
燃气生产和供应业 Production and Distribution of Gas	9	18	12	112
水的生产和供应业 Production and Distribution of Water	23	125	112	3660
建筑业小计 **Construction**	**613**	**1565**	**1085**	**16672**
房屋和土木工程建筑业 Construction of Building and Civil Engineering	599	1502	1047	16124
建筑安装业 Architectural Installation	2	8	2	4
建筑装饰业 Architectural Decoration	3	8	8	110
其他建筑业 Other Construction	9	47	28	435
交通运输、仓储和邮政业小计 **Traffic, Transport, Storage and Post**	**597**	**1493**	**992**	**20693**
铁路运输业 Railway Transportation	78	261	193	3316
道路运输业 Road Transport	210	525	301	8522
城市公共交通业 Urban Public Traffic	67	219	155	1927
水上运输业 Water Transport	140	217	154	4911
航空运输业 Air Transport	49	83	77	659
管道运输业 Pipeline Transport				
装卸搬运和其他运输服务业 Loading, Unloading, Portage and Other Transport Services	36	94	40	595
仓储业 Storage	17	94	72	763
邮政业 Post				
信息传输、计算机服务和软件业小计 **Information Transfer, Computer Services and Software**	**889**	**1545**	**1143**	**24746**
电信和其他信息传输服务业 Telecom and Other Information Transfer Services	716	924	708	21322
计算机服务业 Computer Services	38	210	177	1102
软件业 Software Industry	135	410	258	2322
批发和零售业小计 **Wholesale and Retail Trade**	**9**	**28**	**12**	**27**

2－24 续表 3

行　业 Industry	课题数 (个) Number of Topics (item)	投入人员 (人年) Input of Personnel (man-year)	#科学家和工程师 Scientists & Engineers	投入经费 (万元) Input of Funds (10 000 yuan)
批发业 Wholesale	3	18	6	17
零售业 Retail Trade	6	10	6	10
住宿和餐饮业小计 **Accommodation and Restaurants**				
住宿业 Accommodation				
餐饮业 Restaurants				
金融业小计 **Finance**	**24**	**35**	**15**	**41**
银行业 Bank				
证券业 Securities				
保险业 Insurance				
其他金融活动 Other Financial Activities	24	35	15	41
房地产业小计 **Real Estate**				
房地产业 Real Estate				
租赁和商务服务业小计 Tenancy and Business Services	89	219	120	1108
租赁业 Tenancy				
商务服务业 Business Service	89	219	120	1108
科学研究、技术服务和地质勘查业小计 **Scientific Research, Technical Service and Geologic Perambulation**	**25408**	**143369**	**108203**	**2903317**
研究与试验发展 Research and Experimental Development	20943	132982	99926	2784451
专业技术服务业 Professional Technique Services	3287	6746	5620	87129
科技交流和推广服务业 Services of Science and Technique Intercommunion and Generalization	498	1433	916	5977
地质勘查业 Geologic Perambulation	680	2209	1741	25760
水利、环境和公共设施管理业小计 **Management of Water Conservancy, Environment and Public Establishment**	**3712**	**6482**	**4770**	**64782**
水利管理业 Management of Water Conservancy	1702	2838	2090	30038
环境管理业 Environmental Management	1929	3455	2557	33981

2－24 续表 4

行 业 Industry	课题数 (个) Number of Topics (item)	投入人员 (人年) Input of Personnel (man-year)	#科学家和工程师 Scientists & Engineers	投入经费 (万元) Input of Funds (10 000 yuan)
公共设施管理业 Management of Public Establishment	81	188	123	764
居民服务和其他服务业小计 **Resident Services and Other Services**	**7**	**14**	**9**	**71**
居民服务业 Resident Services	5	11	7	68
其他服务业 Other Services	2	3	2	3
教育小计 **Education**	**509**	**705**	**556**	**3150**
教育 Education	509	705	556	3150
卫生、社会保障和社会福利业小计 **Sanitation, Social Security and Social Welfare**	**3325**	**9619**	**7030**	**52789**
卫生 Sanitation	3325	9619	7030	52789
社会保障业 Social Security				
社会福利业 Social Welfare				
文化、体育和娱乐业小计 **Culture, Sports and Entertainment**	**417**	**939**	**647**	**5354**
新闻出版业 Journalism and Publishing Activities	10	30	30	263
广播、电视、电影和音像业 Broadcasting, Movies, Television and Audiovisual Activities	5	10	7	73
文化艺术业 Culture and Art	181	411	310	2900
体育 Sports Activities	166	377	248	1603
娱乐业 Entertainment	55	112	52	515
公共管理和社会组织小计 **Public Management and Social Organization**	**963**	**1761**	**1569**	**16600**
中国共产党机关 Chinese Communist Party Organs	10	11	11	37
国家机构 Organ of State	953	1750	1558	16564
人民政协和民主党派 People's Political Consultative Conference and Democratic Parties				
群众团体、社会团体和宗教组织 Mass Communities, Social Communities and Religion Organizations				
基层群众自治组织 Grass Roots Self-government Organizations				
国际组织小计 **International Organizations**	**28**	**37**	**26**	**611**
国际组织 International Organizations	28	37	26	611

2-25 研究与开发机构研究与试验发展(R&D)课题学科分组情况(2004)
R&D Topics Taken by Research Institutions by Discipline

学 科 Discipline	R&D 课题数 (个) Projects of R&D (item)	R&D 课题参加人员全时当量 (人年) Participants (man-year)	#科学家和工程师 Scientists & Engineers	R&D 项目(课题)经费内部支出 (万元) Expenditure (10 000 yuan)
全国 **Total**	**37292**	**165400**	**124831**	**2834996**
数学 Mathematics	163	158	156	1846
信息科学与系统科学 Information & System Science	243	1026	911	14909
力学 Mechanics	176	243	209	5261
物理学 Physics	1388	3255	2553	95673
化学 Chemistry	1275	2233	1863	50622
天文学 Astronomy	332	509	450	18354
地球科学 Earth Science	3977	5470	4804	94055
生物学 Biology	3261	4617	3550	78778
农学 Agriculture	6082	13240	9343	81425
林学 Forestry	1087	2130	1542	12093
畜牧、兽医科学 Livestock, Veterinary Medicine	911	2267	1683	16531
水产学 Aquatic	532	999	739	7046
基础医学 Basic Medicine	589	1214	876	10644
临床医学 Clinic Medicine	1164	3210	2591	21071
预防医学与卫生学 Protective Medicine	503	1771	1300	10850
军事医学与特种医学 Military Medicine & Special Medicine	18	38	34	515
药学 Pharmacy	400	875	695	11687
中医学与中药学 Traditional Chinese Medicine	1104	2855	1888	14274
工程与技术科学基础学科 Engineering & Basic Technology Science	1134	13797	9857	167346
测绘科学技术 Surveying & Mapping	77	217	191	5680
材料科学 Material Science	955	3939	3321	54214
矿山工程技术 Mining	42	115	92	384
冶金工程技术 Metallurgy	23	85	74	488
机械工程 Mechanical Engineering	336	1796	1425	35190
动力与电气工程 Power & Electrical Engineering	213	1524	1236	28230
能源科学技术 Energy Technology	281	994	753	30478
核科学技术 Nuclear Technology	184	8467	5384	143382

2-25 续表

学 科 Discipline	R&D 课题数 (个) Projects of R&DL (item)	R&D 课题参加人员全时当量 (人年) Participants (man-year)	#科学家和工程师 Scientists & Engineers	R&D 项目(课题)经费内部支出 (万元) Expenditure (10 000 yuan)
电子、通信与自动控制技术 Electronics, Communication & Automation	2609	27945	20947	583689
计算机科学技术 Computer Technology	876	3417	2764	61424
化学工程 Chemical Engineering	302	1154	858	12402
纺织科学技术 Textile Technology	35	135	103	398
食品科学技术 Food Technology	130	377	279	2755
土木建筑工程 Civil Construction	118	321	240	1686
水利工程 Water Conservancy	583	834	672	9663
交通运输工程 Transportaiton Engineering	425	1228	952	18521
航空、航天科学技术 Aviation and Aerospace	1382	42305	31620	1058591
环境科学技术 Environment	802	2457	1893	24927
安全科学技术 Security	166	634	558	3899
管理学 Management	211	307	272	2701
马克思主义 Marxism	76	138	125	620
哲学 Phylosophy	141	289	255	1582
宗教学 Religion	80	99	89	610
语言学 Linguistics	42	107	97	278
文学 Literature	175	378	309	2057
艺术学 Arts	77	322	261	1384
历史学 Histry	325	649	517	4745
考古学 Archaeology	100	348	307	3013
经济学 Economics	987	2081	1804	12075
政治学 Politics	191	408	329	2311
法学 Law	230	376	326	2864
军事学 Strategics	8	22	19	91
社会学 Sociology	238	611	502	2391
民族学 Ethnography	95	302	267	1553
新闻学与传播学 Journalism	43	73	68	445
图书馆、情报与文献学 Library and Information Literature	115	580	496	4754
教育学 Education	229	351	305	1903
体育科学 Physical Science	43	82	56	355
统计学 Statistics	8	30	26	285

三、规模以上工业企业

Industrial Enterprises Above Designated Size

3－1　规模以上工业企业基本情况
Major Indicators of Industrial Enterprises above Designated Size

	单位	2004
企业数 Number of Large & Medium-sized Enterprises	**个 unit**	**276474**
#有科技机构的企业数 Number of Enterprises Having Institutes for S&T	个 unit	13906
#有科技活动的企业数 Number of Enterprises Having Activities for S&T	个 unit	32924
企业有科技机构 Number of S&T Institutions in Enterprises	**个 unit**	**17555**
年末从业人员数 Employees in Enterprises(year end)	**万人 10 000 persons**	**6621**
#工程技术人员 Technical Engineering Personnel	万人 10 000 persons	495
产品销售收入 Total Revenue from the Sale of Products	**亿元 100 million yuan**	**198799**
#新产品 Revenue from the Sale of New Products	亿元 100 million yuan	22809
#新产品出口 Export of New Products	亿元 100 million yuan	5312
生产经营用设备原价 Original Value of Productive Equipment	**亿元 100 million yuan**	**79477**
#微电子控制 Equipment Controlled by Micro-electronics	亿元 100 million yuan	6925
科技活动人员 S&T Personnel	**万人 10 000 persons**	**183.8**
#科学家和工程师 Scientists and Engineers	万人 10 000 persons	106.4
科技活动经费筹集额 Total Funds Obtaied for S&T Activities	**亿元 100 million yuan**	**2504.9**
#政府资金 Government Grant	亿元 100 million yuan	88.2
企业资金 Enterprise Self-financed	亿元 100 million yuan	2154.3
金融机构贷款 Bank Loans	亿元 100 million yuan	210.2
科技活动经费内部支出 Intramural Expenditure on S&T Activities	**亿元 100 million yuan**	**2402.1**
#劳务费 Compensation for Laborers	亿元 100 million yuan	540.8
原材料费 Raw Material Expenditure	亿元 100 million yuan	656.1
固定资产购建费 Expenditure on the Purchase of Fixed Assets	亿元 100 million yuan	826.8
#新产品开发经费支出 Spending for New Products	亿元 100 million yuan	965.7
研究与发展人员全时当量 Full-time Equivalent of R&D Personnel	**万人年 10 000 man-year**	**54.2**
研究与发展经费支出 R&D Expenditure	**亿元 100 million yuan**	**1104.5**
技术改造经费支出 Technical Renovation Expenditure	**亿元 100 million yuan**	**2953.5**
技术引进经费支出 Expenditure on Import of Technology	**亿元 100 million yuan**	**397.4**
消化吸收经费支出 Expenditure on Technology Absorption	**亿元 100 million yuan**	**61.2**
购买国内技术支出 Expenditure on Purchase of Domestic Technology	**亿元 100 million yuan**	**82.5**

3-2 规模以上工业企业基本情况分析指标(2004)
Major Relative Indicators of Industrial Enterprises above Designated Size

单位:% (%)

	2004
有科技机构的企业数所占比重 Enterprises Having Institutions for S&T as a Percentage of Total Enterprises	5.03
有科技活动的企业数所占比重 Enterprises Having Activities for S&T as a Percentage of Total Enterprises	11.91
工程技术人员占企业从业人员数比重 Technical Engineering Personnel as a Percentage of Total Employees	7.48
科技活动人员占从业人员比重 S&T Personnel as a Percentage of Total Employees	2.78
科学家和工程师占科技活动人员比重 Scientists and Engineers as a Percentage of S&T Personnel	57.9
微电子控制设备占生产经营用设备原价比重 Equipment Controlled by Micro-electronics as a Percentage of Original Value of Productive Equipment	8.71
新产品销售收入占产品销售收入比重 Sales Revenue of New Products as a Percentage of Total Revenue from the Sale of Products	11.47
新产品开发经费占科技活动经费比重 Expenditure on New Products as a Percentage of Total Expenditure on S&T Activities	40.20
科技活动经费占产品销售收入比重 Expenditure for S&T Activities as a Percentage of Total Revenue from the Sale of Products	1.21
研究与发展经费支出占产品销售收入比重 Expenditure on R&D as a Percentage of Total Revenue from the Sale of Products	0.56
平均每个企业科技活动经费支出(万元) Average Enterprise Expenditure for S&T Activities	86.88
平均每个科技活动人员经费支出(万元) Per Capita Expenditure of Personnel Engaged in S&T Activitics	13.05
政府资金占经费筹集比重 Government Grant as a Percentage of Total Funds Obtained for S&T Activities	3.52
企业资金占经费筹集比重 Enterprise Self-financed Fund as a Percentage of Total Funds Obtained for S&T Activities	86.00
金融机构贷款占经费筹集比重 Bank Loans as a Percentage of Total Funds Obtained for S&T Activities	8.39

3-3 大中型工业企业

Major Indicators of Large and

	单位	1991	1992	1993
企业数 Number of Large & Medium-sized Enterprises	**个 unit**	**14935**	**16991**	**15000**
#有科技机构的企业数 Number of Enterprises Having Institutions for S&T	个 unit	7899	8576	9503
#有科技活动的企业数 Number of Enterprises Having Activities for S&T	个 unit			
企业有科技机构 Number of S&T Institutions in Enterprisions	**个 unit**	**8792**	**9432**	**10477**
年末从业人员数 Employees in Enterprises(year end)	**万人 10 000 persons**	**3195**	**3448**	**3571**
#工程技术人员 Technical Engineering Personnel	万人 10 000 persons	210	217	261
产品销售收入 Total Revenue from the Sale of Products	**亿元 100 million yuan**	**11937**	**15235**	**19077**
#新产品 Revenue from the Sale of New Products	亿元 100 million yuan	1186	1595	2034
#新产品出口 Export of New Products	亿元 100 million yuan			
生产经营用设备原价 Original Value of Productive Equipment	**亿元 100 million yuan**	**6891**	**8283**	**7387**
#微电子控制 Equipment Controlled by Micro-electronics	亿元 100 million yuan	417	497	687
科技活动人员 S&T Personnel	**万人 10 000 persons**	**82.9**	**88.6**	**91.8**
#科学家和工程师 Scientists and Engineers	万人 10 000 persons	50.3	55.0	53.8
科技活动经费筹集额 Total Funds Obtaied for S&T Activities	**亿元 100 million yuan**	**193.1**	**253.1**	**265.4**
#政府资金 Government Grant	亿元 100 million yuan	13.6	17.3	16.2
企业资金 Enterprise Self-financed	亿元 100 million yuan	121.6	162.5	166.3
金融机构贷款 Bank Loans	亿元 100 million yuan	47.6	58.3	70.3
科技活动经费内部支出 Intramural Expenditure on S&T Activities	**亿元 100 million yuan**	**166.0**	**208.8**	**240.0**
#劳务费 Compensation for Laborers	亿元 100 million yuan	20.8	26.5	29.0
原材料费 Raw Material Expenditure	亿元 100 million yuan	42.8	58.9	63.4
固定资产购建费 Expenditure on the Purchase of Fixed Assets	亿元 100 million yuan	61.2	74.6	103.2
#新产品开发经费支出 Spending for New Products	亿元 100 million yuan	71.4	87.3	103.9
研究与发展人员全时当量 Full-time Equivalent of R&D Personnel	**万人年 10 000 man-year**			
研究与发展经费支出 R&D Expenditure	**亿元 100 million yuan**	**58.6**	**76.1**	**95.2**
技术改造经费支出 Technical Renovation Expenditure	**亿元 100 million yuan**	**322.8**		**622.2**
技术引进经费支出 Expenditure on Import of Technology	**亿元 100 million yuan**	**90.2**		**159.2**
消化吸收经费支出 Expenditure on Technology Absorption	**亿元 100 million yuan**	**4.1**		**6.2**
购买国内技术支出 Expenditure on Purchase of Domestic Technology	**亿元 100 million yuan**	**3.7**		**4.7**

基本情况(1991 －2004)
Medium-sized Industrial Enterprises

1994	1995	1996	1997	1998	1999	2000	2001	2002	2003	2004
20162	23026	24061	24024	23577	22276	21776	22904	23096	22276	27692
8817	9165	8179	7313	7220	7120	6187	6000	5836	5545	6468
	13098	11676	11212	11529	11216	11008	10461	10346	9509	10620
12499	13107	12033	11142	10926	11237	7601	7400	7192	6841	9083
3870	3893	3874	3780	3428	3137	2902	2804	2710	3103	3508
	254	301	306	305	309	303	306	304	313	296
23904	30831	33553	36297	37463	41912	49847	58511	67452	96497	133929
2444	2620	3382	3631	4367	5550	7641	8794	10838	14098	20421
	295	435	477	632	755	1271	1393	1772	2590	4854
13586	14749	23893	24768	31508	37283	44269	49528	52104	56439	59544
1149	1621	2207	2234	3142	4016	3960	4673	4720	4867	5874
117.9	123.4	145.5	147.4	141.0	145.4	138.7	136.8	136.7	141.1	144.9
69.0	71.0	79.6	80.2	63.7	66.8	76.9	79.1	81.3	87.3	84.2
348.5	427.4	452.6	499.8	556.4	665.4	922.8	1046.7	1213.0	1588.6	2090.7
24.5	27.1	32.0	31.5	44.0	49.7	43.2	41.1	53.7	51.8	64.8
234.4	305.5	312.8	348.4	402.5	510.3	744.4	880.4	1020.3	1339.6	1832.5
75.1	72.5	89.2	88.6	89.3	84.0	97.3	95.6	99.9	156.5	155.3
321.3	365.8	384.9	438.4	478.7	567.2	823.7	977.9	1164.1	1467.8	2002.0
51.5	64.7	63.5	71.9	90.5	110.7	177.4	218.5	258.9	324.4	446.1
94.7	121.3	120.2	131.0	139.4	166.5	209.8	254.5	306.3	409.0	553.2
129.1	131.0	143.4	155.4	171.2	203.9	280.2	320.5	358.1	462.7	671.2
132.7	164.8	207.3	224.0	245.2	304.6	388.9	422.0	509.2	639.0	821.0
	28.2	33.8	32.2	27.0	30.3	32.9	37.9	42.4	47.8	43.8
122.0	141.7	160.5	188.3	197.1	249.9	353.6	442.3	560.2	720.8	954.4
	1137.8	1249.9	1102.4	919.6	845.6	1132.6	1264.8	1492.1	1896.4	2588.5
	360.9	322.1	236.5	214.8	207.5	245.4	285.9	372.5	405.4	367.9
	13.1	13.6	13.6	14.6	18.1	18.2	19.6	25.7	27.1	54.0
	25.5	25.8	14.6	18.2	13.8	26.4	36.3	42.9	54.3	69.9

3-4 大中型工业企业基本

Major Relative Indicators of Large

单位:%

	1991	1992	1993	1994
有科技机构的企业数所占比重 Enterprises Having Institutions for S&T as a Percentage of Total Enterprises	52.9	50.5	63.4	43.7
有科技活动的企业数所占比重 Enterprises Having Activities for S&T as a Percentage of Total Enterprises				
工程技术人员占企业从业人员数比重 Technical Engineering Personnel as a Percentage of Total Employees	6.6	6.3	7.3	
科技活动人员占从业人员比重 S&T Personnel as a Percentage of Total Employees	2.6	2.6	2.6	3.0
科学家和工程师占科技活动人员比重 Scientists and Engineers as a Percentage of S&T Personnel	60.7	62.1	58.6	58.5
微电子控制设备占生产经营用设备原价比重 Equipment Controlled by Micro-electronics as a Percentage of Original Value of Productive Equipment	6.1	6.0	9.3	8.5
新产品销售收入占产品销售收入比重 Sales Revenue of New Products as a Percentage of Total Revenue from the Sale of Products	9.9	10.5	10.7	10.2
新产品开发经费占科技活动经费比重 Expenditure on New Products as a Percentage of Total Expenditure on S&T Activities	43.0	41.8	43.3	41.3
科技活动经费占产品销售收入比重 Expenditure for S&T Activities as a Percentage of Total Revenue from the Sale of Products	1.39	1.37	1.26	1.34
研究与发展经费支出占产品销售收入比重 Expenditure on R&D as a Percentage of Total Revenue from the Sale of Products	0.49	0.50	0.50	0.51
平均每个企业科技活动经费支出(万元) Average Enterprise Expenditure for S&T Activities	111	123	160	159
平均每个科技活动人员经费支出(万元) Per Capita Expenditure of Personnel Engaged in S&T Activities	2.00	2.36	2.61	2.72
政府资金占经费筹集比重 Government Grant as a Percentage of Total Funds Obtained for S&T Activities	7.1	6.8	6.1	7.0
企业资金占经费筹集比重 Enterprise Self-financed Fund as a Percentage of Total Funds Obtained for S&T Activities	63.0	64.2	62.7	67.2
金融机构贷款占经费筹集比重 Bank Loans as a Percentage of Total Funds Obtained for S&T Activities	24.6	23.0	26.5	21.6

情况分析指标(1991 - 2004)

and Medium-sized Industrial Enterprises

(%)

1995	1996	1997	1998	1999	2000	2001	2002	2003	2004
39.8	34.0	30.4	30.6	32.0	28.4	26.2	25.3	24.9	23.36
56.9	48.5	46.7	50.0	50.4	50.6	45.7	44.8	42.7	38.35
6.5	7.8	8.1	8.9	9.8	10.4	10.9	11.2	10.1	8.4
3.2	3.8	3.9	4.1	4.6	4.8	4.9	5.0	4.5	4.13
57.5	54.7	54.4	45.2	45.9	55.4	57.8	59.5	61.9	58.09
11.0	9.2	9.0	10.0	10.8	8.9	9.4	9.1	8.6	9.87
8.5	10.0	10.0	11.7	13.2	15.3	15.0	16.1	14.6	15.25
45.0	53.9	51.1	51.2	53.7	47.2	43.2	43.7	43.5	41.01
1.19	1.15	1.21	1.28	1.35	1.65	1.67	1.73	1.52	1.49
0.46	0.48	0.52	0.53	0.60	0.71	0.76	0.83	0.75	0.71
159	160	182	203	255	378	427	504	659	723
2.96	2.64	2.97	3.39	3.90	5.94	7.15	8.52	10.4	13.82
6.3	7.1	6.3	7.9	7.5	4.7	3.9	4.4	3.3	3.1
71.5	69.1	69.7	72.3	76.7	80.7	84.1	84.1	84.3	87.7
17.0	19.7	17.7	16.1	12.6	10.5	9.1	8.2	9.9	7.4

3-5 分登记注册类型规模

Major Indicators of Industrial Enterprises

单位:万元

注册类型 Type of Registration	企业数(个) Number of Large & Medium-sized Enterprises (unit)	#有科技机构的企业数 Having Institutions for S&T	#有科技活动的企业数 Having Activities for S&T	工业总产值 Gross Value of Industrial Output	#新产品 New Products
总计 Total	**276474**	**13906**	**32924**	**2016158755**	**230417447**
内资企业 Domestic Funded	**219309**	**11287**	**26327**	**1356198687**	**136469874**
国有企业 State-owned Enterprises	23417	1353	2810	234249989	16464731
其中:大型企业 of which: Large Scale	402	237	327	135222002	11107966
集体企业 Collective-owned Enterprises	18095	386	1118	78655991	7622507
股份合作企业 Cooperative Enterprises	8215	345	993	26424093	1342059
联营企业 Joint Ownership Enterprises	1439	54	146	9319320	939594
国有联营企业 State Joint Ownership Enterprises	278	16	50	5160585	758256
集体联营企业 Collective Joint Ownership Enterprises	395	7	23	1204346	9641
国有与集体联营企业 Joint State-collective Enterprises	427	17	39	1588982	143186
其他联营企业 Other Joint Ownership Enterprises	339	14	34	1365406	28511
有限责任公司 Limited Liability Corporations	41233	3924	8208	425653913	56018196
国有独资公司 State Sole Funded Corporations	1448	446	643	98385010	15905681
其他有限责任公司 Other Limited Liability Corporations	39785	3478	7565	327268903	40112515
股份有限公司 Share-holding Corporations Ltd.	7171	1503	2226	229016008	36947132
私营企业 Private Enterprises	119358	3717	10800	351425646	17110293

以上工业企业基本情况(2004)

above Designated Size by Registration

(10 000 yuan)

产品销售收入 Total Revenue from the Sale of Products	#新产品 New Products	年末从业人员(人) Employees (year-end) (person)	#工程技术人员 Technical Engineering Personnel	生产经营用设备原价 Original Value of Equipment	#微电子控制 Equipment Controlled by Micro-electronics
1987991651	**228085839**	**66212936**	**4950978**	**794770329**	**69253615**
1336933140	**135178506**	**48660359**	**4053910**	**587939637**	**44474817**
240775789	16661970	8839587	983542	167032874	11745193
146566162	11806830	3275383	406636	86693314	5113619
75171135	7319692	3348865	180963	14697905	908262
25130007	1267094	1167680	79295	5940857	360198
8963304	932218	278591	25507	6043196	555100
4921913	754336	81535	13795	4966978	512715
1129795	8759	62685	3969	244760	5894
1584248	140807	76425	3971	563557	23914
1327348	28317	57946	3772	267901	12578
424544793	56529244	15074733	1358915	215945636	16219860
103025407	17143720	3662715	379724	67305419	5597854
321519387	39385524	11412018	979191	148640217	10622006
226096151	36232161	4728720	521677	114687090	11051425
334872500	16211489	15154290	901545	63203038	3626649

3-5 续表

单位:万元

注册类型 Type of Registration	企业数(个) Number of Large & Medium-sized Enterprises (unit)	#有科技机构的企业数 Having Institutions for S&T	#有科技活动的企业数 Having Activities for S&T	工业总产值 Gross Value of Industrial Output	#新产品 New Products
私营独资企业 Private-funded Enterprises	26525	348	1282	56779358	1187804
私营合伙企业 Private Partnership Enterprises	6049	68	305	12565014	221663
私营有限责任公司 Private Limited Liability Corporations	82079	3088	8731	262991606	14857726
私营股份有限公司 Private Share-holding Corporations Ltd.	4705	213	482	19089668	843101
其他企业 Others Enterprises	381	5	26	1453727	25363
港澳台商投资企业 Enterprises with Funds from Hong Kong, Macau and Taiwan	**28399**	**1223**	**2971**	**237479905**	**25709169**
其中:大型企业 of which: Large Scale	177	59	90	50636225	15596971
与港澳台商合资经营企业 Joint-venture Enterprises (with Funds from Hong Kong, Macau and Taiwan)	10694	694	1642	96578981	11946811
与港澳台商合作经营企业 Cooperative Enterprises (with Funds from Hong Kong, Macau and Taiwan)	1863	78	157	14289685	618183
港澳台商独资经营企业 Enterprises with Sole Funds from Hong Kong, Macau and Taiwan	15541	407	1095	114041412	11148646
港澳台商投资股份有限公司 Share-holding Corporations Ltd. with Funds from Hong Kong, Macau and Taiwan	301	44	77	12569827	1995530
外商投资企业 Foreign Funded Enterprises	**28766**	**1396**	**3626**	**422480163**	**68238404**
其中:大型企业 of which: Large Scale	319	110	176	139711612	41337393
中外合资经营企业 Joint-venture Enterprises	12930	866	2175	197833344	44217443
中外合作经营 Cooperation Enterprises	1711	78	180	16402310	595419
外资企业 Enterprises with Sole Foreign Funds	13758	389	1175	191366899	18399329
外商投资股份有限公司 Share-holding Corporations Ltd. with Foreign Funds	367	63	96	16877609	5026214

(10 000 yuan)

产品销售收入 Total Revenue from the Sale of Products	#新产品 New Products	年末从业人员（人） Employees (year-end) (person)	#工程技术人员 Technical Engineering Personnel	生产经营用设备原价 Original Value of Equipment	#微电子控制 Equipment Controlled by Micro-electronics
53971797	1060105	2614635	144591	8373437	213829
11987393	203238	628324	31523	1805932	52992
250921874	14155784	11148908	675492	49117001	3194245
17991436	792362	762423	49939	3906668	165584
1379461	24639	67893	2466	389041	8131
230670883	**25682491**	**8926759**	**400269**	**80531747**	**7503560**
50540283	15222852	864430	48503	14276510	1510750
92384408	11470934	2840819	172788	36457192	3947825
14108722	640128	574449	23738	6426949	225572
110589012	11480117	5315442	181987	30529313	2621801
13588742	2091312	196049	21756	7118293	708361
420387628	**67224843**	**8625818**	**496799**	**126298944**	**17275238**
138200440	40728883	1386824	88546	29378712	6366361
193596759	42918430	3506076	238057	58708288	8309811
15528445	534127	470230	24183	7339691	539358
194367129	18967783	4396492	203790	47797027	6924282
16895294	4804504	253020	30769	12453939	1501787

3－6 分登记注册类型规模以上工业

Major Relative Indicators of Industrial

单位:%

注册类型 Type of Registration	有科技机构的企业占全部企业比重 Enterprises Having Institutions for S&T as a Percentage of Total Enterprises	科技活动人员占从业人员比重 S&T Personnel as a Percentage of Total Employees	科学家与工程师占科技活动人员比重 Scientists and Engineers as a Percentage of S&T Personnel
总计 Total	**5.0**	**2.8**	**57.9**
内资企业 Domestic Funded	**5.2**	**3.1**	**57.7**
国有企业 State-owned Enterprises	5.8	3.6	57.0
其中:大型企业 of which: Large Scale	59.0	5.3	58.4
集体企业 Collective-owned Enterprises	2.1	1.1	57.2
股份合作企业 Cooperative Enterprises	4.2	1.7	49.9
联营企业 Joint Ownership Enterprises	3.8	3.2	62.8
国有联营企业 State Joint Ownership Enterprises	5.8	8.0	64.3
集体联营企业 Collective Joint Ownership Enterprises	1.8	0.6	67.6
国有与集体联营企业 Joint State-collective Enterprises	4.0	1.6	49.7
其他联营企业 Other Joint Ownership Enterprises	4.1	1.4	68.4
有限责任公司 Limited Liability Corporations	9.5	4.2	58.0
国有独资公司 State Sole Funded Corporations	30.8	5.5	59.0
其他有限责任公司 Other Limited Liability Corporations	8.7	3.8	57.5
股份有限公司 Share-holding Corporations Ltd.	21.0	6.4	60.4
私营企业 Private Enterprises	3.1	1.4	54.3

企业基本情况分析指标(2004)
Enterprises above Designated Size by Registration

(%)

R&D 经费占产品销售收入比重 Expenditure for R&D as a Percentage of Total Revenue from the Sale of Products	科技活动经费占产品销售收入比重 Expenditure for S&T Activities as a Percentage of Total Revenue from the Sale of Products	新产品产值占工业总产值比重 Output Value of New Products as a Percentage of Gross Output of Industrial Value	新产品销售收入占产品销售收入比重 Sales Revenue of New Products as a Percentage of Total Revenue from the Sale of Products	微电子控制设备占生产经营用设备原价比重 Equipment Controlled by Micro-electronics as a Percentage of Original Value of Productive Equipment
0.6	**1.2**	**11.4**	**11.5**	**8.7**
0.6	**1.3**	**10.1**	**10.1**	**7.6**
0.6	1.3	7.0	6.9	7.0
0.6	1.4	8.2	8.1	5.9
0.4	0.9	9.7	9.7	6.2
0.3	0.8	5.1	5.0	6.1
0.7	1.6	10.1	10.4	9.2
1.1	2.3	14.7	15.3	10.3
0.1	0.3	0.8	0.8	2.4
0.2	1.0	9.0	8.9	4.2
0.4	0.6	2.1	2.1	4.7
0.8	1.7	13.2	13.3	7.5
1.0	2.1	16.2	16.6	8.3
0.7	1.6	12.3	12.3	7.2
1.0	1.9	16.1	16.0	9.6
0.3	0.7	4.9	4.8	5.7

3-6 续表

单位:%

注册类型 Type of Registration	有科技机构的企业占全部企业比重 Enterprises Having Institutions for S&T as a Percentage of Total Enterprises	科技活动人员占从业人员比重 S&T Personnel as a Percentage of Total Employees	科学家与工程师占科技活动人员比重 Scientists and Engineers as a Percentage of S&T Personnel
私营独资企业 Private-funded Enterprises	1.3	0.5	46.1
私营合伙企业 Private Partnership Enterprises	1.1	0.5	36.7
私营有限责任公司 Private Limited Liability Corporations	3.8	1.6	54.8
私营股份有限公司 Private Share-holding Corporations Ltd.	4.5	1.8	59.9
其他企业 Others Enterprises	1.3	1.0	51.3
港澳台商投资企业 **Enterprises with Funds from Hong Kong, Macau and Taiwan**	**4.3**	**1.4**	**55.2**
其中:大型企业 of which: Large Scale	33.3	3.5	59.9
与港澳台商合资经营企业 Joint-venture Enterprises (with Funds from Hong Kong, Macau and Taiwan)	6.5	2.3	55.6
与港澳台商合作经营企业 Cooperative Enterprises (with Funds from Hong Kong, Macau and Taiwan)	4.2	0.9	47.2
港澳台商独资经营企业 Enterprises with Sole Funds from Hong Kong, Macau and Taiwan	2.6	0.7	54.0
港澳台商投资股份有限公司 Share-holding Corporations Ltd. with Funds from Hong Kong, Macau and Taiwan	14.6	6.8	59.6
外商投资企业 **Foreign Funded Enterprises**	**4.9**	**2.2**	**61.6**
其中:大型企业 of which: Large Scale	34.5	5.0	66.2
中外合资经营企业 Joint-venture Enterprises	6.7	2.9	59.1
中外合作经营 Cooperation Enterprises	5	1	65
外资企业 Enterprises with Sole Foreign Funds	3	1	65
外商投资股份有限公司 Share-holding Corporations Ltd. with Foreign Funds	17	9	62

(%)

R&D 经费占产品销售收入比重 Expenditure for R&D as a Percentage of Total Revenue from the Sale of Products	科技活动经费占产品销售收入比重 Expenditure for S&T Activities as a Percentage of Total Revenue from the Sale of Products	新产品产值占工业总产值比重 Output Value of New Products as a Percentage of Gross Output of Industrial Value	新产品销售收入占产品销售收入比重 Sales Revenue of New Products as a Percentage of Total Revenue from the Sale of Products	微电子控制设备占生产经营用设备原价比重 Equipment Controlled by Micro-electronics as a Percentage of Original Value of Productive Equipment
0.1	0.3	2.1	2.0	2.6
0.1	0.3	1.8	1.7	2.9
0.3	0.8	5.7	5.6	6.5
0.4	1.0	4.4	4.4	4.2
0.2	0.3	1.7	1.8	2.1
0.4	**0.9**	**10.8**	**11.1**	**9.3**
0.7	1.3	30.8	30.1	10.6
0.5	1.1	12.4	12.4	10.8
0.3	0.5	4.3	4.5	3.5
0.3	0.6	9.8	10.4	8.6
0.5	1.6	15.9	15.4	10.0
0.5	**1.0**	**16.2**	**16.0**	**13.7**
0.8	1.3	29.6	29.5	21.7
0.6	1.2	22.4	22.2	14.2
0	1	4	3	7
0	1	10	10	14
1	2	30	28	12

3－7 各地区规模以上工业

Major Indicators of Industrial Enterprises

单位:万元

地区 Region		企业数(个) Number of Large & Medium-sized Enterprises (unit)	#有科技机构的企业数 Having Institutions for S&T	#有科技活动的企业数 Having Activities for S&T	工业总产值 Gross Value of Industrial Output	#新产品 New Products
全　国	**Total**	**276474**	**13906**	**32924**	**2016158755**	**230417447**
东部地区	Eastern Region	202229	9332	23569	1475204018	182877181
中部地区	Mid Region	45616	2840	5669	328964982	27962329
西部地区	Western Region	28629	1734	3686	211989755	19577937
北　京	Beijing	6871	421	1351	57332541	10361927
天　津	Tianjin	6462	227	726	58544955	13939993
河　北	Hebei	9284	467	959	86816736	3698145
山　西	Shanxi	5013	233	355	37713641	2236504
内蒙古	Neimenggu	2275	76	187	20959359	1355988
辽　宁	Liaoning	10635	371	903	86039009	9725732
吉　林	Jilin	3280	153	302	33437806	1567694
黑龙江	Heilongjiang	3297	156	343	37193237	2332658
上　海	Shanghai	15766	417	1387	139681078	27681960
江　苏	Jiangsu	40848	2141	5454	266823877	29233039
浙　江	Zhejiang	41358	2320	6419	187291169	24148446
安　徽	Anhui	4778	415	732	36601504	4425967
福　建	Fujian	11918	423	1061	67834151	8426464
江　西	Jiangxi	4019	208	454	22119792	1931602
山　东	Shandong	23915	1041	2205	225218944	22771762
河　南	Henan	11474	641	1424	75755876	4996447
湖　北	Hubei	6232	510	974	49602465	5649222
湖　南	Hunan	7523	524	1085	36540663	4822235
广　东	Guangdong	34584	1474	3049	295549224	32222318
广　西	Guangxi	3749	182	353	19157763	2940477
海　南	Hainan	588	30	55	4072335	667396
重　庆	Chongqing	2634	213	519	21427261	5198017
四　川	Sichuan	7413	468	1130	47174322	5001444
贵　州	Guizhou	2545	133	235	13948225	781158
云　南	Yunnan	2332	148	309	20920481	812715
西　藏	Tibet	187	2	4	226971	448
陕　西	Shaanxi	3012	242	462	27352159	2360473
甘　肃	Gansu	1927	142	260	15826027	503843
青　海	Qinghai	463	26	42	3742187	58139
宁　夏	Ningxia	662	39	87	5536557	255623
新　疆	Xinjiang	1430	63	98	15718444	309613

企业基本情况(2004)

above Designated Size by Region

(10 000 yuan)

产品销售收入 Total Revenue from the Sale of Products	#新产品 New Products	年末从业人员(人) Employees (year-end) (person)	#工程技术人员 Technical Engineering Personnel	生产经营用设备原价 Original Value of Equipment	#微电子控制 Equipment Controlled by Micro-electronics
1987991651	**228085839**	**66212936**	**4950978**	**794770329**	**69253615**
1457510197	181990674	43530088	2932289	493477856	50025650
321920369	25752388	13924009	1212617	175688408	9937742
208561086	20342778	8758839	806072	125604065	9290223
59925727	11052142	1135375	102762	26476237	4282948
58621481	13557417	1241954	91594	18195447	1541015
85629489	3694886	2827681	194251	33198013	3300774
37602178	1946480	2101310	160404	22982515	1344835
21135928	2643012	814425	73549	14870119	1175253
85407123	9397620	2625826	280028	50276093	4176594
31551020	1563069	1045946	98693	19241223	572917
37896317	1949849	1413840	146041	33535472	635894
146888452	28221766	2608248	166880	58671515	7373640
259698188	27638099	7175929	545772	71953008	9140993
183334982	23409319	6209905	369269	53333118	6157447
36380573	4198972	1558369	139899	16622652	2018763
65810730	8281089	2723149	145372	22249961	2959668
21865900	1763042	1017715	96270	10466797	633806
218097900	23286960	6901536	581387	72993356	4273450
72856301	4671530	3363710	273290	29970912	2324611
48324328	5087244	1767999	158095	25601079	1578129
35443752	4572202	1655120	139925	17267758	828788
289984513	32780523	9964436	447254	83271203	6729502
18845249	2757457	864529	74081	9713481	417749
4111613	670854	116049	7720	2859905	89620
21088433	5089043	900546	78837	8084055	1484520
46333617	5001408	2097825	195627	20543044	1359048
13259506	757732	668725	51647	10086377	556983
20502914	739428	656877	78273	12178386	1196348
237586	559	18293	438	483867	1000
26321809	2181959	1187060	115838	22054618	1359583
15990567	446930	703630	50787	8241939	428244
3724195	38551	140169	9759	4416456	118874
5286867	261582	256999	22369	3119830	201760
15834416	425117	449761	54867	11811893	990862

3-8 各地区规模以上工业
Major Relative Indicators of Industrial

单位:%

地 区 Region	有科技机构的企业占全部企业比重 Enterprises Having Institutions for S&T as a Percentage of Total Enterprises	科技活动人员占从业人员比重 S&T Personnel as a Percentage of Total Employees	科学家与工程师占科技活动人员比重 Scientists and Engineers as a Percentage of S&T Personnel
全 国 Total	**5.0**	**2.8**	**57.9**
东部地区 Eastern Region	4.6	2.5	59.2
中部地区 Mid Region	6.2	3.2	55.3
西部地区 Western Region	6.1	3.4	57.2
北 京 Beijing	6.1	4.9	74.2
天 津 Tianjin	3.5	3.0	55.8
河 北 Hebei	5.0	2.5	61.4
山 西 Shanxi	4.7	2.9	49.1
内蒙古 Neimenggu	3.3	2.3	56.1
辽 宁 Liaoning	3.5	3.6	63.3
吉 林 Jilin	4.7	2.0	68.6
黑龙江 Heilongjiang	4.7	3.8	67.5
上 海 Shanghai	2.6	3.0	63.4
江 苏 Jiangsu	5.2	3.2	53.9
浙 江 Zhejiang	5.6	2.3	53.7
安 徽 Anhui	8.7	3.2	55.0
福 建 Fujian	3.6	1.6	58.6
江 西 Jiangxi	5.2	3.9	43.8
山 东 Shandong	4.4	2.5	55.8
河 南 Henan	5.6	2.8	51.9
湖 北 Hubei	8.2	3.8	60.6
湖 南 Hunan	7.0	3.5	53.5
广 东 Guangdong	4.3	1.7	64.7
广 西 Guangxi	4.9	2.4	56.6
海 南 Hainan	5.1	1.4	77.4
重 庆 Chongqing	8.1	3.9	63.7
四 川 Sichuan	6.3	4.3	56.0
贵 州 Guizhou	5.2	2.7	57.5
云 南 Yunnan	6.4	2.3	56.6
西 藏 Tibet	1.1	1.3	37.1
陕 西 Shaanxi	8.0	4.9	51.7
甘 肃 Gansu	7.4	3.3	58.8
青 海 Qinghai	5.6	2.6	59.2
宁 夏 Ningxia	5.9	1.9	68.5
新 疆 Xinjiang	4.4	2.2	71.0

企业基本情况分析指标(2004)
Enterprises above Designated Size by Region

(%)

R&D经费占产品销售收入比重 Expenditure for R&D as a Percentage of Total Revenue from the Sale of Products	科技活动经费占产品销售收入比重 Expenditure for S&T Activities as a Percentage of Total Revenue from the Sale of Products	新产品产值占工业总产值比重 Output Value of New Products as a Percentage of Gross Output of Industrial Value	新产品销售收入占产品销售收入比重 Sales Revenue of New Products as a Percentage of Total Revenue from the Sale of Products	微电子控制设备占生产经营用设备原价比重 Equipment Controlled by Micro-electronics as a Percentage of Original Value of Productive Equipment
0.6	**1.2**	**11.4**	**11.5**	**8.7**
0.6	1.2	12.4	12.5	10.1
0.5	1.3	8.5	8.0	5.7
0.5	1.5	9.2	9.8	7.4
1.0	1.4	18.1	18.4	16.2
0.5	1.1	23.8	23.1	8.5
0.3	0.7	4.3	4.3	9.9
0.4	1.3	5.9	5.2	5.9
0.2	0.9	6.5	12.5	7.9
0.9	1.4	11.3	11.0	8.3
0.4	0.9	4.7	5.0	3.0
0.5	1.0	6.3	5.2	1.9
0.6	1.4	19.8	19.2	12.6
0.6	1.4	11.0	10.6	12.7
0.5	1.0	12.9	12.8	11.6
0.6	2.1	12.1	11.5	12.1
0.6	1.0	12.4	12.6	13.3
0.7	1.2	8.7	8.1	6.1
0.5	1.1	10.1	10.7	5.9
0.4	1.1	6.6	6.4	7.8
0.5	1.5	11.4	10.5	6.2
0.5	1.5	13.2	12.9	4.8
0.6	1.0	10.9	11.3	8.1
0.4	1.4	15.4	14.6	4.3
0.3	0.4	16.4	16.3	3.1
0.7	1.9	24.3	24.1	18.4
0.6	1.9	10.6	10.8	6.6
0.5	1.1	5.6	5.7	5.5
0.2	0.9	3.9	3.6	9.8
	0.1	0.2	0.2	0.2
1.0	2.3	8.6	8.3	6.2
0.3	0.9	3.2	2.8	5.2
0.5	1.2	1.6	1.0	2.7
0.4	0.9	4.6	5.0	6.5
0.2	1.1	2.0	2.7	8.4

3-9 分行业规模以上工业

Major Indicators of Industrial Enterprises

单位：万元

行 业 Industry	企业数（个） Number of Large & Medium-sized Enterprises (unit)	#有科技机构的企业数 Having Institutions for S&T	#有科技活动的企业数 Having Activities for S&T
总 计 **Total**	**276474**	**13906**	**32924**
煤炭开采和洗选业 Mining and Washing of Coal	5249	98	263
石油和天然气开采业 Extraction of Petroleum and Natural Gas	183	37	58
黑色金属矿采选业 Mining of Ferrous Metal Ores	1664	10	50
有色金属矿采选业 Mining of Non-ferrous Metal Ores	1465	42	121
非金属矿采选业 Mining and Processing of Nonmetal Ores	2182	46	101
其他采矿业 Mining of Other Ores	12		
农副食品加工业 Processing of Food from Agricultural Products	14097	391	948
食品制造业 Manufacture of Foods	5528	286	628
饮料制造业 Manufacture of Beverage	3469	237	464
烟草制品业 Manufacture of Tobacco	211	64	87
纺织业 Manufacture of Textile	24192	599	1814
纺织服装、鞋、帽制造业 Manufacture of Textile Wearing Apparel, Footware and Caps	12029	104	597
皮革、毛皮、羽毛（绒）及其制品业 Manufacture of Leather, Fur, Feather and Its Products	6393	131	606
木材加工及木、竹、藤、棕、草制品业 Processing of Timbers, Manufacture of Wood, Bamboo, Rattan, Palm, Straw	5017	78	216
家具制造业 Manufacture of Furniture	3025	57	173
造纸及纸制品业 Manufacture of Paper and Paper Products	7473	175	449
印刷业和记录媒介的复制 Printing, Reproduction of Recording Media	5139	73	230

企业基本情况(2004)

above Designated Size by Industry

(10 000 yuan)

工业总产值 Gross Value of Industrial Output	#新产品 New Products	产品销售收入 Total Revenue from the Sale of Products	#新产品 New Products	年末从业人员(人) Employees (year-end) (person)	#工程技术人员 Technical Engineering Personnel	生产经营用设备原价 Original Value of Equipment	#微电子控制 Equipment Controlled by Micro-electronics
2016158755	**230417447**	**1987991651**	**228085839**	**66212936**	**4950978**	**794770329**	**69253615**
40663492	1118988	41579107	1059572	4199136	234409	22062855	1335300
46015029	304309	45004654	315103	961240	122885	48775247	744103
7253575	15105	7300604	17075	388055	20981	1954716	20320
8016114	67796	7952354	42642	391732	26432	2561475	22195
5879786	65432	5655245	71213	425885	24857	2285160	45742
57963		58973		1734	71	30693	
83448948	1478958	81361194	1449393	1965097	133660	15069678	583706
28990842	1398947	27821656	1402970	1108837	67355	9060893	639567
24409177	1784832	23931859	2132465	839188	69798	11176000	1088776
25960268	2833548	25733991	2623840	198767	22068	7167601	1585590
103555244	7554264	100211106	7165567	5879184	276842	33944050	3185343
39962501	2196057	38021666	2132288	3319120	94120	6459513	384665
27663819	1487548	26570281	1491976	2112181	58460	3729916	122571
13859045	636671	13292237	609954	767994	48797	4203426	307230
11547889	707347	11190907	693775	649377	28279	2179377	69518
33719394	2652838	32321657	2597743	1304399	80247	17764909	1566256
11991319	453979	11659892	513736	634995	43091	7425275	1128832

3－9 续表

单位:万元

行　业 Industry	企业数(个) Number of Large & Medium-sized Enterprises (unit)	#有科技机构的企业数 Having Institutions for S&T	#有科技活动的企业数 Having Activities for S&T
文教体育用品制造业 Manufacture of Articles for Culture, Education and Sport Activity	3382	94	242
石油加工、炼焦及核燃料加工业 Processing of Petroleum , Coking, Processing of Nucleus Fuel	2019	105	180
化学原料及化学制品制造业 Manufacture of Chemical Raw Material and Chemical Products	18759	1558	3105
医药制造业 Manufacture of Medicines	4709	1020	1737
化学纤维制造业 Manufacture of Chemical Fiber	1536	109	228
橡胶制品业 Manufacture of Rubber	3168	178	413
塑料制品业 Manufacture of Plastic	12269	320	999
非金属矿物制品业 Manufacture of Non-metallic Mineral Products	19960	723	1738
黑色金属冶炼及压延加工业 Manufacture and Processing of Ferrous Metals	7141	213	531
有色金属冶炼及压延加工业 Manufacture and Processing of Non-ferrous Metals	5300	300	627
金属制品业 Manufacture of Metal Products	14131	346	1040
通用设备制造业 Manufacture of General Purpose Machinery	20569	1402	3280
专用设备制造业 Manufacture of Special Purpose Machinery	10925	1064	2424
交通运输设备制造业 Manufacture of Transport Equipment	11823	984	2166
电气机械及器材制造业 Manufacture of Electrical Machinery and Equipment	16145	1252	2879
通信设备、计算机及其他电子设备制造业 Manufacture of Communication, Computer, Other Electronic Equipment	9161	1045	2385
仪器仪表及文化、办公用机械制造业 Manufacture of Measuring Instrument, Machinery for Cultural and Office Work	3916	470	1139
工艺品及其他制造业 Manufacture of Artwork, Other Manufacture	5128	106	308
电力、热力的生产和供应业 Production and Supply of Electric Power and Heat Power	5530	138	508
燃气生产和供应业 Production and Distribution of Gas	497	8	39
水的生产和供应业 Production and Distribution of Water	2692	38	126

(10 000 yuan)

工业总产值 Gross Value of Industrial Output	#新产品 New Products	产品销售收入 Total Revenue from the Sale of Products	#新产品 New Products	年末从业人员(人) Employees (year-end) (person)	#工程技术人员 Technical Engineering Personnel	生产经营用设备原价 Original Value of Equipment	#微电子控制 Equipment Controlled by Micro-electronics
12169365	572756	11792491	584713	1075367	30580	2555925	79813
89265131	1826557	89944632	1879368	679653	78110	29227651	2464510
129533238	11808758	126814398	11459343	3263454	340294	54798705	5287756
32412625	5238418	30329621	4857860	1143815	136894	11608040	1303674
19537858	2294213	18938435	2208224	391942	30794	9870195	1049514
18184020	2682419	17328487	2508848	807838	44178	6905389	1271555
41904014	2698926	41062704	2676715	1751965	94596	14225697	1696498
74598696	3222605	71189463	3312877	4153157	272645	36887972	2109250
169488640	18024223	170995755	19282705	2772674	250694	60983492	5523422
59887598	3798873	59346661	3808825	1273275	116164	18615875	1562784
51579254	2387922	49903351	2319455	2131107	133594	10976732	818969
85238857	13549742	81029965	12719727	3437449	322092	20237806	1985924
50663591	8562915	49032256	7905555	2199262	226481	13084516	1227985
137955111	45987120	134546155	44741527	3413057	324015	33207151	5309555
112333448	23592379	108714310	23620918	3486797	276097	20732969	2185674
222603309	55181345	225653920	55664618	3787947	279599	40601165	10668348
21931462	3309282	21875246	3308422	843372	75686	4348535	487528
16445971	589173	15779180	624255	1242216	54385	3441029	326874
146084288	295769	151708511	242594	2542852	439850	189781239	10596181
4187950	9974	5455395	9494	156042	16651	4324519	122196
5131991	4244	4903840	4637	472834	53394	12370526	344610

3－10 分行业规模以上工业企业

Major Relative Indicators of Industrial

单位:%

行　业 Industry	有科技机构的企业占全部企业比重 Enterprises Having Institutions for S&T as a Percentage of Total Enterprises	科技活动人员占从业人员比重 S&T Personnel as a Percentage of Total Employees	科学家与工程师占科技活动人员比重 Scientists and Engineers as a Percentage of S&T Personnel
总 计 **Total**	**5.0**	**2.8**	**57.9**
煤炭开采和洗选业 Mining and Washing of Coal	1.9	2.2	48.1
石油和天然气开采业 Extraction of Petroleum and Natural Gas	20.2	5.6	73.6
黑色金属矿采选业 Mining of Ferrous Metal Ores	0.6	1.5	59.0
有色金属矿采选业 Mining of Non-ferrous Metal Ores	2.9	1.2	58.2
非金属矿采选业 Mining and Processing of Nonmetal Ores	2.1	0.7	55.8
农副食品加工业 Processing of Food from Agricultural Products	2.8	1.2	54.3
食品制造业 Manufacture of Foods	5.2	1.8	51.7
饮料制造业 Manufacture of Beverage	6.8	2.4	49.7
烟草制品业 Manufacture of Tobacco	30.3	3.4	61.2
纺织业 Manufacture of Textile	2.5	1.1	39.5
纺织服装、鞋、帽制造业 Manufacture of Textile Wearing Apparel, Footware and Caps	0.9	0.4	42.9
皮革、毛皮、羽毛(绒)及其制品业 Manufacture of Leather, Fur, Feather and Its Products	2.1	0.4	33.3
木材加工及木、竹、藤、棕、草制品业 Processing of Timbers, Manufacture of Wood, Bamboo, Rattan, Palm, Straw	1.6	0.5	58.8
家具制造业 Manufacture of Furniture	1.9	0.5	45.0
造纸及纸制品业 Manufacture of Paper and Paper Products	2.3	1.4	49.3
印刷业和记录媒介的复制 Printing, Reproduction of Recording Media	1.4	1.1	50.4

基本情况分析指标(2004)
Enterprises above Designated Size by Industry

(%)

R&D经费占产品销售收入比重 Expenditure for R&D as a Percentage of Total Revenue from the Sale of Products	科技活动经费占产品销售收入比重 Expenditure for S&T Activities as a Percentage of Total Revenue from the Sale of Products	新产品产值占工业总产值比重 Output Value of New Products as a Percentage of Gross Output of Industrial Value	新产品销售收入占产品销售收入比重 Sales Revenue of New Products as a Percentage of Total Revenue from the Sale of Products	微电子控制设备占生产经营用设备原价比重 Equipment Controlled by Micro-electronics as a Percentage of Original Value of Productive Equipment
0.6	**1.2**	**11.4**	**11.5**	**8.7**
0.6	1.4	2.8	2.6	6.1
0.5	1.1	0.7	0.7	1.5
0.1	0.5	0.2	0.2	1.0
0.2	0.5	0.9	0.5	0.9
0.1	0.6	1.1	1.3	2.0
0.1	0.3	1.8	1.8	3.9
0.3	0.7	4.8	5.0	7.1
0.5	1.3	7.3	8.9	9.7
0.2	0.7	10.9	10.2	22.1
0.3	0.7	7.3	7.2	9.4
0.2	0.4	5.5	5.6	6.0
0.1	0.3	5.4	5.6	3.3
0.2	0.5	4.6	4.6	7.3
0.2	0.3	6.1	6.2	3.2
0.3	0.9	7.9	8.0	8.8
0.2	0.7	3.8	4.4	15.2

3－10 续表

单位:%

行　业 Industry	有科技机构的企业占全部企业比重 Enterprises Having Institutions for S&T as a Percentage of Total Enterprises	科技活动人员占从业人员比重 S&T Personnel as a Percentage of Total Employees	科学家与工程师占科技活动人员比重 Scientists and Engineers as a Percentage of S&T Personnel
文教体育用品制造业 Manufacture of Articles for Culture, Education and Sport Activity	2.8	0.6	50.2
石油加工、炼焦及核燃料加工业 Processing of Petroleum, Coking, Processing of Nucleus Fuel	5.2	3.4	59.5
化学原料及化学制品制造业 Manufacture of Chemical Raw Material and Chemical Products	8.3	3.9	55.6
医药制造业 Manufacture of Medicines	21.7	6.4	64.6
化学纤维制造业 Manufacture of Chemical Fiber	7.1	3.6	54.7
橡胶制品业 Manufacture of Rubber	5.6	2.3	46.3
塑料制品业 Manufacture of Plastic	2.6	1.2	54.8
非金属矿物制品业 Manufacture of Non-metallic Mineral Products	3.6	1.3	47.9
黑色金属冶炼及压延加工业 Manufacture and Processing of Ferrous Metals	3.0	4.6	55.4
有色金属冶炼及压延加工业 Manufacture and Processing of Non-ferrous Metals	5.7	3.9	59.0
金属制品业 Manufacture of Metal Products	2.5	1.4	57.7
通用设备制造业 Manufacture of General Purpose Machinery	6.8	4.5	56.7
专用设备制造业 Manufacture of Special Purpose Machinery	9.7	5.4	61.2
交通运输设备制造业 Manufacture of Transport Equipment	8.3	5.9	57.6
电气机械及器材制造业 Manufacture of Electrical Machinery and Equipment	7.8	4.0	58.8
通信设备、计算机及其他电子设备制造业 Manufacture of Communication, Computer, Other Electronic Equipment	11.4	5.6	68.9
仪器仪表及文化、办公用机械制造业 Manufacture of Measuring Instrument, Machinery for Cultural and Office Work	12.0	5.2	63.8
工艺品及其他制造业 Manufacture of Artwork, Other Manufacture	2.1	1.2	44.8
电力、热力的生产和供应业 Production and Supply of Electric Power and Heat Power	2.5	2.1	68.1
燃气生产和供应业 Production and Distribution of Gas	1.6	1.3	65.1
水的生产和供应业 Production and Distribution of Water	1.4	0.8	73.0

(%)

R&D经费占产品销售收入比重 Expenditure for R&D as a Percentage of Total Revenue from the Sale of Products	科技活动经费占产品销售收入比重 Expenditure for S&T Activities as a Percentage of Total Revenue from the Sale of Products	新产品产值占工业总产值比重 Output Value of New Products as a Percentage of Gross Output of Industrial Value	新产品销售收入占产品销售收入比重 Sales Revenue of New Products as a Percentage of Total Revenue from the Sale of Products	微电子控制设备占生产经营用设备原价比重 Equipment Controlled by Micro-electronics as a Percentage of Original Value of Productive Equipment
0.3	**0.6**	**4.7**	**5.0**	**3.1**
0.1	0.4	2.1	2.1	8.4
0.7	1.6	9.1	9.0	9.7
1.3	3.0	16.2	16.0	11.2
0.5	1.3	11.7	11.7	10.6
0.6	1.5	14.8	14.5	18.4
0.3	0.8	6.4	6.5	11.9
0.3	0.7	4.3	4.7	5.7
0.5	1.4	10.6	11.3	9.1
0.4	1.1	6.3	6.4	8.4
0.2	0.7	4.6	4.7	7.5
0.8	1.7	15.9	15.7	9.8
1.0	2.2	16.9	16.1	9.4
1.0	2.1	33.3	33.3	16.0
1.0	2.0	21.0	21.7	10.5
1.1	1.8	24.8	24.7	26.3
1.0	1.9	15.1	15.1	11.2
0.3	0.7	3.6	4.0	9.5
0.1	0.3	0.2	0.2	5.6
0.0	0.6	0.2	0.2	2.8
0.2	0.9	0.1	0.1	2.8

3-11 分登记注册类型规模以上工业企业科技活动人员(2004)

Personnel for S&T in Industrial Enterprises above Designated Size by Registration

单位:人 (person)

注册类型 Type of Registration	科技活动人员 Personnel for S&T Activities	#科学家和工程师 Scientists & Engineers	1.参加科技项目人员 Personnel in S&T Projects	2.科技管理和服务人员 S&T Managers and Attendants
总计 Total	**1837807**	**1064182**	**1205464**	**632343**
内资企业 Domestic Funded	**1523956**	**878726**	**983163**	**540793**
国有企业 State-owned Enterprises	317227	180745	192034	125193
其中:大型企业 of which: Large Scale	173850	101463	105084	68766
集体企业 Collective-owned Enterprises	36058	20614	24276	11782
股份合作企业 Cooperative Enterprises	19234	9597	13521	5713
联营企业 Joint Ownership Enterprises	8928	5604	5991	2937
国有联营企业 State Joint Ownership Enterprises	6494	4174	4339	2155
集体联营企业 Collective Joint Ownership Enterprises	373	252	269	104
国有与集体联营企业 Joint State-collective Enterprises	1239	616	782	457
其他联营企业 Other Joint Ownership Enterprises	822	562	601	221
有限责任公司 Limited Liability Corporations	633258	367088	394194	239064
国有独资公司 State Sole Funded Corporations	201158	118700	119923	81235
其他有限责任公司 Other Limited Liability Corporations	432100	248388	274271	157829
股份有限公司 Share-holding Corporations Ltd.	303965	183711	201839	102126
私营企业 Private Enterprises	204607	111019	150912	53695

3－11 续表

单位:人 (person)

注册类型 Type of Registration	科技活动人员 Personnel for S&T Activities	#科学家和工程师 Scientists & Engineers	1. 参加科技项目人员 Personnel in S&T Projects	2. 科技管理和服务人员 S&T Managers and Attendants
私营独资企业 Private-funded Enterprises	13963	6433	9577	4386
私营合伙企业 Private Partnership Enterprises	3326	1222	2404	922
私营有限责任公司 Private Limited Liability Corporations	173841	95295	129458	44383
私营股份有限公司 Private Share-holding Corporations Ltd.	13477	8069	9473	4004
其他企业 Others Enterprises	679	348	396	283
港澳台商投资企业 Enterprises with Funds from Hong Kong, Macau and Taiwan	**121579**	**67110**	**87321**	**34258**
其中:大型企业 of which: Large Scale	30083	18031	21743	8340
与港澳台商合资经营企业 Joint-venture Enterprises (with Funds from Hong Kong, Macau and Taiwan)	65068	36179	48310	16758
与港澳台商合作经营企业 Cooperative Enterprises(with Funds from Hong Kong, Macau and Taiwan)	5049	2385	4133	916
港澳台商独资经营企业 Enterprises with Sole Funds from Hong Kong, Macau and Taiwan	38094	20574	26283	11811
港澳台商投资股份有限公司 Share-holding Corporations Ltd. with Funds from Hong Kong, Macau and Taiwan	13368	7972	8595	4773
外商投资企业 Foreign Funded Enterprises	**192272**	**118346**	**134980**	**57292**
其中:大型企业 of which: Large Scale	68913	45608	50111	18802
中外合资经营企业 Joint-venture Enterprises	101188	59822	70546	30642
中外合作经营 Cooperation Enterprises	6376	4116	3781	2595
外资企业 Enterprises with Sole Foreign Funds	62417	40618	45697	16720
外商投资股份有限公司 Share-holding Corporations Ltd. with Foreign Funds	22291	13790	14956	7335

3－12 各地区规模以上工业企业科技活动人员(2004)

Personnel for S&T in Industrial Enterprises above Designated Size by Region

单位:人 (person)

地区 Region		科技活动人员 Personnel for S&T Activities	#科学家和工程师 Scientists & Engineers	1. 参加科技项目人员 Personnel in S&T Projects	2. 科技管理和服务人员 S&T Managers and Attendants
全国	**Total**	**1837807**	**1064182**	**1205464**	**632343**
东部地区	Eastern Region	1093489	646921	760290	333199
中部地区	Mid Region	446249	246754	261342	184907
西部地区	Western Region	298069	170507	183832	114237
北京	Beijing	55601	41267	37017	18584
天津	Tianjin	37598	20990	24312	13286
河北	Hebei	69174	42488	41241	27933
山西	Shanxi	61544	30189	33579	27965
内蒙古	Neimenggu	18842	10574	10494	8348
辽宁	Liaoning	95317	60358	67406	27911
吉林	Jilin	20409	14000	13053	7356
黑龙江	Heilongjiang	53782	36277	24407	29375
上海	Shanghai	77310	49019	48703	28607
江苏	Jiangsu	227770	122748	160593	67177
浙江	Zhejiang	142550	76602	112648	29902
安徽	Anhui	50209	27632	34405	15804
福建	Fujian	42933	25148	35755	7178
江西	Jiangxi	39242	17167	19859	19383
山东	Shandong	170441	95074	105006	65435
河南	Henan	95232	49379	58725	36507
湖北	Hubei	67805	41058	42958	24847
湖南	Hunan	58026	31052	34356	23670
广东	Guangdong	173135	111943	126325	46810
广西	Guangxi	21003	11888	13928	7075
海南	Hainan	1660	1284	1284	376
重庆	Chongqing	35505	22627	24654	10851
四川	Sichuan	89937	50336	55896	34041
贵州	Guizhou	18122	10425	11091	7031
云南	Yunnan	15257	8630	12202	3055
西藏	Tibet	237	88	66	171
陕西	Shaanxi	57522	29747	28868	28654
甘肃	Gansu	23076	13563	12326	10750
青海	Qinghai	3693	2186	2565	1128
宁夏	Ningxia	4889	3350	4036	853
新疆	Xinjiang	9986	7093	7706	2280

3-13 分行业规模以上工业企业科技活动人员(2004)

Personnel for S&T in Industrial Enterprises above Designated Size by Industry

单位:人 (person)

行业 Industry	科技活动人员 Personnel for S&T Activities	#科学家和工程师 Scientists & Engineers	1.参加科技项目人员 Personnel in S&T Projects	2.科技管理和服务人员 S&T Managers and Attendants
总计 Total	**1837807**	**1064182**	**1205464**	**632343**
煤炭开采和洗选业 Mining and Washing of Coal	91650	44080	55061	36589
石油和天然气开采业 Extraction of Petroleum and Natural Gas	54172	39893	29321	24851
黑色金属矿采选业 Mining of Ferrous Metal Ores	5671	3344	4099	1572
有色金属矿采选业 Mining of Non-ferrous Metal Ores	4755	2766	3508	1247
非金属矿采选业 Mining and Processing of Nonmetal Ores	2799	1561	2004	795
农副食品加工业 Processing of Food from Agricultural Products	23777	12901	16018	7759
食品制造业 Manufacture of Foods	20151	10424	12611	7540
饮料制造业 Manufacture of Beverage	19904	9901	13022	6882
烟草制品业 Manufacture of Tobacco	6784	4152	4493	2291
纺织业 Manufacture of Textile	65891	26044	45404	20487
纺织服装、鞋、帽制造业 Manufacture of Textile Wearing Apparel, Footware and Caps	14385	6172	9283	5102
皮革、毛皮、羽毛(绒)及其制品业 Manufacture of Leather, Fur, Feather and Its Products	9327	3110	7478	1849
木材加工及木、竹、藤、棕、草制品业 Processing of Timbers, Manufacture of Wood, Bamboo, Rattan, Palm, Straw	4129	2428	3220	909
家具制造业 Manufacture of Furniture	3343	1504	2275	1068
造纸及纸制品业 Manufacture of Paper and Paper Products	18839	9283	13112	5727
印刷业和记录媒介的复制 Printing, Reproduction of Recording Media	7167	3612	5218	1949

3－13 续表

单位：人 (person)

行 业 Industry	科技活动人员 Personnel for S&T Activities	#科学家和工程师 Scientists & Engineers	1. 参加科技项目人员 Personnel in S&T Projects	2. 科技管理和服务人员 S&T Managers and Attendants
文教体育用品制造业 Manufacture of Articles for Culture, Education and Sport Activity	6799	3410	5237	1562
石油加工、炼焦及核燃料加工业 Processing of Petroleum ,Coking, Processing of Nucleus Fuel	23367	13910	13852	9515
化学原料及化学制品制造业 Manufacture of Chemical Raw Material and Chemical Products	127196	70761	85525	41671
医药制造业 Manufacture of Medicines	73371	47430	49012	24359
化学纤维制造业 Manufacture of Chemical Fiber	14271	7806	10038	4233
橡胶制品业 Manufacture of Rubber	18643	8635	11872	6771
塑料制品业 Manufacture of Plastic	20966	11478	14767	6199
非金属矿物制品业 Manufacture of Non-metallic Mineral Products	54041	25875	35984	18057
黑色金属冶炼及压延加工业 Manufacture and Processing of Ferrous Metals	126980	70329	74047	52933
有色金属冶炼及压延加工业 Manufacture and Processing of Non-ferrous Metals	50202	29594	29172	21030
金属制品业 Manufacture of Metal Products	29003	16735	20170	8833
通用设备制造业 Manufacture of General Purpose Machinery	154612	87699	99271	55341
专用设备制造业 Manufacture of Special Purpose Machinery	118205	72348	73591	44614
交通运输设备制造业 Manufacture of Transport Equipment	200209	115237	132267	67942
电气机械及器材制造业 Manufacture of Electrical Machinery and Equipment	139107	81831	93321	45786
通信设备、计算机及其他电子设备制造业 Manufacture of Communication, Computer, Other Electronic Equipment	210814	145175	151151	59663
仪器仪表及文化、办公用机械制造业 Manufacture of Measuring Instrument, Machinery for Cultural and Office Work	44102	28137	30984	13118
工艺品及其他制造业 Manufacture of Artwork, Other Manufacture	14271	6391	8646	5625
电力、热力的生产和供应业 Production and Supply of Electric Power and Heat Power	52627	35854	36267	16360
燃气生产和供应业 Production and Distribution of Gas	2068	1346	1246	822
水的生产和供应业 Production and Distribution of Water	3962	2892	2763	1199

3-14 分登记注册类型规模以上工业企业科技活动经费筹集(2004)

Sources of Funds for S&T of Industrial Enterprises above Designated Size by Registration

单位:万元 (10 000 yuan)

注册类型 Type of Registration	科技活动经费筹集总额 Total Funds Obtaied for S&T Activities	#政府资金 Government Grant	#企业资金 Enterprise Self-financed	#金融机构贷款 Bank Loans	#来自国外的资金 Funds from Abroad
总计 Total	**25049357**	**881805**	**21542642**	**2101515**	**83510**
内资企业 Domestic Funded	**18502510**	**814784**	**15496817**	**1790971**	**22221**
国有企业 State-owned Enterprises	2968233	139996	2649725	102642	4531
其中:大型企业 of which: Large Scale	2010036	42304	1881249	40003	4167
集体企业 Collective-owned Enterprises	646362	9109	572846	59209	762
股份合作企业 Cooperative Enterprises	188599	8039	144105	30570	31
联营企业 Joint Ownership Enterprises	161526	2452	142874	15072	441
国有联营企业 State Joint Ownership Enterprises	124331	1172	121094	1450	423
集体联营企业 Collective Joint Ownership Enterprises	3370	92	2163	1115	
国有与集体联营企业 Joint State-collective Enterprises	24801	1029	12802	10970	
其他联营企业 Other Joint Ownership Enterprises	9024	159	6816	1537	18
有限责任公司 Limited Liability Corporations	7403303	393885	6044090	776302	4859
国有独资公司 State Sole Funded Corporations	2141549	138009	1794094	137994	265
其他有限责任公司 Other Limited Liability Corporations	5261754	255876	4249996	638307	4594
股份有限公司 Share-holding Corporations Ltd.	4719232	131346	4096407	440004	3126
私营企业 Private Enterprises	2411963	129713	1844863	366883	8472

3－14 续表

单位:万元 (10 000 yuan)

注册类型 Type of Registration	科技活动经费筹集总额 Total Funds Obtaied for S&T Activities	#政府资金 Government Grant	#企业资金 Enterprise Self-financed	#金融机构贷款 Bank Loans	#来自国外的资金 Funds from Abroad
私营独资企业 Private-funded Enterprises	134296	2336	109463	17979	270
私营合伙企业 Private Partnership Enterprises	26899	692	24022	1730	
私营有限责任公司 Private Limited Liability Corporations	2084670	121203	1573068	329900	8160
私营股份有限公司 Private Share-holding Corporations Ltd.	166099	5482	138309	17274	42
其他企业 Others Enterprises	3292	245	1907	290	
港澳台商投资企业 Enterprises with Funds from Hong Kong, Macau and Taiwan	**2087526**	**29980**	**1868387**	**156258**	**19262**
其中:大型企业 of which: Large Scale	728289	8330	659747	57482	2380
与港澳台商合资经营企业 Joint-venture Enterprises(with Funds from Hong Kong, Macau and Taiwan)	1039570	19960	883640	118061	8825
与港澳台商合作经营企业 Cooperative Enterprises(with Funds from Hong Kong, Macau and Taiwan)	72958	1156	63972	4150	1155
港澳台商独资经营企业 Enterprises with Sole Funds from Hong Kong, Macau and Taiwan	713980	6559	680023	16397	9282
港澳台商投资股份有限公司 Share-holding Corporations Ltd. with Funds from Hong Kong, Macau and Taiwan	261019	2306	240753	17650	
外商投资企业 Foreign Funded Enterprises	**4459322**	**37041**	**4177438**	**154286**	**42026**
其中:大型企业 of which: Large Scale	1874996	6784	1831802	15693	2157
中外合资经营企业 Joint-venture Enterprises	2542086	25000	2365707	110257	27334
中外合作经营 Cooperation Enterprises	88680	965	83648	2911	227
外资企业 Enterprises with Sole Foreign Funds	1461480	5407	1378769	31037	14466
外商投资股份有限公司 Share-holding Corporations Ltd. with Foreign Funds	367075	5668	349314	10081	

3－15 各地区规模以上工业企业科技活动经费筹集(2004)

Sources of Funds for S&T of Industrial Enterprises above Designated Size by Region

单位:万元 (10 000 yuan)

地 区 Region		科技活动经费筹集总额 Total Funds Obtaied for S&T Activities	#政府资金 Government Grant	#企业资金 Enterprise Self-financed	#金融机构贷款 Bank Loans	#来自国外的资金 Funds from Abroad
全 国	**Total**	**25049357**	**881805**	**21542642**	**2101515**	**83510**
东部地区	Eastern Region	17712178	495672	15380600	1512750	71984
中部地区	Mid Region	4284455	180520	3625602	363453	7909
西部地区	Western Region	3052725	205613	2536441	225313	3617
北 京	Beijing	987661	48680	849724	56965	9006
天 津	Tianjin	725396	7722	642343	56822	6407
河 北	Hebei	592904	14901	535580	31079	130
山 西	Shanxi	509260	25466	429217	40004	
内蒙古	Neimenggu	161177	13564	142837	4121	
辽 宁	Liaoning	1251420	68129	1085822	92158	5
吉 林	Jilin	230889	5338	217614	5370	
黑龙江	Heilongjiang	438862	30613	356790	24833	185
上 海	Shanghai	1989703	28987	1881978	62787	5208
江 苏	Jiangsu	3879812	65567	3365190	349522	13625
浙 江	Zhejiang	2024131	65013	1714912	210606	6338
安 徽	Anhui	771327	16876	617335	124321	4183
福 建	Fujian	705519	16871	604923	79246	228
江 西	Jiangxi	271844	24019	227873	16659	203
山 东	Shandong	2491557	101992	2134536	197531	5410
河 南	Henan	841744	21196	736984	63037	623
湖 北	Hubei	698053	38442	584055	55860	2537
湖 南	Hunan	522476	18570	455733	33370	179
广 东	Guangdong	3041133	77418	2544104	374995	25627
广 西	Guangxi	265359	14689	217099	32190	4
海 南	Hainan	22943	394	21489	1040	
重 庆	Chongqing	388913	20685	338052	24060	1000
四 川	Sichuan	858378	33015	730304	68265	2233
贵 州	Guizhou	153736	11854	128105	10427	
云 南	Yunnan	181054	10953	140801	26116	365
西 藏	Tibet	237	50	137		
陕 西	Shaanxi	543087	74578	418722	15585	5
甘 肃	Gansu	187245	14023	156138	12499	10
青 海	Qinghai	73752	3195	45699	23600	
宁 夏	Ningxia	56462	4385	45435	5804	
新 疆	Xinjiang	183325	4623	173112	2646	

3-16 分行业规模以上工业企业科技活动经费筹集(2004)

Sources of Funds for S&T of Industrial Enterprises above Designated Size by Industry

单位:万元 (10 000 yuan)

行业 Industry	科技活动经费筹集总额 Total Funds Obtaied for S&T Activities	#政府资金 Government Grant	#企业资金 Enterprise Self-financed	#金融机构贷款 Bank Loans	#来自国外的资金 Funds from Abroad
总计 **Total**	**25049357**	**881805**	**21542642**	**2101515**	**83510**
煤炭开采和洗选业 Mining and Washing of Coal	576622	17271	535007	22506	
石油和天然气开采业 Extraction of Petroleum and Natural Gas	499215	2042	419719	17552	5
黑色金属矿采选业 Mining of Ferrous Metal Ores	36311	1176	23120	11000	
有色金属矿采选业 Mining of Non-ferrous Metal Ores	45610	784	37680	3539	2000
非金属矿采选业 Mining and Processing of Nonmetal Ores	30437	1423	27713	1147	
农副食品加工业 Processing of Food from Agricultural Products	256149	14709	195096	38514	3163
食品制造业 Manufacture of Foods	201719	10352	163701	22619	380
饮料制造业 Manufacture of Beverage	318116	6957	282861	23865	10
烟草制品业 Manufacture of Tobacco	154908	6362	136544	10314	
纺织业 Manufacture of Textile	681267	8451	554712	107425	2563
纺织服装、鞋、帽制造业 Manufacture of Textile Wearing Apparel, Footware and Caps	114488	2320	97701	13107	30
皮革、毛皮、羽毛(绒)及其制品业 Manufacture of Leather, Fur, Feather and Its Products	78719	931	73198	3384	633
木材加工及木、竹、藤、棕、草制品业 Processing of Timbers, Manufacture of Wood, Bamboo, Rattan, Palm, Straw	73227	984	64732	6923	6
家具制造业 Manufacture of Furniture	35469	252	33306	1732	10
造纸及纸制品业 Manufacture of Paper and Paper Products	264863	4435	243505	9673	1329
印刷业和记录媒介的复制 Printing, Reproduction of Recording Media	81009	1247	68701	10126	

3－16 续表

单位:万元 （10 000 yuan）

行　业 Industry	科技活动经费筹集总额 Total Funds Obtaied for S&T Activities	#政府资金 Government Grant	#企业资金 Enterprise Self-financed	#金融机构贷款 Bank Loans	#来自国外的资金 Funds from Abroad
文教体育用品制造业 Manufacture of Articles for Culture, Education and Sport Activity	61615	1606	54759	4732	267
石油加工、炼焦及核燃料加工业 Processing of Petroleum ,Coking, Processing of Nucleus fuel	440236	68345	341545	19734	20
化学原料及化学制品制造业 Manufacture of Chemical Raw Material and Chemical Products	2063826	51308	1716568	235856	3544
医药制造业 Manufacture of Medicines	1039320	58227	844194	119078	5952
化学纤维制造业 Manufacture of Chemical Fiber	282150	7572	253518	19719	
橡胶制品业 Manufacture of Rubber	266336	4901	237633	22224	
塑料制品业 Manufacture of Plastic	368265	7025	285824	68428	889
非金属矿物制品业 Manufacture of Non-metallic Mineral Products	535927	18752	447700	57872	2142
黑色金属冶炼及压延加工业 Manufacture and Processing of Ferrous Metals	2387973	10159	2214281	160057	
有色金属冶炼及压延加工业 Manufacture and Processing of Non-ferrous Metals	570212	16086	471031	64386	206
金属制品业 Manufacture of Metal Products	358252	11186	308585	29349	396
通用设备制造业 Manufacture of General Purpose Machinery	1380802	47633	1198429	113784	1951
专用设备制造业 Manufacture of Special Purpose Machinery	1163634	71068	975617	89861	1144
交通运输设备制造业 Manufacture of Transport Equipment	2724462	222728	2303162	124432	10357
电气机械及器材制造业 Manufacture of Electrical Machinery and Equipment	2258850	47010	1959948	223735	1624
通信设备、计算机及其他电子设备制造业 Manufacture of Communication, Computer, Other Electronic Equipment	4620554	110005	4046532	379766	36115
仪器仪表及文化、办公用机械制造业 Manufacture of Measuring Instrument, Machinery for Cultural and Office Work	427758	22541	346397	34021	8729
工艺品及其他制造业 Manufacture of Artwork, Other Manufacture	102605	11080	68527	13096	45
电力、热力的生产和供应业 Production and Supply of Electric Power and Heat Power	512981	12342	480184	16393	
燃气生产和供应业 Production and Distribution of Gas	9955	123	9684	40	
水的生产和供应业 Production and Distribution of Water	22697	2300	18577	1478	

3-17 分登记注册类型规模以上工业企业
Intramural Expenditure on S&T Activities in Industrial Enterprises

单位:万元

注册类型 Type of Registration	科技活动经费内部支出总额 Intramural Expenditure on S&T Activities	劳务费 Compensation for Laborers
总计 Total	**24020939**	**5408417**
内资企业 Domestic Funded	**17937131**	**4046460**
国有企业 State-owned Enterprises	3047561	675714
其中:大型企业 of which: Large Scale	2092837	398566
集体企业 Collective-owned Enterprises	657545	90343
股份合作企业 Cooperative Enterprises	187705	36489
联营企业 Joint Ownership Enterprises	138943	39386
国有联营企业 State Joint Ownership Enterprises	111875	33956
集体联营企业 Collective Joint Ownership Enterprises	3376	706
国有与集体联营企业 Joint State-collective Enterprises	15141	2916
其他联营企业 Other Joint Ownership Enterprises	8552	1808
有限责任公司 Limited Liability Corporations	7277973	1731508
国有独资公司 State Sole Funded Corporations	2144843	506932
其他有限责任公司 Other Limited Liability Corporations	5133130	1224576
股份有限公司 Share-holding Corporations Ltd.	4374748	1023091
私营企业 Private Enterprises	2248510	449023

科技活动经费内部支出(2004)

above Designated Size by Registration

(10 000 yuan)

原材料费 Raw Material Expenditure	固定资产购建费 Expenditure on the Purchase of Fixed Assets	#设备购置 Purchase of Instruments	#开发新产品经费 Spending for New Products
6560591	**8267968**	**7049395**	**9657135**
4925721	**6395215**	**5381424**	**6871269**
831477	1024729	871688	1061815
586441	723735	621416	725062
219247	293642	251601	283323
54559	75671	61777	76441
46790	43571	41493	30465
38685	33724	32925	16936
1537	1052	830	1268
4256	6872	5906	8596
2312	1923	1832	3666
1987213	2576163	2184464	2742528
722148	617661	510124	822237
1265065	1958502	1674340	1920291
1166272	1443895	1236780	1781380
619375	935494	732011	894678

3－17 续表

单位:万元

注册类型 Type of Registration	科技活动经费内部支出总额 Intramural Expenditure on S&T Activities	劳务费 Compensation for Laborers
私营独资企业 Private-funded Enterprises	139068	24442
私营合伙企业 Private Partnership Enterprises	30194	4985
私营有限责任公司 Private Limited Liability Corporations	1898710	390962
私营股份有限公司 Private Share-holding Corporations Ltd.	180538	28634
其他企业 Others Enterprises	4147	906
港澳台商投资企业 **Enterprises with Funds from Hong Kong, Macau and Taiwan**	**2000657**	**436636**
其中:大型企业 of which: Large Scale	671400	117391
与港澳台商合资经营企业 Joint-venture Enterprises(with Funds from Hong Kong, Macau and Taiwan)	1035264	219442
与港澳台商合作经营企业 Cooperative Enterprises(with Funds from Hong Kong, Macau and Taiwan)	74543	19230
港澳台商独资经营企业 Enterprises with Sole Funds from Hong Kong, Macau and Taiwan	672032	155224
港澳台商投资股份有限公司 Share-holding Corporations Ltd. with Funds from Hong Kong, Macau and Taiwan	218818	42739
外商投资企业 **Foreign Funded Enterprises**	**4083151**	**925321**
其中:大型企业 of which: Large Scale	1789723	382825
中外合资经营企业 Joint-venture Enterprises	2232708	445904
中外合作经营 Cooperation Enterprises	96961	18545
外资企业 Enterprises with Sole Foreign Funds	1415824	351738
外商投资股份有限公司 Share-holding Corporations Ltd. with Foreign Funds	337658	109135

(10 000 yuan)

原材料费 Raw Material Expenditure	固定资产购建费 Expenditure on the Purchase of Fixed Assets	#设备购置 Purchase of Instruments	#开发新产品经费 Spending for New Products
42746	60575	45311	57641
9813	12856	8861	12991
531812	777710	616657	776977
35004	84354	61182	47069
788	2051	1610	638
585882	**655647**	**554220**	**883462**
244581	193295	151464	407809
267464	385908	313130	455574
22071	18612	14774	33026
221686	186959	167050	306596
74662	64168	59266	88267
1048987	**1217106**	**1113752**	**1902404**
482642	444475	420100	987703
522260	721854	671201	1017844
25598	32758	27402	34219
428002	376413	334523	646798
73127	86081	80625	203543

3-18 各地区规模以上工业企业

Intramural Expenditure on S&T Activities in Industrial

单位:万元

地 区 Region		科技活动经费内部支出总额 Intramural Expenditure on S&T Activities	劳务费 Compensation for Laborers	原材料费 Raw Material Expenditure
全 国	**Total**	**24020939**	**5408417**	**6560591**
东部地区	Eastern Region	16727487	3826032	4874544
中部地区	Mid Region	4185607	956423	940009
西部地区	Western Region	3107846	625961	746038
北 京	Beijing	822324	191483	250003
天 津	Tianjin	656355	125175	184481
河 北	Hebei	560664	115351	189979
山 西	Shanxi	470648	119862	77264
内蒙古	Neimenggu	187052	37833	50339
辽 宁	Liaoning	1184240	216353	494511
吉 林	Jilin	292613	53557	50945
黑龙江	Heilongjiang	370044	142416	90063
上 海	Shanghai	2089372	410273	512392
江 苏	Jiangsu	3647478	776818	1100625
浙 江	Zhejiang	1820837	440258	557687
安 徽	Anhui	750027	108518	216944
福 建	Fujian	665779	134593	191989
江 西	Jiangxi	261481	65341	47556
山 东	Shandong	2436014	464666	799346
河 南	Henan	812000	158770	201887
湖 北	Hubei	704225	183445	129726
湖 南	Hunan	524569	124514	125625
广 东	Guangdong	2827181	946542	590024
广 西	Guangxi	272249	40406	71586
海 南	Hainan	17243	4522	3508
重 庆	Chongqing	409074	76697	106685
四 川	Sichuan	887772	184555	217201
贵 州	Guizhou	150329	35168	42420
云 南	Yunnan	177476	31023	44812
西 藏	Tibet	182	86	13
陕 西	Shaanxi	610926	114922	106721
甘 肃	Gansu	145019	44939	31026
青 海	Qinghai	46337	11920	12277
宁 夏	Ningxia	48232	8772	17238
新 疆	Xinjiang	173197	39640	45719

科技经费内部支出(2004)

Enterprises above Designated Size by Region

(10 000 yuan)

固定资产购建费 Expenditure on the Purchase of Fixed Assets	#设备购置 Purchase of Instruments	#开发新产品经费 Spending for New Products
8267968	**7049395**	**9657135**
5380041	4590639	7384921
1664120	1393585	1357620
1223807	1065172	914594
149135	119122	364608
250523	221906	212066
192192	163576	219191
216461	187527	114303
73323	51657	40711
279367	246949	550115
131827	81343	95138
99175	88233	110982
630372	579583	1140386
1265497	1052550	1457350
621635	524246	1040418
345652	316838	222055
277834	238999	310579
96744	84117	87493
909700	779079	928990
368712	305437	243735
189472	159693	307234
216077	170396	176680
799061	661012	1153829
94911	80538	57009
4725	3618	7391
161638	136256	172622
362392	321691	288312
56471	46140	61168
62346	54627	61497
15	11	22
281952	260242	175951
54903	47184	18367
13724	10433	8848
17185	15978	20384
44947	40415	9704

3－19 分行业规模以上工业企业

Intramural Expenditure on S&T Activities in Industrial

单位：万元

行 业 Industry	科技活动经费内部支出总额 Intramural Expenditure on S&T Activities	劳务费 Compensation for Laborers
总计 **Total**	**24020939**	**5408417**
煤炭开采和洗选业 Mining and Washing of Coal	561247	162502
石油和天然气开采业 Extraction of Petroleum and Natural Gas	484904	199586
黑色金属矿采选业 Mining of Ferrous Metal Ores	35738	8101
有色金属矿采选业 Mining of Non-ferrous Metal Ores	41468	13179
非金属矿采选业 Mining and Processing of Nonmetal Ores	34209	4533
农副食品加工业 Processing of Food from Agricultural Products	255076	38104
食品制造业 Manufacture of Foods	206457	48308
饮料制造业 Manufacture of Beverage	301543	46588
烟草制品业 Manufacture of Tobacco	170962	44998
纺织业 Manufacture of Textile	694627	126932
纺织服装、鞋、帽制造业 Manufacture of Textile Wearing Apparel, Footware and Caps	145092	43178
皮革、毛皮、羽毛(绒)及其制品业 Manufacture of Leather, Fur, Feather and Its Products	76403	20724
木材加工及木、竹、藤、棕、草制品业 Processing of Timbers, Manufacture of Wood, Bamboo, Rattan, Palm, Straw	64083	10711
家具制造业 Manufacture of Furniture	36786	11419
造纸及纸制品业 Manufacture of Paper and Paper Products	278864	39361
印刷业和记录媒介的复制 Printing, Reproduction of Recording Media	77344	20555

科技活动经费内部支出(2004)

Enterprises above Designated Size by Industry

(10 000 yuan)

原材料费 Raw Material Expenditure	固定资产购建费 Expenditure on the Purchase of Fixed Assets	#设备购置 Purchase of Instruments	#开发新产品经费 Spending for New Products
6560591	**8267968**	**7049395**	**9657135**
121607	236320	224612	60970
72616	75337	67708	11680
8313	14340	13464	12710
11886	10824	7772	5550
6481	20206	15924	10324
66053	121090	92808	71689
51903	81943	68156	65007
85265	144787	125669	106338
16883	62465	50108	24900
216148	285779	233652	294290
35967	49459	31979	52677
24445	22290	16460	42724
21591	18968	16368	28099
7006	9814	7568	18778
87119	117987	101281	95961
22323	25209	22711	25689

3－19 续表

单位:万元

行 业 Industry	科技活动经费内部支出总额 Intramural Expenditure on S&T Activities	劳务费 Compensation for Laborers
文教体育用品制造业 Manufacture of Articles for Culture, Education and Sport Activity	74829	16650
石油加工、炼焦及核燃料加工业 Processing of Petroleum ,Coking, Processing of Nucleus Fuel	358700	72918
化学原料及化学制品制造业 Manufacture of Chemical Raw Material and Chemical Products	1964589	370326
医药制造业 Manufacture of Medicines	913312	173719
化学纤维制造业 Manufacture of Chemical Fiber	238705	33718
橡胶制品业 Manufacture of Rubber	260917	57920
塑料制品业 Manufacture of Plastic	331643	50639
非金属矿物制品业 Manufacture of Non-metallic Mineral Products	498950	98181
黑色金属冶炼及压延加工业 Manufacture and Processing of Ferrous Metals	2331296	332381
有色金属冶炼及压延加工业 Manufacture and Processing of Non-ferrous Metals	642901	127375
金属制品业 Manufacture of Metal Products	344421	70593
通用设备制造业 Manufacture of General Purpose Machinery	1403738	363878
专用设备制造业 Manufacture of Special Purpose Machinery	1072743	298447
交通运输设备制造业 Manufacture of Transport Equipment	2785444	530892
电气机械及器材制造业 Manufacture of Electrical Machinery and Equipment	2212258	436569
通信设备、计算机及其他电子设备制造业 Manufacture of Communication, Computer, Other Electronic Equipment	4071853	1238266
仪器仪表及文化、办公用机械制造业 Manufacture of Measuring Instrument, Machinery for Cultural and Office Work	408932	127908
工艺品及其他制造业 Manufacture of Artwork, Other Manufacture	101817	27260
电力、热力的生产和供应业 Production and Supply of Electric Power and Heat Power	463369	129647
燃气生产和供应业 Production and Distribution of Gas	31605	3679
水的生产和供应业 Production and Distribution of Water	41634	8053

(10 000 yuan)

原材料费 Raw Material Expenditure	固定资产购建费 Expenditure on the Purchase of Fixed Assets	#设备购置 Purchase of Instruments	#开发新产品经费 Spending for New Products
21611	29396	20094	31068
69669	158295	145919	54674
471493	837470	728755	571281
179993	376225	276333	366458
87824	85920	79221	107133
86771	98084	89588	135515
88046	164284	138543	123524
142607	209445	174075	165143
903408	774353	719497	852668
144831	295265	257840	148965
94647	139764	116950	115748
443102	422039	340656	688767
347311	279452	226852	524757
628965	943820	759269	1323647
688526	799943	651723	1091315
1094330	979818	918265	2183885
106235	110887	91056	174805
29290	29403	24338	41169
71879	182973	156745	27140
759	25604	25304	825
3212	27549	11264	686

3－20 分登记注册类型规模以上工业企业其他技术活动经费支出(2004)

Expenditure on Other Technical Activities in Industrial Enterprises above Designated Size by Registration

单位:万元 (10 000 yuan)

注册类型 Type of Registration	技术改造经费 Expenditure on Technical Renovation	技术引进经费 Expenditure on Import of Technology	消化吸收经费 Expenditure on Technology Absorption	购买国内技术经费 Expenditure on Purchase of Domestic Technology
总计 Total	**29534959**	**3973636**	**612062**	**824822**
内资企业 Domestic Funded	**25885185**	**2107381**	**420541**	**732375**
国有企业 State-owned Enterprises	6583341	483068	43577	150329
其中:大型企业 of which: Large Scale	5182543	399649	26163	74452
集体企业 Collective-owned Enterprises	353357	29820	12177	16077
股份合作企业 Cooperative Enterprises	181826	2985	4078	5966
联营企业 Joint Ownership Enterprises	348563	58163	3480	11189
国有联营企业 State Joint Ownership Enterprises	315513	51036	3269	10553
集体联营企业 Collective Joint Ownership Enterprises	6277	21	173	390
国有与集体联营企业 Joint State-collective Enterprises	18039	7088	21	86
其他联营企业 Other Joint Ownership Enterprises	8734	18	18	160
有限责任公司 Limited Liability Corporations	9825728	781122	198855	254829
国有独资公司 State Sole Funded Corporations	3943662	256221	46736	74036
其他有限责任公司 Other Limited Liability Corporations	5882065	524901	152118	180794
股份有限公司 Share-holding Corporations Ltd.	5997692	672414	118114	212960
私营企业 Private Enterprises	2593412	78265	40157	81014

3－20 续表

单位：万元 (10 000 yuan)

注册类型 Type of Registration	技术改造经费 Expenditure on Technical Renovation	技术引进经费 Expenditure on Import of Technology	消化吸收经费 Expenditure on Technology Absorption	购买国内技术经费 Expenditure on Purchase of Domestic Technology
私营独资企业 Private-funded Enterprises	175738	760	2452	5297
私营合伙企业 Private Partnership Enterprises	58058	70	1009	637
私营有限责任公司 Private Limited Liability Corporations	2270303	63095	34139	69548
私营股份有限公司 Private Share-holding Corporations Ltd.	89313	14340	2556	5533
其他企业 Others Enterprises	1268	1545	102	12
港澳台商投资企业 Enterprises with Funds from Hong Kong, Macau and Taiwan	**1450621**	**220341**	**31134**	**40864**
其中：大型企业 of which: Large Scale	479636	138383	12726	11405
与港澳台商合资经营企业 Joint-venture Enterprises (with Funds from Hong Kong, Macau and Taiwan)	947677	133801	20188	30550
与港澳台商合作经营企业 Cooperative Enterprises (with Funds from Hong Kong, Macau and Taiwan)	41142	4003	940	515
港澳台商独资经营企业 Enterprises with Sole Funds from Hong Kong, Macau and Taiwan	214691	49778	3655	4597
港澳台商投资股份有限公司 Share-holding Corporations Ltd. with Funds from Hong Kong, Macau and Taiwan	247111	32759	6352	5203
外商投资企业 Foreign Funded Enterprises	**2199153**	**1645914**	**160388**	**51583**
其中：大型企业 of which: Large Scale	1006899	736712	51935	15108
中外合资经营企业 Joint-venture Enterprises	1588510	1307697	116290	38606
中外合作经营 Cooperation Enterprises	66967	56716	1859	380
外资企业 Enterprises with Sole Foreign Funds	246026	216582	36050	5037
外商投资股份有限公司 Share-holding Corporations Ltd. with Foreign Funds	297650	64919	6189	7560

3-21 各地区规模以上工业企业其他技术活动经费支出(2004)

Expenditure on Other Technical Activities in Industrial Enterprises above Designated Size by Region

单位:万元 (10 000 yuan)

地区 Region		技术改造经费 Expenditure on Technical Renovation	技术引进经费 Expenditure on Import of Technology	消化吸收经费 Expenditure on Technology Absorption	购买国内技术经费 Expenditure on Purchase of Domestic Technology
全国	**Total**	**29534959**	**3973636**	**612062**	**824822**
东部地区	Eastern Region	17296322	2762745	392436	470995
中部地区	Mid Region	7141782	735879	122233	189817
西部地区	Western Region	5096856	475012	97393	164010
北京	Beijing	331392	328915	3607	6824
天津	Tianjin	365474	166574	9027	7526
河北	Hebei	1025393	137597	19419	30812
山西	Shanxi	1310431	58093	9655	20743
内蒙古	Neimenggu	336631	32584	1550	6245
辽宁	Liaoning	2002209	219403	11921	16176
吉林	Jilin	425504	85558	4940	9606
黑龙江	Heilongjiang	437791	78510	15596	30093
上海	Shanghai	1526957	587931	84995	42659
江苏	Jiangsu	3575420	620376	80440	117709
浙江	Zhejiang	3430724	207437	45989	60652
安徽	Anhui	1187103	94817	26748	16740
福建	Fujian	360132	69119	11280	28694
江西	Jiangxi	514770	49381	11980	25312
山东	Shandong	3501649	142066	38313	86798
河南	Henan	1026400	134722	23174	33012
湖北	Hubei	1241903	167566	16383	43230
湖南	Hunan	997878	67233	13758	11081
广东	Guangdong	1158143	282841	87203	70537
广西	Guangxi	557502	34965	1915	12532
海南	Hainan	18829	486	242	2608
重庆	Chongqing	652715	254679	50309	37299
四川	Sichuan	1301198	51242	21583	45841
贵州	Guizhou	520304	4046	1134	5079
云南	Yunnan	252481	9679	770	16259
西藏	Tibet	2420		15	55
陕西	Shaanxi	616419	61100	15690	28592
甘肃	Gansu	329912	16037	3520	6077
青海	Qinghai	18544	90	30	17
宁夏	Ningxia	145025	9059	695	2052
新疆	Xinjiang	363706	1532	182	3963

3－22 分行业规模以上工业企业其他技术活动经费支出(2004)
Expenditure on Other Technical Activities in Industrial Enterprises above Designated Size by Industry

单位:万元 (10 000 yuan)

行 业 Industry	技术改造经费 Expenditure on Technical Renovation	技术引进经费 Expenditure on Import of Technology	消化吸收经费 Expenditure on Technology Absorption	购买国内技术经费 Expenditure on Purchase of Domestic Technology
总计 **Total**	**29534959**	**3973636**	**612062**	**824822**
煤炭开采和洗选业 Mining and Washing of Coal	892802	56354	17194	23801
石油和天然气开采业 Extraction of Petroleum and Natural Gas	97648	39831	957	1773
黑色金属矿采选业 Mining of Ferrous Metal Ores	47125	1150	5482	947
有色金属矿采选业 Mining of Non-ferrous Metal Ores	67986	10843	3513	1264
非金属矿采选业 Mining and Processing of Nonmetal Ores	90222	1177	5334	973
农副食品加工业 Processing of Food from Agricultural Products	267083	15307	2576	9170
食品制造业 Manufacture of Foods	190843	34165	7927	17925
饮料制造业 Manufacture of Beverage	402567	25358	8939	7554
烟草制品业 Manufacture of Tobacco	566628	71344	2056	46597
纺织业 Manufacture of Textile	953195	183022	14009	49696
纺织服装、鞋、帽制造业 Manufacture of Textile Wearing Apparel, Footware and Caps	177500	49483	6826	3022
皮革、毛皮、羽毛(绒)及其制品业 Manufacture of Leather, Fur, Feather and Its Products	85538	1914	1564	1705
木材加工及木、竹、藤、棕、草制品业 Processing of Timbers, Manufacture of Wood, Bamboo, Rattan, Palm, Straw	79258	16053	1546	2069
家具制造业 Manufacture of Furniture	28308	592	435	593
造纸及纸制品业 Manufacture of Paper and Paper Products	304101	61821	2818	6501
印刷业和记录媒介的复制 Printing, Reproduction of Recording Media	117760	23756	1613	6020

3－22 续表

单位:万元 (10 000 yuan)

行 业 Industry	技术改造经 费 Expenditure on Technical Renovation	技术引进经 费 Expenditure on Import of Technology	消化吸收经 费 Expenditure on Technology Absorption	购买国内技术经费 Expenditure on Purchase of Domestic Technology
文教体育用品制造业 Manufacture of Articles for Culture, Education and Sport Activity	31985	3675	444	781
石油加工、炼焦及核燃料加工业 Processing of Petroleum ,Coking, Processing of Nucleus Fuel	1605552	91242	28974	86547
化学原料及化学制品制造业 Manufacture of Chemical Raw Material and Chemical Products	3031982	319119	29694	62667
医药制造业 Manufacture of Medicines	791428	62993	30925	71990
化学纤维制造业 Manufacture of Chemical Fiber	351279	77926	3864	21204
橡胶制品业 Manufacture of Rubber	266248	28893	8579	8570
塑料制品业 Manufacture of Plastic	234721	35020	14707	5872
非金属矿物制品业 Manufacture of Non-metallic Mineral Products	917814	41441	15494	14260
黑色金属冶炼及压延加工业 Manufacture and Processing of Ferrous Metals	7847762	414719	51765	71384
有色金属冶炼及压延加工业 Manufacture and Processing of Non-ferrous Metals	1398033	184273	63092	34986
金属制品业 Manufacture of Metal Products	381819	24237	5495	3088
通用设备制造业 Manufacture of General Purpose Machinery	1181431	147444	28509	23959
专用设备制造业 Manufacture of Special Purpose Machinery	697650	58303	15482	32811
交通运输设备制造业 Manufacture of Transport Equipment	2212154	644885	66013	100919
电气机械及器材制造业 Manufacture of Electrical Machinery and Equipment	1178496	132325	52137	39467
通信设备、计算机及其他电子设备制造业 Manufacture of Communication, Computer, Other Electronic Equipment	983474	1026657	101706	28238
仪器仪表及文化、办公用机械制造业 Manufacture of Measuring Instrument, Machinery for Cultural and Office Work	228316	54459	5086	3892
工艺品及其他制造业 Manufacture of Artwork, Other Manufacture	77233	6952	729	1037
电力、热力的生产和供应业 Production and Supply of Electric Power and Heat Power	1644467	25457	6163	32288
燃气生产和供应业 Production and Distribution of Gas	28696	1349	4	88
水的生产和供应业 Production and Distribution of Water	74923	81	406	1094

3-23 分登记注册类型规模以上工业企业科技机构(2004)

S&T Institutions in Industrial Enterprises above Designated Size by Registration

注册类型 Type of Registration	企业科技机构数(个) Number of the S&T Institutions (unit)	科技机构人员(人) Personnel in S&T Insitutions (person)	#科学家和工程师 Scientists & Engineers	科技机构经费(万元) Spending for S&T Insitutions (10 000 yuan)
总计 **Total**	**17555**	**643574**	**411326**	**8415603**
内资企业 **Domestic Funded**	**14327**	**538709**	**344134**	**6417990**
国有企业 State-owned Enterprises	1956	95145	60653	817765
其中:大型企业 of which: Large Scale	513	52382	34473	521008
集体企业 Collective-owned Enterprises	496	9822	5760	190262
股份合作企业 Cooperative Enterprises	389	6516	3650	58575
联营企业 Joint Ownership Enterprises	67	4002	2810	83193
国有联营企业 State Joint Ownership Enterprises	21	3169	2223	74565
集体联营企业 Collective Joint Ownership Enterprises	7	40	18	401
国有与集体联营企业 Joint State-collective Enterprises	18	444	296	5486
其他联营企业 Other Joint Ownership Enterprises	21	349	273	2741
有限责任公司 Limited Liability Corporations	5103	217286	138430	2758538
国有独资公司 State Sole Funded Corporations	825	62182	39564	748133
其他有限责任公司 Other Limited Liability Corporations	4278	155104	98866	2010405
股份有限公司 Share-holding Corporations Ltd.	2071	135258	89047	1869384
私营企业 Private Enterprises	4239	70568	43688	640038

注册类型 Type of Registration	企业科技机构数(个) Number of the S&T Institutions (unit)	科技机构人员(人) Personnel in S&T Insitutions (person)	#科学家和工程师 Scientists & Engineers	科技机构经费(万元) Spending for S&T Insitutions (10 000 yuan)
私营独资企业 Private-funded Enterprises	387	4200	2270	29687
私营合伙企业 Private Partnership Enterprises	81	774	413	11291
私营有限责任公司 Private Limited Liability Corporations	3504	60545	37491	554418
私营股份有限公司 Private Share-holding Corporations Ltd.	267	5049	3514	44642
其他企业 Others Enterprises	6	112	96	235
港澳台商投资企业 **Enterprises with Funds from Hong Kong, Macau and Taiwan**	**1607**	**43977**	**26611**	**655266**
其中:大型企业 of which: Large Scale	75	12681	8529	286196
港澳台商合资经营企业 Joint-venture Enterprises(with Funds from Hong Kong, Macau and Taiwan)	986	24084	15030	380270
与港澳台商合作经营企业 Cooperative Enterprises(with Funds from Hong Kong, Macau and Taiwan)	88	2510	1072	32274
港澳台商独资经营企业 Enterprises with Sole Funds from Hong Kong, Macau and Taiwan	450	12531	7521	168236
港澳台商投资股份有限公司 Share-holding Corporations Ltd. with Funds from Hong Kong, Macau and Taiwan	83	4852	2988	74486
外商投资企业 **Foreign Funded Enterprises**	**1621**	**60888**	**40581**	**1342347**
其中:大型企业 of which: Large Scale	175	21612	15517	659728
中外合资经营企业 Joint-venture Enterprises	1009	34042	22369	767147
中外合作经营 Cooperation Enterprises	84	1746	1139	20015
外资企业 Enterprises with Sole Foreign Funds	432	16660	11529	374957
外商投资股份有限公司 Share-holding Corporations Ltd. with Foreign Funds	96	8440	5544	180228

3-24 各地区规模以上工业企业科技机构(2004)
S&T Institutions in Industrial Enterprises above Designated Size by Region

地 区 Region		企业科技机构数(个) Number of the S&T Institutions (unit)	科技机构人员(人) Personnel in S&T Insitutions (person)	#科学家和工程师 Scientists & Engineers	科技机构经费(万元) Spending for S&T Insitutions (10 000 yuan)
全 国	**Total**	**17555**	**643574**	**411326**	**8415603**
东部地区	Eastern Region	11527	404708	261674	6128643
中部地区	Mid Region	3794	136960	85161	1233062
西部地区	Western Region	2234	101906	64491	1053898
北 京	Beijing	470	15900	12305	222756
天 津	Tianjin	344	12640	7860	223078
河 北	Hebei	588	24335	16315	205154
山 西	Shanxi	308	13682	8318	115354
内蒙古	Neimenggu	97	5138	2932	48768
辽 宁	Liaoning	504	30182	19100	274919
吉 林	Jilin	206	9312	6930	123751
黑龙江	Heilongjiang	231	14784	10570	114724
上 海	Shanghai	458	21070	14643	534467
江 苏	Jiangsu	2814	74462	45441	1122181
浙 江	Zhejiang	2492	61029	35495	756252
安 徽	Anhui	500	17348	9689	230119
福 建	Fujian	473	16160	10090	230935
江 西	Jiangxi	256	9298	5245	80138
山 东	Shandong	1588	70762	43360	1036713
河 南	Henan	874	31839	18434	221114
湖 北	Hubei	581	22376	14746	198010
湖 南	Hunan	838	18321	11229	149852
广 东	Guangdong	1754	77325	56333	1514353
广 西	Guangxi	203	6112	4184	77208
海 南	Hainan	42	843	732	7837
重 庆	Chongqing	251	12139	8397	136236
四 川	Sichuan	598	32118	19345	336233
贵 州	Guizhou	153	7278	4397	78746
云 南	Yunnan	178	5011	2949	52448
西 藏	Tibet	3	11	11	20
陕 西	Shaanxi	352	17097	10949	151862
甘 肃	Gansu	222	7583	4707	36491
青 海	Qinghai	45	1757	1028	20937
宁 夏	Ningxia	54	2218	1656	20233
新 疆	Xinjiang	78	5444	3936	94714

3－25 分行业规模以上工业企业科技机构(2004)
S&T Institutions in Industrial Enterprises above Designated Size by Industry

行　业 Industry	企业科技机构数 (个) Number of the S&T Institutions (unit)	科技机构人员 (人) Personnel in S&T Insitutions (person)	#科学家和工程师 Scientists & Engineers	科技机构经费 (万元) Spending for S&T Insitutions (100 00 yuan)
总计 **Total**	**17555**	**643574**	**411326**	**8415603**
煤炭开采和洗选业 Mining and Washing of Coal	191	15841	8833	79321
石油和天然气开采业 Extraction of Petroleum and Natural Gas	257	25029	18193	269922
黑色金属矿采选业 Mining of Ferrous Metal Ores	17	411	328	2576
有色金属矿采选业 Mining of Non-ferrous Metal Ores	48	1296	759	11172
非金属矿采选业 Mining and Processing of Nonmetal Ores	56	981	587	12509
其他采矿业 Mining of Other Ores				
农副食品加工业 Processing of Food from Agricultural Products	429	8552	5045	83382
食品制造业 Manufacture of Foods	325	7513	3993	63217
饮料制造业 Manufacture of Beverage	293	8067	4028	119681
烟草制品业 Manufacture of Tobacco	66	2916	1876	75282
纺织业 Manufacture of Textile	718	21956	10033	221873
纺织服装、鞋、帽制造业 Manufacture of Textile Wearing Apparel, Footware and Caps	125	3842	1700	38073
皮革、毛皮、羽毛(绒)及其制品业 Manufacture of Leather, Fur, Feather and Its Products	140	4134	1646	30579
木材加工及木、竹、藤、棕、草制品业 Processing of Timbers, Manufacture of Wood, Bamboo, Rattan, Palm, Straw	90	1719	1037	17205
家具制造业 Manufacture of Furniture	67	1557	820	17527
造纸及纸制品业 Manufacture of Paper and Paper Products	206	6328	3484	108344
印刷业和记录媒介的复制 Printing, Reproduction of Recording Media	77	2571	1412	31484

3－25 续表

行　业 Industry	企业科技机构数（个） Number of the S&T Institutions (unit)	科技机构人员（人） Personnel in S&T Insitutions (person)	#科学家和工程师 Scientists & Engineers	科技机构经费（万元） Spending for S&T Insitutions (10 000 yuan)
文教体育用品制造业 Manufacture of Articles for Culture, Education and Sport Activity	122	3096	1599	25794
石油加工、炼焦及核燃料加工业 Processing of Petroleum , Coking, Processing of Nucleus Fuel	144	7715	4914	104190
化学原料及化学制品制造业 Manufacture of Chemical Raw Material and Chemical Products	1931	49043	30169	619248
医药制造业 Manufacture of Medicines	1200	27882	19467	330013
化学纤维制造业 Manufacture of Chemical Fiber	116	4914	2808	81051
橡胶制品业 Manufacture of Rubber	204	7535	3487	143521
塑料制品业 Manufacture of Plastic	362	7061	4276	81596
非金属矿物制品业 Manufacture of Non-metallic Mineral Products	853	19053	10122	136431
黑色金属冶炼及压延加工业 Manufacture and Processing of Ferrous Metals	285	30234	18507	512785
有色金属冶炼及压延加工业 Manufacture and Processing of Non-ferrous Metals	400	15089	9708	157504
金属制品业 Manufacture of Metal Products	400	8633	5151	97721
通用设备制造业 Manufacture of General Purpose Machinery	1773	57023	36719	501014
专用设备制造业 Manufacture of Special Purpose Machinery	1357	49000	32080	415292
交通运输设备制造业 Manufacture of Transport Equipment	1247	73124	47158	1023167
电气机械及器材制造业 Manufacture of Electrical Machinery and Equipment	1575	50975	32341	893080
通信设备、计算机及其他电子设备制造业 Manufacture of Communication, Computer, Other Electronic Equipment	1461	90363	69524	1891676
仪器仪表及文化、办公用机械制造业 Manufacture of Measuring Instrument, Machinery for Cultural and Office Work	600	15035	10312	112551
工艺品及其他制造业 Manufacture of Artwork, Other Manufacture	135	4807	2376	32898
电力、热力的生产和供应业 Production and Supply of Electric Power and Heat Power	226	9264	6139	66243
燃气生产和供应业 Production and Distribution of Gas	8	220	92	1701
水的生产和供应业 Production and Distribution of Water	46	744	575	5668

3-26 分登记注册类型规模以上工业企业科技项目与专利(2004)

Projects and Patents for S&T Activities in Industrial Enterprises above Designated Size by Registration

单位:项 (item)

注册类型 Type of Registration	科技活动项目数 Projects for S&T Activities	#新产品开发项目数 Projects for New Product	专利申请 Patent Applications	#发明专利数 Inventive Patent	拥有发明专利数 Owning Inventive Patent
总计 **Total**	**104525**	**76169**	**64569**	**20456**	**30315**
内资企业 **Domestic Funded**	**87629**	**62696**	**46452**	**13578**	**23734**
国有企业 State-owned Enterprises	16421	10250	3741	1006	2620
其中:大型企业 of which: Large Scale	7231	3546	1326	410	886
集体企业 Collective-owned Enterprises	2615	2247	1482	414	714
股份合作企业 Cooperative Enterprises	1641	1287	833	333	513
联营企业 Joint Ownership Enterprises	553	365	172	57	64
国有联营企业 State Joint Ownership Enterprises	317	154	67	26	20
集体联营企业 Collective Joint Ownership Enterprises	37	35	42	6	8
国有与集体联营企业 Joint State-collective Enterprises	129	117	30	7	16
其他联营企业 Other Joint Ownership Enterprises	70	59	33	18	20
有限责任公司 Limited Liability Corporations	35638	25344	15415	5700	8110
国有独资公司 State Sole Funded Corporations	10657	6714	2430	555	974
其他有限责任公司 Other Limited Liability Corporations	24981	18630	12985	5145	7136
股份有限公司 Share-holding Corporations Ltd.	14194	9887	8993	2433	5219
私营企业 Private Enterprises	16540	13293	15790	3627	6486

3－26 续表

单位:项 (item)

注册类型 Type of Registration	科技活动项目数 Projects for S&T Activities	#新产品开发项目数 Projects for New Product	专利申请 Patent Applications	#发明专利数 Inventive Patent	拥有发明专利数 Owning Inventive Patent
私营独资企业 Private-funded Enterprises	1238	946	1022	214	357
私营合伙企业 Private Partnership Enterprises	295	201	246	37	239
私营有限责任公司 Private Limited Liability Corporations	14136	11435	13749	3214	5542
私营股份有限公司 Private Share-holding Corporations Ltd.	871	711	773	162	348
其他企业 Others Enterprises	27	23	26	8	8
港澳台商投资企业 **Enterprises with Funds from Hong Kong, Macau and Taiwan**	**6949**	**5407**	**6646**	**1689**	**2700**
其中:大型企业 of which: Large Scale	1213	745	1861	553	407
与港澳台商合资经营企业 Joint-venture Enterprises(with Funds from Hong Kong, Macau and Taiwan)	3977	3153	3814	807	1504
与港澳台商合作经营企业 Cooperative Enterprises(with Funds from Hong Kong,Macau and Taiwan)	280	197	206	45	62
港澳台商独资经营企业 Enterprises with Sole Funds from Hong Kong,Macau and Taiwan	1866	1573	2071	682	951
港澳台商投资股份有限公司 Share-holding Corporations Ltd. with Funds from HongKong, Macau and Taiwan	826	484	555	155	183
外商投资企业 **Foreign Funded Enterprises**	**9947**	**8066**	**11471**	**5189**	**3881**
其中:大型企业 of which: Large Scale	1660	1245	4307	2886	1006
中外合资经营企业 Joint-venture Enterprises	6077	4884	6682	3867	1715
中外合作经营 Cooperation Enterprises	410	294	326	73	112
外资企业 Enterprises with Sole Foreign Funds	2402	2042	3480	987	1832
外商投资股份有限公司 Share-holding Corporations Ltd. with Foreign Funds	1058	846	983	262	222

3-27 各地区规模以上工业企业科技项目与专利(2004)

Projects and Patents for S&T Activities in Industrial Enterprises above Designated Size by Region

单位:项 (item)

地区 Region		科技活动项目数 Projects for S&T Activities	#新产品开发项目数 Projects for New Product	专利申请 Patent Applications	#发明专利数 Inventive Patent	拥有发明专利数 Owning Inventive Patent
全　国	**Total**	**104525**	**76169**	**64569**	**20456**	**30315**
东部地区	Eastern Region	66697	50916	48299	16448	21313
中部地区	Mid Region	21417	14049	7715	2467	5874
西部地区	Western Region	16411	11204	8555	1541	3128
北　京	Beijing	4386	3362	2330	931	2367
天　津	Tianjin	2510	1877	3198	2613	807
河　北	Hebei	3769	2324	1205	398	638
山　西	Shanxi	2254	961	320	107	1079
内蒙古	Neimenggu	774	443	397	69	189
辽　宁	Liaoning	3963	2881	1230	398	896
吉　林	Jilin	1082	824	487	103	204
黑龙江	Heilongjiang	3324	2262	861	241	606
上　海	Shanghai	6114	4651	5414	2034	1094
江　苏	Jiangsu	12190	9433	7110	1800	2990
浙　江	Zhejiang	13609	11201	9849	2701	5070
安　徽	Anhui	2979	1918	1078	273	478
福　建	Fujian	2550	1926	1308	299	870
江　西	Jiangxi	1498	1013	296	108	148
山　东	Shandong	9900	7252	4884	1202	2145
河　南	Henan	4830	3122	1827	445	810
湖　北	Hubei	3211	2458	1127	445	1077
湖　南	Hunan	2239	1491	1719	745	1472
广　东	Guangdong	7504	5858	11728	4053	4373
广　西	Guangxi	1204	906	755	140	196
海　南	Hainan	202	151	43	19	63
重　庆	Chongqing	2886	2295	2918	184	484
四　川	Sichuan	4444	3051	2448	477	927
贵　州	Guizhou	970	758	335	128	212
云　南	Yunnan	1169	732	380	158	197
西　藏	Tibet	4	4	1		
陕　西	Shaanxi	2138	1558	529	165	344
甘　肃	Gansu	1023	577	227	81	266
青　海	Qinghai	221	76	73	41	42
宁　夏	Ningxia	549	416	143	22	106
新　疆	Xinjiang	1029	388	349	76	165

3－28　分行业规模以上工业企业科技项目与专利(2004)

Projects and Patents for S&T Activities in Industrial Enterprises above Designated Size by Industry

单位:项　　(item)

行　业 Industry	科技活动项目数 Projects for S&T Activities	#新产品开发项目数 Projects for New Product	专利申请 Patent Applications	#发明专利数 Inventive Patent	拥有发明专利数 Owning Inventive Patent
总计 **Total**	**104525**	**76169**	**64569**	**20456**	**30315**
煤炭开采和洗选业 Mining and Washing of Coal	3170	551	212	48	101
石油和天然气开采业 Extraction of Petroleum and Natural Gas	2946	757	773	139	479
黑色金属矿采选业 Mining of Ferrous Metal Ores	291	80	13	7	8
有色金属矿采选业 Mining of Non-ferrous Metal Ores	265	64	14	10	7
非金属矿采选业 Mining and Processing of Nonmetal Ores	201	93	37	21	17
农副食品加工业 Processing of Food from Agricultural Products	1364	1010	692	300	294
食品制造业 Manufacture of Foods	1266	1019	1414	281	478
饮料制造业 Manufacture of Beverage	1154	851	1223	211	878
烟草制品业 Manufacture of Tobacco	630	377	117	40	83
纺织业 Manufacture of Textile	3921	3369	1754	364	387
纺织服装、鞋、帽制造业 Manufacture of Textile Wearing Apparel, Footware and Caps	680	434	293	42	59
皮革、毛皮、羽毛(绒)及其制品业 Manufacture of Leather, Fur, Feather and Its Products	808	542	146	24	41

3-28 续表 1

单位:项 (item)

行业 Industry	科技活动项目数 Projects for S&T Activities	#新产品开发项目数 Projects for New Product	专利申请 Patent Applications	#发明专利数 Inventive Patent	拥有发明专利数 Owning Inventive Patent
木材加工及木、竹、藤、棕、草制品业 Processing of Timbers, Manufacture of Wood, Bamboo, Rattan, Palm, Straw	299	213	225	116	140
家具制造业 Manufacture of Furniture	220	183	525	81	197
造纸及纸制品业 Manufacture of Paper and Paper Products	745	450	207	81	92
印刷业和记录媒介的复制 Printing, Reproduction of Recording Media	479	252	274	71	54
文教体育用品制造业 Manufacture of Articles for Culture, Education and Sport Activity	500	416	1506	442	603
石油加工、炼焦及核燃料加工业 Processing of Petroleum, Coking, Processing of Nucleus Fuel	1513	655	431	213	692
化学原料及化学制品制造业 Manufacture of Chemical Raw Material and Chemical Products	8003	5601	2857	1260	1888
医药制造业 Manufacture of Medicines	6664	5720	2583	1484	1407
化学纤维制造业 Manufacture of Chemical Fiber	722	477	271	70	87
橡胶制品业 Manufacture of Rubber	1601	1179	353	89	173
塑料制品业 Manufacture of Plastic	1609	1259	1209	357	748
非金属矿物制品业 Manufacture of Non-metallic Mineral Products	2983	1964	2071	683	1056

3－28 续表 2

单位:项 (item)

行 业 Industry	科技活动项目数 Projects for S&T Activities	#新产品开发项目数 Projects for New Product	专利申请 Patent Applications	#发明专利数 Inventive Patent	拥有发明专利数 Owning Inventive Patent
黑色金属冶炼及压延加工业 Manufacture and Processing of Ferrous Metals	4276	2086	962	305	556
有色金属冶炼及压延加工业 Manufacture and Processing of Non-ferrous Metals	2228	1210	962	323	767
金属制品业 Manufacture of Metal Products	2171	1666	2354	682	1160
通用设备制造业 Manufacture of General Purpose Machinery	10772	8871	4572	952	2463
专用设备制造业 Manufacture of Special Purpose Machinery	6822	5792	4442	1120	4092
交通运输设备制造业 Manufacture of Transport Equipment	10094	8463	5864	748	1818
电气机械及器材制造业 Manufacture of Electrical Machinery and Equipment	9529	8315	11393	4015	3751
通信设备、计算机及其他电子设备制造业 Manufacture of Communication, Computer, Other Electronic Equipment	8195	7274	10210	5066	3982
仪器仪表及文化、办公用机械制造业 Manufacture of Measuring Instrument, Machinery for Cultural and Office Work	3789	3362	3484	502	1136
工艺品及其他制造业 Manufacture of Artwork, Other Manufacture	678	522	738	143	327
电力、热力的生产和供应业 Production and Supply of Electric Power and Heat Power	3499	965	277	112	273
燃气生产和供应业 Production and Distribution of Gas	94	10	18	4	4
水的生产和供应业 Production and Distribution of Water	315	97	71	35	12

3－29　各地区规模以上工业
Major Indicators of Industrial Enterprises above

单位:万元

地区 Region		企业数(个) Number of Large & Medium-sized Enterprises (unit)	#有科技机构的企业数 Having Institutions for S&T	#有科技活动的企业数 Having Activities for S&T	工业总产值 Gross Value of Industrial Output	#新产品 New Products
全　国	**Total**	**35705**	**3624**	**6963**	**701429917**	**104835699**
东部地区	Eastern Region	16570	1705	3651	393778314	73547692
中部地区	Mid Region	10508	1043	1792	181252159	18072235
西部地区	Western Region	8627	876	1520	126399444	13215772
北　京	Beijing	2164	164	520	32352262	5427115
天　津	Tianjin	1898	135	350	20471374	2652318
河　北	Hebei	1504	188	322	33600581	2463221
山　西	Shanxi	1557	115	159	19505383	2037639
内蒙古	Neimenggu	509	38	81	11102088	623358
辽　宁	Liaoning	2150	145	257	48825134	7927870
吉　林	Jilin	1258	84	146	23374153	1303446
黑龙江	Heilongjiang	1256	79	150	28823348	2167714
上　海	Shanghai	1830	181	596	53954124	17688278
江　苏	Jiangsu	1172	264	416	39509635	9462693
浙　江	Zhejiang	1117	110	237	28049323	3000545
安　徽	Anhui	691	123	199	19228003	2699875
福　建	Fujian	901	69	153	13297309	2448872
江　西	Jiangxi	1228	100	194	12788919	1415685
山　东	Shandong	1499	223	380	61235390	10381649
河　南	Henan	1715	175	327	32262108	2601014
湖　北	Hubei	1326	186	316	26433169	3240142
湖　南	Hunan	1477	181	301	18837077	2606721
广　东	Guangdong	2089	217	398	60391530	11463239
广　西	Guangxi	1428	80	146	9898208	2518969
海　南	Hainan	246	9	22	2091654	631893
重　庆	Chongqing	529	110	198	11781904	3741133
四　川	Sichuan	1059	148	286	19162715	2191412
贵　州	Guizhou	1101	89	142	9507480	640362
云　南	Yunnan	784	87	146	14347933	656620
西　藏	Tibet	165	1	2	169507	28
陕　西	Shaanxi	1248	166	270	19276981	2039975
甘　肃	Gansu	840	77	141	12498232	429876
青　海	Qinghai	186	18	22	3036726	54399
宁　夏	Ningxia	161	17	28	3082623	122957
新　疆	Xinjiang	617	45	58	12535047	196683

注:表中的国有控股指国有及国有控股,以后各表同。

企业(国有控股)基本情况(2004)

Designated Size(State-controlled) by Region

(10 000 yuan)

产品销售收入 Total Revenue from the Sale of Products	#新产品 New Products	年末从业人员(人) Employees (year-end) (person)	#工程技术人员 Technical Engineering Personnel	生产经营用设备原价 Original Value of Equipment	#微电子控制 Equipment Controlled by Micro-electronics
713459397	**104393640**	**19736715**	**2195288**	**467050394**	**39835918**
404465572	73925978	7963156	917386	237463758	24486797
182202978	16547621	7064373	753978	133322952	7834679
126790846	13920041	4709186	523924	96263684	7514443
35201981	5736288	548156	62181	21212830	3435649
21249717	2681937	439672	47254	12219564	711589
34523661	2482529	1171778	102344	21885708	2619092
20023835	1747315	1190440	114233	17458574	1136947
11705817	1947763	425395	46374	12047868	903228
49749892	7722460	1229547	174219	37936636	3206841
22243318	1340713	667094	78355	15196179	454595
29787283	1807295	993955	111937	29604008	569963
55939912	18325612	673566	70165	36268562	3814069
40015035	9183524	825463	112446	18635943	3121367
28387836	2742323	332659	41178	18557150	1515973
20020684	2644136	771635	73707	11671722	1398069
13154886	2343611	291976	40224	8378015	1218762
12766816	1263479	498973	60711	8094446	518284
63708461	11148630	1666749	189575	33228353	2242984
32060318	2498638	1444522	145380	20184862	1770242
26613520	2730457	787125	92453	18916063	1328175
18687205	2515589	710629	77202	12197101	658404
60313901	10931135	725274	73026	27076669	2574599
10073653	2333377	388220	43099	6308130	252123
2220292	627931	58316	4774	2064329	25872
11765499	3617286	430324	49339	5920298	1319908
19258888	2221011	791556	98176	11924195	911703
9294686	642150	447410	40870	8802308	521514
14078857	562437	354611	49740	9212736	916147
179550	239	15595	309	465372	1000
18793173	1884157	824297	88789	18382646	1198204
12765049	379949	490306	42978	6987766	365942
3065955	27245	96559	8682	3947562	110090
3029953	112622	143888	13993	2237344	137214
12779767	191805	301025	41575	10027459	877371

3－30 分行业规模以上工业

Major Indicators of Industrial Enterprises above

单位：万元

行 业 Industry	企业数（个） Number of Large & Medium-sized Enterprises (unit)	#有科技机构的企业数 Having Institutions for S&T	#有科技活动的企业数 Having Activities for S&T
总计 **Total**	**35705**	**3624**	**6963**
煤炭开采和洗选业 Mining and Washing of Coal	1090	86	164
石油和天然气开采业 Extraction of Petroleum and Natural Gas	111	36	50
黑色金属矿采选业 Mining of Ferrous Metal Ores	146	7	23
有色金属矿采选业 Mining of Non-ferrous Metal Ores	342	30	60
非金属矿采选业 Mining and Processing of Nonmetal Ores	384	25	42
其他采矿业 Mining of Other Ores	3		
农副食品加工业 Processing of Food from Agricultural Products	2057	59	97
食品制造业 Manufacture of Foods	908	39	89
饮料制造业 Manufacture of Beverage	766	69	110
烟草制品业 Manufacture of Tobacco	169	61	80
纺织业 Manufacture of Textile	1253	121	242
纺织服装、鞋、帽制造业 Manufacture of Textile Wearing Apparel, Footware and Caps	387	5	23
皮革、毛皮、羽毛（绒）及其制品业 Manufacture of Leather, Fur, Feather and Its Products	144	6	9
木材加工及木、竹、藤、棕、草制品业 Processing of Timbers, Manufacture of Wood, Bamboo, Rattan, Palm, Straw	345	17	32
家具制造业 Manufacture of Furniture	146	5	15
造纸及纸制品业 Manufacture of Paper and Paper Products	535	40	64
印刷业和记录媒介的复制 Printing, Reproduction of Recording Media	1560	18	45

企业(国有控股)基本情况(2004)

Designated Size(State-controlled) by Industry

(10 000 yuan)

工业总产值 Gross Value of Industrial Output	#新产品 New Products	产品销售收入 Total Revenue from the Sale of Products	#新产品 New Products	年末从业人员(人) Employees (year-end) (person)	#工程技术人员 Technical Engineering Personnel	生产经营用设备原价 Original Value of Equipment	#微电子控制 Equipment Controlled by Micro-electronics
701429917	**104835699**	**713459397**	**104393640**	**19736715**	**2195288**	**467050394**	**39835918**
30139198	1100839	31239969	1040817	3199689	196169	19685187	1270846
42083990	296578	42649958	307388	946640	121681	48460160	743989
2070838	2023	2270572	1725	145310	11973	964058	14463
3240685	27956	3245629	23407	188160	15189	1434209	17107
1569099	16674	1598483	27558	171821	11023	1249475	31400
185		2293		114	13	984	
9707027	203844	10309312	225099	296905	28897	2915938	167504
3282995	156445	3334417	141121	166910	13046	1662023	112135
6262687	630331	6115306	1107158	270707	23729	3248891	308401
25676885	2824209	25379988	2614561	186662	21359	7049613	1579386
9320605	1682005	9354785	1520213	897248	49785	6245615	734024
1044183	42172	1014563	41057	126574	4485	305963	6901
305799	15472	278045	15458	32079	1263	135008	7148
1250479	38668	1294847	30854	111995	18533	1007656	81894
575412	364766	584917	367277	21078	1803	115735	2423
4859745	740450	4901506	712690	203373	16852	5288024	580479
2927601	108921	2941503	174921	189989	16637	2911024	501763

3－30 续表

单位:万元

行业 Industry	企业数(个) Number of Large & Medium-sized Enterprises (unit)	#有科技机构的企业数 Having Institutions for S&T	#有科技活动的企业数 Having Activities for S&T
文教体育用品制造业 Manufacture of Articles for Culture, Education and Sport Activity	125	10	23
石油加工、炼焦及核燃料加工业 Processing of Petroleum, Coking, Processing of Nucleus Fuel	278	56	85
化学原料及化学制品制造业 Manufacture of Chemical Raw Material and Chemical Products	2251	367	618
医药制造业 Manufacture of Medicines	835	244	372
化学纤维制造业 Manufacture of Chemical Fiber	123	32	54
橡胶制品业 Manufacture of Rubber	253	42	73
塑料制品业 Manufacture of Plastic	633	32	91
非金属矿物制品业 Manufacture of Non-metallic Mineral Products	2452	140	320
黑色金属冶炼及压延加工业 Manufacture and Processing of Ferrous Metals	553	86	143
有色金属冶炼及压延加工业 Manufacture and Processing of Non-ferrous Metals	534	103	186
金属制品业 Manufacture of Metal Products	980	62	134
通用设备制造业 Manufacture of General Purpose Machinery	2307	342	631
专用设备制造业 Manufacture of Special Purpose Machinery	1812	304	596
交通运输设备制造业 Manufacture of Transport Equipment	2404	437	710
电气机械及器材制造业 Manufacture of Electrical Machinery and Equipment	1273	181	375
通信设备、计算机及其他电子设备制造业 Manufacture of Communication, Computer, Other Electronic Equipment	1038	258	510
仪器仪表及文化、办公用机械制造业 Manufacture of Measuring Instrument, Machinery for Cultural and Office Work	660	117	268
工艺品及其他制造业 Manufacture of Artwork, Other Manufacture	283	32	56
电力、热力的生产和供应业 Production and Supply of Electric Power and Heat Power	4021	117	430
燃气生产和供应业 Production and Distribution of Gas	261	6	34
水的生产和供应业 Production and Distribution of Water	2262	32	109

(10 000 yuan)

工业总产值 Gross Value of Industrial Output	#新产品 New Products	产品销售收入 Total Revenue from the Sale of Products	#新产品 New Products	年末从业人员(人) Employees (year-end) (person)	#工程技术人员 Technical Engineering Personnel	生产经营用设备原价 Original Value of Equipment	#微电子控制 Equipment Controlled by Micro-electronics
394920	64965	416205	78432	32178	1486	167508	11325
69590089	1211454	69962579	1264379	351765	50918	24631263	2140141
42906353	6441729	43886577	6395016	1163314	160278	33150205	3616389
8910933	1501719	9130010	1451671	361512	48268	4171599	687449
5007634	891876	4956214	894029	134395	14942	4464839	414642
3100593	830870	3114730	778500	132040	10313	2032748	596302
3089520	424273	3275697	422751	101480	11675	2058267	436611
11679992	752883	11539736	832280	790033	69537	10489920	899844
85860706	13886634	89356457	15303564	1436715	165311	45369922	4230439
21332683	1498839	21915279	1478625	586289	67976	11627345	1062635
4403883	364340	4304250	366879	202482	19695	1806883	172766
21151162	7256009	19990183	6700917	886757	106506	7405476	971196
15214153	4377766	15061254	4054727	843231	96357	5673666	606901
76770384	37064763	75904489	36696638	1565962	188513	20318231	4169898
12609092	3879701	12000597	3585045	411043	53503	3858108	733645
33827826	15127473	33743837	14808007	500066	80169	8128386	2906246
2596908	786527	2627689	734533	168168	26618	967172	155180
1364331	150634	1378403	132853	106260	14598	809299	164563
130427563	58664	136751693	50687	2238201	393061	162658699	9268313
2621836	9262	3567596	8782	132745	13911	3710508	106616
4183637	3910	3974181	4024	434849	49161	10853341	324787

3-31 各地区规模以上工业企业(国有控股)科技活动人员(2004)
Personnel for S&T Activities in Industrial Enterprises above Designated Size(State-controlled) by Region

单位:人 (person)

地区 Region	科技活动人员 Personnel for S&T Activities	#科学家和工程师 Scientists & Engineers	1.参加科技项目人员 Personnel in S&T Projects	2.科技管理和服务人员 S&T Managers and Attendants
全国 Total	**993527**	**587005**	**607376**	**386151**
东部地区 Eastern Region	463189	287365	305963	157226
中部地区 Mid Region	314238	175821	175660	138578
西部地区 Western Region	216100	123819	125753	90347
北京 Beijing	34369	25306	21933	12436
天津 Tianjin	24045	13670	15316	8729
河北 Hebei	50387	31860	30749	19638
山西 Shanxi	53701	26050	28544	25157
内蒙古 Neimenggu	13991	7536	7262	6729
辽宁 Liaoning	74627	48583	52226	22401
吉林 Jilin	15067	10727	9374	5693
黑龙江 Heilongjiang	48267	32751	20583	27684
上海 Shanghai	47564	29453	29784	17780
江苏 Jiangsu	70518	38458	45924	24594
浙江 Zhejiang	15364	9693	11631	3733
安徽 Anhui	27530	16220	19743	7787
福建 Fujian	14698	9187	11686	3012
江西 Jiangxi	31263	12724	14793	16470
山东 Shandong	81598	47476	51239	30359
河南 Henan	58051	31745	35317	22734
湖北 Hubei	43171	26523	27418	15753
湖南 Hunan	37188	19081	19888	17300
广东 Guangdong	49157	32983	34782	14375
广西 Guangxi	12683	7428	7408	5275
海南 Hainan	862	696	693	169
重庆 Chongqing	24116	15683	16248	7868
四川 Sichuan	52543	29297	30767	21776
贵州 Guizhou	16205	9172	9680	6525
云南 Yunnan	10881	6765	8842	2039
西藏 Tibet	42	42	26	16
陕西 Shaanxi	52036	26047	24670	27366
甘肃 Gansu	19191	11730	9709	9482
青海 Qinghai	3155	1850	2136	1019
宁夏 Ningxia	2976	2152	2478	498
新疆 Xinjiang	8281	6117	6527	1754

3-32 分行业规模以上工业企业(国有控股)科技活动人员(2004)

Personnel for S&T Activities in Industrial Enterprises above Designated Size(State-controlled) by Industry

单位:人 (person)

行业 Industry	科技活动人员 Personnel for S&T Activities	#科学家和工程师 Scientists & Engineers	1. 参加科技项目人员 Personnel in S&T Projects	2. 科技管理和服务人员 S&T Managers and Attendants
总计 Total	**993527**	**587005**	**607376**	**386151**
煤炭开采和洗选业 Mining and Washing of Coal	90219	43446	54167	36052
石油和天然气开采业 Extraction of Petroleum and Natural Gas	53917	39697	29094	24823
黑色金属矿采选业 Mining of Ferrous Metal Ores	5338	3125	3854	1484
有色金属矿采选业 Mining of Non-ferrous Metal Ores	3975	2267	2977	998
非金属矿采选业 Mining and Processing of Nonmetal Ores	1869	1053	1244	625
农副食品加工业 Processing of Food from Agricultural Products	6382	3634	4073	2309
食品制造业 Manufacture of Foods	5836	2401	3119	2717
饮料制造业 Manufacture of Beverage	7777	3793	5331	2446
烟草制品业 Manufacture of Tobacco	6638	4073	4420	2218
纺织业 Manufacture of Textile	24296	8360	15813	8483
纺织服装、鞋、帽制造业 Manufacture of Textile Wearing Apparel, Footware and Caps	1051	375	424	627
皮革、毛皮、羽毛(绒)及其制品业 Manufacture of Leather, Fur, Feather and Its Products	216	92	104	112
木材加工及木、竹、藤、棕、草制品业 Processing of Timbers, Manufacture of Wood, Bamboo, Rattan, palm, Straw	1296	770	999	297
家具制造业 Manufacture of Furniture	768	493	604	164
造纸及纸制品业 Manufacture of Paper and Paper Products	8194	4364	5899	2295
印刷业和记录媒介的复制 Printing, Reproduction of Recording Media	3074	1893	2335	739

3－32 续表

单位:人 (person)

行 业 Industry	科技活动人员 Personnel for S&T Activities	#科学家和工程师 Scientists & Engineers	1. 参加科技项目人员 Personnel in S&T Projects	2. 科技管埋和服务人员 S&T Managers and Attendants
文教体育用品制造业 Manufacture of Articles for Culture, Education and Sport Activity	827	420	573	254
石油加工、炼焦及核燃料加工业 Processing of Petroleum, Coking, Processing of Nucleus Fuel	18957	11608	11083	7874
化学原料及化学制品制造业 Manufacture of Chemical Raw Material and Chemical Products	63342	35529	41516	21826
医药制造业 Manufacture of Medicines	27556	17988	17066	10490
化学纤维制造业 Manufacture of Chemical Fiber	7400	4265	5062	2338
橡胶制品业 Manufacture of Rubber	6866	3234	4232	2634
塑料制品业 Manufacture of Plastic	4709	2904	2736	1973
非金属矿物制品业 Manufacture of Non-metallic Mineral Products	16953	8972	11147	5806
黑色金属冶炼及压延加工业 Manufacture and Processing of Ferrous Metals	107397	60269	60709	46688
有色金属冶炼及压延加工业 Manufacture and Processing of Non-ferrous Metals	31700	19497	16499	15201
金属制品业 Manufacture of Metal Products	7644	5578	5160	2484
通用设备制造业 Manufacture of General Purpose Machinery	75376	43148	44401	30975
专用设备制造业 Manufacture of Special Purpose Machinery	64096	40372	35211	28885
交通运输设备制造业 Manufacture of Transport Equipment	145109	83624	92122	52987
电气机械及器材制造业 Manufacture of Electrical Machinery and Equipment	36426	22236	20331	16095
通信设备、计算机及其他电子设备制造业 Manufacture of Communication, Computer, Other Electronic Equipment	77834	54595	52280	25554
仪器仪表及文化、办公用机械制造业 Manufacture of Measuring Instrument, Machinery for Cultural and Office Work	16579	10775	10537	6042
工艺品及其他制造业 Manufacture of Artwork, Other Manufacture	9007	4233	4515	4492
电力、热力的生产和供应业 Production and Supply of Electric Power and Heat Power	49185	33845	33969	15216
燃气生产和供应业 Production and Distribution of Gas	2022	1328	1232	790
水的生产和供应业 Production and Distribution of Water	3696	2749	2538	1158

3－33 各地区规模以上工业企业(国有控股)科技活动经费筹集(2004)

Sources of Funds for S&T of Industrial Enterprises above Designated Size (State-controlled) by Region

单位:万元 (10 000 yuan)

地区 Region		科技活动经费筹集总额 Total Funds Obtaied for S&T Activities	政府资金 Government Grant	企业资金 Enterprise Self-financed	金融机构贷款 Bank Loans	来自国外的资金 Funds from Abroad
全 国	**Total**	**11999448**	**537084**	**10489997**	**718754**	**13482**
东部地区	Eastern Region	6901581	225085	6136988	425554	7762
中部地区	Mid Region	2993450	138350	2575859	209822	3118
西部地区	Western Region	2104418	173649	1777150	83378	2603
北 京	Beijing	533897	37561	442169	35434	113
天 津	Tianjin	358527	6593	308079	33222	16
河 北	Hebei	461167	10799	417302	24428	100
山 西	Shanxi	394707	21032	349751	21258	
内蒙古	Neimenggu	90219	11921	74912	2833	
辽 宁	Liaoning	1035569	57628	909424	66021	
吉 林	Jilin	176629	2821	171131	1335	
黑龙江	Heilongjiang	385139	24117	320246	14470	185
上 海	Shanghai	1047137	21577	998990	16597	2078
江 苏	Jiangsu	1001153	29572	901604	53152	5209
浙 江	Zhejiang	245727	17871	212362	14476	
安 徽	Anhui	506847	9262	404747	90645	380
福 建	Fujian	219983	6688	177206	35973	
江 西	Jiangxi	212177	21682	176780	11574	100
山 东	Shandong	1210409	16527	1054773	99109	245
河 南	Henan	506825	12510	462692	21658	
湖 北	Hubei	474118	32157	391713	35441	2338
湖 南	Hunan	337008	14770	298801	13441	115
广 东	Guangdong	778822	20233	705926	47144	
广 西	Guangxi	193680	11606	166789	14188	
海 南	Hainan	9189	37	9153		
重 庆	Chongqing	273725	17611	240245	12708	
四 川	Sichuan	424903	25382	361794	17236	2233
贵 州	Guizhou	128824	8839	112841	4167	
云 南	Yunnan	135424	8397	111160	14544	365
西 藏	Tibet	92	50	42		
陕 西	Shaanxi	490173	72825	371015	12475	5
甘 肃	Gansu	146382	10642	130802	1427	
青 海	Qinghai	40551	2917	36266	900	
宁 夏	Ningxia	32280	2158	28022	2100	
新 疆	Xinjiang	148166	1301	143262	800	

3-34 分行业规模以上工业企业(国有控股)科技活动经费筹集(2004)

Sources of Funds for S&T of Industrial Enterprises above Designated Size(State-controlled) by Industry

单位:万元 (10 000 yuan)

行业 Industry	科技活动经费筹集总额 Total Funds Obtaied for S&T Activities	政府资金 Government Grant	企业资金 Enterprise Self-financed	金融机构贷款 Bank Loans	来自国外的资金 Funds from Abroad
总计 Total	**11999448**	**537084**	**10489997**	**718754**	**13482**
煤炭开采和洗选业 Mining and Washing of Coal	568918	17111	527835	22196	
石油和天然气开采业 Extraction of Petroleum and Natural Gas	494962	2012	415497	17552	5
黑色金属矿采选业 Mining of Ferrous Metal Ores	29272	1176	16691	11000	
有色金属矿采选业 Mining of Non-ferrous Metal Ores	33712	554	29703	514	2000
非金属矿采选业 Mining and Processing of Nonmetal Ores	25643	1358	23565	587	
其他采矿业 Mining of Other Ores					
农副食品加工业 Processing of Food from Agricultural Products	49678	4622	36134	8275	
食品制造业 Manufacture of Foods	29091	2773	24036	520	280
饮料制造业 Manufacture of Beverage	146960	3407	136639	6352	
烟草制品业 Manufacture of Tobacco	152639	6276	134511	10164	
纺织业 Manufacture of Textile	171503	2616	137874	26558	2233
纺织服装、鞋、帽制造业 Manufacture of Textile Wearing Apparel, Footware and Caps	4068	182	2251	1625	
皮革、毛皮、羽毛(绒)及其制品业 Manufacture of Leather, Fur, Feather and Its Products	707		707		
木材加工及木、竹、藤、棕、草制品业 Processing of Timbers, Manufacture of Wood, Bamboo, Rattan, Palm, Straw	12006	257	10782	770	
家具制造业 Manufacture of Furniture	15878	90	15608	180	
造纸及纸制品业 Manufacture of Paper and Paper Products	93927	1982	88262	1602	
印刷业和记录媒介的复制 Printing, Reproduction of Recording Media	27952	235	26904	750	

3-34 续表

单位:万元　　　　(10 000 yuan)

行　业 Industry	科技活动经费筹集总额 Total Funds Obtaied for S&T Activities	政府资金 Government Grant	企业资金 Enterprise Self-financed	金融机构贷款 Bank Loans	来自国外的资金 Funds from Abroad
文教体育用品制造业 Manufacture of Articles for Culture, Education and Sport Activity	8574	445	7222	850	5
石油加工、炼焦及核燃料加工业 Processing of Petroleum, Coking, Processing of Nucleus Fuel	252083	5774	234009	2348	20
化学原料及化学制品制造业 Manufacture of Chemical Raw Material and Chemical Products	1056616	24717	889748	118009	40
医药制造业 Manufacture of Medicines	310672	20951	264463	22300	745
化学纤维制造业 Manufacture of Chemical Fiber	177670	5736	167527	3560	
橡胶制品业 Manufacture of Rubber	98516	3240	87488	7405	
塑料制品业 Manufacture of Plastic	81293	2351	63181	13292	
非金属矿物制品业 Manufacture of Non-metallic Mineral Products	160850	6336	134038	18653	100
黑色金属冶炼及压延加工业 Manufacture and Processing of Ferrous Metals	1990930	7309	1860587	122007	
有色金属冶炼及压延加工业 Manufacture and Processing of Non-ferrous Metals	316402	10734	249796	39594	
金属制品业 Manufacture of Metal Products	76821	7124	64228	3394	
通用设备制造业 Manufacture of General Purpose Machinery	678304	29007	597656	42685	320
专用设备制造业 Manufacture of Special Purpose Machinery	562516	50899	473626	21730	
交通运输设备制造业 Manufacture of Transport Equipment	1923166	213568	1604458	47210	6481
电气机械及器材制造业 Manufacture of Electrical Machinery and Equipment	350870	13965	321968	9999	18
通信设备、计算机及其他电子设备制造业 Manufacture of Communication, Computer, Other Electronic Equipment	1447924	55771	1261994	121462	144
仪器仪表及文化、办公用机械制造业 Manufacture of Measuring Instrument, Machinery for Cultural and Office Work	119434	11544	99741	2946	1091
工艺品及其他制造业 Manufacture of Artwork, Other Manufacture	52698	9694	31434	2880	
电力、热力的生产和供应业 Production and Supply of Electric Power and Heat Power	447840	11365	423763	8658	
燃气生产和供应业 Production and Distribution of Gas	9846	123	9615		
水的生产和供应业 Production and Distribution of Water	19506	1785	16458	1128	

3-35 各地区规模以上工业企业(国有

Intramural Expenditure on S&T Activities of Industrial Enterprises

单位:万元

地 区	Region	科技活动经费内部支出总额 Intramural Expenditure on S&T Activities	劳务费 Compensation for Laborers
全 国	**Total**	**11804145**	**2766525**
东部地区	Eastern Region	6589632	1578971
中部地区	Mid Region	2968795	713203
西部地区	Western Region	2245718	474351
北 京	Beijing	408630	111300
天 津	Tianjin	409073	60582
河 北	Hebei	430522	87969
山 西	Shanxi	379876	108679
内蒙古	Neimenggu	100087	24294
辽 宁	Liaoning	963704	175793
吉 林	Jilin	235078	40612
黑龙江	Heilongjiang	328836	132110
上 海	Shanghai	1067874	216394
江 苏	Jiangsu	975144	242294
浙 江	Zhejiang	214978	50929
安 徽	Anhui	480211	68620
福 建	Fujian	205131	50343
江 西	Jiangxi	205716	53026
山 东	Shandong	1193414	260756
河 南	Henan	511274	110242
湖 北	Hubei	493531	116487
湖 南	Hunan	334272	83427
广 东	Guangdong	712544	321012
广 西	Guangxi	200098	27144
海 南	Hainan	8621	1599
重 庆	Chongqing	299508	57961
四 川	Sichuan	503614	117450
贵 州	Guizhou	129054	31815
云 南	Yunnan	132662	24247
西 藏	Tibet	93	56
陕 西	Shaanxi	561771	101936
甘 肃	Gansu	109144	39969
青 海	Qinghai	41141	11175
宁 夏	Ningxia	28564	6153
新 疆	Xinjiang	139982	32152

控股)科技活动经费内部支出(2004)
above Designated Size(State-controlled) by Region

(10 000 yuan)

原材料费 Raw Material Expenditure	固定资产购建费 Expenditure on the Purchase of Fixed Assets	#设备购置 Purchase of Instruments	#开发新产品经费 Spending for New Products
3115486	**3875518**	**3383986**	**4459771**
1990820	1894215	1653022	2859440
634225	1120719	970470	951584
490441	860584	760494	648747
96317	75449	54672	159581
106949	192784	172836	110300
148213	147793	130852	157746
57216	166165	151237	101537
20236	33997	22398	28273
444556	184854	173957	471375
39004	107663	65849	65276
80019	82334	75554	99612
209284	307861	277504	518990
304778	285953	225408	377163
82335	61327	54366	120182
131355	224198	214446	119157
49539	81463	68282	102788
32119	74463	64387	64738
400391	390731	354612	440670
124192	221539	193102	144261
89076	117317	97591	244978
81244	127041	108303	112025
146703	164210	138797	395356
58767	59361	52829	40809
1756	1789	1737	5290
73842	123384	104846	119732
88565	207406	185405	149449
38635	44293	36075	54772
36735	37012	34310	51005
8			7
94201	266885	245694	164103
24958	32713	29183	13624
11685	10225	9317	8393
11918	7292	6912	12486
30892	38016	33524	6091

3-36 分行业规模以上工业企业(国有

Intramural Expenditure on S&T Activities of Industrial Enterprises

单位:万元

行 业 Industry	科技活动经费内部支出总额 Intramural Expenditure on S&T Activities	劳务费 Compensation for Laborers
总计 **Total**	**11804145**	**2766525**
煤炭开采和洗选业 Mining and Washing of Coal	551221	160386
石油和天然气开采业 Extraction of Petroleum and Natural Gas	483078	198647
黑色金属矿采选业 Mining of Ferrous Metal Ores	30726	7372
有色金属矿采选业 Mining of Non-ferrous Metal Ores	32144	10722
非金属矿采选业 Mining and Processing of Nonmetal Ores	26502	3245
农副食品加工业 Processing of Food from Agricultural Products	57269	9138
食品制造业 Manufacture of Foods	31033	10147
饮料制造业 Manufacture of Beverage	139016	18832
烟草制品业 Manufacture of Tobacco	168723	44720
纺织业 Manufacture of Textile	206510	34251
纺织服装、鞋、帽制造业 Manufacture of Textile Wearing Apparel, Footware and Caps	4397	2140
皮革、毛皮、羽毛(绒)及其制品业 Manufacture of Leather, Fur, Feather and Its Products	712	233
木材加工及木、竹、藤、棕、草制品业 Processing of Timbers, Manufacture of Wood, Bamboo, Rattan, Palm, Straw	9187	1981
家具制造业 Manufacture of Furniture	16416	6027
造纸及纸制品业 Manufacture of Paper and Paper Products	99379	15089
印刷业和记录媒介的复制 Printing, Reproduction of Recording Media	26179	6256

控股)科技活动经费内部支出(2004)
above Designated Size(State-controlled) by Industry

(10 000 yuan)

原材料费 Raw Material Expenditure	固定资产购建费 Expenditure on the Purchase of Fixed Assets	#设备购置 Purchase of Instruments	#开发新产品经费 Spending for New Products
3115486	**3875518**	**3383986**	**4459771**
118463	232471	222731	60886
72437	74954	67326	11662
7009	12706	12621	11000
7675	8578	6490	2850
4449	16256	14275	9916
19278	20487	11054	18316
7517	10397	9190	10857
40179	68212	60140	56266
16032	61392	49055	23339
66928	91499	76792	91366
469	1199	683	1520
248	216	216	273
3377	3020	2774	5028
917	2902	2661	10524
26460	40281	37627	38405
9096	5690	5669	9209

3－36 续表

单位:万元

行 业 Industry	科技活动经费内部支出总额 Intramural Expenditure on S&T Activities	劳务费 Compensation for Laborers
文教体育用品制造业 Manufacture of Articles for Culture, Education and Sport Activity	12592	1615
石油加工、炼焦及核燃料加工业 Processing of Petroleum , Coking, Processing of Nucleus Fuel	229216	58156
化学原料及化学制品制造业 Manufacture of Chemical Raw Material and Chemical Products	984730	210168
医药制造业 Manufacture of Medicines	303409	62694
化学纤维制造业 Manufacture of Chemical Fiber	131158	17876
橡胶制品业 Manufacture of Rubber	96267	20499
塑料制品业 Manufacture of Plastic	78929	10645
非金属矿物制品业 Manufacture of Non-metallic Mineral Products	152629	28966
黑色金属冶炼及压延加工业 Manufacture and Processing of Ferrous Metals	1911295	284212
有色金属冶炼及压延加工业 Manufacture and Processing of Non-ferrous Metals	355714	80317
金属制品业 Manufacture of Metal Products	81181	17414
通用设备制造业 Manufacture of General Purpose Machinery	676869	195662
专用设备制造业 Manufacture of Special Purpose Machinery	532983	156231
交通运输设备制造业 Manufacture of Transport Equipment	2090961	386834
电气机械及器材制造业 Manufacture of Electrical Machinery and Equipment	361214	97497
通信设备、计算机及其他电子设备制造业 Manufacture of Communication, Computer, Other Electronic Equipment	1297215	418161
仪器仪表及文化、办公用机械制造业 Manufacture of Measuring Instrument, Machinery for Cultural and Office Work	125316	46433
工艺品及其他制造业 Manufacture of Artwork, Other Manufacture	51599	15348
电力、热力的生产和供应业 Production and Supply of Electric Power and Heat Power	377485	117781
燃气生产和供应业 Production and Distribution of Gas	31297	3634
水的生产和供应业 Production and Distribution of Water	39596	7198

(10 000 yuan)

原材料费 Raw Material Expenditure	固定资产购建费 Expenditure on the Purchase of Fixed Assets	#设备购置 Purchase of Instruments	#开发新产品经费 Spending for New Products
3663	5831	1843	5533
38431	87589	81955	25486
223631	389285	349778	253618
54085	134782	95227	111740
52619	39811	35754	51859
36811	33589	31213	53959
22259	38718	35816	21793
34992	70046	63130	51740
745676	604994	565370	692799
67167	156061	142651	60462
20596	29819	23067	26513
226899	158386	129230	357115
183376	105189	87263	281798
446442	692065	553117	978988
110250	106076	89141	207427
341529	343757	322676	814178
36403	25309	21940	65213
12765	12382	10211	17066
53840	139235	129453	19830
749	25356	25146	825
2771	26978	10703	414

3-37 各地区规模以上工业企业(国有控股)其他技术活动经费支出(2004)

Expenditure on Other Technical Activities in Industrial Enterprises above Designated Size(State-controlled) by Region

单位:万元 (10 000 yuan)

地 区 Region		技术改造经费 Expenditure on Technical Renovation	技术引进经费 Expenditure on Import of Technology	消化吸收经费 Expenditure on Technology Absorption	购买国内技术经费 Expenditure on Purchase of Domestic Technology
全 国	**Total**	**19658204**	**2413539**	**316133**	**509029**
东部地区	Eastern Region	9767596	1321372	154938	250074
中部地区	Mid Region	5901072	656374	81897	146195
西部地区	Western Region	3989535	435793	79298	112759
北 京	Beijing	297816	82945	2989	4800
天 津	Tianjin	261912	17576	8076	6083
河 北	Hebei	841888	113318	3762	12627
山 西	Shanxi	1038126	54507	6646	17707
内蒙古	Neimenggu	255059	14879	726	4074
辽 宁	Liaoning	1937773	204546	8381	11992
吉 林	Jilin	366073	82197	1288	1807
黑龙江	Heilongjiang	407201	76613	15343	29439
上 海	Shanghai	1395464	359600	26203	33716
江 苏	Jiangsu	1011332	283298	28006	57452
浙 江	Zhejiang	761426	27729	19020	11998
安 徽	Anhui	976026	69761	21661	6589
福 建	Fujian	224112	34379	1933	21329
江 西	Jiangxi	414228	48044	11199	22944
山 东	Shandong	2470950	80327	20514	45203
河 南	Henan	796861	123908	6516	22584
湖 北	Hubei	1093308	150893	11858	37689
湖 南	Hunan	809249	50450	7388	7437
广 东	Guangdong	553896	117654	35899	44875
广 西	Guangxi	463417	32161	656	9140
海 南	Hainan	11028		156	
重 庆	Chongqing	598712	248886	49077	33892
四 川	Sichuan	758762	44972	8518	11612
贵 州	Guizhou	452001	2967	822	3432
云 南	Yunnan	208954	9008	164	14476
西 藏	Tibet	2420		15	
陕 西	Shaanxi	561195	58876	15497	26471
甘 肃	Gansu	304899	15954	3300	5680
青 海	Qinghai	14492	90		4
宁 夏	Ningxia	87443	7037	479	430
新 疆	Xinjiang	282181	965	43	3550

3-38 分行业规模以上工业企业(国有控股)其他技术活动经费支出(2004)

Expenditure on Other Technical Activities in Industrial Enterprises above Designated Size(State-controlled) by Industry

单位:万元 (10 000 yuan)

行 业 Industry	技术改造经费 Expenditure on Technical Renovation	技术引进经费 Expenditure on Import of Technology	消化吸收经费 Expenditure on Technology Absorption	购买国内技术经费 Expenditure on Purchase of Domestic Technology
总计 Total	**19658204**	**2413539**	**316133**	**509029**
煤炭开采和洗选业 Mining and Washing of Coal	730357	56239	16988	22954
石油和天然气开采业 Extraction of Petroleum and Natural Gas	97607	39731	957	1773
黑色金属矿采选业 Mining of Ferrous Metal Ores	34753		5010	42
有色金属矿采选业 Mining of Non-ferrous Metal Ores	51569	10815	3482	1197
非金属矿采选业 Mining and Processing of Nonmetal Ores	53679	1177	5032	900
其他采矿业 Mining of Other Ores				
农副食品加工业 Processing of Food from Agricultural Products	82393	7834	895	623
食品制造业 Manufacture of Foods	23754	2325	1418	830
饮料制造业 Manufacture of Beverage	284705	5052	1034	3147
烟草制品业 Manufacture of Tobacco	565403	71239	2056	46597
纺织业 Manufacture of Textile	240584	109175	5212	26419
纺织服装、鞋、帽制造业 Manufacture of Textile Wearing Apparel, Footware and Caps	1291		58	1
皮革、毛皮、羽毛(绒)及其制品业 Manufacture of Leather, Fur, Feather and Its Products	490			
木材加工及木、竹、藤、棕、草制品业 Processing of Timbers, Manufacture of Wood, Bamboo, Rattan, Palm, Straw	25809	15758	487	930
家具制造业 Manufacture of Furniture	230		260	5
造纸及纸制品业 Manufacture of Paper and Paper Products	123294	6119	886	4207
印刷业和记录媒介的复制 Printing, Reproduction of Recording Media	46549	16045	1422	4452

3-38 续表

单位:万元 (10 000 yuan)

行业 Industry	技术改造经费 Expenditure on Technical Renovation	技术引进经费 Expenditure on Import of Technology	消化吸收经费 Expenditure on Technology Absorption	购买国内技术经费 Expenditure on Purchase of Domestic Technology
文教体育用品制造业 Manufacture of Articles for Culture, Education and Sport Activity	5492	38	27	143
石油加工、炼焦及核燃料加工业 Processing of Petroleum, Coking, Processing of Nucleus Fuel	1238102	82923	26961	81471
化学原料及化学制品制造业 Manufacture of Chemical Raw Material and Chemical Products	2101987	277620	15308	42675
医药制造业 Manufacture of Medicines	294723	28670	13535	25117
化学纤维制造业 Manufacture of Chemical Fiber	131827	30042	1796	4984
橡胶制品业 Manufacture of Rubber	71648	13944	2572	3288
塑料制品业 Manufacture of Plastic	32674	19647	1951	1143
非金属矿物制品业 Manufacture of Non-metallic Mineral Products	260991	26047	8946	2266
黑色金属冶炼及压延加工业 Manufacture and Processing of Ferrous Metals	6989302	396318	36751	32946
有色金属冶炼及压延加工业 Manufacture and Processing of Non-ferrous Metals	1066189	158394	53915	21925
金属制品业 Manufacture of Metal Products	55348	4122	1309	275
通用设备制造业 Manufacture of General Purpose Machinery	588099	105117	12806	12110
专用设备制造业 Manufacture of Special Purpose Machinery	342157	37198	4717	21636
交通运输设备制造业 Manufacture of Transport Equipment	1699496	532386	44685	88707
电气机械及器材制造业 Manufacture of Electrical Machinery and Equipment	309349	26835	10286	5131
通信设备、计算机及其他电子设备制造业 Manufacture of Communication, Computer, Other Electronic Equipment	444125	297672	28017	18139
仪器仪表及文化、办公用机械制造业 Manufacture of Measuring Instrument, Machinery for Cultural and Office Work	126892	4891	1332	1828
工艺品及其他制造业 Manufacture of Artwork, Other Manufacture	30197	3953	258	157
电力、热力的生产和供应业 Production and Supply of Electric Power and Heat Power	1405984	24786	5415	29838
燃气生产和供应业 Production and Distribution of Gas	27822	1349	4	88
水的生产和供应业 Production and Distribution of Water	73337	81	345	1086

3-39 各地区规模以上工业企业(国有控股)科技机构(2004)
S&T Institutions in Industrial Enterprises above Designated Size (State-controlled) by Region

地 区 Region		企业科技机构数(个) Number of the S&T Institutions (unit)	科技机构人员(人) Personnel in S&T Insitutions (person)	#科学家和工程师 Scientists & Engineers	科技机构经费(万元) Spending for S&T Insitutions (10 000 yuan)
全 国	**Total**	**5283**	**333267**	**217343**	**4044641**
东部地区	Eastern Region	2554	166628	111336	2407180
中部地区	Mid Region	1501	92103	58957	856234
西部地区	Western Region	1228	74536	47050	781226
北 京	Beijing	189	9812	7372	138227
天 津	Tianjin	216	9567	5501	134913
河 北	Hebei	271	17063	11306	149926
山 西	Shanxi	161	11011	6947	102809
内蒙古	Neimenggu	48	3558	2014	30762
辽 宁	Liaoning	245	23304	14775	210659
吉 林	Jilin	123	7025	5436	102203
黑龙江	Heilongjiang	134	13196	9486	107646
上 海	Shanghai	209	12150	8182	323259
江 苏	Jiangsu	424	21907	12864	281728
浙 江	Zhejiang	130	7036	4527	88057
安 徽	Anhui	166	8826	5000	127021
福 建	Fujian	88	4714	3421	88168
江 西	Jiangxi	140	6586	3683	59758
山 东	Shandong	484	34243	22216	556051
河 南	Henan	280	18274	11161	128766
湖 北	Hubei	229	15306	10247	122209
湖 南	Hunan	268	11879	6997	105822
广 东	Guangdong	282	26325	20727	431332
广 西	Guangxi	86	3592	2558	56714
海 南	Hainan	16	507	445	4862
重 庆	Chongqing	140	8546	6010	94957
四 川	Sichuan	219	19326	11183	190983
贵 州	Guizhou	108	6368	3789	71449
云 南	Yunnan	99	3621	2283	43942
西 藏	Tibet	2	6	6	10
陕 西	Shaanxi	264	15126	9413	142635
甘 肃	Gansu	144	6681	4211	30074
青 海	Qinghai	37	1557	906	19789
宁 夏	Ningxia	25	1558	1202	14545
新 疆	Xinjiang	56	4597	3475	85366

3-40 分行业规模以上工业企业(国有控股)科技机构(2003)

S&T Institutions in Industrial Enterprises above Designated Size (State-controlled) by Industry

行业 Industry	企业科技机构数(个) Number of the S&T Institutions (unit)	科技机构人员(人) Personnel in S&T Insitutions (person)	#科学家和工程师 Scientists & Engineers	科技机构经费(万元) Spending for S&T Insitutions (10 000 yuan)
总计 **Total**	**5283**	**333267**	**217343**	**4044641**
煤炭开采和洗选业 Mining and Washing of Coal	176	15535	8655	78245
石油和天然气开采业 Extraction of Petroleum and Natural Gas	256	25001	18180	269672
黑色金属矿采选业 Mining of Ferrous Metal Ores	14	382	300	2533
有色金属矿采选业 Mining of Non-ferrous Metal Ores	36	1129	652	9696
非金属矿采选业 Mining and Processing of Nonmetal Ores	34	675	426	10708
农副食品加工业 Processing of Food from Agricultural Products	64	2097	1202	22362
食品制造业 Manufacture of Foods	50	2806	884	9033
饮料制造业 Manufacture of Beverage	89	2906	1558	59036
烟草制品业 Manufacture of Tobacco	63	2818	1821	74671
纺织业 Manufacture of Textile	170	7412	2949	61727
纺织服装、鞋、帽制造业 Manufacture of Textile Wearing Apparel, Footware and Caps	7	396	148	1279
皮革、毛皮、羽毛(绒)及其制品业 Manufacture of Leather, Fur, Feather and Its Products	7	128	62	484
木材加工及木、竹、藤、棕、草制品业 Processing of Timbers, Manufacture of Wood, Bamboo, Rattan, Palm, Straw	21	479	271	2300
家具制造业 Manufacture of Furniture	10	381	324	11017
造纸及纸制品业 Manufacture of Paper and Paper Products	60	2831	1507	41912
印刷业和记录媒介的复制 Printing, Reproduction of Recording Media	18	1249	856	15500

3－40 续表

行　业 Industry	企业科技机构数（个） Number of the S&T Institutions（unit）	科技机构人员（人） Personnel in S&T Insitutions（person）	#科学家和工程师 Scientists & Engineers	科技机构经费（万元） Spending for S&T Insitutions（10 000 yuan）
文教体育用品制造业 Manufacture of Articles for Culture, Education and Sport Activity	14	306	144	4735
石油加工、炼焦及核燃料加工业 Processing of Petroleum , Coking, Processing of Nucleus Fuel	83	6229	4070	82442
化学原料及化学制品制造业 Manufacture of Chemical Raw Material and Chemical Products	494	23957	14693	324629
医药制造业 Manufacture of Medicines	324	9085	6167	108938
化学纤维制造业 Manufacture of Chemical Fiber	37	1843	1165	33373
橡胶制品业 Manufacture of Rubber	54	2547	1148	53502
塑料制品业 Manufacture of Plastic	42	1474	962	15673
非金属矿物制品业 Manufacture of Non-metallic Mineral Products	178	5489	3172	42477
黑色金属冶炼及压延加工业 Manufacture and Processing of Ferrous Metals	143	23949	14396	355938
有色金属冶炼及压延加工业 Manufacture and Processing of Non-ferrous Metals	140	8206	5320	70175
金属制品业 Manufacture of Metal Products	71	1952	1436	34340
通用设备制造业 Manufacture of General Purpose Machinery	527	28464	18457	253264
专用设备制造业 Manufacture of Special Purpose Machinery	402	27745	18722	246621
交通运输设备制造业 Manufacture of Transport Equipment	586	51087	33416	751506
电气机械及器材制造业 Manufacture of Electrical Machinery and Equipment	243	15056	9755	160970
通信设备、计算机及其他电子设备制造业 Manufacture of Communication, Computer, Other Electronic Equipment	412	41035	32224	717339
仪器仪表及文化、办公用机械制造业 Manufacture of Measuring Instrument, Machinery for Cultural and Office Work	159	5711	4075	38507
工艺品及其他制造业 Manufacture of Artwork, Other Manufacture	54	3155	1693	21491
电力、热力的生产和供应业 Production and Supply of Electric Power and Heat Power	202	8923	5937	52122
燃气生产和供应业 Production and Distribution of Gas	6	203	84	1645
水的生产和供应业 Production and Distribution of Water	37	626	512	4780

3-41 各地区规模以上工业企业(国有控股)科技项目与专利(2004)

Projects and Patents for S&T Activities in Industrial Enterprises above Designated Size(State-controlled) by Region

单位:项 (item)

地 区 Region		科技活动项目数 Projects for S&T Activities	#新产品开发项目数 Projects for New Product	专利申请 Patent Applications	#发明专利数 Inventive Patent	拥有发明专利数 Owning Inventive Patent
全 国	**Total**	**52245**	**33596**	**14792**	**4012**	**9244**
东部地区	Eastern Region	26790	17831	8163	2285	4738
中部地区	Mid Region	13993	8452	3396	1130	3001
西部地区	Western Region	11462	7313	3233	597	1505
北 京	Beijing	2466	1812	941	326	1618
天 津	Tianjin	1713	1216	466	136	207
河 北	Hebei	2744	1514	391	114	119
山 西	Shanxi	1855	707	185	45	964
内蒙古	Neimenggu	548	265	44	19	55
辽 宁	Liaoning	2747	1853	495	143	316
吉 林	Jilin	703	497	214	48	94
黑龙江	Heilongjiang	2916	1934	550	166	414
上 海	Shanghai	4044	2872	2168	617	461
江 苏	Jiangsu	3588	2411	824	253	420
浙 江	Zhejiang	1104	772	242	121	205
安 徽	Anhui	1593	841	486	91	151
福 建	Fujian	827	497	177	47	137
江 西	Jiangxi	1033	641	143	49	68
山 东	Shandong	5593	3560	1462	272	650
河 南	Henan	2871	1680	678	171	357
湖 北	Hubei	1824	1410	486	196	540
湖 南	Hunan	1198	742	654	364	413
广 东	Guangdong	1869	1270	988	253	604
广 西	Guangxi	682	492	200	30	70
海 南	Hainan	95	54	9	3	1
重 庆	Chongqing	1807	1387	415	53	172
四 川	Sichuan	2644	1655	1566	170	434
贵 州	Guizhou	800	627	167	42	94
云 南	Yunnan	906	551	160	80	134
西 藏	Tibet	2	2	1		
陕 西	Shaanxi	1778	1252	331	96	148
甘 肃	Gansu	809	428	151	58	203
青 海	Qinghai	198	55	44	14	29
宁 夏	Ningxia	397	308	24	12	38
新 疆	Xinjiang	891	291	130	23	128

3-42 分行业规模以上工业企业(国有控股)科技项目与专利(2004)

Projects and Patents for S&T Activities in Industrial Enterprises above Designated Size(State-controlled) by Industry

单位:项 (item)

行业 Industry	科技活动项目数 Projects for S&T Activities	#新产品开发项目数 Projects for New Product	专利申请 Patent Applications	#发明专利数 Inventive Patent	拥有发明专利数 Owning Inventive Patent
总计 Total	**52245**	**33596**	**14792**	**4012**	**9244**
煤炭开采和洗选业 Mining and Washing of Coal	3124	534	210	48	99
石油和天然气开采业 Extraction of Petroleum and Natural Gas	2907	753	772	138	476
黑色金属矿采选业 Mining of Ferrous Metal Ores	268	73	12	6	8
有色金属矿采选业 Mining of Non-ferrous Metal Ores	221	46	8	5	7
非金属矿采选业 Mining and Processing of Nonmetal Ores	118	64	31	19	13
农副食品加工业 Processing of Food from Agricultural Products	351	283	115	22	82
食品制造业 Manufacture of Foods	261	193	179	42	84
饮料制造业 Manufacture of Beverage	425	282	577	71	282
烟草制品业 Manufacture of Tobacco	618	371	112	36	80
纺织业 Manufacture of Textile	1742	1607	514	212	55
纺织服装、鞋、帽制造业 Manufacture of Textile Wearing Apparel, Footware and Caps	67	55	15		2

3－42 续表 1

单位:项 (item)

行 业 Industry	科技活动项目数 Projects for S&T Activities	#新产品开发项目数 Projects for New Product	专利申请 Patent Applic-ations	#发 明专利数 Inventive Patent	拥有发明专利数 Owning Inventive Patent
皮革、毛皮、羽毛(绒)及其制品业 Manufacture of Leather, Fur, Feather and Its Products	16	15			
木材加工及木、竹、藤、棕、草制品业 Processing of Timbers, Manufacture of Wood, Bamboo, Rattan, Palm, Straw	94	51	10	3	10
家具制造业 Manufacture of Furniture	32	26	28	2	4
造纸及纸制品业 Manufacture of Paper and Paper Products	273	158	35	21	31
印刷业和记录媒介的复制 Printing, Reproduction of Recording Media	266	104	62	18	3
文教体育用品制造业 Manufacture of Articles for Culture, Education and Sport Activity	95	73	78	3	9
石油加工、炼焦及核燃料加工业 Processing of Petroleum, Coking, Processing of Nucleus Fuel	1277	517	214	155	664
化学原料及化学制品制造业 Manufacture of Chemical Raw Material and Chemical Products	3465	2213	891	473	996
医药制造业 Manufacture of Medicines	2435	2049	666	368	472
化学纤维制造业 Manufacture of Chemical Fiber	448	255	102	40	45
橡胶制品业 Manufacture of Rubber	970	638	108	19	43
塑料制品业 Manufacture of Plastic	321	197	137	54	60
非金属矿物制品业 Manufacture of Non-metallic Mineral Products	1035	648	330	108	166
黑色金属冶炼及压延加工业 Manufacture and Processing of Ferrous Metals	3643	1668	795	244	436

3-42 续表2

单位:项 (item)

行业 Industry	科技活动项目数 Projects for S&T Activities	#新产品开发项目数 Projects for New Product	专利申请 Patent Applic-ations	#发明专利数 Inventive Patent	拥有发明专利数 Owning Inventive Patent
有色金属冶炼及压延加工业 Manufacture and Processing of Non-ferrous Metals	1528	706	352	179	319
金属制品业 Manufacture of Metal Products	606	423	245	57	117
通用设备制造业 Manufacture of General Purpose Machinery	5178	4221	969	203	311
专用设备制造业 Manufacture of Special Purpose Machinery	2888	2458	1114	184	2067
交通运输设备制造业 Manufacture of Transport Equipment	6291	5286	1393	231	397
电气机械及器材制造业 Manufacture of Electrical Machinery and Equipment	2437	2108	811	153	313
通信设备、计算机及其他电子设备制造业 Manufacture of Communication, Computer, Other Electronic Equipment	3453	3046	2228	681	1131
仪器仪表及文化、办公用机械制造业 Manufacture of Measuring Instrument, Machinery for Cultural and Office Work	1383	1248	1324	78	159
工艺品及其他制造业 Manufacture of Artwork, Other Manufacture	315	231	20	16	37
电力、热力的生产和供应业 Production and Supply of Electric Power and Heat Power	3327	911	254	92	255
燃气生产和供应业 Production and Distribution of Gas	91	10	18	4	3
水的生产和供应业 Production and Distribution of Water	276	75	63	27	8

3－43 各地区规模以上工业

Major Indicators of Industrial Enterprises above

单位：万元

地 区 Region		企业数(个) Number of Large & Medium-sized Enterprises (unit)	#有科技机构的企业数 Having Institutiions for S&T	#有科技活动的企业数 Having Activities for S&T	工业总产值 Gross Value of Industrial Output	#新产品 New Products
全 国	**Total**	**41233**	**3924**	**8208**	**425653913**	**56018196**
东部地区	Eastern Region	25581	2418	5235	264575802	40474692
中部地区	Mid Region	8766	904	1728	100279202	9045544
西部地区	Western Region	6886	602	1245	60798909	6497960
北 京	Beijing	1452	151	474	16079522	2051306
天 津	Tianjin	794	72	216	7657636	1224169
河 北	Hebei	1603	163	305	26404635	1852050
山 西	Shanxi	1102	97	145	15046471	1364727
内蒙古	Neimenggu	687	31	68	7711024	526876
辽 宁	Liaoning	1279	110	233	18464131	3745095
吉 林	Jilin	615	46	78	9471749	784249
黑龙江	Heilongjiang	745	59	124	19256455	1195104
上 海	Shanghai	1513	104	340	15985762	3218439
江 苏	Jiangsu	3505	474	885	41563374	8690209
浙 江	Zhejiang	6284	597	1408	35148875	5919233
安 徽	Anhui	1037	144	256	10767739	1515673
福 建	Fujian	1188	73	162	6172380	555480
江 西	Jiangxi	614	65	127	7309921	860466
山 东	Shandong	4082	383	665	70558513	9918607
河 南	Henan	2021	213	417	21619690	1308908
湖 北	Hubei	1427	143	293	9328775	927550
湖 南	Hunan	1205	137	288	7478402	1088868
广 东	Guangdong	3749	281	527	24441135	2677954
广 西	Guangxi	650	52	114	4375658	770409
海 南	Hainan	132	10	20	2099840	622151
重 庆	Chongqing	656	73	170	7425220	1462931
四 川	Sichuan	1851	162	359	14409878	1842021
贵 州	Guizhou	533	60	94	3769418	242609
云 南	Yunnan	509	52	103	5538966	266583
西 藏	Tibet	10			11957	
陕 西	Shaanxi	767	77	160	8058265	1087687
甘 肃	Gansu	407	51	90	3587209	148303
青 海	Qinghai	106	8	12	703279	12208
宁 夏	Ningxia	139	11	30	1786855	58459
新 疆	Xinjiang	571	25	45	3421180	79874

企业(有限责任公司)基本情况(2004)
Designated Size(Limited Liability Corporations) by Region

(10 000 yuan)

产品销售收入 Total Revenue from the Sale of Products	#新产品 New Products	年末从业人员(人) Employees (year-end) (person)	#工程技术人员 Technical Engineering Personnel	生产经营用设备原价 Original Value of Equipment	#微电子控制 Equipment Controlled by Micro-electronics
424544793	**56529244**	**15074733**	**1358915**	**215945636**	**16219860**
265515900	40726247	7906543	686680	115676211	9710914
98995861	8179416	4337623	392066	59692105	3308607
60033032	7623581	2830567	280169	40577320	3200339
17965006	2045552	317650	31579	12710302	615088
8449753	1227676	243521	24888	4221572	305450
26569294	1803484	899371	62653	11633672	1374736
14892740	1102749	802193	55829	8046830	631645
8023594	1847825	354346	32464	7579879	766747
17851219	3790967	627106	70209	13317779	1023973
9411503	809930	297650	32939	4349744	133372
18987009	913807	499925	56780	20712289	260416
16525812	3086057	342330	30796	8981651	852864
41124033	8190061	1110587	126762	14307090	2028570
34140105	5979886	1129254	81894	9867413	1118405
10794937	1427785	644915	55369	5215917	785411
6060759	548008	240532	16430	2730989	375966
7478053	830742	276596	28573	3976486	294909
70608090	10518270	2217332	187784	26170646	1272361
21220234	1281731	1081044	94094	10344349	898318
8912068	752145	390420	34070	4385791	179880
7299317	1060527	344880	34412	2660700	124656
24083062	2920464	743535	50141	10199880	712172
4330417	669703	195534	16041	2599129	84097
2138768	615823	35325	3544	1535217	31330
7373049	1430313	327816	33941	2964786	568525
14095512	1842763	625608	63969	6901096	741159
3501469	261254	204603	13969	2483343	106437
5435539	244423	203977	24531	2913391	163627
13661		710	72	4690	
7792120	1057158	387039	46473	5748223	426733
3759695	131766	208435	16278	2355877	160928
663125	8808	33859	2463	2619837	1362
1723753	51038	105552	8693	1304083	46076
3321099	78532	183088	21275	3102987	134649

3-44 分行业规模以上工业

Major Indicators of Industrial Enterprises above

单位:万元

行 业 Industry	企业数(个) Number of Large & Medium-sized Enterprises (unit)	#有科技机构的企业数 Having Institutions for S&T	#有科技活动的企业数 Having Activities for S&T
总计 **Total**	**41233**	**3924**	**8208**
煤炭开采和洗选业 Mining and Washing of Coal	723	51	99
石油和天然气开采业 Extraction of Petroleum and Natural Gas	58	5	13
黑色金属矿采选业 Mining of Ferrous Metal Ores	262	5	18
有色金属矿采选业 Mining of Non-ferrous Metal Ores	249	17	37
非金属矿采选业 Mining and Processing of Nonmetal Ores	325	18	33
其他采矿业 Mining of Other Ores	1		
农副食品加工业 Processing of Food from Agricultural Products	2219	108	241
食品制造业 Manufacture of Foods	1020	82	190
饮料制造业 Manufacture of Beverage	723	68	135
烟草制品业 Manufacture of Tobacco	43	9	13
纺织业 Manufacture of Textile	2593	163	340
纺织服装、鞋、帽制造业 Manufacture of Textile Wearing Apparel, Footware and Caps	876	18	49
皮革、毛皮、羽毛(绒)及其制品业 Manufacture of Leather, Fur, Feather and Its Products	578	23	129
木材加工及木、竹、藤、棕、草制品业 Processing of Timbers, Manufacture of Wood, Bamboo, Rattan, Palm, Straw	464	10	32
家具制造业 Manufacture of Furniture	254	8	18
造纸及纸制品业 Manufacture of Paper and Paper Products	1089	55	117
印刷业和记录媒介的复制 Printing, Reproduction of Recording Media	773	18	51

企业（有限责任公司）基本情况（2004）
Designated Size (Limited Liability Corporations) by Industry

(10 000 yuan)

工业总产值 Gross Value of Industrial Output	#新产品 New Products	产品销售收入 Total Revenue from the Sale of Products	#新产品 New Products	年末从业人员（人） Employees (year-end) (person)	#工程技术人员 Technical Engineering Personnel	生产经营用设备原价 Original Value of Equipment	#微电子控制 Equipment Controlled by Micro-electronics
425653913	**56018196**	**424544793**	**56529244**	**15074733**	**1358915**	**215945636**	**16219860**
20776697	624049	21471493	578907	2045483	108253	12871126	802597
17237620	49117	17212896	47452	257239	40531	20395968	157466
1881325	2023	1975872	1725	117631	7933	739309	12213
1980494	10692	1902069	10079	95748	7958	692333	5539
1183219	19144	1212993	24320	109681	5665	610543	27902
8039		8024		63	2	365	
18356551	401298	18842767	401234	442519	38278	3587429	143166
5730746	229381	5512158	216580	263954	17029	2243226	138799
4976938	521422	4733335	488550	229702	19228	2060526	199942
4160697	872343	4189448	541023	31226	3687	1444456	221961
20623835	1838501	20239144	1765025	1288249	75816	7664790	913786
3531039	228141	3358579	225429	268812	9420	599219	29305
3476570	531560	3282145	522827	163723	8557	374248	38472
1895587	279164	1803386	276718	83179	4659	672136	128977
738874	34642	720420	32504	42907	2412	126284	3822
5841111	423699	5618922	406575	257233	15410	2841167	175851
2111042	90576	2039302	72679	102186	7491	1338606	184039

3 -44 续表

单位:万元

行业 Industry	企业数(个) Number of Large & Medium-sized Enterprises (unit)	#有科技机构的企业数 Having Institutions for S&T	#有科技活动的企业数 Having Activities for S&T
文教体育用品制造业 Manufacture of Articles for Culture,Education and Sport Activity	179	18	31
石油加工、炼焦及核燃料加工业 Processing of Petroleum ,Coking,Processing of Nucleus Fuel	390	28	49
化学原料及化学制品制造业 Manufacture of Chemical Raw Material and Chemical Products	3364	446	827
医药制造业 Manufacture of Medicines	1337	349	568
化学纤维制造业 Manufacture of Chemical Fiber	179	31	47
橡胶制品业 Manufacture of Rubber	496	44	98
塑料制品业 Manufacture of Plastic	1557	67	202
非金属矿物制品业 Manufacture of Non-metallic Mineral Products	3505	194	442
黑色金属冶炼及压延加工业 Manufacture and Processing of Ferrous Metals	1262	70	156
有色金属冶炼及压延加工业 Manufacture and Processing of Non-ferrous Metals	946	94	178
金属制品业 Manufacture of Metal Products	1677	65	180
通用设备制造业 Manufacture of General Purpose Machinery	3074	414	846
专用设备制造业 Manufacture of Special Purpose Machinery	1882	330	673
交通运输设备制造业 Manufacture of Transport Equipment	2133	288	559
电气机械及器材制造业 Manufacture of Electrical Machinery and Equipment	2816	353	733
通信设备、计算机及其他电子设备制造业 Manufacture of Communication,Computer,Other Electronic Equipment	1168	238	534
仪器仪表及文化、办公用机械制造业 Manufacture of Measuring Instrument,Machinery for Cultural and Office Work	703	154	333
工艺品及其他制造业 Manufacture of Artwork, Other Manufacture	472	30	67
电力、热力的生产和供应业 Production and Supply of Electric Power and Heat Power	1373	43	130
燃气生产和供应业 Production and Distribution of Gas	147	1	15
水的生产和供应业 Production and Distribution of Water	258	8	22

(10 000 yuan)

工业总产值 Gross Value of Industrial Output	#新产品 New Products	产品销售收入 Total Revenue from the Sale of Products	#新产品 New Products	年末从业人员(人) Employees (year-end) (person)	#工程技术人员 Technical Engineering Personnel	生产经营用设备原价 Original Value of Equipment	#微电子控制 Equipment Controlled by Micro-electronics
800054	**110349**	**783356**	**125573**	**54879**	**2458**	**175107**	**1774**
10182191	401545	10782642	400840	175413	21753	2827423	168729
30273236	3250610	29797951	3147898	978458	108690	15399214	935846
9368442	1535391	9280799	1505984	357125	41958	3321642	409247
4401726	581826	4264050	554139	97667	7013	2086091	155121
4229879	786803	3837015	738241	157859	11285	1611971	432627
6092383	759076	5994737	734354	223554	15913	2154437	477694
17176496	784052	16403318	810919	970763	69371	9915256	583033
63923182	8585506	64289052	9806104	1069951	95036	23835020	2622687
16455907	1534903	16401838	1482030	407511	40186	5119634	519591
6397528	315496	6226868	284002	290632	22433	1306100	100704
18472319	4257987	17430486	3882443	813364	87903	4555192	497954
13993978	3798576	13590995	3575399	675763	76205	3932481	437039
31069935	12280868	30395734	12309625	896390	101912	8875009	1565027
21490566	4246676	20382889	4338970	665938	70915	3785661	386583
15211643	5873343	15880172	6496123	352594	48263	4201070	753482
2592427	526804	2567564	491817	160054	21314	698543	102090
2418431	216048	2429870	217796	146125	10708	631998	77449
33587594	14248	36014568	13254	645099	118775	57571893	2635688
1258356	1433	1962502	1046	53288	5150	1992459	27890
1336770	275	1284196	557	70585	8997	3657521	145487

3-45 各地区规模以上工业企业(有限责任公司)科技活动人员(2004)

Personnel for S&T Activities in Industrial Enterprises above Designated Size (Limited Liability Corporations) by Region

单位:人 (person)

地区 Region		科技活动人员 Personnel for S&T Activities	#科学家和工程师 Scientists & Engineers	1.参加科技项目人员 Personnel in S&T Projects	2.科技管理和服务人员 S&T Managers and Attendants
全国	**Total**	**633258**	**367088**	**394194**	**239064**
东部地区	Eastern Region	342657	204922	232283	110374
中部地区	Mid Region	171279	97567	96544	74735
西部地区	Western Region	119322	64599	65367	53955
北京	Beijing	19623	14306	12560	7063
天津	Tianjin	13076	6998	8530	4546
河北	Hebei	32614	21324	19907	12707
山西	Shanxi	24670	12498	14664	10006
内蒙古	Neimenggu	10971	5307	4899	6072
辽宁	Liaoning	39415	23473	28803	10612
吉林	Jilin	5472	3889	3597	1875
黑龙江	Heilongjiang	34903	24038	12779	22124
上海	Shanghai	15852	10120	10627	5225
江苏	Jiangsu	68491	38501	45163	23328
浙江	Zhejiang	36727	19881	28816	7911
安徽	Anhui	20378	11590	13759	6619
福建	Fujian	6222	3444	4596	1626
江西	Jiangxi	19542	8092	10365	9177
山东	Shandong	76256	42474	45377	30879
河南	Henan	35421	18843	22587	12834
湖北	Hubei	14963	10025	10018	4945
湖南	Hunan	15930	8592	8775	7155
广东	Guangdong	33561	23761	27268	6293
广西	Guangxi	5372	2893	3323	2049
海南	Hainan	820	640	636	184
重庆	Chongqing	15493	9944	10235	5258
四川	Sichuan	34320	18869	19298	15022
贵州	Guizhou	6262	3376	3638	2624
云南	Yunnan	6468	3466	5144	1324
西藏	Tibet				
陕西	Shaanxi	26132	11707	11004	15128
甘肃	Gansu	9782	6158	4391	5391
青海	Qinghai	785	377	517	268
宁夏	Ningxia	1819	1304	1553	266
新疆	Xinjiang	1918	1198	1365	553

3-46 分行业规模以上工业企业(有限责任公司)科技活动人员(2004)

Personnel for S&T Activities in Industrial Enterprises above Designated Size(Limited Liability Corporations) by Industry

单位:人 (person)

行 业 Industry	科技活动人员 Personnel for S&T Activities	#科学家和工程师 Scientists & Engineers	1.参加科技项目人员 Personnel in S&T Projects	2.科技管理和服务人员 S&T Managers and Attendants
总计 **Total**	**633258**	**367088**	**394194**	**239064**
煤炭开采和洗选业 Mining and Washing of Coal	51255	28817	35665	15590
石油和天然气开采业 Extraction of Petroleum and Natural Gas	21638	15456	6535	15103
黑色金属矿采选业 Mining of Ferrous Metal Ores	2297	1853	1997	300
有色金属矿采选业 Mining of Non-ferrous Metal Ores	1651	756	1153	498
非金属矿采选业 Mining and Processing of Nonmetal Ores	1314	744	1010	304
农副食品加工业 Processing of Food from Agricultural Products	10632	5210	7176	3456
食品制造业 Manufacture of Foods	5842	2884	4326	1516
饮料制造业 Manufacture of Beverage	5437	2660	3585	1852
烟草制品业 Manufacture of Tobacco	1243	760	956	287
纺织业 Manufacture of Textile	22158	8817	14576	7582
纺织服装、鞋、帽制造业 Manufacture of Textile Wearing Apparel, Footware and Caps	1905	897	977	928
皮革、毛皮、羽毛(绒)及其制品业 Manufacture of Leather, Fur, Feather and Its Products	2671	860	2311	360
木材加工及木、竹、藤、棕、草制品业 Processing of Timbers, Manufacture of Wood, Bamboo, Rattan, Palm, Straw	776	526	603	173
家具制造业 Manufacture of Furniture	477	125	333	144
造纸及纸制品业 Manufacture of Paper and Paper Products	4193	2069	2817	1376
印刷业和记录媒介的复制 Printing, Reproduction of Recording Media	1245	691	1003	242

3－46 续表

单位：人 (person)

行业 Industry	科技活动人员 Personnel for S&T Activities	#科学家和工程师 Scientists & Engineers	1. 参加科技项目人员 Personnel in S&T Projects	2. 科技管理和服务人员 S&T Managers and Attendants
文教体育用品制造业 Manufacture of Articles for Culture, Education and Sport Activity	1319	783	1036	283
石油加工、炼焦及核燃料加工业 Processing of Petroleum ,Coking, Processing of Nucleus Fuel	7086	4009	3768	3318
化学原料及化学制品制造业 Manufacture of Chemical Raw Material and Chemical Products	40807	23506	27361	13446
医药制造业 Manufacture of Medicines	22099	13670	14670	7429
化学纤维制造业 Manufacture of Chemical Fiber	3764	2343	2738	1026
橡胶制品业 Manufacture of Rubber	6848	2941	4226	2622
塑料制品业 Manufacture of Plastic	5448	2814	3751	1697
非金属矿物制品业 Manufacture of Non-metallic Mineral Products	17655	8582	11591	6064
黑色金属冶炼及压延加工业 Manufacture and Processing of Ferrous Metals	66483	35817	36205	30278
有色金属冶炼及压延加工业 Manufacture and Processing of Non-ferrous Metals	20217	12742	10024	10193
金属制品业 Manufacture of Metal Products	4175	2505	3010	1165
通用设备制造业 Manufacture of General Purpose Machinery	53692	31623	32488	21204
专用设备制造业 Manufacture of Special Purpose Machinery	46221	28735	27398	18823
交通运输设备制造业 Manufacture of Transport Equipment	78202	42627	46475	31727
电气机械及器材制造业 Manufacture of Electrical Machinery and Equipment	39998	23897	26756	13242
通信设备、计算机及其他电子设备制造业 Manufacture of Communication, Computer, Other Electronic Equipment	50616	35599	35033	15583
仪器仪表及文化、办公用机械制造业 Manufacture of Measuring Instrument, Machinery for Cultural and Office Work	14338	9376	9611	4727
工艺品及其他制造业 Manufacture of Artwork, Other Manufacture	4134	1964	2739	1395
电力、热力的生产和供应业 Production and Supply of Electric Power and Heat Power	13911	9334	9138	4773
燃气生产和供应业 Production and Distribution of Gas	598	412	408	190
水的生产和供应业 Production and Distribution of Water	876	665	720	156

3-47 各地区规模以上工业企业(有限责任公司)科技活动经费筹集(2004)

Sources of Funds for S&T of Industrial Enterprises above Designated Size (Limited Liability Corporations) by Region

单位:万元 (10 000 yuan)

地区 Region		科技活动经费筹集总额 Total Funds Obtaied for S&T Activities	政府资金 Government Grant	企业资金 Enterprise Self-financed	金融机构贷款 Bank Loans	来自国外的资金 Funds from Abroad
全国	**Total**	**7403303**	**393885**	**6044090**	**776302**	**4859**
东部地区	Eastern Region	4936456	189500	4076001	583860	2730
中部地区	Mid Region	1485896	91884	1214259	124598	2119
西部地区	Western Region	980951	112501	753830	67844	10
北京	Beijing	230860	10404	194678	18082	
天津	Tianjin	193919	3956	165344	18681	16
河北	Hebei	278216	4672	248648	23117	
山西	Shanxi	209815	21017	171794	12891	
内蒙古	Neimenggu	66123	8558	57219	176	
辽宁	Liaoning	445792	53979	343520	47652	
吉林	Jilin	44342	1715	39390	2096	
黑龙江	Heilongjiang	259602	20785	200057	16752	
上海	Shanghai	265081	10286	238316	10702	40
江苏	Jiangsu	1049248	28306	895658	97331	277
浙江	Zhejiang	525951	23327	434339	63949	
安徽	Anhui	290917	4727	254866	28280	
福建	Fujian	95390	2903	71709	19844	3
江西	Jiangxi	114897	20660	82708	11138	
山东	Shandong	1144435	17671	1010677	87641	2393
河南	Henan	270352	7700	228923	22900	4
湖北	Hubei	137051	6038	98468	25832	2000
湖南	Hunan	158922	9243	138053	4709	115
广东	Guangdong	691798	33993	458370	195860	
广西	Guangxi	45538	2330	30589	12415	
海南	Hainan	15767	5	14742	1000	
重庆	Chongqing	124340	9731	104428	7404	
四川	Sichuan	328143	16363	277028	23193	
贵州	Guizhou	51337	5976	37466	6139	
云南	Yunnan	57419	4322	45128	7664	
西藏	Tibet					
陕西	Shaanxi	208395	55869	123098	2178	
甘肃	Gansu	62224	4474	49507	5873	10
青海	Qinghai	4960	2051	1937	900	
宁夏	Ningxia	14842	1266	13326	150	
新疆	Xinjiang	17630	1561	14104	1752	

3-48 分行业规模以上工业企业(有限责任公司)科技活动经费筹集(2004)
Sources of Funds for S&T of Industrial Enterprises above Designated Size (Limited Liability Corporations) by Industry

单位:万元 (10 000 yuan)

行业 Industry	科技活动经费筹集总额 Total Funds Obtaied for S&T Activities	政府资金 Government Grant	企业资金 Enterprise Self-financed	金融机构贷款 Bank Loans	来自国外的资金 Funds from Abroad
总计 Total	**7403303**	**393885**	**6044090**	**776302**	**4859**
煤炭开采和洗选业 Mining and Washing of Coal	378470	13895	341205	21984	
石油和天然气开采业 Extraction of Petroleum and Natural Gas	153816	440	122607		
黑色金属矿采选业 Mining of Ferrous Metal Ores	17317	926	12607	3000	
有色金属矿采选业 Mining of Non-ferrous Metal Ores	18707	399	15371	414	2000
非金属矿采选业 Mining and Processing of Nonmetal Ores	8495	491	7580	280	
农副食品加工业 Processing of Food from Agricultural Products	103083	5585	82518	13925	13
食品制造业 Manufacture of Foods	53420	2357	41126	7169	100
饮料制造业 Manufacture of Beverage	67894	1384	58756	5135	
烟草制品业 Manufacture of Tobacco	38206	602	37525		
纺织业 Manufacture of Textile	171770	2918	139400	26681	
纺织服装、鞋、帽制造业 Manufacture of Textile Wearing Apparel, Footware and Caps	11071	186	9769	1073	
皮革、毛皮、羽毛(绒)及其制品业 Manufacture of Leather, Fur, Feather and Its Products	17760	170	16152	788	596
木材加工及木、竹、藤、棕、草制品业 Processing of Timbers, Manufacture of Wood, Bamboo, Rattan, Palm, Straw	29768	82	29522	90	
家具制造业 Manufacture of Furniture	2454	20	2084	350	
造纸及纸制品业 Manufacture of Paper and Paper Products	73789	1655	67804	1385	
印刷业和记录媒介的复制 Printing, Reproduction of Recording Media	18372	555	15494	2198	

3－48 续表

单位：万元 （10 000 yuan）

行业 Industry	科技活动经费筹集总额 Total Funds Obtaied for S&T Activities	政府资金 Government Grant	企业资金 Enterprise Self-financed	金融机构贷款 Bank Loans	来自国外的资金 Funds from Abroad
文教体育用品制造业 Manufacture of Articles for Culture, Education and Sport Activity	11246	490	9859	850	
石油加工、炼焦及核燃料加工业 Processing of Petroleum, Coking, Processing of Nucleus Fuel	123742	2296	116976	3510	20
化学原料及化学制品制造业 Manufacture of Chemical Raw Material and Chemical Products	632470	15667	517779	71544	40
医药制造业 Manufacture of Medicines	335269	15853	269949	46995	
化学纤维制造业 Manufacture of Chemical Fiber	51041	451	46129	4125	
橡胶制品业 Manufacture of Rubber	97720	886	91488	5305	
塑料制品业 Manufacture of Plastic	112516	3105	84885	23731	
非金属矿物制品业 Manufacture of Non-metallic Mineral Products	189624	8249	143346	33444	1417
黑色金属冶炼及压延加工业 Manufacture and Processing of Ferrous Metals	805496	4879	775984	23589	
有色金属冶炼及压延加工业 Manufacture and Processing of Non-ferrous Metals	216960	6660	160171	34235	
金属制品业 Manufacture of Metal Products	49578	1024	39443	4623	352
通用设备制造业 Manufacture of General Purpose Machinery	449791	19153	383052	41924	4
专用设备制造业 Manufacture of Special Purpose Machinery	431168	38025	362818	19978	
交通运输设备制造业 Manufacture of Transport Equipment	1000954	161984	762605	38621	225
电气机械及器材制造业 Manufacture of Electrical Machinery and Equipment	489212	12422	389007	81388	
通信设备、计算机及其他电子设备制造业 Manufacture of Communication, Computer, Other Electronic Equipment	955555	52994	653927	241287	31
仪器仪表及文化、办公用机械制造业 Manufacture of Measuring Instrument, Machinery for Cultural and Office Work	110897	8864	87603	8301	60
工艺品及其他制造业 Manufacture of Artwork, Other Manufacture	48040	4497	30371	5730	
电力、热力的生产和供应业 Production and Supply of Electric Power and Heat Power	113958	3273	107534	2300	
燃气生产和供应业 Production and Distribution of Gas	5694	33	5553		
水的生产和供应业 Production and Distribution of Water	7614	1401	5747	350	

3-49 各地区规模以上工业企业(有限责任公司)
Intramural Expenditure on S&T Activities of Industrial Enterprises

单位:万元

地 区 Region		科技活动经费内部支出总额 Intramural Expenditure on S&T Activities	劳务费 Compensation for Laborers
全 国	**Total**	**7277973**	**1731508**
东部地区	Eastern Region	4805415	1153555
中部地区	Mid Region	1408883	340691
西部地区	Western Region	1063675	237262
北 京	Beijing	201726	60658
天 津	Tianjin	250034	31429
河 北	Hebei	260265	55275
山 西	Shanxi	196772	48895
内蒙古	Neimenggu	75987	17665
辽 宁	Liaoning	428723	102557
吉 林	Jilin	47518	12014
黑龙江	Heilongjiang	204642	88580
上 海	Shanghai	267620	65500
江 苏	Jiangsu	1031406	211054
浙 江	Zhejiang	442519	102777
安 徽	Anhui	268745	40722
福 建	Fujian	92390	14291
江 西	Jiangxi	105089	24849
山 东	Shandong	1159275	224241
河 南	Henan	264208	48348
湖 北	Hubei	159459	47885
湖 南	Hunan	162451	29398
广 东	Guangdong	661144	283116
广 西	Guangxi	40037	9915
海 南	Hainan	10314	2657
重 庆	Chongqing	172708	30863
四 川	Sichuan	348795	71299
贵 州	Guizhou	44582	11788
云 南	Yunnan	51774	9402
西 藏	Tibet		
陕 西	Shaanxi	231749	52566
甘 肃	Gansu	57963	24456
青 海	Qinghai	10819	1038
宁 夏	Ningxia	13938	2704
新 疆	Xinjiang	15322	5567

科技活动经费内部支出(2004)

above Designated Size(Limited Liability Corporations) by Region

(10 000 yuan)

原材料费 Raw Material Expenditure	固定资产购建费 Expenditure on the Purchase of Fixed Assets	#设备购置 Purchase of Instruments	#开发新产品经费 Spending for New Products
1987213	**2576163**	**2184464**	**2742528**
1420742	1569244	1317780	1988592
343796	561346	483758	419781
222675	445573	382926	334156
56919	34799	23962	59167
66485	133310	120293	65987
106451	77519	67424	107418
44169	82629	70928	39677
16021	23114	11487	20020
141804	124141	103031	167068
7599	12828	11057	20986
54027	47097	40837	45341
68335	89006	72085	123216
311439	366159	294489	469941
129068	157363	133691	256287
71788	120778	110425	93317
19974	49710	43700	28870
19158	38118	31581	36934
399777	405416	354913	486064
78614	115184	99007	77376
35449	54426	42802	61497
32992	90286	77121	44652
119064	129123	102180	219039
6508	15966	15474	13691
1424	2699	2011	5536
26292	91791	81451	64908
85651	157391	134969	85614
8726	19925	18097	15353
16181	11118	8895	17716
42717	93278	85718	97447
11115	15677	12375	10418
1376	7359	4903	1306
3930	5681	5387	5082
4159	4273	4171	2602

3-50 分行业规模以上工业企业(有限责任公司)

Intramural Expenditure on S&T Activities of Industrial Enterprises above

单位:万元

行业 Industry	科技活动经费内部支出总额 Intramural Expenditure on S&T Activities	劳务费 Compensation for Laborers
总计 **Total**	**7277973**	**1731508**
煤炭开采和洗选业 Mining and Washing of Coal	361651	94942
石油和天然气开采业 Extraction of Petroleum and Natural Gas	137861	83679
黑色金属矿采选业 Mining of Ferrous Metal Ores	16770	3431
有色金属矿采选业 Mining of Non-ferrous Metal Ores	17273	2635
非金属矿采选业 Mining and Processing of Nonmetal Ores	9028	1900
农副食品加工业 Processing of Food from Agricultural Products	97065	14160
食品制造业 Manufacture of Foods	57535	12489
饮料制造业 Manufacture of Beverage	67434	10808
烟草制品业 Manufacture of Tobacco	42037	16514
纺织业 Manufacture of Textile	193236	37502
纺织服装、鞋、帽制造业 Manufacture of Textile Wearing Apparel, Footware and Caps	11719	3069
皮革、毛皮、羽毛(绒)及其制品业 Manufacture of Leather, Fur, Feather and Its Products	20687	5569
木材加工及木、竹、藤、棕、草制品业 Processing of Timbers, Manufacture of Wood, Bamboo, Rattan, Palm, Straw	26227	3959
家具制造业 Manufacture of Furniture	2228	617
造纸及纸制品业 Manufacture of Paper and Paper Products	72655	8751
印刷业和记录媒介的复制 Printing, Reproduction of Recording Media	18575	4343

科技活动经费内部支出(2004)
Designated Size(Limited Liability Corporations) by Industry

(10 000 yuan)

原材料费 Raw Material Expenditure	固定资产购建费 Expenditure on the Purchase of Fixed Assets	#设备购置 Purchase of Instruments	#开发新产品经费 Spending for New Products
1987213	**2576163**	**2184464**	**2742528**
93854	140169	133757	28948
19860	21155	18373	2026
3826	5175	4917	1715
5499	5408	4106	1408
2156	3988	2920	1202
31364	43621	36386	35088
10848	25739	21846	15875
15193	36930	29260	17746
1947	1964	1926	6337
47747	89446	68826	80356
2287	2593	2035	2837
6554	6524	3101	11314
9622	4745	3944	14862
324	998	500	699
30372	26580	22663	38878
6555	5399	4601	4367

3-50 续表

单位:万元

行业 Industry	科技活动经费内部支出总额 Intramural Expenditure on S&T Activities	劳务费 Compensation for Laborers
文教体育用品制造业 Manufacture of Articles for Culture, Education and Sport Activity	15160	3146
石油加工、炼焦及核燃料加工业 Processing of Petroleum, Coking, Processing of Nucleus Fuel	111504	19779
化学原料及化学制品制造业 Manufacture of Chemical Raw Material and Chemical Products	614651	107809
医药制造业 Manufacture of Medicines	271590	47802
化学纤维制造业 Manufacture of Chemical Fiber	53424	8036
橡胶制品业 Manufacture of Rubber	93077	23672
塑料制品业 Manufacture of Plastic	95559	11350
非金属矿物制品业 Manufacture of Non-metallic Mineral Products	146825	25701
黑色金属冶炼及压延加工业 Manufacture and Processing of Ferrous Metals	800388	147257
有色金属冶炼及压延加工业 Manufacture and Processing of Non-ferrous Metals	270568	60478
金属制品业 Manufacture of Metal Products	45805	10199
通用设备制造业 Manufacture of General Purpose Machinery	452154	119351
专用设备制造业 Manufacture of Special Purpose Machinery	394196	111017
交通运输设备制造业 Manufacture of Transport Equipment	1043986	195919
电气机械及器材制造业 Manufacture of Electrical Machinery and Equipment	465097	110794
通信设备、计算机及其他电子设备制造业 Manufacture of Communication, Computer, Other Electronic Equipment	966114	347395
仪器仪表及文化、办公用机械制造业 Manufacture of Measuring Instrument, Machinery for Cultural and Office Work	101775	35517
工艺品及其他制造业 Manufacture of Artwork, Other Manufacture	45186	9046
电力、热力的生产和供应业 Production and Supply of Electric Power and Heat Power	97211	30073
燃气生产和供应业 Production and Distribution of Gas	25774	781
水的生产和供应业 Production and Distribution of Water	15592	1947

(10 000 yuan)

原材料费 Raw Material Expenditure	固定资产购建费 Expenditure on the Purchase of Fixed Assets	#设备购置 Purchase of Instruments	#开发新产品经费 Spending for New Products
5108	**5447**	**1812**	**5520**
27445	55435	51695	20111
136647	277531	236514	181356
50107	126588	91255	106519
16783	25338	22594	25213
33456	29794	26547	55309
24254	51823	41860	29480
37734	70352	55943	43256
283055	303923	282649	223189
57375	133638	115015	47114
11860	19815	17096	15771
159397	130860	101982	232918
142059	79743	65563	219153
265043	389491	321180	482426
137993	155896	131825	251941
248296	198426	181100	464167
29235	23005	18853	50120
13382	12004	10222	19471
18634	31689	25796	4967
463	23348	23139	269
824	11395	2565	524

3-51 各地区规模以上工业企业（有限责任公司）其他技术活动经费支出（2004）

Expenditure on Other Technical Activities in Industrial Enterprises above Designated Size (Limited Liability Corporations) by Region

单位：万元 (10 000 yuan)

地区 Region		技术改造经费 Expenditure on Technical Renovation	技术引进经费 Expenditure on Import of Technology	消化吸收经费 Expenditure on Technology Absorption	购买国内技术经费 Expenditure on Purchase of Domestic Technology
全 国	**Total**	**9825728**	**781122**	**198855**	**254829**
东部地区	Eastern Region	5637183	442209	75608	139091
中部地区	Mid Region	2314999	115775	48768	52868
西部地区	Western Region	1873545	223138	74479	62870
北 京	Beijing	153077	30792	127	1620
天 津	Tianjin	185412	7591	3853	1946
河 北	Hebei	630106	89808	3715	2922
山 西	Shanxi	824019	18192	4893	12811
内蒙古	Neimenggu	229916	13736	758	1479
辽 宁	Liaoning	712780	15137	2185	7781
吉 林	Jilin	49450	2866	184	552
黑龙江	Heilongjiang	143461	14333	5989	1917
上 海	Shanghai	393063	87093	10127	20914
江 苏	Jiangsu	965353	110161	31570	38987
浙 江	Zhejiang	699925	26279	4388	16020
安 徽	Anhui	382471	35504	18265	6071
福 建	Fujian	75455	9467	921	4452
江 西	Jiangxi	309557	21598	2374	6958
山 东	Shandong	1682687	45801	13574	33411
河 南	Henan	342981	7892	7641	15167
湖 北	Hubei	142818	13535	2192	8221
湖 南	Hunan	120242	1854	7231	1171
广 东	Guangdong	125887	20080	4992	8798
广 西	Guangxi	62590	1322	154	2252
海 南	Hainan	13440		156	2241
重 庆	Chongqing	209185	141649	49238	10346
四 川	Sichuan	487286	12173	14979	19657
贵 州	Guizhou	154508	605	83	1376
云 南	Yunnan	45143	702	8	5816
西 藏	Tibet				
陕 西	Shaanxi	222734	46922	7028	15535
甘 肃	Gansu	216471	3876	1483	4377
青 海	Qinghai	3506	90		
宁 夏	Ningxia	84733	1669	597	1178
新 疆	Xinjiang	157473	393	153	853

3-52 分行业规模以上工业企业(有限责任公司)其他技术活动经费支出(2004)

Expenditure on Other Technical Activities in Industrial Enterprises above Designated Size(Limited Liability Corporations) by Industry

单位:万元　　　　(10 000 yuan)

行业 Industry	技术改造经费 Expenditure on Technical Renovation	技术引进经费 Expenditure on Import of Technology	消化吸收经费 Expenditure on Technology Absorption	购买国内技术经费 Expenditure on Purchase of Domestic Technology
总计 **Total**	**9825728**	**781122**	**198855**	**254829**
煤炭开采和洗选业 Mining and Washing of Coal	611745	27468	9676	10946
石油和天然气开采业 Extraction of Petroleum and Natural Gas	7593	30048	235	1142
黑色金属矿采选业 Mining of Ferrous Metal Ores	32664	1150	5300	900
有色金属矿采选业 Mining of Non-ferrous Metal Ores	20820		1345	30
非金属矿采选业 Mining and Processing of Nonmetal Ores	46347		40	231
农副食品加工业 Processing of Food from Agricultural Products	62764	10305	981	3174
食品制造业 Manufacture of Foods	35911	7221	883	1127
饮料制造业 Manufacture of Beverage	117381	17063	6048	2951
烟草制品业 Manufacture of Tobacco	20168	105		5000
纺织业 Manufacture of Textile	216710	20625	5862	30466
纺织服装、鞋、帽制造业 Manufacture of Textile Wearing Apparel, Footware and Caps	7059	12	89	15
皮革、毛皮、羽毛(绒)及其制品业 Manufacture of Leather, Fur, Feather and Its Products	27168	230	9	97
木材加工及木、竹、藤、棕、草制品业 Processing of Timbers, Manufacture of Wood, Bamboo, Rattan, Palm, Straw	14174	32	655	794
家具制造业 Manufacture of Furniture	3872	161	71	37
造纸及纸制品业 Manufacture of Paper and Paper Products	79739	5160	1735	1638
印刷业和记录媒介的复制 Printing, Reproduction of Recording Media	22081	5962	188	835

3-52 续表

单位:万元 (10 000 yuan)

行业 Industry	技术改造经费 Expenditure on Technical Renovation	技术引进经费 Expenditure on Import of Technology	消化吸收经费 Expenditure on Technology Absorption	购买国内技术经费 Expenditure on Purchase of Domestic Technology
文教体育用品制造业 Manufacture of Articles for Culture, Education and Sport Activity	5551	20		78
石油加工、炼焦及核燃料加工业 Processing of Petroleum, Coking, Processing of Nucleus Fuel	272517	11035	2006	1427
化学原料及化学制品制造业 Manufacture of Chemical Raw Material and Chemical Products	1028232	7020	7621	19558
医药制造业 Manufacture of Medicines	313673	28138	10466	27269
化学纤维制造业 Manufacture of Chemical Fiber	54074	8856	2534	5373
橡胶制品业 Manufacture of Rubber	107972	8840	2653	3670
塑料制品业 Manufacture of Plastic	56878	21385	2655	311
非金属矿物制品业 Manufacture of Non-metallic Mineral Products	339773	10311	3075	2774
黑色金属冶炼及压延加工业 Manufacture and Processing of Ferrous Metals	3291711	188301	18362	28968
有色金属冶炼及压延加工业 Manufacture and Processing of Non-ferrous Metals	498928	142071	51938	13134
金属制品业 Manufacture of Metal Products	44572	771	256	297
通用设备制造业 Manufacture of General Purpose Machinery	382080	52911	9668	6708
专用设备制造业 Manufacture of Special Purpose Machinery	239418	20556	4305	16003
交通运输设备制造业 Manufacture of Transport Equipment	690397	87875	25677	44346
电气机械及器材制造业 Manufacture of Electrical Machinery and Equipment	359832	13024	9332	8125
通信设备、计算机及其他电子设备制造业 Manufacture of Communication, Computer, Other Electronic Equipment	223465	46264	12192	14077
仪器仪表及文化、办公用机械制造业 Manufacture of Measuring Instrument, Machinery for Cultural and Office Work	106307	2972	849	1645
工艺品及其他制造业 Manufacture of Artwork, Other Manufacture	24637	1052	498	94
电力、热力的生产和供应业 Production and Supply of Electric Power and Heat Power	390719	2803	1565	1181
燃气生产和供应业 Production and Distribution of Gas	24793	1349	2	
水的生产和供应业 Production and Distribution of Water	43506	28	91	402

3-53 各地区规模以上工业企业(有限责任公司)科技机构(2004)

S&T Institutions in Industrial Enterprises above Designated Size (Limited Liability Corporations) by Region

地 区 Region		企业科技机构数 (个) Number of the S&T Institutions (unit)	科技机构人员 (人) Personnel in S&T Insitutions (person)	#科学家和工程师 Scientists & Engineers	科技机构经费 (万元) Spending for S&T Insitutions (10 000 yuan)
全 国	**Total**	**5103**	**217286**	**138430**	**2758538**
东部地区	Eastern Region	3095	134737	87255	1997950
中部地区	Mid Region	1238	44811	28281	417429
西部地区	Western Region	770	37738	22894	343159
北 京	Beijing	162	4341	3345	50082
天 津	Tianjin	116	4896	2631	52398
河 北	Hebei	203	9589	6734	76668
山 西	Shanxi	131	6478	3706	39935
内蒙古	Neimenggu	39	2430	1248	22358
辽 宁	Liaoning	159	15510	9022	100097
吉 林	Jilin	69	2726	2127	18969
黑龙江	Heilongjiang	87	8017	6038	50772
上 海	Shanghai	117	3621	2498	60912
江 苏	Jiangsu	653	24429	14902	372488
浙 江	Zhejiang	642	16873	9872	201416
安 徽	Anhui	185	6893	4105	126658
福 建	Fujian	82	1893	1295	30429
江 西	Jiangxi	84	4037	2281	35396
山 东	Shandong	629	32987	20359	555631
河 南	Henan	303	9236	5320	79812
湖 北	Hubei	156	3548	2429	32211
湖 南	Hunan	223	3876	2275	33677
广 东	Guangdong	321	20151	16178	492748
广 西	Guangxi	56	1579	1052	16146
海 南	Hainan	11	447	419	5080
重 庆	Chongqing	96	5320	3773	46525
四 川	Sichuan	205	12697	7400	122747
贵 州	Guizhou	72	2907	1734	23346
云 南	Yunnan	57	2065	1237	19150
西 藏	Tibet				
陕 西	Shaanxi	112	6596	3785	70561
甘 肃	Gansu	69	2136	1359	11637
青 海	Qinghai	18	542	228	2842
宁 夏	Ningxia	18	716	568	4758
新 疆	Xinjiang	28	750	510	3088

3-54 分行业规模以上工业企业(有限责任公司)科技机构(2004)
S&T Institutions in Industrial Enterprises above Designated Size (Limited Liability Corporations) by Industry

行业 Industry	企业科技机构数(个) Number of the S&T Institutions (unit)	科技机构人员(人) Personnel in S&T Insitutions (person)	#科学家和工程师 Scientists & Engineers	科技机构经费(万元) Spending for S&T Insitutions (10 000 yuan)
总计 Total	**5103**	**217286**	**138430**	**2758538**
煤炭开采和洗选业 Mining and Washing of Coal	113	11120	5811	47774
石油和天然气开采业 Extraction of Petroleum and Natural Gas	91	7535	5075	40490
黑色金属矿采选业 Mining of Ferrous Metal Ores	12	242	191	2394
有色金属矿采选业 Mining of Non-ferrous Metal Ores	21	623	256	5110
非金属矿采选业 Mining and Processing of Nonmetal Ores	25	513	272	3134
农副食品加工业 Processing of Food from Agricultural Products	121	3519	1832	41668
食品制造业 Manufacture of Foods	94	1747	1026	13151
饮料制造业 Manufacture of Beverage	81	2427	1194	24465
烟草制品业 Manufacture of Tobacco	9	547	329	25479
纺织业 Manufacture of Textile	206	5945	2929	60464
纺织服装、鞋、帽制造业 Manufacture of Textile Wearing Apparel, Footware and Caps	22	760	321	3695
皮革、毛皮、羽毛(绒)及其制品业 Manufacture of Leather, Fur, Feather and Its Products	26	1454	553	8265
木材加工及木、竹、藤、棕、草制品业 Processing of Timbers, Manufacture of Wood, Bamboo, Rattan, Palm, Straw	14	323	255	4525
家具制造业 Manufacture of Furniture	10	126	41	250
造纸及纸制品业 Manufacture of Paper and Paper Products	67	1570	856	38042
印刷业和记录媒介的复制 Printing, Reproduction of Recording Media	19	501	301	8021

3-54 续表

行 业 Industry	企业科技机构数（个） Number of the S&T Institutions (unit)	科技机构人员（人） Personnel in S&T Insitutions (person)	#科学家和工程师 Scientists & Engineers	科技机构经费（万元） Spending for S&T Insitutions (10 000 yuan)
文教体育用品制造业 Manufacture of Articles for Culture, Education and Sport Activity	24	629	342	5711
石油加工、炼焦及核燃料加工业 Processing of Petroleum, Coking, Processing of Nucleus Fuel	45	1447	970	17904
化学原料及化学制品制造业 Manufacture of Chemical Raw Material and Chemical Products	527	14287	8792	228204
医药制造业 Manufacture of Medicines	403	8531	5736	106925
化学纤维制造业 Manufacture of Chemical Fiber	33	1651	1072	28698
橡胶制品业 Manufacture of Rubber	57	2937	1230	67173
塑料制品业 Manufacture of Plastic	78	1652	850	16697
非金属矿物制品业 Manufacture of Non-metallic Mineral Products	231	5658	3126	39226
黑色金属冶炼及压延加工业 Manufacture and Processing of Ferrous Metals	105	13525	8047	198640
有色金属冶炼及压延加工业 Manufacture and Processing of Non-ferrous Metals	141	5759	3983	63471
金属制品业 Manufacture of Metal Products	87	1388	800	10783
通用设备制造业 Manufacture of General Purpose Machinery	499	21787	14271	173083
专用设备制造业 Manufacture of Special Purpose Machinery	451	18625	12245	161736
交通运输设备制造业 Manufacture of Transport Equipment	415	25581	15876	347290
电气机械及器材制造业 Manufacture of Electrical Machinery and Equipment	443	16878	11156	210820
通信设备、计算机及其他电子设备制造业 Manufacture of Communication, Computer, Other Electronic Equipment	328	28132	22348	690433
仪器仪表及文化、办公用机械制造业 Manufacture of Measuring Instrument, Machinery for Cultural and Office Work	195	5370	3766	32301
工艺品及其他制造业 Manufacture of Artwork, Other Manufacture	47	1878	1002	16929
电力、热力的生产和供应业 Production and Supply of Electric Power and Heat Power	52	2429	1433	14341
燃气生产和供应业 Production and Distribution of Gas	1	15	11	36
水的生产和供应业 Production and Distribution of Water	9	157	117	1169

3-55 各地区规模以上工业企业(有限责任公司)科技项目与专利(2004)

Projects and Patents for S&T Activities in Industrial Enterprises above Designated Size(Limited Liability Corporations) by Region

单位:项 (item)

地区 Region		科技活动项目数 Projects for S&T Activities	#新产品开发项目数 Projects for New Product	专利申请 Patent Applications	#发明专利数 Inventive Patent	拥有发明专利数 Owning Inventive Patent
全国	**Total**	**35638**	**25344**	**15415**	**5700**	**8110**
东部地区	Eastern Region	21159	15958	11397	4583	4852
中部地区	Mid Region	8436	5074	2380	671	2461
西部地区	Western Region	6043	4312	1638	446	797
北京	Beijing	1665	1224	557	173	455
天津	Tianjin	961	744	348	91	131
河北	Hebei	1831	1124	338	80	106
山西	Shanxi	1175	447	113	37	871
内蒙古	Neimenggu	330	166	35	17	37
辽宁	Liaoning	1536	1049	313	118	237
吉林	Jilin	264	182	251	21	49
黑龙江	Heilongjiang	1648	910	366	141	264
上海	Shanghai	1567	1199	933	258	246
江苏	Jiangsu	3309	2601	1317	447	642
浙江	Zhejiang	3502	2915	1909	418	979
安徽	Anhui	1179	683	574	90	229
福建	Fujian	413	304	97	20	22
江西	Jiangxi	603	408	69	17	37
山东	Shandong	4854	3588	1855	434	808
河南	Henan	1945	1206	451	132	226
湖北	Hubei	976	788	286	123	176
湖南	Hunan	646	450	270	110	609
广东	Guangdong	1438	1133	3721	2539	1209
广西	Guangxi	394	281	88	29	43
海南	Hainan	83	77	9	5	17
重庆	Chongqing	1251	985	394	53	152
四川	Sichuan	1808	1292	479	151	259
贵州	Guizhou	354	284	142	56	62
云南	Yunnan	442	279	72	24	47
西藏	Tibet					
陕西	Shaanxi	753	630	151	46	72
甘肃	Gansu	295	187	90	20	54
青海	Qinghai	17	10	17	15	7
宁夏	Ningxia	198	131	71	10	16
新疆	Xinjiang	201	67	99	25	48

3-56 分行业规模以上工业企业(有限责任公司)科技项目与专利(2004)

Projects and Patents for S&T Activities in Industrial Enterprises above Designated Size (Limited Liability Corporations) by Industry

单位:项 (item)

行业 Industry	科技活动项目数 Projects for S&T Activities	#新产品开发项目数 Projects for New Product	专利申请 Patent Applications	#发明专利数 Inventive Patent	拥有发明专利数 Owning Inventive Patent
总计 Total	**35638**	**25344**	**15415**	**5700**	**8110**
煤炭开采和洗选业 Mining and Washing of Coal	2200	374	133	28	50
石油和天然气开采业 Extraction of Petroleum and Natural Gas	786	176	275	61	242
黑色金属矿采选业 Mining of Ferrous Metal Ores	126	46	11	6	4
有色金属矿采选业 Mining of Non-ferrous Metal Ores	79	23	6	5	3
非金属矿采选业 Mining and Processing of Nonmetal Ores	116	41	14	8	5
农副食品加工业 Processing of Food from Agricultural Products	496	396	172	88	112
食品制造业 Manufacture of Foods	407	314	175	55	81
饮料制造业 Manufacture of Beverage	317	206	438	44	173
烟草制品业 Manufacture of Tobacco	180	105	39	5	8
纺织业 Manufacture of Textile	1787	1624	341	52	120
纺织服装、鞋、帽制造业 Manufacture of Textile Wearing Apparel, Footware and Caps	99	75	18	3	4

3－56 续表1

单位:项 (item)

行 业 Industry	科技活动项目数 Projects for S&T Activities	#新产品开发项目数 Projects for New Product	专利申请 Patent Applic-ations	#发 明 专利数 Inventive Patent	拥有发明专利数 Owning Inventive Patent
皮革、毛皮、羽毛(绒)及其制品业 Manufacture of Leather, Fur, Feather and Its Products	239	165	26	8	9
木材加工及木、竹、藤、棕、草制品业 Processing of Timbers, Manufacture of Wood, Bamboo, Rattan, Palm, Straw	41	29	8	1	1
家具制造业 Manufacture of Furniture	26	19	168	6	75
造纸及纸制品业 Manufacture of Paper and Paper Products	212	129	53	29	32
印刷业和记录媒介的复制 Printing, Reproduction of Recording Media	116	73	45	19	12
文教体育用品制造业 Manufacture of Articles for Culture, Education and Sport Activity	93	82	177	23	122
石油加工、炼焦及核燃料加工业 Processing of Petroleum, Coking, Processing of Nucleus Fuel	286	142	67	57	99
化学原料及化学制品制造业 Manufacture of Chemical Raw Material and Chemical Products	2340	1513	608	330	472
医药制造业 Manufacture of Medicines	2336	2056	785	427	402
化学纤维制造业 Manufacture of Chemical Fiber	166	113	56	21	22
橡胶制品业 Manufacture of Rubber	953	636	118	16	43
塑料制品业 Manufacture of Plastic	455	331	205	66	121
非金属矿物制品业 Manufacture of Non-metallic Mineral Products	1005	688	416	191	288

3－56 续表2

单位:项 (item)

行 业 Industry	科技活动项目数 Projects for S&T Activities	#新产品开发项目数 Projects for New Product	专利申请 Patent Applic-ations	#发 明专利数 Inventive Patent	拥有发明专利数 Owning Inventive Patent
黑色金属冶炼及压延加工业 Manufacture and Processing of Ferrous Metals	2088	908	339	91	240
有色金属冶炼及压延加工业 Manufacture and Processing of Non-ferrous Metals	894	455	344	123	118
金属制品业 Manufacture of Metal Products	379	295	304	161	232
通用设备制造业 Manufacture of General Purpose Machinery	3677	3021	1294	236	713
专用设备制造业 Manufacture of Special Purpose Machinery	2423	2090	1339	275	1448
交通运输设备制造业 Manufacture of Transport Equipment	3409	2908	1151	209	398
电气机械及器材制造业 Manufacture of Electrical Machinery and Equipment	2836	2419	1806	386	1064
通信设备、计算机及其他电子设备制造业 Manufacture of Communication, Computer, Other Electronic Equipment	2565	2352	3546	2458	970
仪器仪表及文化、办公用机械制造业 Manufacture of Measuring Instrument, Machinery for Cultural and Office Work	1234	1089	683	104	256
工艺品及其他制造业 Manufacture of Artwork, Other Manufacture	224	178	119	54	99
电力、热力的生产和供应业 Production and Supply of Electric Power and Heat Power	888	235	52	18	56
燃气生产和供应业 Production and Distribution of Gas	53	3	18	4	3
水的生产和供应业 Production and Distribution of Water	105	33	61	28	10

3-57 各地区规模以上工业

Major Indicators of Industrial Enterprises

单位:万元

地 区 Region		企业数(个) Number of Large & Medium-sized Enterprises (unit)	#有科技机构的企业数 Having Institutions for S&T	#有科技活动的企业数 Having Activities for S&T	工业总产值 Gross Value of Industrial Output	#新产品 New Products
全 国	**Total**	**7171**	**1503**	**2226**	**229016008**	**36947132**
东部地区	Eastern Region	3397	776	1140	133257128	26737238
中部地区	Mid Region	2287	439	656	48909993	5673093
西部地区	Western Region	1487	288	430	46848887	4536802
北 京	Beijing	191	44	93	9805671	2570644
天 津	Tianjin	120	24	42	7008848	911851
河 北	Hebei	434	56	87	7209807	544356
山 西	Shanxi	163	27	31	3445745	140847
内蒙古	Neimenggu	139	20	34	4558941	227098
辽 宁	Liaoning	235	45	65	17598916	660958
吉 林	Jilin	218	40	63	4907039	466965
黑龙江	Heilongjiang	214	27	44	6281458	231663
上 海	Shanghai	169	29	61	8070601	1695831
江 苏	Jiangsu	477	141	186	16328382	5674823
浙 江	Zhejiang	306	149	182	16244449	4030253
安 徽	Anhui	190	59	75	6591341	1113213
福 建	Fujian	145	38	58	2706219	563837
江 西	Jiangxi	144	25	38	3013989	567098
山 东	Shandong	908	145	214	24816707	3511234
河 南	Henan	581	103	163	9629324	1060991
湖 北	Hubei	405	94	138	9272394	1174632
湖 南	Hunan	372	64	104	5768704	917685
广 东	Guangdong	377	98	142	22955193	6560326
广 西	Guangxi	159	33	48	2431984	400853
海 南	Hainan	35	7	10	512336	13126
重 庆	Chongqing	107	28	38	2608663	919229
四 川	Sichuan	484	72	120	9912590	1819595
贵 州	Guizhou	99	17	26	1896558	142540
云 南	Yunnan	124	23	31	3351857	216717
西 藏	Tibet	9	1	1	59528	28
陕 西	Shaanxi	191	42	65	4661694	295611
甘 肃	Gansu	79	18	26	5486373	211921
青 海	Qinghai	30	8	11	1792450	42477
宁 夏	Ningxia	25	8	10	909994	52663
新 疆	Xinjiang	41	18	20	9178256	208070

企业(股份有限公司)基本情况(2004)

above Designated Size(Share Holding Enterprises) by Region

(10 000 yuan)

产品销售收入 Total Revenue from the Sale of Products	#新产品 New Products	年末从业人员(人) Employees (year-end) (person)	#工程技术人员 Technical Engineering Personnel	生产经营用设备原价 Original Value of Equipment	#微电子控制 Equipment Controlled by Micro-electronics
226096151	**36232161**	**4728720**	**521677**	**114687090**	**11051425**
132531969	26458839	2174446	255907	57660196	6595170
47427727	5313192	1455731	149017	27596942	1999144
46136456	4460129	1098543	116753	29429952	2457111
10290920	2581726	124626	12832	2791640	535756
6953381	990182	79767	8118	4684245	142388
6981346	584858	227094	22939	2239454	238956
3321115	134833	153105	10562	2709730	109315
4541222	207897	103971	10630	2556429	85506
17385137	629344	190409	35023	12174515	1259473
4629588	432988	154588	18943	4983315	292289
6088075	209459	134621	16474	4235416	94038
8613871	1714445	82529	8917	6990030	127926
16279902	5455597	288491	36016	5727435	2131551
16060431	3750491	225909	24222	4408746	668393
6417349	1098014	179143	18075	3700008	416446
2709718	529968	79132	9639	1319026	259971
2926744	461518	65581	8836	908702	120365
23915797	3480818	596558	63442	9924907	474572
9128470	970950	377036	28280	3888753	340679
9199043	1136808	239132	29364	5041984	547079
5717342	868624	152525	18483	2129035	78934
22814254	6730019	271403	34201	6977242	733774
2366511	328158	92261	10463	1410613	109405
527212	11393	8528	558	422957	22412
2559946	880621	71715	8421	1079848	444992
9828538	1856523	308446	31190	5503658	315793
1809333	130297	65208	4658	2166060	100788
3301331	188985	85697	11543	2066481	192487
78700	239	2917	31	37793	1000
4587360	279346	100164	11658	5735665	260231
5397761	187233	110535	8335	1344516	110667
1646354	17733	38263	2873	503912	13724
919801	57340	32980	3639	814904	67554
9099599	325756	86386	13312	6210074	754964

3-58 分行业规模以上工业

Major Indicators of Industrial Enterprises above

单位:万元

行业 Industry	企业数(个) Number of Large & Medium-sized Enterprises (unit)	#有科技机构的企业数 Having Institutions for S&T	#有科技活动的企业数 Having Activities for S&T
总计 **Total**	**7171**	**1503**	**2226**
煤炭开采和洗选业 Mining and Washing of Coal	97	9	18
石油和天然气开采业 Extraction of Petroleum and Natural Gas	33	16	17
黑色金属矿采选业 Mining of Ferrous Metal Ores	43	1	2
有色金属矿采选业 Mining of Non-ferrous Metal Ores	47	5	10
非金属矿采选业 Mining and Processing of Nonmetal Ores	42	6	6
农副食品加工业 Processing of Food from Agricultural Products	479	32	59
食品制造业 Manufacture of Foods	194	28	39
饮料制造业 Manufacture of Beverage	191	39	57
烟草制品业 Manufacture of Tobacco	6	1	1
纺织业 Manufacture of Textile	379	54	90
纺织服装、鞋、帽制造业 Manufacture of Textile Wearing Apparel, Footware and Caps	125	12	17
皮革、毛皮、羽毛(绒)及其制品业 Manufacture of Leather, Fur, Feather and Its Products	34	3	8
木材加工及木、竹、藤、棕、草制品业 Processing of Timbers, Manufacture of Wood, Bamboo, Rattan, Palm, Straw	97	6	12
家具制造业 Manufacture of Furniture	46	4	8
造纸及纸制品业 Manufacture of Paper and Paper Products	159	22	28
印刷业和记录媒介的复制 Printing, Reproduction of Recording Media	90	6	11

企业(股份有限公司)基本情况(2004)

Designated Size(Share Holding Enterprises) by Industry

(10 000 yuan)

工业总产值 Gross Value of Industrial Output	#新产品 New Products	产品销售收入 Total Revenue from the Sale of Products	#新产品 New Products	年末从业人员(人) Employees (year-end) (person)	#工程技术人员 Technical Engineering Personnel	生产经营用设备原价 Original Value of Equipment	#微电子控制 Equipment Controlled by Micro-electronics
229016008	**36947132**	**226096151**	**36232161**	**4728720**	**521677**	**114687090**	**11051425**
2183064	19469	2122804	7372	162384	9191	864623	60351
17313712	1146	16457901	927	215921	29329	21209427	437541
238876		276428	2268	11875	231	94019	6
960758	1028	952278	104	34368	3012	308063	3982
297881	3112	290638	3411	18764	1199	106710	4332
5601296	196936	5439146	215525	141248	10970	1311971	68925
3179400	426899	3153517	439017	95136	8896	891412	114489
4268209	550894	4083648	528299	130404	10340	1666908	228487
72105	856	115772	812	1714	252	26587	1282
5718816	946754	5601786	837156	328736	19969	2436141	333466
2724599	801028	2497017	740960	116350	2967	474543	41612
344025	61753	327777	61753	14065	817	39491	651
649820	52193	622300	51564	40408	2435	284032	18725
236602	14005	246597	15953	15662	1099	96692	7775
3201061	459916	2992722	461731	109783	9725	2424803	125261
413477	61237	425068	70216	18769	1677	308907	102452

3－58 续表

单位:万元

行　业 Industry	企业数(个) Number of Large & Medium-sized Enterprises (unit)	#有科技机构的企业数 Having Institutions for S&T	#有科技活动的企业数 Having Activities for S&T
文教体育用品制造业 Manufacture of Articles for Culture, Education and Sport Activity	22	6	7
石油加工、炼焦及核燃料加工业 Processing of Petroleum , Coking, Processing of Nucleus Fuel	124	31	39
化学原料及化学制品制造业 Manufacture of Chemical Raw Material and Chemical Products	711	203	269
医药制造业 Manufacture of Medicines	461	192	263
化学纤维制造业 Manufacture of Chemical Fiber	39	19	25
橡胶制品业 Manufacture of Rubber	75	16	19
塑料制品业 Manufacture of Plastic	162	25	34
非金属矿物制品业 Manufacture of Non-metallic Mineral Products	672	81	138
黑色金属冶炼及压延加工业 Manufacture and Processing of Ferrous Metals	192	27	35
有色金属冶炼及压延加工业 Manufacture and Processing of Non-ferrous Metals	178	48	72
金属制品业 Manufacture of Metal Products	227	24	45
通用设备制造业 Manufacture of General Purpose Machinery	487	125	173
专用设备制造业 Manufacture of Special Purpose Machinery	344	110	168
交通运输设备制造业 Manufacture of Transport Equipment	301	91	126
电气机械及器材制造业 Manufacture of Electrical Machinery and Equipment	393	125	183
通信设备、计算机及其他电子设备制造业 Manufacture of Communication, Computer, Other Electronic Equipment	211	89	146
仪器仪表及文化、办公用机械制造业 Manufacture of Measuring Instrument, Machinery for Cultural and Office Work	90	29	49
工艺品及其他制造业 Manufacture of Artwork, Other Manufacture	56	4	6
电力、热力的生产和供应业 Production and Supply of Electric Power and Heat Power	309	13	41
燃气生产和供应业 Production and Distribution of Gas	16		
水的生产和供应业 Production and Distribution of Water	36	1	5

(10 000 yuan)

工业总产值 Gross Value of Industrial Output	#新产品 New Products	产品销售收入 Total Revenue from the Sale of Products	#新产品 New Products	年末从业人员(人) Employees (year-end) (person)	#工程技术人员 Technical Engineering Personnel	生产经营用设备原价 Original Value of Equipment	#微电子控制 Equipment Controlled by Micro-electronics
148669	18397	146467	16889	8739	648	46536	1852
46979423	567240	47024580	605259	178208	27982	15432797	1753498
21066993	4215142	20982913	4158409	395128	54761	13649723	2331553
7526245	1818834	7037080	1646870	262156	35001	2779015	342100
1843833	484256	1789667	464506	52079	4765	1477150	120413
1045288	253692	1001967	208437	42823	3380	401531	144893
1514408	297089	1721948	320322	45182	5385	796976	136439
6802431	574751	6448454	604695	337841	28623	4306509	288998
23063361	2607080	23655897	2628064	288554	37687	14095577	1124404
9964095	849909	9737273	957367	197863	19751	4694376	342778
2246679	500971	2099354	469552	86917	7364	715506	217312
6163738	2236136	5941004	2070267	222549	31285	1669185	245877
6244313	1747206	5898078	1585688	173587	23182	1318301	128599
15083897	5845594	14849634	5692020	295859	29484	3867108	635100
12198714	4538482	12479974	5061547	252269	33068	2374646	301817
11527484	6319483	11603784	5884532	193161	28698	2436130	841898
795478	225024	724712	215149	32562	5468	218505	23308
681533	20439	556862	20372	26811	3102	35601	823
6281488	230186	6366407	185148	168113	28554	11271502	516657
250058		248163		3682	200	134972	618
180900		173292		8789	1167	420846	3152

3－59 各地区规模以上工业企业(股份有限公司)科技活动人员(2004)

Personnel for S&T Activities in Industrial Enterprises above Designated Size(Share Holding Enterprises) by Region

单位:人 (person)

地区 Region		科技活动人员 Personnel for S&T Activities	#科学家和工程师 Scientists & Engineers	1.参加科技项目人员 Personnel in S&T Projects	2.科技管理和服务人员 S&T Managers and Attendants
全国	**Total**	**303965**	**183711**	**201839**	**102126**
东部地区	Eastern Region	159476	98142	108745	50731
中部地区	Mid Region	83782	48186	51832	31950
西部地区	Western Region	60707	37383	41262	19445
北京	Beijing	12879	10032	8572	4307
天津	Tianjin	5653	3409	3080	2573
河北	Hebei	8596	4758	4893	3703
山西	Shanxi	5130	2739	3495	1635
内蒙古	Neimenggu	3906	2613	2528	1378
辽宁	Liaoning	10006	6940	7381	2625
吉林	Jilin	5196	3561	3029	2167
黑龙江	Heilongjiang	7771	5169	4720	3051
上海	Shanghai	7507	4668	4065	3442
江苏	Jiangsu	24682	12320	17758	6924
浙江	Zhejiang	18026	11185	13618	4408
安徽	Anhui	13048	6794	9159	3889
福建	Fujian	5590	3249	4551	1039
江西	Jiangxi	5697	2605	2639	3058
山东	Shandong	28569	15635	17974	10595
河南	Henan	18387	9655	11217	7170
湖北	Hubei	16664	10777	9767	6897
湖南	Hunan	11889	6886	7806	4083
广东	Guangdong	37751	25774	26705	11046
广西	Guangxi	5487	3253	3653	1834
海南	Hainan	217	172	148	69
重庆	Chongqing	4990	3231	3575	1415
四川	Sichuan	22815	12789	15253	7562
贵州	Guizhou	3075	1852	1654	1421
云南	Yunnan	2189	1537	1704	485
西藏	Tibet	22	22	6	16
陕西	Shaanxi	5270	3626	3744	1526
甘肃	Gansu	4701	2672	2956	1745
青海	Qinghai	1903	1261	1436	467
宁夏	Ningxia	1242	842	1034	208
新疆	Xinjiang	5107	3685	3719	1388

3-60 分行业规模以上工业企业(股份有限公司)科技活动人员(2004)

Personnel for S&T Activities in Industrial Enterprises above Designated Size(Share Holding Enterprises) by Industry

单位:人 (person)

行业 Industry	科技活动人员 Personnel for S&T Activities	#科学家和工程师 Scientists & Engineers	1.参加科技项目人员 Personnel in S&T Projects	2.科技管理和服务人员 S&T Managers and Attendants
总计 Total	**303965**	**183711**	**201839**	**102126**
煤炭开采和洗选业 Mining and Washing of Coal	3988	1702	2266	1722
石油和天然气开采业 Extraction of Petroleum and Natural Gas	15187	10654	10538	4649
黑色金属矿采选业 Mining of Ferrous Metal Ores	75	38	60	15
有色金属矿采选业 Mining of Non-ferrous Metal Ores	657	497	589	68
非金属矿采选业 Mining and Processing of Nonmetal Ores	436	207	227	209
农副食品加工业 Processing of Food from Agricultural Products	3064	2052	2162	902
食品制造业 Manufacture of Foods	2494	1785	1265	1229
饮料制造业 Manufacture of Beverage	4384	2474	2968	1416
烟草制品业 Manufacture of Tobacco	35	34	11	24
纺织业 Manufacture of Textile	9846	3673	7260	2586
纺织服装、鞋、帽制造业 Manufacture of Textile Wearing Apparel, Footware and Caps	2418	1120	1103	1315
皮革、毛皮、羽毛(绒)及其制品业 Manufacture of Leather, Fur, Feather and Its Products	262	168	222	40
木材加工及木、竹、藤、棕、草制品业 Processing of Timbers, Manufacture of Wood, Bamboo, Rattan, Palm, Straw	500	308	375	125
家具制造业 Manufacture of Furniture	393	285	327	66
造纸及纸制品业 Manufacture of Paper and Paper Products	3006	1906	2012	994
印刷业和记录媒介的复制 Printing, Reproduction of Recording Media	603	292	297	306

3－60 续表

单位：人 (person)

行 业 Industry	科技活动人员 Personnel for S&T Activities	#科学家和工程师 Scientists & Engineers	1. 参加科技项目人员 Personnel in S&T Projects	2. 科技管理和服务人员 S&T Managers and Attendants
文教体育用品制造业 Manufacture of Articles for Culture, Education and Sport Activity	683	334	408	275
石油加工、炼焦及核燃料加工业 Processing of Petroleum , Coking, Processing of Nucleus Fuel	10582	6106	6468	4114
化学原料及化学制品制造业 Manufacture of Chemical Raw Material and Chemical Products	31023	17210	21073	9950
医药制造业 Manufacture of Medicines	21014	13631	13287	7727
化学纤维制造业 Manufacture of Chemical Fiber	3355	1767	2110	1245
橡胶制品业 Manufacture of Rubber	2341	1007	791	1550
塑料制品业 Manufacture of Plastic	2704	1732	1516	1188
非金属矿物制品业 Manufacture of Non-metallic Mineral Products	11881	5882	7744	4137
黑色金属冶炼及压延加工业 Manufacture and Processing of Ferrous Metals	19475	10843	10756	8719
有色金属冶炼及压延加工业 Manufacture and Processing of Non-ferrous Metals	12725	7402	7943	4782
金属制品业 Manufacture of Metal Products	5119	2487	2260	2859
通用设备制造业 Manufacture of General Purpose Machinery	23631	12847	15464	8167
专用设备制造业 Manufacture of Special Purpose Machinery	16906	11755	11930	4976
交通运输设备制造业 Manufacture of Transport Equipment	20684	15285	14588	6096
电气机械及器材制造业 Manufacture of Electrical Machinery and Equipment	25452	13294	16155	9297
通信设备、计算机及其他电子设备制造业 Manufacture of Communication, Computer, Other Electronic Equipment	41075	30066	32473	8602
仪器仪表及文化、办公用机械制造业 Manufacture of Measuring Instrument, Machinery for Cultural and Office Work	4422	2914	2859	1563
工艺品及其他制造业 Manufacture of Artwork, Other Manufacture	319	113	184	135
电力、热力的生产和供应业 Production and Supply of Electric Power and Heat Power	3112	1787	2095	1017
燃气生产和供应业 Production and Distribution of Gas				
水的生产和供应业 Production and Distribution of Water	114	54	53	61

3-61 各地区规模以上工业企业(股份有限公司)科技活动经费筹集(2004)

Sources of Funds for S&T of Industrial Enterprises above Designated Size(Share Holding Enterprises) by Region

单位:万元 (10 000 yuan)

地 区 Region		科技活动经费筹集总额 Total Funds Obtaied for S&T Activities	政府资金 Government Grant	企业资金 Enterprise Self-financed	金融机构贷款 Bank Loans	来自国外的资金 Funds from Abroad
全 国	**Total**	**4719232**	**131346**	**4096407**	**440004**	**3126**
东部地区	Eastern Region	2831167	67602	2498056	238511	213
中部地区	Mid Region	992751	33878	798283	148415	680
西部地区	Western Region	895314	29866	800067	53079	2233
北 京	Beijing	225692	17300	169037	30127	113
天 津	Tianjin	110125	1482	92467	15060	
河 北	Hebei	97518	1811	94745	820	100
山 西	Shanxi	94204	954	72018	20630	
内蒙古	Neimenggu	46581	995	43115	2471	
辽 宁	Liaoning	190044	3841	178557	5438	
吉 林	Jilin	66767	2731	62684	1162	
黑龙江	Heilongjiang	67440	4602	60879	1195	185
上 海	Shanghai	186222	1576	179721	4830	
江 苏	Jiangsu	499114	6149	444229	43338	
浙 江	Zhejiang	295366	10847	254261	26883	
安 徽	Anhui	280547	7441	198151	74345	
福 建	Fujian	80816	3388	69490	7528	
江 西	Jiangxi	49206	1241	47024	478	100
山 东	Shandong	366357	9558	301218	51900	
河 南	Henan	156711	3866	131565	16944	5
湖 北	Hubei	175520	9510	140030	23100	390
湖 南	Hunan	102356	3534	85933	10561	
广 东	Guangdong	778220	11410	712917	52547	
广 西	Guangxi	54073	2951	44508	6059	
海 南	Hainan	1695	241	1414	40	
重 庆	Chongqing	84334	2584	78025	3670	
四 川	Sichuan	296880	6747	264091	22280	2233
贵 州	Guizhou	31820	1553	29025	1196	
云 南	Yunnan	43732	1707	36863	4950	
西 藏	Tibet	12		12		
陕 西	Shaanxi	58183	2911	45800	5242	
甘 肃	Gansu	85091	6447	72803	4600	
青 海	Qinghai	31279	864	30019		
宁 夏	Ningxia	15416	583	13023	1810	
新 疆	Xinjiang	147913	2526	142784	800	

3-62 分行业规模以上工业企业(股份有限公司)科技活动经费筹集(2004)

Sources of Funds for S&T of Industrial Enterprises above Designated Size(Share Holding Enterprises) by Industry

单位:万元 (10 000 yuan)

行 业 Industry	科技活动经费筹集总额 Total Funds Obtaied for S&T Activities	政府资金 Government Grant	企业资金 Enterprise Self-financed	金融机构贷款 Bank Loans	来自国外的资金 Funds from Abroad
总计 Total	**4719232**	**131346**	**4096407**	**440004**	**3126**
煤炭开采和洗选业 Mining and Washing of Coal	36949	360	36420		
石油和天然气开采业 Extraction of Petroleum and Natural Gas	247163	262	237664		
黑色金属矿采选业 Mining of Ferrous Metal Ores	55		55		
有色金属矿采选业 Mining of Non-ferrous Metal Ores	9338	141	6674	2500	
非金属矿采选业 Mining and Processing of Nonmetal Ores	2580	25	2555		
农副食品加工业 Processing of Food from Agricultural Products	27972	3496	18533	5663	
食品制造业 Manufacture of Foods	44447	3323	40425	460	180
饮料制造业 Manufacture of Beverage	90844	1918	84556	4093	
烟草制品业 Manufacture of Tobacco	556	86	320	150	
纺织业 Manufacture of Textile	109427	1462	88041	16896	2233
纺织服装、鞋、帽制造业 Manufacture of Textile Wearing Apparel, Footware and Caps	32664	870	29694	1200	
皮革、毛皮、羽毛(绒)及其制品业 Manufacture of Leather, Fur, Feather and Its Products	3062	497	2249	310	
木材加工及木、竹、藤、棕、草制品业 Processing of Timbers, Manufacture of Wood, Bamboo, Rattan, Palm, Straw	7532	79	6753	600	
家具制造业 Manufacture of Furniture	1820	40	1600	180	
造纸及纸制品业 Manufacture of Paper and Paper Products	40258	593	38513	1052	
印刷业和记录媒介的复制 Printing, Reproduction of Recording Media	4912	51	3889	830	

3－62 续表

单位:万元 (10 000 yuan)

行 业 Industry	科技活动经费筹集总额 Total Funds Obtaied for S&T Activities	政府资金 Government Grant	企业资金 Enterprise Self-financed	金融机构贷款 Bank Loans	来自国外的资金 Funds from Abroad
文教体育用品制造业 Manufacture of Articles for Culture, Education and Sport Activity	5843	410	3418	2000	5
石油加工、炼焦及核燃料加工业 Processing of Petroleum, Coking, Processing of Nucleus Fuel	141038	5629	113888	13076	
化学原料及化学制品制造业 Manufacture of Chemical Raw Material and Chemical Products	656682	12731	533513	97698	
医药制造业 Manufacture of Medicines	278509	19789	226264	30229	70
化学纤维制造业 Manufacture of Chemical Fiber	69991	5438	57793	6160	
橡胶制品业 Manufacture of Rubber	42317	1573	37676	3031	
塑料制品业 Manufacture of Plastic	41538	1251	39741	250	
非金属矿物制品业 Manufacture of Non-metallic Mineral Products	114178	2548	104072	6816	100
黑色金属冶炼及压延加工业 Manufacture and Processing of Ferrous Metals	519675	1513	421684	95278	
有色金属冶炼及压延加工业 Manufacture and Processing of Non-ferrous Metals	117895	3906	112246	1040	
金属制品业 Manufacture of Metal Products	58013	1691	55231	1091	
通用设备制造业 Manufacture of General Purpose Machinery	238846	7363	199874	28060	325
专用设备制造业 Manufacture of Special Purpose Machinery	242004	11241	207033	22137	
交通运输设备制造业 Manufacture of Transport Equipment	324876	8616	303360	12082	100
电气机械及器材制造业 Manufacture of Electrical Machinery and Equipment	451147	11033	400293	38124	
通信设备、计算机及其他电子设备制造业 Manufacture of Communication, Computer, Other Electronic Equipment	683875	20866	618768	42364	113
仪器仪表及文化、办公用机械制造业 Manufacture of Measuring Instrument, Machinery for Cultural and Office Work	38618	2433	30189	5704	
工艺品及其他制造业 Manufacture of Artwork, Other Manufacture	1300	10	1083	70	
电力、热力的生产和供应业 Production and Supply of Electric Power and Heat Power	32936	90	31982	860	
燃气生产和供应业 Production and Distribution of Gas					
水的生产和供应业 Production and Distribution of Water	374	15	359		

3-63 各地区规模以上工业企业(股份有限公司)

Intramural Expenditure on S&T Activities of Industrial Enterprises above

单位:万元

地区 Region		科技活动经费内部支出总额 Intramural Expenditure on S&T Activities	劳务费 Compensation for Laborers
全国	**Total**	**4374748**	**1023091**
东部地区	Eastern Region	2623264	670626
中部地区	Mid Region	940397	200551
西部地区	Western Region	811087	151914
北京	Beijing	197277	45466
天津	Tianjin	97665	17308
河北	Hebei	99744	17909
山西	Shanxi	75671	9118
内蒙古	Neimenggu	47281	9186
辽宁	Liaoning	172967	35471
吉林	Jilin	67737	19440
黑龙江	Heilongjiang	63858	16542
上海	Shanghai	182182	28978
江苏	Jiangsu	499276	122983
浙江	Zhejiang	265029	61603
安徽	Anhui	275276	36919
福建	Fujian	87597	17788
江西	Jiangxi	46469	14278
山东	Shandong	348942	61354
河南	Henan	135594	35121
湖北	Hubei	166117	37991
湖南	Hunan	109675	31143
广东	Guangdong	670725	261185
广西	Guangxi	54680	10720
海南	Hainan	1861	580
重庆	Chongqing	62201	15297
四川	Sichuan	283442	46409
贵州	Guizhou	31982	6843
云南	Yunnan	41431	5704
西藏	Tibet	61	53
陕西	Shaanxi	60030	13629
甘肃	Gansu	47666	8391
青海	Qinghai	27572	8920
宁夏	Ningxia	13438	2775
新疆	Xinjiang	141304	23989

科技活动经费内部支出(2004)
Designated Size(Share Holding Enterprises) by Region

(10 000 yuan)

原材料费 Raw Material Expenditure	固定资产购建费 Expenditure on the Purchase of Fixed Assets	#设备购置 Purchase of Instruments	#开发新产品经费 Spending for New Products
1166272	**1443895**	**1236780**	**1781380**
703706	797040	666449	1155830
239093	361436	322762	352544
223472	285419	247569	273006
45167	31985	18593	87244
17622	48290	39255	20817
21146	45051	35225	35080
12009	43138	39873	35142
14385	19875	17118	6265
50638	23904	22801	58497
18756	15420	10910	35112
12214	24186	21913	31985
36189	54695	47655	51101
158148	154587	130324	173902
92250	79150	63704	161499
85378	132621	127626	53843
21797	36874	23216	34733
5700	16200	14207	21849
86095	152146	131417	124300
40820	46359	41437	64561
35052	48661	43005	57679
29164	34851	23791	52373
174374	169473	153774	408027
8883	23782	19723	16956
280	885	485	631
14425	22660	13340	33498
74185	116409	108297	141716
8620	13110	10840	13292
13529	7541	6420	16098
3			7
20326	15859	12201	24466
12595	23468	21379	2660
10032	1966	1511	6871
6955	2459	2399	5956
39534	38290	34342	5222

3-64 分行业规模以上工业企业(股份有限公司)

Intramural Expenditure on S&T Activities of Industrial Enterprises above

单位:万元

行业 Industry	科技活动经费内部支出总额 Intramural Expenditure on S&T Activities	劳务费 Compensation for Laborers
总计 **Total**	**4374748**	**1023091**
煤炭开采和洗选业 Mining and Washing of Coal	37433	7379
石油和天然气开采业 Extraction of Petroleum and Natural Gas	237365	64712
黑色金属矿采选业 Mining of Ferrous Metal Ores	85	47
有色金属矿采选业 Mining of Non-ferrous Metal Ores	6709	2026
非金属矿采选业 Mining and Processing of Nonmetal Ores	4174	900
农副食品加工业 Processing of Food from Agricultural Products	28176	5245
食品制造业 Manufacture of Foods	45092	8585
饮料制造业 Manufacture of Beverage	74699	10444
烟草制品业 Manufacture of Tobacco	536	45
纺织业 Manufacture of Textile	108880	17019
纺织服装、鞋、帽制造业 Manufacture of Textile Wearing Apparel, Footware and Caps	43999	16708
皮革、毛皮、羽毛(绒)及其制品业 Manufacture of Leather, Fur, Feather and Its Products	1297	589
木材加工及木、竹、藤、棕、草制品业 Processing of Timbers, Manufacture of Wood, Bamboo, Rattan, Palm, Straw	6083	1081
家具制造业 Manufacture of Furniture	2553	594
造纸及纸制品业 Manufacture of Paper and Paper Products	32795	5577
印刷业和记录媒介的复制 Printing, Reproduction of Recording Media	3896	757

科技活动经费内部支出(2004)
Designated Size(Share Holding Enterprises) by Industry

(10 000 yuan)

原材料费 Raw Material Expenditure	固定资产购建费 Expenditure on the Purchase of Fixed Assets	#设备购置 Purchase of Instruments	#开发新产品经费 Spending for New Products
1166272	**1443895**	**1236780**	**1781380**
7578	20235	19639	13195
34918	42721	38901	633
14	23	23	
2696	1486	1048	3067
543	2700	1964	67
6195	11227	7035	5751
14984	16576	14807	12493
18631	41307	39492	37381
274	191	171	
26443	55943	43007	50426
11246	10437	8242	19518
258	419	384	421
2346	2235	2141	2655
327	1395	495	690
6784	16211	15639	8019
1028	1499	1399	2404

3 - 64 续表

单位:万元

行业 Industry	科技活动经费内部支出总额 Intramural Expenditure on S&T Activities	劳务费 Compensation for Laborers
文教体育用品制造业 Manufacture of Articles for Culture, Education and Sport Activity	5536	1440
石油加工、炼焦及核燃料加工业 Processing of Petroleum ,Coking, Processing of Nucleus Fuel	124606	37843
化学原料及化学制品制造业 Manufacture of Chemical Raw Material and Chemical Products	608505	118107
医药制造业 Manufacture of Medicines	247840	50539
化学纤维制造业 Manufacture of Chemical Fiber	64747	11356
橡胶制品业 Manufacture of Rubber	43294	8878
塑料制品业 Manufacture of Plastic	42167	6681
非金属矿物制品业 Manufacture of Non-metallic Mineral Products	107298	18434
黑色金属冶炼及压延加工业 Manufacture and Processing of Ferrous Metals	491542	69949
有色金属冶炼及压延加工业 Manufacture and Processing of Non-ferrous Metals	112522	25358
金属制品业 Manufacture of Metal Products	48183	9494
通用设备制造业 Manufacture of General Purpose Machinery	236297	59125
专用设备制造业 Manufacture of Special Purpose Machinery	196572	49821
交通运输设备制造业 Manufacture of Transport Equipment	284308	52194
电气机械及器材制造业 Manufacture of Electrical Machinery and Equipment	445541	84251
通信设备、计算机及其他电子设备制造业 Manufacture of Communication, Computer, Other Electronic Equipment	610245	253885
仪器仪表及文化、办公用机械制造业 Manufacture of Measuring Instrument, Machinery for Cultural and Office Work	37302	17026
工艺品及其他制造业 Manufacture of Artwork, Other Manufacture	882	419
电力、热力的生产和供应业 Production and Supply of Electric Power and Heat Power	29131	6482
燃气生产和供应业 Production and Distribution of Gas		
水的生产和供应业 Production and Distribution of Water	4458	102

(10 000 yuan)

原材料费 Raw Material Expenditure	固定资产购建费 Expenditure on the Purchase of Fixed Assets	#设备购置 Purchase of Instruments	#开发新产品经费 Spending for New Products
1220	2110	2057	4337
19441	35583	33698	21845
151464	259065	236198	154273
49459	108055	72449	104124
17068	25986	24013	30220
13517	19119	17606	23956
9555	20751	20474	11123
33929	42888	38034	47639
154633	180669	168367	113596
20311	40418	34601	21980
15356	15003	12139	16686
75303	57148	48046	116577
69499	49289	34443	80963
64017	90429	71294	161643
135937	163958	136160	211708
181319	87943	76699	483105
9676	4801	4241	15525
246	157	155	462
10028	11598	11598	4902
28	4321	124	

3-65 各地区规模以上工业企业(股份有限公司)其他技术活动经费支出(2004)

Expenditure on Other Technical Activities in Industrial Enterprises above Designated Size (Share Holding Enterprises) by Region

单位:万元 (10 000 yuan)

地 区 Region		技术改造经费 Expenditure on Technical Renovation	技术引进经费 Expenditure on Import of Technology	消化吸收经费 Expenditure on Technology Absorption	购买国内技术经费 Expenditure on Purchase of Domestic Technology
全 国	**Total**	**5997692**	**672414**	**118114**	**212960**
东部地区	Eastern Region	3334638	504090	88354	114162
中部地区	Mid Region	1465668	94314	23439	50750
西部地区	Western Region	1197386	74010	6322	48048
北 京	Beijing	115792	18479	2815	1524
天 津	Tianjin	24931	3631	2102	2072
河 北	Hebei	153253	34757	12227	21058
山 西	Shanxi	98372	9686	47	625
内蒙古	Neimenggu	65507	7018	738	4086
辽 宁	Liaoning	167554	14879	6250	617
吉 林	Jilin	69551	2207	1080	2185
黑龙江	Heilongjiang	186496	28617	7151	10746
上 海	Shanghai	173742	64020	237	1325
江 苏	Jiangsu	655491	206130	5245	20866
浙 江	Zhejiang	642557	29342	5387	10573
安 徽	Anhui	523545	24813	4127	1614
福 建	Fujian	67941	9950	1892	648
江 西	Jiangxi	82908	336	925	208
山 东	Shandong	783059	25292	12063	13723
河 南	Henan	146625	8508	2197	5849
湖 北	Hubei	224462	13990	6463	28937
湖 南	Hunan	133709	6158	1449	587
广 东	Guangdong	550043	97125	40051	41691
广 西	Guangxi	113379	10500	494	1478
海 南	Hainan	277	486	86	67
重 庆	Chongqing	164247	14566	207	21751
四 川	Sichuan	312611	19082	2413	3808
贵 州	Guizhou	175516	806	736	1595
云 南	Yunnan	86754	8396	150	10107
西 藏	Tibet	560		15	
陕 西	Shaanxi	28804	358	122	807
甘 肃	Gansu	32848	8969	1422	1177
青 海	Qinghai	4098			
宁 夏	Ningxia	29424	3177	5	416
新 疆	Xinjiang	183639	1139	20	2823

3-66 分行业规模以上工业企业(股份有限公司)其他技术活动经费支出(2004)

Expenditure on Other Technical Activities in Industrial Enterprises above Designated Size(Share Holding Enterprises) by Industry

单位:万元 (10 000 yuan)

行 业 Industry	技术改造经费 Expenditure on Technical Renovation	技术引进经费 Expenditure on Import of Technology	消化吸收经费 Expenditure on Technology Absorption	购买国内技术经费 Expenditure on Purchase of Domestic Technology
总计 **Total**	**5997692**	**672414**	**118114**	**212960**
煤炭开采和洗选业 Mining and Washing of Coal	30677	448	631	296
石油和天然气开采业 Extraction of Petroleum and Natural Gas	51529	1562	15	41
黑色金属矿采选业 Mining of Ferrous Metal Ores	3122			
有色金属矿采选业 Mining of Non-ferrous Metal Ores	8149	300	20	55
非金属矿采选业 Mining and Processing of Nonmetal Ores	8978	1175	324	680
农副食品加工业 Processing of Food from Agricultural Products	77590	897	91	130
食品制造业 Manufacture of Foods	76345	20736	3188	14395
饮料制造业 Manufacture of Beverage	141826	339	350	1638
烟草制品业 Manufacture of Tobacco	76			
纺织业 Manufacture of Textile	176088	28403	1149	7037
纺织服装、鞋、帽制造业 Manufacture of Textile Wearing Apparel, Footware and Caps	21567	1097	1551	387
皮革、毛皮、羽毛(绒)及其制品业 Manufacture of Leather, Fur, Feather and Its Products	215			70
木材加工及木、竹、藤、棕、草制品业 Processing of Timbers, Manufacture of Wood, Bamboo, Rattan, Palm, Straw	4613	11	135	345
家具制造业 Manufacture of Furniture	7563		260	5
造纸及纸制品业 Manufacture of Paper and Paper Products	74786	18252	531	1189
印刷业和记录媒介的复制 Printing, Reproduction of Recording Media	5970	1876		807

3－66 续表

单位:万元 (10 000 yuan)

行业 Industry	技术改造经费 Expenditure on Technical Renovation	技术引进经费 Expenditure on Import of Technology	消化吸收经费 Expenditure on Technology Absorption	购买国内技术经费 Expenditure on Purchase of Domestic Technology
文教体育用品制造业 Manufacture of Articles for Culture, Education and Sport Activity	731	3467	221	
石油加工、炼焦及核燃料加工业 Processing of Petroleum, Coking, Processing of Nucleus Fuel	924218	44701	26698	70461
化学原料及化学制品制造业 Manufacture of Chemical Raw Material and Chemical Products	1035918	204918	5822	16699
医药制造业 Manufacture of Medicines	253971	18500	13591	22389
化学纤维制造业 Manufacture of Chemical Fiber	67782	1777	271	263
橡胶制品业 Manufacture of Rubber	24654	5287	1167	2003
塑料制品业 Manufacture of Plastic	18901	345	9504	909
非金属矿物制品业 Manufacture of Non-metallic Mineral Products	158483	15331	5179	2930
黑色金属冶炼及压延加工业 Manufacture and Processing of Ferrous Metals	1085174	157317	9327	5349
有色金属冶炼及压延加工业 Manufacture and Processing of Non-ferrous Metals	347064	7768	595	14538
金属制品业 Manufacture of Metal Products	101706	12483	671	436
通用设备制造业 Manufacture of General Purpose Machinery	228257	25949	1337	7611
专用设备制造业 Manufacture of Special Purpose Machinery	116439	8969	2149	1805
交通运输设备制造业 Manufacture of Transport Equipment	349673	33754	4658	27780
电气机械及器材制造业 Manufacture of Electrical Machinery and Equipment	330445	29206	25279	10663
通信设备、计算机及其他电子设备制造业 Manufacture of Communication, Computer, Other Electronic Equipment	161895	27137	2591	1898
仪器仪表及文化、办公用机械制造业 Manufacture of Measuring Instrument, Machinery for Cultural and Office Work	8485	29	22	52
工艺品及其他制造业 Manufacture of Artwork, Other Manufacture	166			
电力、热力的生产和供应业 Production and Supply of Electric Power and Heat Power	94595	380	790	98
燃气生产和供应业 Production and Distribution of Gas	15			
水的生产和供应业 Production and Distribution of Water	29			

3-67 各地区规模以上工业企业(股份有限公司)科技机构(2004)
S&T Institutions in Industrial Enterprises above Designated Size(Share Holding Enterprises) by Region

地区 Region		企业科技机构数(个) Number of the S&T Institutions (unit)	科技机构人员(人) Personnel in S&T Insitutions (person)	#科学家和工程师 Scientists & Engineers	科技机构经费(万元) Spending for S&T Insitutions (10 000 yuan)
全　国	**Total**	**2071**	**135258**	**89047**	**1869384**
东部地区	Eastern Region	1108	76733	51529	1202391
中部地区	Mid Region	587	33749	21397	309021
西部地区	Western Region	376	24776	16121	357973
北　京	Beijing	62	5104	4041	77999
天　津	Tianjin	32	2625	1657	49083
河　北	Hebei	90	5086	3104	52764
山　西	Shanxi	37	1553	886	27518
内蒙古	Neimenggu	24	1337	852	10848
辽　宁	Liaoning	68	3426	2473	83382
吉　林	Jilin	56	2634	1949	37944
黑龙江	Heilongjiang	38	2312	1620	28167
上　海	Shanghai	32	1739	1196	44568
江　苏	Jiangsu	188	9030	5137	127578
浙　江	Zhejiang	189	11475	7022	164757
安　徽	Anhui	75	4629	2346	43270
福　建	Fujian	56	1824	1023	35287
江　西	Jiangxi	28	1777	1026	20737
山　东	Shandong	214	14582	8191	129007
河　南	Henan	146	8919	5101	43631
湖　北	Hubei	112	6406	4581	55608
湖　南	Hunan	95	5519	3888	52147
广　东	Guangdong	169	21698	17567	436919
广　西	Guangxi	35	1785	1190	25998
海　南	Hainan	8	144	118	1046
重　庆	Chongqing	31	2470	1740	26055
四　川	Sichuan	102	7993	4831	130020
贵　州	Guizhou	18	757	572	12660
云　南	Yunnan	28	775	449	10763
西　藏	Tibet	2	6	6	10
陕　西	Shaanxi	58	2165	1691	15861
甘　肃	Gansu	32	3022	1495	15974
青　海	Qinghai	14	847	596	16831
宁　夏	Ningxia	10	655	506	7940
新　疆	Xinjiang	22	2964	2193	85014

3-68 分行业规模以上工业企业(股份有限公司)科技机构(2004)
S&T Institutions in Industrial Enterprises above Designated Size(Share Holding Enterprises) by Industry

行业 Industry	企业科技机构数(个) Number of the S&T Institutions (unit)	科技机构人员(人) Personnel in S&T Insitutions (person)	#科学家和工程师 Scientists & Engineers	科技机构经费(万元) Spending for S&T insitutions (10 000 yuan)
总计 Total	**2071**	**135258**	**89047**	**1869384**
煤炭开采和洗选业 Mining and Washing of Coal	15	860	468	5450
石油和天然气开采业 Extraction of Petroleum and Natural Gas	45	9298	6202	168786
黑色金属矿采选业 Mining of Ferrous Metal Ores	1	1	1	40
有色金属矿采选业 Mining of Non-ferrous Metal Ores	5	125	101	472
非金属矿采选业 Mining and Processing of Nonmetal Ores	6	112	35	1579
农副食品加工业 Processing of Food from Agricultural Products	38	1383	884	8735
食品制造业 Manufacture of Foods	33	924	702	11713
饮料制造业 Manufacture of Beverage	49	1802	958	26507
烟草制品业 Manufacture of Tobacco	1	35	34	51
纺织业 Manufacture of Textile	70	4153	1581	38073
纺织服装、鞋、帽制造业 Manufacture of Textile Wearing Apparel, Footware and Caps	18	1083	503	18147
皮革、毛皮、羽毛(绒)及其制品业 Manufacture of Leather, Fur, Feather and Its Products	3	51	34	549
木材加工及木、竹、藤、棕、草制品业 Processing of Timbers, Manufacture of Wood, Bamboo, Rattan, Palm, Straw	9	294	163	3238
家具制造业 Manufacture of Furniture	9	242	188	400
造纸及纸制品业 Manufacture of Paper and Paper Products	26	1740	1024	9606
印刷业和记录媒介的复制 Printing, Reproduction of Recording Media	6	232	166	2295

3－68 续表

行 业 Industry	企业科技机构数（个） Number of the S&T Institutes (unit)	科技机构人员（人） Personnel in S&T Insitutions (person)	#科学家和工程师 Scientists & Engineers	科技机构经费（万元） Spending for S&T insitutions (10 000 yuan)
文教体育用品制造业 Manufacture of Articles for Culture, Education and Sport Activity	7	472	222	3709
石油加工、炼焦及核燃料加工业 Processing of Petroleum , Coking, Processing of Nucleus Fuel	42	4470	2758	50479
化学原料及化学制品制造业 Manufacture of Chemical Raw Material and Chemical Products	272	12681	7931	172643
医药制造业 Manufacture of Medicines	257	8075	5537	112967
化学纤维制造业 Manufacture of Chemical Fiber	21	1444	754	29956
橡胶制品业 Manufacture of Rubber	18	1409	478	19366
塑料制品业 Manufacture of Plastic	33	1453	966	12606
非金属矿物制品业 Manufacture of Non-metallic Mineral Products	112	5149	2708	29448
黑色金属冶炼及压延加工业 Manufacture and Processing of Ferrous Metals	35	6094	3807	101943
有色金属冶炼及压延加工业 Manufacture and Processing of Non-ferrous Metals	63	4202	2491	35917
金属制品业 Manufacture of Metal Products	31	1319	706	21305
通用设备制造业 Manufacture of General Purpose Machinery	166	8390	5370	83110
专用设备制造业 Manufacture of Special Purpose Machinery	167	9085	6661	82657
交通运输设备制造业 Manufacture of Transport Equipment	114	11373	8530	144276
电气机械及器材制造业 Manufacture of Electrical Machinery and Equipment	179	10377	5749	216714
通信设备、计算机及其他电子设备制造业 Manufacture of Communication, Computer, Other Electronic Equipment	157	24039	19579	433572
仪器仪表及文化、办公用机械制造业 Manufacture of Measuring Instrument, Machinery for Cultural and Office Work	38	2226	1373	16902
工艺品及其他制造业 Manufacture of Artwork, Other Manufacture	8	167	57	489
电力、热力的生产和供应业 Production and Supply of Electric Power and Heat Power	16	493	326	5659
燃气生产和供应业 Production and Distribution of Gas				
水的生产和供应业 Production and Distribution of Water	1	5		28

3-69 各地区规模以上工业企业(股份有限公司)科技项目与专利(2004)
Projects and Patents for S&T Activities in Industrial Enterprises above Designated Size(Share Holding Enterprises) by Region

单位:项 (item)

地 区 Region		科技活动项目数 Projects for S&T Activities	#新产品开发项目数 Projects for New Product	专利申请 Patent Applications	#发明专利数 Inventive Patent	拥有发明专利数 Owning Inventive Patent
全 国	**Total**	**14194**	**9887**	**8993**	**2433**	**5219**
东部地区	Eastern Region	7259	5336	5496	1440	2945
中部地区	Mid Region	3544	2559	1825	600	1282
西部地区	Western Region	3391	1992	1672	393	992
北 京	Beijing	702	529	543	230	676
天 津	Tianjin	402	280	250	159	48
河 北	Hebei	438	264	199	86	198
山 西	Shanxi	201	131	68	34	96
内蒙古	Neimenggu	196	120	60	9	47
辽 宁	Liaoning	571	433	106	29	187
吉 林	Jilin	238	169	75	35	70
黑龙江	Heilongjiang	314	258	180	43	120
上 海	Shanghai	415	293	614	167	112
江 苏	Jiangsu	1141	849	748	141	216
浙 江	Zhejiang	1086	888	595	177	360
安 徽	Anhui	636	401	120	51	50
福 建	Fujian	313	203	70	27	109
江 西	Jiangxi	255	192	89	46	28
山 东	Shandong	1292	944	714	160	470
河 南	Henan	822	626	406	87	254
湖 北	Hubei	707	546	325	142	251
湖 南	Hunan	371	236	562	162	413
广 东	Guangdong	881	637	1643	255	553
广 西	Guangxi	263	222	238	35	38
海 南	Hainan	18	16	14	9	16
重 庆	Chongqing	353	291	195	16	68
四 川	Sichuan	848	499	505	120	311
贵 州	Guizhou	123	92	90	27	47
云 南	Yunnan	194	131	128	46	70
西 藏	Tibet	1	1	1		
陕 西	Shaanxi	271	181	175	54	112
甘 肃	Gansu	272	119	45	31	166
青 海	Qinghai	96	28	31	6	24
宁 夏	Ningxia	218	195	10	5	22
新 疆	Xinjiang	556	113	194	44	87

3－70 分行业规模以上工业企业(股份有限公司)科技项目与专利(2004)
Projects and Patents for S&T Activities in Industrial Enterprises above Designated Size (Share Holding Enterprises) by Industry

单位:项 (item)

行业 Industry	科技活动项目数 Projects for S&T Activities	#新产品开发项目数 Projects for New Product	专利申请 Patent Applications	#发明专利数 Inventive Patent	拥有发明专利数 Owning Inventive Patent
总计 Total	**14194**	**9887**	**8993**	**2433**	**5219**
煤炭开采和洗选业 Mining and Washing of Coal	171	37	17	6	19
石油和天然气开采业 Extraction of Petroleum and Natural Gas	957	195	152	19	129
黑色金属矿采选业 Mining of Ferrous Metal Ores	1				
有色金属矿采选业 Mining of Non-ferrous Metal Ores	49	8			
非金属矿采选业 Mining and Processing of Nonmetal Ores	19	12	5	1	4
农副食品加工业 Processing of Food from Agricultural Products	111	73	153	65	31
食品制造业 Manufacture of Foods	171	144	248	46	78
饮料制造业 Manufacture of Beverage	253	200	319	63	267
烟草制品业 Manufacture of Tobacco	1	1	3	2	2
纺织业 Manufacture of Textile	314	258	193	12	32
纺织服装、鞋、帽制造业 Manufacture of Textile Wearing Apparel, Footware and Caps	48	34	169	10	13

3－70 续表 1

单位:项 (item)

行 业 Industry	科技活动项目数 Projects for S&T Activities	#新产品开发项目数 Projects for New Product	专利申请 Patent Applic-ations	#发 明专利数 Inventive Patent	拥有发明专利数 Owning Inventive Patent
皮革、毛皮、羽毛(绒)及其制品业 Manufacture of Leather, Fur, Feather and Its Products	10	4	17		
木材加工及木、竹、藤、棕、草制品业 Processing of Timbers, Manufacture of Wood, Bamboo, Rattan, Palm, Straw	24	19	10	1	3
家具制造业 Manufacture of Furniture	8	8	20	1	1
造纸及纸制品业 Manufacture of Paper and Paper Products	92	45	19	13	19
印刷业和记录媒介的复制 Printing, Reproduction of Recording Media	29	23	10	2	1
文教体育用品制造业 Manufacture of Articles for Culture, Education and Sport Activity	38	34	21	21	48
石油加工、炼焦及核燃料加工业 Processing of Petroleum , Coking, Processing of Nucleus Fuel	742	294	81	54	479
化学原料及化学制品制造业 Manufacture of Chemical Raw Material and Chemical Products	1434	967	566	260	415
医药制造业 Manufacture of Medicines	1571	1392	768	473	464
化学纤维制造业 Manufacture of Chemical Fiber	106	80	20	6	11
橡胶制品业 Manufacture of Rubber	65	47	58	9	29
塑料制品业 Manufacture of Plastic	122	88	80	43	55
非金属矿物制品业 Manufacture of Non-metallic Mineral Products	449	250	317	111	336
黑色金属冶炼及压延加工业 Manufacture and Processing of Ferrous Metals	925	459	360	118	75

3－70 续表 2

单位:项 (item)

行 业 Industry	科技活动项目数 Projects for S&T Activities	#新产品开发项目数 Projects for New Product	专利申请 Patent Applic-ations	#发 明专利数 Inventive Patent	拥有发明专利数 Owning Inventive Patent
有色金属冶炼及压延加工业 Manufacture and Processing of Non-ferrous Metals	443	228	180	102	255
金属制品业 Manufacture of Metal Products	203	180	193	29	159
通用设备制造业 Manufacture of General Purpose Machinery	1537	1175	493	58	212
专用设备制造业 Manufacture of Special Purpose Machinery	859	717	910	156	486
交通运输设备制造业 Manufacture of Transport Equipment	956	826	682	99	260
电气机械及器材制造业 Manufacture of Electrical Machinery and Equipment	1026	878	1573	222	349
通信设备、计算机及其他电子设备制造业 Manufacture of Communication, Computer, Other Electronic Equipment	966	877	1110	379	877
仪器仪表及文化、办公用机械制造业 Manufacture of Measuring Instrument, Machinery for Cultural and Office Work	308	273	222	31	91
工艺品及其他制造业 Manufacture of Artwork, Other Manufacture	13	12	1	1	1
电力、热力的生产和供应业 Production and Supply of Electric Power and Heat Power	167	48	23	20	18
燃气生产和供应业 Production and Distribution of Gas					
水的生产和供应业 Production and Distribution of Water	6	1			

3-71 各地区规模以上工业

Major Indicators of Industrial Enterprises above

单位:万元

地 区 Region		企业数(个) Number of Large & Medium-sized Enterprises (unit)	#有科技机构的企业数 Having Institutions for S&T	#有科技活动的企业数 Having Activities for S&T	工业总产值 Gross Value of Industrial Output	#新产品 New Products
全 国	**Total**	**57165**	**2619**	**6597**	**659960068**	**93947573**
东部地区	Eastern Region	52485	2242	5828	596107545	83817624
中部地区	Mid Region	2906	253	485	43585342	6036275
西部地区	Western Region	1774	124	284	20267181	4093674
北 京	Beijing	1340	63	246	22690869	5101428
天 津	Tianjin	1657	50	160	28461700	11272850
河 北	Hebei	908	48	122	12966433	553862
山 西	Shanxi	132	14	20	1822643	73148
内蒙古	Neimenggu	118	9	16	2444523	521322
辽 宁	Liaoning	2160	49	140	22439464	1890260
吉 林	Jilin	279	10	23	9333568	61698
黑龙江	Heilongjiang	204	14	27	3090964	792323
上 海	Shanghai	5662	169	530	85592093	21264082
江 苏	Jiangsu	9103	468	1380	107263095	8250218
浙 江	Zhejiang	6889	462	1156	49101838	6005471
安 徽	Anhui	439	32	67	5974373	859878
福 建	Fujian	4824	194	474	40394124	6802821
江 西	Jiangxi	429	20	41	3801988	41887
山 东	Shandong	4315	121	277	37836423	1749639
河 南	Henan	455	54	102	5465935	1051910
湖 北	Hubei	570	62	125	10532449	2199608
湖 南	Hunan	398	47	80	3563421	955822
广 东	Guangdong	15536	614	1337	188625698	20911872
广 西	Guangxi	357	18	37	4136122	1132045
海 南	Hainan	91	4	6	735809	15122
重 庆	Chongqing	181	25	60	4160178	1636638
四 川	Sichuan	483	28	79	3990907	378953
贵 州	Guizhou	116	6	11	587370	92271
云 南	Yunnan	173	9	24	1383092	44902
西 藏	Tibet	1			3000	
陕 西	Shaanxi	175	20	37	2002767	152882
甘 肃	Gansu	50	2	4	499834	6473
青 海	Qinghai	19	2	5	203545	
宁 夏	Ningxia	38	3	7	479008	118645
新 疆	Xinjiang	63	2	4	376836	9542

企业(三资)基本情况(2004)

Designated Size(Joint Ventures) by Region

(10 000 yuan)

产品销售收入 Total Revenue from the Sale of Products	#新产品 New Products	年末从业人员(人) Employees (year-end) (person)	#工程技术人员 Technical Engineering Personnel	生产经营用设备原价 Original Value of Equipment	#微电子控制 Equipment Controlled by Micro-electronics
651058511	**92907334**	**17552577**	**897068**	**206830692**	**24778798**
590508608	83411358	16081341	782116	178523538	22655177
40881333	5504845	971947	71870	18480236	1055681
19668570	3991131	499289	43082	9826918	1067940
22513901	5328302	266717	21874	5495846	1103504
28279329	10872499	437775	23564	5169907	938383
12636267	607617	293546	19776	6328347	527548
1799607	82638	58749	3644	1370810	39720
2411937	509305	47480	4713	701659	176141
21513859	1550205	503987	38796	9574308	1174463
8120657	55036	84582	3852	2450184	33273
2947441	731206	82822	6735	2120110	96519
91961780	21673339	1284843	77631	29026465	6215810
104466937	7955186	2294572	137072	31872513	3419197
49101009	5822709	1585870	80866	12804563	2381798
5569464	836033	131986	12644	2269516	326609
39104978	6744316	1592309	65630	11657793	1695091
3826527	32643	138645	7660	2001062	60796
35828528	1690976	1268481	81246	13442775	798822
5235718	916483	160849	17574	2858392	181599
10030173	1974962	206949	13132	3494636	237137
3351745	875845	107365	6629	1915526	80028
184393443	21139198	6530816	234663	52830183	4366137
3943289	1115248	130056	10000	1778197	111292
708576	27011	22425	998	320838	34424
4067877	1588335	64451	5620	1945216	320484
3972302	343824	112014	8790	1891069	84405
517062	81083	23442	1298	476574	32227
1378823	62794	32300	4406	1082506	210983
2400		69		541	
1780268	142712	46368	5022	1184394	63358
492551	5135	12760	789	174997	24838
261450	8895	5846	262	110836	629
458553	124252	13378	1198	239828	24010
382060	9550	11125	984	241102	19574

单位:万元

行 业 Industry	企业数(个) Number of Large & Medium-sized Enterprises (unit)	#有科技机构的企业数 Having Institutions for S&T	#有科技活动的企业数 Having Activities for S&T
总计 **Total**	**57165**	**2619**	**6597**
煤炭开采和洗选业 Mining and Washing of Coal	26		
石油和天然气开采业 Extraction of Petroleum and Natural Gas	7		2
黑色金属矿采选业 Mining of Ferrous Metal Ores	23		1
有色金属矿采选业 Mining of Non-ferrous Metal Ores	38	1	2
非金属矿采选业 Mining and Processing of Nonmetal Ores	119	1	3
其他采矿业 Mining of Other Ores	1		
农副食品加工业 Processing of Food from Agricultural Products	2133	61	143
食品制造业 Manufacture of Foods	1272	48	112
饮料制造业 Manufacture of Beverage	564	40	82
烟草制品业 Manufacture of Tobacco	7		1
纺织业 Manufacture of Textile	5236	144	397
纺织服装、鞋、帽制造业 Manufacture of Textile Wearing Apparel, Footware and Caps	5118	28	205
皮革、毛皮、羽毛(绒)及其制品业 Manufacture of Leather, Fur, Feather and Its Products	2524	57	155
木材加工及木、竹、藤、棕、草制品业 Processing of Timbers, Manufacture of Wood, Bamboo, Rattan, Palm, Straw	930	18	46
家具制造业 Manufacture of Furniture	1059	14	56
造纸及纸制品业 Manufacture of Paper and Paper Products	1222	35	82
印刷业和记录媒介的复制 Printing, Reproduction of Recording Media	696	25	64

企业(三资)基本情况(2004)
Designated Size(Joint Ventures) by Industry

(10 000 yuan)

工业总产值 Gross Value of Industrial Output	#新产品 New Products	产品销售收入 Total Revenue from the Sale of Products	#新产品 New Products	年末从业人员(人) Employees (year-end) (person)	#工程技术人员 Technical Engineering Personnel	生产经营用设备原价 Original Value of Equipment	#微电子控制 Equipment Controlled by Micro-electronics
659960068	**93947573**	**651058511**	**92907334**	**17552577**	**897068**	**206830692**	**24778798**
737100		744074		11463	946	159341	13039
3573898		2008623		1256	147	177626	13
125662		112669		4008	126	14731	289
192419	954	255617	944	5849	474	78135	287
436351	1152	408967		14016	935	178950	6735
2128		2128		85	18	1785	
25001727	356896	24353913	341600	461584	24296	5068189	181004
11295947	449830	11067949	469165	315351	14720	3844772	275394
8948949	428027	9372276	391646	183830	17441	5248374	591010
83119	8266	90253	8307	3234	94	45426	2974
28093466	2155996	27264564	2064867	1471537	59267	10718386	955576
19206207	489601	18412206	507141	1737420	42715	3423607	130178
14916782	501343	14396564	529018	1327943	29235	2343206	57057
3741176	128914	3559917	122662	172115	7763	1562588	110678
6950332	521701	6779179	513057	369524	13921	1364346	39618
11422848	1392175	11157345	1355900	300625	18618	8065349	929615
3980999	98916	3872699	117450	162189	8567	2436426	460693

3－72 续表

单位:万元

行　业 Industry	企业数(个) Number of Large & Medium-sized Enterprises (unit)	#有科技机构的企业数 Having Institutions for S&T	#有科技活动的企业数 Having Activities for S&T
文教体育用品制造业 Manufacture of Articles for Culture, Education and Sport Activity	1586	30	94
石油加工、炼焦及核燃料加工业 Processing of Petroleum, Coking, Processing of Nucleus Fuel	164	10	21
化学原料及化学制品制造业 Manufacture of Chemical Raw Material and Chemical Products	3011	226	456
医药制造业 Manufacture of Medicines	880	195	347
化学纤维制造业 Manufacture of Chemical Fiber	302	22	50
橡胶制品业 Manufacture of Rubber	783	39	85
塑料制品业 Manufacture of Plastic	3487	95	270
非金属矿物制品业 Manufacture of Non-metallic Mineral Products	2423	133	292
黑色金属冶炼及压延加工业 Manufacture and Processing of Ferrous Metals	512	26	68
有色金属冶炼及压延加工业 Manufacture and Processing of Non-ferrous Metals	651	37	82
金属制品业 Manufacture of Metal Products	2824	64	204
通用设备制造业 Manufacture of General Purpose Machinery	3081	195	499
专用设备制造业 Manufacture of Special Purpose Machinery	2074	120	350
交通运输设备制造业 Manufacture of Transport Equipment	2008	170	424
电气机械及器材制造业 Manufacture of Electrical Machinery and Equipment	3926	266	661
通信设备、计算机及其他电子设备制造业 Manufacture of Communication, Computer, Other Electronic Equipment	4677	391	945
仪器仪表及文化、办公用机械制造业 Manufacture of Measuring Instrument, Machinery for Cultural and Office Work	1302	95	248
工艺品及其他制造业 Manufacture of Artwork, Other Manufacture	1860	19	83
电力、热力的生产和供应业 Production and Supply of Electric Power and Heat Power	389	11	54
燃气生产和供应业 Production and Distribution of Gas	92		2
水的生产和供应业 Production and Distribution of Water	58	2	7

(10 000 yuan)

工业总产值 Gross Value of Industrial Output	#新产品 New Products	产品销售收入 Total Revenue from the Sale of Products	#新产品 New Products	年末从业人员(人) Employees (year-end) (person)	#工程技术人员 Technical Engineering Personnel	生产经营用设备原价 Original Value of Equipment	#微电子控制 Equipment Controlled by Micro-electronics
7334406	217561	7187668	234942	730982	17551	1813836	55166
9068262	523555	9157131	534817	50004	6561	4168641	124119
33889472	2144168	32887890	2055723	397737	39240	11285090	969850
8132634	1157818	7339761	1052338	197447	22504	2828345	210863
5745344	627122	5615694	610060	79012	7442	3807834	443082
7283033	995979	7244708	978166	316318	11533	3687451	643245
18692636	808933	18365410	807987	790754	32935	8100999	876226
14548476	762051	14160318	816885	545966	33822	9301626	682336
21428912	981836	21341128	1006586	191127	14449	5657951	808876
10196432	449529	9993160	430109	141478	11241	3778651	340260
19184965	742522	18846439	765572	638455	30912	5004828	338066
24654221	4015854	23919464	3948347	584007	51816	6488175	712758
12599305	1338390	12732893	1227289	380735	30324	3565131	317769
59008088	22534930	57355604	21697901	685710	51350	13072072	2384119
43494379	6786107	42231004	6487358	1398134	71090	9809741	1055225
185255539	41160549	187976999	41550600	2690136	154608	31834006	8645260
14924687	1994653	15079959	2073761	420715	22256	2647367	270035
6788858	140776	6601922	179350	602897	16664	1593530	85952
16559954	21243	16426795	18250	133573	26855	31752825	2027175
1197105	3654	1533834	3610	17058	2268	605494	12604
455793		431796		10518	1949	1248431	21566

3－73 各地区规模以上工业企业(三资)科技活动人员(2004)

Personnel for S&T Activities in Industrial Enterprises above Designated Size(Joint Ventures) by Region

单位:人 (person)

地区 Region		科技活动人员 Personnel for S&T Activities	#科学家和工程师 Scientists & Engineers	1.参加科技项目人员 Personnel in S&T Projects	2.科技管理和服务人员 S&T Managers and Attendants
全国	**Total**	**313851**	**185456**	**222301**	**91550**
东部地区	Eastern Region	265726	158209	190411	75315
中部地区	Mid Region	32814	18946	20503	12311
西部地区	Western Region	15311	8301	11387	3924
北京	Beijing	9809	6942	6732	3077
天津	Tianjin	8855	4432	6131	2724
河北	Hebei	6069	3647	3634	2435
山西	Shanxi	1828	1044	764	1064
内蒙古	Neimenggu	1276	611	857	419
辽宁	Liaoning	6506	4118	4898	1608
吉林	Jilin	830	363	355	475
黑龙江	Heilongjiang	1980	1591	1572	408
上海	Shanghai	38011	24426	22919	15092
江苏	Jiangsu	54551	30866	40178	14373
浙江	Zhejiang	31474	17504	25157	6317
安徽	Anhui	4320	2266	2948	1372
福建	Fujian	21092	12417	18101	2991
江西	Jiangxi	3008	1730	1655	1353
山东	Shandong	16195	7814	10607	5588
河南	Henan	6803	3680	4694	2109
湖北	Hubei	9665	5784	5745	3920
湖南	Hunan	4380	2488	2770	1610
广东	Guangdong	73050	45951	51973	21077
广西	Guangxi	3518	1769	2927	591
海南	Hainan	114	92	81	33
重庆	Chongqing	2911	1991	2327	584
四川	Sichuan	3678	1872	2784	894
贵州	Guizhou	383	188	171	212
云南	Yunnan	529	323	469	60
西藏	Tibet				
陕西	Shaanxi	1411	833	794	617
甘肃	Gansu	614	152	249	365
青海	Qinghai	107	71	93	14
宁夏	Ningxia	507	310	431	76
新疆	Xinjiang	377	181	285	92

3-74 分行业规模以上工业企业(三资)科技活动人员(2004)

Personnel for S&T Activities in Industrial Enterprises above Designated Size(Joint Ventures) by Industry

单位:人 (person)

行业 Industry	科技活动人员 Personnel for S&T Activities	#科学家和工程师 Scientists & Engineers	1.参加科技项目人员 Personnel in S&T Projects	2.科技管理和服务人员 S&T Managers and Attendants
总计 Total	**313851**	**185456**	**222301**	**91550**
石油和天然气开采业 Extraction of Petroleum and Natural Gas	157	137	137	20
黑色金属矿采选业 Mining of Ferrous Metal Ores	25	25	25	
有色金属矿采选业 Mining of Non-ferrous Metal Ores	20	19	17	3
非金属矿采选业 Mining and Processing of Nonmetal Ores	87	37	59	28
农副食品加工业 Processing of Food from Agricultural Products	3215	1737	2165	1050
食品制造业 Manufacture of Foods	3994	2062	2989	1005
饮料制造业 Manufacture of Beverage	4492	2083	2630	1862
烟草制品业 Manufacture of Tobacco	18	14	14	4
纺织业 Manufacture of Textile	13475	5421	9863	3612
纺织服装、鞋、帽制造业 Manufacture of Textile Wearing Apparel, Footware and Caps	3612	1211	2463	1149
皮革、毛皮、羽毛(绒)及其制品业 Manufacture of Leather, Fur, Feather and Its Products	3249	1131	2392	857
木材加工及木、竹、藤、棕、草制品业 Processing of Timbers, Manufacture of Wood, Bamboo, Rattan, Palm, Straw	756	424	627	129
家具制造业 Manufacture of Furniture	1176	457	637	539
造纸及纸制品业 Manufacture of Paper and Paper Products	6385	2751	4372	2013
印刷业和记录媒介的复制 Printing, Reproduction of Recording Media	1978	957	1459	519

3－74 续表

单位：人 (person)

行业 Industry	科技活动人员 Personnel for S&T Activities	#科学家和工程师 Scientists & Engineers	1. 参加科技项目人员 Personnel in S&T Projects	2. 科技管理和服务人员 S&T Managers and Attendants
文教体育用品制造业 Manufacture of Articles for Culture, Education and Sport Activity	2692	1298	2169	523
石油加工、炼焦及核燃料加工业 Processing of Petroleum, Coking, Processing of Nucleus Fuel	2017	1121	1187	830
化学原料及化学制品制造业 Manufacture of Chemical Raw Material and Chemical Products	14684	8590	9597	5087
医药制造业 Manufacture of Medicines	11833	8284	8541	3292
化学纤维制造业 Manufacture of Chemical Fiber	3451	1922	2630	821
橡胶制品业 Manufacture of Rubber	4395	1885	2924	1471
塑料制品业 Manufacture of Plastic	6258	3212	4486	1772
非金属矿物制品业 Manufacture of Non-metallic Mineral Products	7322	3459	5630	1692
黑色金属冶炼及压延加工业 Manufacture and Processing of Ferrous Metals	6196	3643	4737	1459
有色金属冶炼及压延加工业 Manufacture and Processing of Non-ferrous Metals	5331	3170	3558	1773
金属制品业 Manufacture of Metal Products	5327	2891	3805	1522
通用设备制造业 Manufacture of General Purpose Machinery	22654	13414	15973	6681
专用设备制造业 Manufacture of Special Purpose Machinery	14133	8002	8484	5649
交通运输设备制造业 Manufacture of Transport Equipment	29643	18898	21728	7915
电气机械及器材制造业 Manufacture of Electrical Machinery and Equipment	28846	16771	20164	8682
通信设备、计算机及其他电子设备制造业 Manufacture of Communication, Computer, Other Electronic Equipment	90691	61073	65474	25217
仪器仪表及文化、办公用机械制造业 Manufacture of measuring instrument, machinery for cultural and office work	10687	6104	8148	2539
工艺品及其他制造业 Manufacture of Artwork, Other Manufacture	1155	572	877	278
电力、热力的生产和供应业 Production and Supply of Electric Power and Heat Power	3458	2350	2082	1376
燃气生产和供应业 Production and Distribution of Gas	27	8	8	19
水的生产和供应业 Production and Distribution of Water	346	289	224	122

3－75 各地区规模以上工业企业(三资)科技活动经费筹集(2004)
Sources of Funds for S&T of Industrial Enterprises above Designated Size(Joint Ventures) by Region

单位:万元 (10 000 yuan)

地区 Region		科技活动经费筹集总额 Total Funds Obtaied for S&T Activities	政府资金 Government Grant	企业资金 Enterprise Self-financed	金融机构贷款 Bank Loans	来自国外的资金 Funds from Abroad
全　国	**Total**	**6546848**	**67021**	**6045825**	**310544**	**61289**
东部地区	Eastern Region	5830554	59857	5381836	271795	59239
中部地区	Mid Region	482091	4359	449673	22012	2049
西部地区	Western Region	234203	2805	214317	16737	
北　京	Beijing	382785	5595	362618	5259	8893
天　津	Tianjin	285082	426	275365	2880	6391
河　北	Hebei	49386	1053	44653	2380	
山　西	Shanxi	24122	22	21762	2330	
内蒙古	Neimenggu	32054	550	30467	1037	
辽　宁	Liaoning	109261	3133	95599	9241	
吉　林	Jilin	8169	95	6854	190	
黑龙江	Heilongjiang	38207	420	32071	5608	
上　海	Shanghai	1324943	5231	1281830	30764	5125
江　苏	Jiangsu	1307859	10294	1175132	79384	8131
浙　江	Zhejiang	525308	7628	475341	33224	4984
安　徽	Anhui	71607	562	68463	871	1503
福　建	Fujian	426473	7169	376371	41057	225
江　西	Jiangxi	50613	450	48184	1550	
山　东	Shandong	188405	4245	165049	15511	5
河　南	Henan	89889	501	83063	5260	404
湖　北	Hubei	148436	2261	141193	3558	129
湖　南	Hunan	51048	48	48084	2645	14
广　东	Guangdong	1229868	15077	1128700	52095	25487
广　西	Guangxi	56962	539	55823	600	
海　南	Hainan	1186	7	1179		
重　庆	Chongqing	57299	420	54428	2450	
四　川	Sichuan	50604	316	38142	12017	
贵　州	Guizhou	2317	12	2105		
云　南	Yunnan	7295	219	6862	200	
西　藏	Tibet					
陕　西	Shaanxi	14741	400	14241	100	
甘　肃	Gansu	3239	143	2857	239	
青　海	Qinghai	3537	80	3457		
宁　夏	Ningxia	4054	111	3943		
新　疆	Xinjiang	2101	15	1992	94	

3－76 分行业规模以上工业企业(三资)科技活动经费筹集(2004)

Sources of Funds for S&T of Industrial Enterprises above Designated Size(Joint Ventures) by Industry

单位:万元 (10 000 yuan)

行业 Industry	科技活动经费筹集总额 Total Funds Obtaied for S&T Activities	政府资金 Government Grant	企业资金 Enterprise Self-financed	金融机构贷款 Bank Loans	来自国外的资金 Funds from Abroad
总计 Total	**6546848**	**67021**	**6045825**	**310544**	**61289**
石油和天然气开采业 Extraction of Petroleum and Natural Gas	2407		2407		
黑色金属矿采选业 Mining of Ferrous Metal Ores	64		64		
有色金属矿采选业 Mining of Non-ferrous Metal Ores	148		148		
非金属矿采选业 Mining and Processing of Nonmetal Ores	3518		3051	467	
农副食品加工业 Processing of Food from Agricultural Products	32840	2031	27937	1428	850
食品制造业 Manufacture of Foods	40361	908	37357	1996	100
饮料制造业 Manufacture of Beverage	104473	1105	92035	10742	
烟草制品业 Manufacture of Tobacco	503		503		
纺织业 Manufacture of Textile	166566	1719	147463	14706	133
纺织服装、鞋、帽制造业 Manufacture of Textile Wearing Apparel, Footware and Caps	33166	127	28945	3864	
皮革、毛皮、羽毛(绒)及其制品业 Manufacture of Leather, Fur, Feather and Its Products	33882	215	32606	860	37
木材加工及木、竹、藤、棕、草制品业 Processing of Timbers, Manufacture of Wood, Bamboo, Rattan, Palm, Straw	12186	55	10543	1553	6
家具制造业 Manufacture of Furniture	18304		18224		10
造纸及纸制品业 Manufacture of Paper and Paper Products	93722	1104	88364	1326	1329
印刷业和记录媒介的复制 Printing, Reproduction of Recording Media	23777	182	22643	915	

3-76 续表

单位:万元 (10 000 yuan)

行业 Industry	科技活动经费筹集总额 Total Funds Obtaied for S&T Activities	政府资金 Government Grant	企业资金 Enterprise Self-financed	金融机构贷款 Bank Loans	来自国外的资金 Funds from Abroad
文教体育用品制造业 Manufacture of Articles for Culture, Education and Sport Activity	28174	426	26870	547	250
石油加工、炼焦及核燃料加工业 Processing of Petroleum ,Coking, Processing of Nucleus Fuel	53232	266	51445	1500	
化学原料及化学制品制造业 Manufacture of Chemical Raw Material and Chemical Products	312525	4361	289050	15678	211
医药制造业 Manufacture of Medicines	239893	8946	206702	16790	4938
化学纤维制造业 Manufacture of Chemical Fiber	85895	548	82262	3085	
橡胶制品业 Manufacture of Rubber	77456	651	71102	5620	
塑料制品业 Manufacture of Plastic	110333	999	93117	14606	889
非金属矿物制品业 Manufacture of Non-metallic Mineral Products	97955	1541	88148	6285	591
黑色金属冶炼及压延加工业 Manufacture and Processing of Ferrous Metals	174900	1497	148723	24530	
有色金属冶炼及压延加工业 Manufacture and Processing of Non-ferrous Metals	112139	1236	95720	14558	206
金属制品业 Manufacture of Metal Products	89543	1182	77206	10762	44
通用设备制造业 Manufacture of General Purpose Machinery	299913	3872	282502	9024	1610
专用设备制造业 Manufacture of Special Purpose Machinery	168333	3085	153071	11450	171
交通运输设备制造业 Manufacture of Transport Equipment	758656	3203	713874	33863	3844
电气机械及器材制造业 Manufacture of Electrical Machinery and Equipment	536969	6969	491127	34029	1452
通信设备、计算机及其他电子设备制造业 Manufacture of Communication, Computer, Other Electronic Equipment	2614487	18030	2464972	61450	35951
仪器仪表及文化、办公用机械制造业 Manufacture of Measuring Instrument, Machinery for Cultural and Office Work	153310	1284	133673	7925	8623
工艺品及其他制造业 Manufacture of Artwork, Other Manufacture	11429	917	9131	810	45
电力、热力的生产和供应业 Production and Supply of Electric Power and Heat Power	50907	437	50295	175	
燃气生产和供应业 Production and Distribution of Gas	76		76		
水的生产和供应业 Production and Distribution of Water	3415	126	3090		

3-77 各地区规模以上工业企业(三资)

Intramural Expenditure on S&T Activities of Industrial Enterprises

单位:万元

地 区	Region	科技活动经费内部支出总额 Intramural Expenditure on S&T Activities	劳务费 Compensation for Laborers
全 国	**Total**	**6083808**	**1361957**
东部地区	Eastern Region	5395029	1202862
中部地区	Mid Region	450379	117240
西部地区	Western Region	238400	41855
北 京	Beijing	305312	52577
天 津	Tianjin	188922	54546
河 北	Hebei	52377	10738
山 西	Shanxi	27898	2895
内蒙古	Neimenggu	34745	5086
辽 宁	Liaoning	103129	18804
吉 林	Jilin	8853	2011
黑龙江	Heilongjiang	32794	20275
上 海	Shanghai	1432362	264966
江 苏	Jiangsu	1060219	237239
浙 江	Zhejiang	506242	134820
安 徽	Anhui	68156	9013
福 建	Fujian	390608	78739
江 西	Jiangxi	49203	6856
山 东	Shandong	197248	37148
河 南	Henan	74723	19810
湖 北	Hubei	130715	45433
湖 南	Hunan	58036	10948
广 东	Guangdong	1157344	312986
广 西	Guangxi	68327	7504
海 南	Hainan	1266	300
重 庆	Chongqing	47753	9492
四 川	Sichuan	54452	12247
贵 州	Guizhou	2017	624
云 南	Yunnan	6223	1505
西 藏	Tibet		
陕 西	Shaanxi	11899	2392
甘 肃	Gansu	3350	121
青 海	Qinghai	3532	324
宁 夏	Ningxia	4054	1110
新 疆	Xinjiang	2050	1450

科技活动经费内部支出(2004)

above Designated Size(Joint Ventures) by Region

(10 000 yuan)

原材料费 Raw Material Expenditure	固定资产购建费 Expenditure on the Purchase of Fixed Assets	#设备购置 Purchase of Instruments	#开发新产品经费 Spending for New Products
1634870	**1872753**	**1667971**	**2785866**
1471444	1626851	1445338	2567714
81713	189016	172081	160007
81713	56886	50553	58146
112082	60789	58819	173633
56104	37434	35497	86333
22263	11034	6960	26418
3910	18890	13664	6858
17066	11901	8569	7260
17942	41543	37831	38784
879	5162	3938	4590
1798	10190	9704	19796
362907	404105	388152	884778
329720	323327	282801	379311
157472	158171	136679	278925
17072	33801	31134	25442
127595	149154	138997	210077
10469	19841	19306	7010
70015	64656	48136	60639
18428	25450	22970	31599
20400	43551	41553	49534
8756	32132	29812	15178
214930	376242	311069	428471
21396	9354	8068	13417
413	398	398	345
19540	8166	7887	12439
15117	19300	18151	13884
689	422	422	1116
1857	2121	2120	2625
2496	1416	1169	4247
1633	574	570	82
461	2264	2264	200
1407	1225	1188	2866
52	145	145	10

3-78 分行业规模以上工业企业(三资)

Intramural Expenditure on S&T Activities of Industrial Enterprises

单位:万元

行 业 Industry	科技活动经费内部支出总额 Intramural Expenditure on S&T Activities	劳务费 Compensation for Laborers
总计 **Total**	**6083808**	**1361957**
石油和天然气开采业 Extraction of Petroleum and Natural Gas	908	758
黑色金属矿采选业 Mining of Ferrous Metal Ores	64	64
有色金属矿采选业 Mining of Non-ferrous Metal Ores	141	46
非金属矿采选业 Mining and Processing of Nonmetal Ores	3128	236
农副食品加工业 Processing of Food from Agricultural Products	38203	6503
食品制造业 Manufacture of Foods	44051	11798
饮料制造业 Manufacture of Beverage	97467	16335
烟草制品业 Manufacture of Tobacco	503	150
纺织业 Manufacture of Textile	175687	35076
纺织服装、鞋、帽制造业 Manufacture of Textile Wearing Apparel, Footware and Caps	44849	10143
皮革、毛皮、羽毛(绒)及其制品业 Manufacture of Leather, Fur, Feather and Its Products	31508	8743
木材加工及木、竹、藤、棕、草制品业 Processing of Timbers, Manufacture of Wood, Bamboo, Rattan, Palm, Straw	10992	1987
家具制造业 Manufacture of Furniture	20068	7464
造纸及纸制品业 Manufacture of Paper and Paper Products	110168	16408
印刷业和记录媒介的复制 Printing, Reproduction of Recording Media	24799	8829

科技活动经费内部支出(2004)

above Designated Size(Joint Ventures) by Industry

(10 000 yuan)

原材料费 Raw Material Expenditure	固定资产购建费 Expenditure on the Purchase of Fixed Assets	#设备购置 Purchase of Instruments	#开发新产品经费 Spending for New Products
1634870	**1872753**	**1667971**	**2785866**
50	50	50	
63	20	20	
250	2400	2400	
9104	18262	13094	8926
13909	13275	10810	19272
34637	38182	37761	33981
	353	353	
61565	60998	51344	72328
8974	23889	11604	15174
10201	8543	7026	17588
3069	3087	2643	4130
2035	3502	3036	11462
36976	39323	36226	36876
6518	7044	6764	9681

3－78 续表

单位:万元

行 业 Industry	科技活动经费内部支出总额 Intramural Expenditure on S&T Activities	劳务费 Compensation for Laborers
文教体育用品制造业 Manufacture of Articles for Culture, Education and Sport Activity	36067	6896
石油加工、炼焦及核燃料加工业 Processing of Petroleum , Coking, Processing of Nucleus Fuel	46525	6546
化学原料及化学制品制造业 Manufacture of Chemical Raw Material and Chemical Products	290523	56265
医药制造业 Manufacture of Medicines	221111	41746
化学纤维制造业 Manufacture of Chemical Fiber	66935	7224
橡胶制品业 Manufacture of Rubber	75723	14882
塑料制品业 Manufacture of Plastic	106199	18098
非金属矿物制品业 Manufacture of Non-metallic Mineral Products	111253	23367
黑色金属冶炼及压延加工业 Manufacture and Processing of Ferrous Metals	160679	24502
有色金属冶炼及压延加工业 Manufacture and Processing of Non-ferrous Metals	121115	15409
金属制品业 Manufacture of Metal Products	90550	21950
通用设备制造业 Manufacture of General Purpose Machinery	319384	82035
专用设备制造业 Manufacture of Special Purpose Machinery	169932	48923
交通运输设备制造业 Manufacture of Transport Equipment	729660	138098
电气机械及器材制造业 Manufacture of Electrical Machinery and Equipment	552181	111414
通信设备、计算机及其他电子设备制造业 Manufacture of Communication, Computer, Other Electronic Equipment	2135135	560599
仪器仪表及文化、办公用机械制造业 Manufacture of Measuring Instrument, Machinery for Cultural and Office Work	157700	42177
工艺品及其他制造业 Manufacture of Artwork, Other Manufacture	13068	2744
电力、热力的生产和供应业 Production and Supply of Electric Power and Heat Power	71849	12922
燃气生产和供应业 Production and Distribution of Gas	76	67
水的生产和供应业 Production and Distribution of Water	4533	1317

(10 000 yuan)

原材料费 Raw Material Expenditure	固定资产购建费 Expenditure on the Purchase of Fixed Assets	#设备购置 Purchase of Instruments	#开发新产品经费 Spending for New Products
10866	14230	10379	13713
11901	20148	16176	6845
69666	119344	106981	87270
43097	65000	53090	88280
32382	12943	11724	31381
26316	28859	28029	27357
30978	50069	46083	43113
38115	36112	31242	43204
86859	34062	32753	84115
29011	60491	58213	29323
23369	37270	32775	26695
82985	108126	95760	142634
36090	61043	56950	75804
133760	175491	159666	396720
155036	197444	149057	256762
585216	538447	516911	1137625
35437	48101	44260	60011
3813	5731	5050	5389
11737	38210	28123	138
	9	9	
717	2146	1260	

3-79 各地区规模以上工业企业(三资)其他技术活动经费支出(2004)

Expenditure on Other Technical Activities in Industrial Enterprises above Designated Size(Joint Ventures) by Region

单位:万元 (10 000 yuan)

地 区 Region		技术改造经费 Expenditure on Technical Renovation	技术引进经费 Expenditure on Import of Technology	消化吸收经费 Expenditure on Technology Absorption	购买国内技术经费 Expenditure on Purchase of Domestic Technology
全 国	**Total**	**3649774**	**1866255**	**191522**	**92447**
东部地区	Eastern Region	2908045	1536149	173642	71751
中部地区	Mid Region	405179	197440	15913	6976
西部地区	Western Region	336550	132666	1968	13720
北 京	Beijing	41494	272327	591	1619
天 津	Tianjin	85844	152656	1082	1492
河 北	Hebei	113409	2849	2076	2272
山 西	Shanxi	20689	1215	100	
内蒙古	Neimenggu	5657	11625	42	170
辽 宁	Liaoning	29551	154290	2422	220
吉 林	Jilin	13219	361	1180	523
黑龙江	Heilongjiang	22874	5174	86	62
上 海	Shanghai	415980	387073	70399	13413
江 苏	Jiangsu	647356	237713	24026	20653
浙 江	Zhejiang	956646	133073	26124	9813
安 徽	Anhui	116720	21754	1561	2858
福 建	Fujian	119701	28194	6322	7948
江 西	Jiangxi	27226	7258	3835	21
山 东	Shandong	139493	11620	3392	5531
河 南	Henan	37197	19281	2485	328
湖 北	Hubei	95764	131194	5964	2870
湖 南	Hunan	71489	11203	700	314
广 东	Guangdong	357620	156354	37207	8791
广 西	Guangxi	71178	20603	597	7282
海 南	Hainan	952			
重 庆	Chongqing	203874	95029	199	2632
四 川	Sichuan	26431	451	715	2838
贵 州	Guizhou	1130	107	230	
云 南	Yunnan	2159	71	25	108
西 藏	Tibet				
陕 西	Shaanxi	11895	894	160	665
甘 肃	Gansu	250			25
青 海	Qinghai	7874			
宁 夏	Ningxia	5962	3887		
新 疆	Xinjiang	140			

3-80 分行业规模以上工业企业(三资)其他技术活动经费支出(2004)

Expenditure on Other Technical Activities in Industrial Enterprises above Designated Size(Joint Ventures) by Industry

单位:万元 (10 000 yuan)

行业 Industry	技术改造经费 Expenditure on Technical Renovation	技术引进经费 Expenditure on Import of Technology	消化吸收经费 Expenditure on Technology Absorption	购买国内技术经费 Expenditure on Purchase of Domestic Technology
总计 **Total**	**3649774**	**1866255**	**191522**	**92447**
煤炭开采和洗选业 Mining and Washing of Coal	519			
有色金属矿采选业 Mining of Non-ferrous Metal Ores	4195	24		
非金属矿采选业 Mining and Processing of Nonmetal Ores	4247		4668	3
农副食品加工业 Processing of Food from Agricultural Products	25823	1327	544	569
食品制造业 Manufacture of Foods	28934	5312	1430	311
饮料制造业 Manufacture of Beverage	38731	3343	798	545
烟草制品业 Manufacture of Tobacco	601			
纺织业 Manufacture of Textile	204939	43173	1131	5009
纺织服装、鞋、帽制造业 Manufacture of Textile Wearing Apparel, Footware and Caps	90865	33151	1653	348
皮革、毛皮、羽毛(绒)及其制品业 Manufacture of Leather, Fur, Feather and Its Products	32959	319	22	483
木材加工及木、竹、藤、棕、草制品业 Processing of Timbers, Manufacture of Wood, Bamboo, Rattan, Palm, Straw	13077	186	37	46
家具制造业 Manufacture of Furniture	4847	421	61	17
造纸及纸制品业 Manufacture of Paper and Paper Products	36740	36306	106	2628
印刷业和记录媒介的复制 Printing, Reproduction of Recording Media	14173	870	224	114
文教体育用品制造业 Manufacture of Articles for Culture, Education and Sport Activity	10433	147	46	412
石油加工、炼焦及核燃料加工业 Processing of Petroleum, Coking, Processing of Nucleus Fuel	45326	3776	2	688
化学原料及化学制品制造业 Manufacture of Chemical Raw Material and Chemical Products	275418	41741	10006	6915

3 -80 续表

单位:万元 (10 000 yuan)

行业 Industry	技术改造经费 Expenditure on Technical Renovation	技术引进经费 Expenditure on Import of Technology	消化吸收经费 Expenditure on Technology Absorption	购买国内技术经费 Expenditure on Purchase of Domestic Technology
医药制造业 Manufacture of Medicines	69036	13651	2436	10064
化学纤维制造业 Manufacture of Chemical Fiber	133126	41729	518	13032
橡胶制品业 Manufacture of Rubber	79473	13209	1906	1338
塑料制品业 Manufacture of Plastic	47444	5219	409	453
非金属矿物制品业 Manufacture of Non-metallic Mineral Products	144661	5885	2095	3130
黑色金属冶炼及压延加工业 Manufacture and Processing of Ferrous Metals	370268	10543	17357	6481
有色金属冶炼及压延加工业 Manufacture and Processing of Non-ferrous Metals	108449	26283	5347	5523
金属制品业 Manufacture of Metal Products	59637	7161	2629	778
通用设备制造业 Manufacture of General Purpose Machinery	167918	54290	12987	2868
专用设备制造业 Manufacture of Special Purpose Machinery	76965	10910	2807	3819
交通运输设备制造业 Manufacture of Transport Equipment	652798	441103	21029	11456
电气机械及器材制造业 Manufacture of Electrical Machinery and Equipment	189142	69035	11746	2849
通信设备、计算机及其他电子设备制造业 Manufacture of Communication, Computer, Other Electronic Equipment	405583	948094	85608	10555
仪器仪表及文化、办公用机械制造业 Manufacture of Measuring Instrument, Machinery for Cultural and Office Work	56856	46694	3693	1249
工艺品及其他制造业 Manufacture of Artwork, Other Manufacture	19602	1114	156	434
电力、热力的生产和供应业 Production and Supply of Electric Power and Heat Power	234020	1242	72	333
燃气生产和供应业 Production and Distribution of Gas	867			
水的生产和供应业 Production and Distribution of Water	1925			

3-81 各地区规模以上工业企业(三资)科技机构(2004)
S&T Institutions in Industrial Enterprises above Designated Size (Joint Ventures) by Region

地 区 Region		企业科技机构数 (个) Number of the S&T Institutions (unit)	科技机构人员 (人) Personnel in S&T Insitutions (person)	#科学家和工程师 Scientists & Engineers	科技机构经费 (万元) Spending for S&T Insitutions (10 000 yuan)
全 国	**Total**	**3228**	**104865**	**67192**	**1997613**
东部地区	Eastern Region	2770	88675	57520	1789512
中部地区	Mid Region	316	10887	6391	136677
西部地区	Western Region	142	5303	3281	71425
北 京	Beijing	67	2286	1789	57594
天 津	Tianjin	67	2076	1680	76378
河 北	Hebei	56	2063	1604	23228
山 西	Shanxi	24	897	626	7147
内蒙古	Neimenggu	17	587	223	8490
辽 宁	Liaoning	59	2059	1408	29196
吉 林	Jilin	14	580	212	1601
黑龙江	Heilongjiang	17	519	376	17326
上 海	Shanghai	184	12477	8912	390659
江 苏	Jiangsu	748	15700	10353	370240
浙 江	Zhejiang	486	11304	6247	162494
安 徽	Anhui	40	1272	624	14699
福 建	Fujian	210	9713	6069	145662
江 西	Jiangxi	22	503	218	4706
山 东	Shandong	182	6153	3198	55052
河 南	Henan	70	1306	767	23745
湖 北	Hubei	70	3779	2595	55820
湖 南	Hunan	59	2031	973	11632
广 东	Guangdong	707	24763	16189	478632
广 西	Guangxi	21	818	661	23364
海 南	Hainan	4	81	71	378
重 庆	Chongqing	25	946	650	18861
四 川	Sichuan	30	939	541	7822
贵 州	Guizhou	6	108	54	462
云 南	Yunnan	9	286	160	3618
西 藏	Tibet				
陕 西	Shaanxi	24	794	537	3113
甘 肃	Gansu	3	102	93	2317
青 海	Qinghai	2	34	23	905
宁 夏	Ningxia	3	340	184	2309
新 疆	Xinjiang	2	349	155	165

3-82 分行业规模以上工业企业(三资)科技机构(2004)

S&T Institutions in Industrial Enterprises above Designated Size(Joint Ventures) by Industry

行业 Industry	企业科技机构数(个) Number of the S&T Institutions (unit)	科技机构人员(人) Personnel in S&T Insitutions (person)	#科学家和工程师 Scientists & Engineers	科技机构经费(万元) Spending for S&T Insitutions (10 000 yuan)
总计 Total	**3228**	**104865**	**67192**	**1997613**
有色金属矿采选业 Mining of Non-ferrous Metal Ores	1	1	1	4
非金属矿采选业 Mining and Processing of Nonmetal Ores	1	4	2	5
农副食品加工业 Processing of Food from Agricultural Products	67	1030	569	9568
食品制造业 Manufacture of Foods	55	902	648	17465
饮料制造业 Manufacture of Beverage	49	1860	826	43789
纺织业 Manufacture of Textile	177	5871	2400	58534
纺织服装、鞋、帽制造业 Manufacture of Textile Wearing Apparel, Footware and Caps	28	600	260	5622
皮革、毛皮、羽毛(绒)及其制品业 Manufacture of Leather, Fur, Feather and Its Products	60	1528	552	15893
木材加工及木、竹、藤、棕、草制品业 Processing of Timbers, Manufacture of Wood, Bamboo, Rattan, Palm, Straw	18	337	193	4386
家具制造业 Manufacture of Furniture	14	567	250	12767
造纸及纸制品业 Manufacture of Paper and Paper Products	42	1692	704	50409
印刷业和记录媒介的复制 Printing, Reproduction of Recording Media	26	797	307	9716
文教体育用品制造业 Manufacture of Articles for Culture, Education and Sport Activity	45	1318	691	10962
石油加工、炼焦及核燃料加工业 Processing of Petroleum, Coking, Processing of Nucleus Fuel	16	844	505	9159
化学原料及化学制品制造业 Manufacture of Chemical Raw Material and Chemical Products	306	5516	3507	81773

3-82 续表

行　业 Industry	企业科技机构数（个） Number of the S&T Institutions (unit)	科技机构人员（人） Personnel in S&T Insitutions (person)	#科学家和工程师 Scientists & Engineers	科技机构经费（万元） Spending for S&T Insitutions (10 000 yuan)
医药制造业 Manufacture of Medicines	233	5106	3776	57870
化学纤维制造业 Manufacture of Chemical Fiber	22	725	383	9293
橡胶制品业 Manufacture of Rubber	41	1487	754	28519
塑料制品业 Manufacture of Plastic	105	1789	1135	37057
非金属矿物制品业 Manufacture of Non-metallic Mineral Products	148	2712	1299	31801
黑色金属冶炼及压延加工业 Manufacture and Processing of Ferrous Metals	26	2429	1580	64427
有色金属冶炼及压延加工业 Manufacture and Processing of Non-ferrous Metals	42	1757	1196	18741
金属制品业 Manufacture of Metal Products	69	1389	820	19876
通用设备制造业 Manufacture of General Purpose Machinery	217	6663	4522	108098
专用设备制造业 Manufacture of Special Purpose Machinery	124	5124	3232	59463
交通运输设备制造业 Manufacture of Transport Equipment	201	12289	8274	290578
电气机械及器材制造业 Manufacture of Electrical Machinery and Equipment	344	9516	6111	212307
通信设备、计算机及其他电子设备制造业 Manufacture of Communication, Computer, Other Electronic Equipment	588	27583	20370	685482
仪器仪表及文化、办公用机械制造业 Manufacture of Measuring Instrument, Machinery for Cultural and Office Work	122	2749	1895	33345
工艺品及其他制造业 Manufacture of Artwork, Other Manufacture	19	331	158	2782
电力、热力的生产和供应业 Production and Supply of Electric Power and Heat Power	16	240	180	5837
水的生产和供应业 Production and Distribution of Water	5	89	84	1934

3-83 各地区规模以上工业企业(三资)科技项目与专利(2004)
Projects and Patents for S&T Activities in Industrial Enterprises above Designated Size(Joint Ventures) by Region

单位:项 (item)

地 区 Region		科技活动项目数 Projects for S&T Activities	#新产品开发项目数 Projects for New Product	专利申请 Patent Applications	#发明专利数 Inventive Patent	拥有发明专利数 Owning Inventive Patent
全 国	**Total**	**16896**	**13473**	**18117**	**6878**	**6581**
东部地区	Eastern Region	14382	11677	16509	6516	5935
中部地区	Mid Region	1608	1079	903	160	255
西部地区	Western Region	906	717	705	202	391
北 京	Beijing	671	532	844	381	314
天 津	Tianjin	398	322	2425	2296	439
河 北	Hebei	366	256	183	28	55
山 西	Shanxi	47	33	16	6	10
内蒙古	Neimenggu	66	54	264	19	79
辽 宁	Liaoning	339	289	302	31	47
吉 林	Jilin	38	37	8		4
黑龙江	Heilongjiang	221	168	62	9	14
上 海	Shanghai	2520	2080	2931	1348	468
江 苏	Jiangsu	2758	2239	1981	526	1045
浙 江	Zhejiang	2523	2125	2251	661	1272
安 徽	Anhui	248	184	59	10	14
福 建	Fujian	1060	889	718	160	444
江 西	Jiangxi	128	54	24	4	10
山 东	Shandong	672	512	721	254	182
河 南	Henan	417	229	485	43	34
湖 北	Hubei	363	256	178	56	118
湖 南	Hunan	146	118	71	32	51
广 东	Guangdong	3050	2412	4146	828	1664
广 西	Guangxi	103	86	122	35	44
海 南	Hainan	25	21	7	3	5
重 庆	Chongqing	249	158	91	17	37
四 川	Sichuan	177	138	128	80	112
贵 州	Guizhou	25	18	11	7	67
云 南	Yunnan	80	77	50	21	18
西 藏	Tibet					
陕 西	Shaanxi	132	122	35	20	28
甘 肃	Gansu	6	3	3	3	4
青 海	Qinghai	10	10			
宁 夏	Ningxia	51	48			2
新 疆	Xinjiang	7	3	1		

3-84 分行业规模以上工业企业(三资)科技项目与专利(2004)

Projects and Patents for S&T Activities in Industrial Enterprises above Designated Size(Joint Ventures) by Industry

单位:项 (item)

行业 Industry	科技活动项目数 Projects for S&T Activities	#新产品开发项目数 Projects for New Product	专利申请 Patent Applic-ations	#发明专利数 Inventive Patent	拥有发明专利数 Owning Inventive Patent
总计 **Total**	**16896**	**13473**	**18117**	**6878**	**6581**
石油和天然气开采业 Extraction of Petroleum and Natural Gas	27		1	1	
黑色金属矿采选业 Mining of Ferrous Metal Ores	2	2			
有色金属矿采选业 Mining of Non-ferrous Metal Ores	6	5			
非金属矿采选业 Mining and Processing of Nonmetal Ores	3	3			
农副食品加工业 Processing of Food from Agricultural Products	239	178	123	58	65
食品制造业 Manufacture of Foods	214	184	540	42	36
饮料制造业 Manufacture of Beverage	240	194	150	38	106
烟草制品业 Manufacture of Tobacco	2				
纺织业 Manufacture of Textile	639	524	351	61	157
纺织服装、鞋、帽制造业 Manufacture of Textile Wearing Apparel, Footware and Caps	195	124	24	9	13
皮革、毛皮、羽毛(绒)及其制品业 Manufacture of Leather, Fur, Feather and Its Products	169	117	67	4	17
木材加工及木、竹、藤、棕、草制品业 Processing of Timbers, Manufacture of Wood, Bamboo, Rattan, Palm, Straw	58	39	147	92	89
家具制造业 Manufacture of Furniture	65	54	160	41	40
造纸及纸制品业 Manufacture of Paper and Paper Products	176	122	52	1	6
印刷业和记录媒介的复制 Printing, Reproduction of Recording Media	93	59	107	10	12
文教体育用品制造业 Manufacture of Articles for Culture, Education and Sport Activity	173	135	446	59	80

3 - 84 续表

单位:项 (item)

行业 Industry	科技活动项目数 Projects for S&T Activities	#新产品开发项目数 Projects for New Product	专利申请 Patent Applic-ations	#发明专利数 Inventive Patent	拥有发明专利数 Owning Inventive Patent
石油加工、炼焦及核燃料加工业 Processing of Petroleum ,Coking,Processing of Nucleus Fuel	181	95	201	64	73
化学原料及化学制品制造业 Manufacture of Chemical Raw Material and Chemical Products	1127	885	817	148	220
医药制造业 Manufacture of Medicines	1145	976	569	351	249
化学纤维制造业 Manufacture of Chemical Fiber	280	141	38	18	18
橡胶制品业 Manufacture of Rubber	225	202	47	12	25
塑料制品业 Manufacture of Plastic	374	322	300	82	257
非金属矿物制品业 Manufacture of Non-metallic Mineral Products	468	347	619	191	243
黑色金属冶炼及压延加工业 Manufacture and Processing of Ferrous Metals	231	120	56	12	35
有色金属冶炼及压延加工业 Manufacture and Processing of Non-ferrous Metals	220	127	43	8	80
金属制品业 Manufacture of Metal Products	413	290	645	169	191
通用设备制造业 Manufacture of General Purpose Machinery	1545	1305	785	166	343
专用设备制造业 Manufacture of Special Purpose Machinery	840	716	574	208	346
交通运输设备制造业 Manufacture of Transport Equipment	1760	1388	844	133	461
电气机械及器材制造业 Manufacture of Electrical Machinery and Equipment	1806	1546	4852	2669	1157
通信设备、计算机及其他电子设备制造业 Manufacture of Communication,Computer,Other Electronic Equipment	2838	2416	4602	2001	1760
仪器仪表及文化、办公用机械制造业 Manufacture of Measuring Instrument,Machinery for Cultural and Office Work	764	694	730	171	330
工艺品及其他制造业 Manufacture of Artwork, Other Manufacture	135	121	220	54	171
电力、热力的生产和供应业 Production and Supply of Electric Power and Heat Power	207	32	1	1	
燃气生产和供应业 Production and Distribution of Gas	1				1
水的生产和供应业 Production and Distribution of Water	29	5	6	4	

3-85 分登记注册类型规模以上工业企业 R&D 活动情况(2004) R&D Major Indicators in Industrial Enterprises above Designated Size by Registration

	R&D 人员全时当量(人年) Full-time Equivalent of R&D Personnel (man-year)	#科学家和工程师 Scientists & Engineers	R&D 经费(万元) R&D Expenditure (10 000 yuan)	#试验发展 Experimental Development	R&D 项目(项) Projects for R&D (item)	R&D 项目经费(万元) Expenditure on R&D Items (10 000 yuan)
总计 Total	**541787**	**401409**	**11044916**	**10001866**	**53624**	**9211567**
内资企业 Domestic Funded	444290	329717	8049875	7296159	44622	6768249
国有企业 State-owned Enterprises	82209	60640	1321028	1212763	9183	1151314
其中:大型企业 of which: Large Scale	47290	35864	941333	880489	4236	829231
集体企业 Collective-owned Enterprises	9277	6796	312701	304128	1560	270683
股份合作企业 Cooperative Enterprises	5368	3695	78880	73384	721	66853
联营企业 Joint Ownership Enterprises	1651	1287	64740	44127	213	30275
国有联营企业 State Joint Ownership Enterprises	1187	937	55411	34987	113	23020
集体联营企业 Collective Joint Ownership Enterprises	69	50	658	655	25	545
国有与集体联营企业 Joint State-collective Enterprises	194	150	3302	3189	51	2243
其他联营企业 Other Joint Ownership Enterprises	202	151	5368	5296	24	4467
有限责任公司 Limited Liability Corporations	194267	147442	3286204	2981347	17715	2753685
国有独资公司 State Sole Funded Corporations	65406	49515	1045787	955194	5369	874077
其他有限责任公司 Other Limited Liability Corporations	128861	97927	2240418	2026153	12346	1879608
股份有限公司 Share-holding Corporations Ltd.	98497	74860	2138143	1901472	7915	1746469
私营企业 Private Enterprises	52822	34873	845384	776144	7299	746226

	R&D 人员全时当量（人年）Full-time Equivalent of R&D Personnel (man-year)	#科学家和工程师 Scientists & Engineers	R&D 经费（万元）R&D Expenditure (10 000 yuan)	#试验发展 Experimental Development	R&D 项目（项）Projects for R&D (item)	R&D 项目经费（万元）Expenditure on R&D Items (10 000 yuan)
私营独资企业 Private-funded Enterprises	3077	1845	46030	40084	520	42268
私营合伙企业 Private Partnership Enterprises	575	344	8333	6925	91	7309
私营有限责任公司 Private Limited Liability Corporations	45372	29979	711559	654631	6305	630677
私营股份有限公司 Private Share-holding Corporations Ltd.	3798	2705	79463	74505	383	65972
其他企业 Others Enterprises	198	124	2795	2795	16	2744
港澳台商投资企业 Enterprises with Funds from Hong Kong, Macau and Taiwan	**36789**	**25425**	**889852**	**742699**	**3621**	**726488**
其中:大型企业 of which: Large Scale	11490	8470	330978	272029	824	233727
与港澳台商合资经营企业 Joint-venture Enterprises(with Funds from Hong Kong, Macau and Taiwan)	19715	13200	419905	382608	2079	368681
与港澳台商合作经营企业 Cooperative Enterprises(with Funds from Hong Kong, Macau and Taiwan)	1028	727	39274	34227	124	35378
港澳台商独资经营企业 Enterprises with Sole Funds from Hong Kong, Macau and Taiwan	11474	8211	366971	265187	953	269210
港澳台商投资股份有限公司 Share-holding Corporations Ltd. with Funds from Hong Kong, Macau and Taiwan	4572	3287	63703	60677	465	53219
外商投资企业 Foreign Funded Enterprises	**60707**	**46267**	**2105189**	**1963007**	**5381**	**1716830**
其中:大型企业 of which: Large Scale	23728	18488	1058139	1026323	1154	878663
中外合资经营企业 Joint-venture Enterprises	30682	23277	1161895	1078690	3094	904761
中外合作经营 Cooperation Enterprises	1345	1000	51565	42756	227	39275
外资企业 Enterprises with Sole Foreign Funds	20778	15841	667507	624004	1243	586859
外商投资股份有限公司 Share-holding Corporations Ltd. with Foreign Funds	7902	6149	224221	217557	817	185935

3－86 各地区规模以上工业企业R&D活动情况(2004)

R&D Major Indicators in Industrial Enterprises above Designated Size by Region

		R&D人员全时当量（人年）Full-time Equivalent of R&D Personnel (man-year)	#科学家和工程师 Scientists & Engineers	R&D经费（万元）R&D Expenditure (10 000 yuan)	#试验发展 Experimental Development	R&D项目（项）Projects for R&D (item)	R&D项目经费（万元）Expenditure on R&D Items (10 000 yuan)
全　国	**Total**	**541787**	**401409**	**11044916**	**10001866**	**53624**	**9211567**
东部地区	Eastern Region	345291	254650	8434277	7661269	34521	7133679
中部地区	Mid Region	118187	89075	1571677	1440400	11185	1225638
西部地区	Western Region	78309	57684	1038961	900197	7918	852251
北　京	Beijing	29998	25462	602546	345544	3409	430887
天　津	Tianjin	12124	8113	284454	210581	1565	232359
河　北	Hebei	19451	15095	260405	250258	1744	232470
山　西	Shanxi	9384	7249	165503	152647	782	142512
内蒙古	Neimenggu	5579	4565	49782	48539	232	39034
辽　宁	Liaoning	32436	23146	759634	701729	2565	729598
吉　林	Jilin	5074	4250	124848	104431	541	102412
黑龙江	Heilongjiang	21775	18267	196428	196413	2590	162689
上　海	Shanghai	21854	16900	927730	817868	3007	654901
江　苏	Jiangsu	69654	47611	1530561	1518423	6322	1349925
浙　江	Zhejiang	42507	28045	880654	846897	5507	832909
安　徽	Anhui	10300	6940	209564	203801	1162	163325
福　建	Fujian	18519	12718	360048	313188	1634	342498
江　西	Jiangxi	10335	6886	150868	117187	915	93029
山　东	Shandong	43800	32123	1185772	1029496	4842	903301
河　南	Henan	25197	19199	274981	253715	2403	237061
湖　北	Hubei	21065	14643	263306	242446	1714	190324
湖　南	Hunan	15057	11641	186180	169761	1078	134286
广　东	Guangdong	54474	44984	1631096	1620533	3815	1414657
广　西	Guangxi	4879	3601	65654	49271	592	43853
海　南	Hainan	475	451	11378	6752	111	10175
重　庆	Chongqing	11111	8506	154250	154200	1315	140971
四　川	Sichuan	22473	15623	277068	250144	2254	224387
贵　州	Guizhou	3927	2917	64875	64103	473	58434
云　南	Yunnan	3978	2568	43881	35451	571	40203
西　藏	Tibet	4	3	10	10		
陕　西	Shaanxi	15714	11660	257862	209209	1187	215368
甘　肃	Gansu	4888	3518	46215	27344	532	30125
青　海	Qinghai	1306	1106	20137	6944	128	7126
宁　夏	Ningxia	2094	1611	23220	23020	216	21463
新　疆	Xinjiang	2357	2007	36008	31964	418	31289

3-87 分行业规模以上工业企业R&D活动情况(2004)

R&D Major Indicators in Industrial Enterprises above Designated Size by Industry

	R&D人员全时当量(人年) Full-time Equivalent of R&D Personnel (man-year)	#科学家和工程师 Scientists & Engineers	R&D经费(万元) R&D Expenditure (10 000 yuan)	#试验发展 Experimental Development	R&D项目(项) Projects for R&D (item)	R&D项目经费(万元) Expenditure on R&D Items (10 000 yuan)
总计 Total	**541787**	**401409**	**11044916**	**10001866**	**53624**	**9211567**
煤炭开采和洗选业 Mining and Washing of Coal	18537	13816	259061	238767	1208	243640
石油和天然气开采业 Extraction of Petroleum and Natural Gas	21530	18791	218582	161242	1866	174913
黑色金属矿采选业 Mining of Ferrous Metal Ores	454	360	3313	3032	93	3012
有色金属矿采选业 Mining of Non-ferrous Metal Ores	987	703	13331	11534	126	10999
非金属矿采选业 Mining and Processing of Nonmetal Ores	808	636	7332	6612	118	5736
农副食品加工业 Processing of Food from Agricultural Products	5840	4089	96184	80542	656	79391
食品制造业 Manufacture of Foods	4466	3183	79072	71689	622	60327
饮料制造业 Manufacture of Beverage	4822	3239	126670	118488	624	117288
烟草制品业 Manufacture of Tobacco	2385	1884	52626	44659	412	42275
纺织业 Manufacture of Textile	15007	8033	295876	271179	1327	259547
纺织服装、鞋、帽制造业 Manufacture of Textile Wearing Apparel, Footware and Caps	3379	1586	59794	58625	242	50410
皮革、毛皮、羽毛(绒)及其制品业 Manufacture of Leather, Fur, Feather and Its Products	2780	1136	26669	26453	156	24414
木材加工及木、竹、藤、棕、草制品业 Processing of Timbers, Manufacture of Wood, Bamboo, Rattan, Palm, Straw	1029	727	28499	27964	106	27664
家具制造业 Manufacture of Furniture	860	514	20434	20217	60	18944
造纸及纸制品业 Manufacture of Paper and Paper Products	4298	3110	95629	89889	325	70675
印刷业和记录媒介的复制 Printing, Reproduction of Recording Media	1591	1066	27394	24687	220	21353

	R&D 人员全时当量（人年）Full-time Equivalent of R&D Personnel (man-year)	#科学家和工程师 Scientists & Engineers	R&D 经费（万元）R&D Expenditure (10 000 yuan)	#试验发展 Experimental Development	R&D 项目（项）Projects for R&D (item)	R&D 项目经费（万元）Expenditure on R&D Items (10 000 yuan)
文教体育用品制造业 Manufacture of Articles for Culture, Education and Sport Activity	2328	1265	33551	30762	251	28832
石油加工、炼焦及核燃料加工业 Processing of Petroleum, Coking, Processing of Nucleus Fuel	6165	4463	109532	88381	829	78580
化学原料及化学制品制造业 Manufacture of Chemical Raw Material and Chemical Products	35369	24683	833078	765108	4290	713745
医药制造业 Manufacture of Medicines	21527	16632	387528	346933	3870	325206
化学纤维制造业 Manufacture of Chemical Fiber	2962	1902	88408	82048	342	75624
橡胶制品业 Manufacture of Rubber	4871	3097	109683	103401	715	101567
塑料制品业 Manufacture of Plastic	5447	3821	124406	116567	688	114240
非金属矿物制品业 Manufacture of Non-metallic Mineral Products	13686	8289	206365	170267	1404	180882
黑色金属冶炼及压延加工业 Manufacture and Processing of Ferrous Metals	26763	20333	907368	818600	1855	744460
有色金属冶炼及压延加工业 Manufacture and Processing of Non-ferrous Metals	12012	8242	241449	219660	1253	175804
金属制品业 Manufacture of Metal Products	7406	5249	116123	104087	1060	105471
通用设备制造业 Manufacture of General Purpose Machinery	47220	34841	646184	610082	5492	538504
专用设备制造业 Manufacture of Special Purpose Machinery	37474	29335	485104	445341	3718	403227
交通运输设备制造业 Manufacture of Transport Equipment	68993	49665	1366793	1250138	5362	1027271
电气机械及器材制造业 Manufacture of Electrical Machinery and Equipment	41523	31249	1084625	1027506	5188	880750
通信设备、计算机及其他电子设备制造业 Manufacture of Communication, Computer, Other Electronic Equipment	87631	71139	2497394	2238843	4805	2177695
仪器仪表及文化、办公用机械制造业 Manufacture of Measuring Instrument, Machinery for Cultural and Office Work	17179	13124	215214	185197	2242	184313
工艺品及其他制造业 Manufacture of Artwork, Other Manufacture	4748	2640	50429	41830	371	44276
电力、热力的生产和供应业 Production and Supply of Electric Power and Heat Power	8577	7616	118402	92829	1497	90417
燃气生产和供应业 Production and Distribution of Gas	214	193	2188	1499	40	1850
水的生产和供应业 Production and Distribution of Water	869	715	9890	6716	171	7656

3-88 各地区规模以上工业企业(国有控股)R&D 活动情况(2004)

R&D Major Indicators of Industrial Enterprises above Designated Size(State-controlled) by Region

		R&D 人员全时当量(人年) Full-time Equivalent of R&D Personnel (man-year)	#科学家和工程师 Scientists & Engineers	R&D 经费(万元) R&D Expenditure (10 000 yuan)	#试验发展 Experimental Development	R&D 项目(项) Projects for R&D (item)	R&D 项目经费(万元) Expenditure on R&D Items (10 000 yuan)
全 国	**Total**	**299522**	**228956**	**5412681**	**4846696**	**28299**	**4394769**
东部地区	Eastern Region	152189	116717	3507011	3153637	14445	2914041
中部地区	Mid Region	88559	67923	1173876	1072276	7993	896197
西部地区	Western Region	58774	44316	731795	620782	5861	584531
北 京	Beijing	17755	14781	268011	174640	1961	199855
天 津	Tianjin	6680	5062	122898	78968	1003	89704
河 北	Hebei	15589	12104	221218	211537	1291	199032
山 西	Shanxi	8395	6518	153922	142231	684	135876
内蒙古	Neimenggu	4840	4044	31346	30319	163	22253
辽 宁	Liaoning	25868	18869	685960	645629	1845	660451
吉 林	Jilin	4093	3575	108554	90154	419	88206
黑龙江	Heilongjiang	19981	16793	179356	179342	2323	147399
上 海	Shanghai	13266	10015	545053	495527	1925	374825
江 苏	Jiangsu	21538	15798	431614	425842	1975	375563
浙 江	Zhejiang	5134	3645	92532	87309	516	85517
安 徽	Anhui	6374	4435	148861	144169	701	109501
福 建	Fujian	6197	4685	110878	102753	551	100660
江 西	Jiangxi	8283	5378	118438	86511	649	65562
山 东	Shandong	22891	16940	565994	471696	2266	408846
河 南	Henan	16902	13264	176734	164439	1557	151349
湖 北	Hubei	14728	9898	171207	156483	1047	122578
湖 南	Hunan	9803	8062	116804	108947	613	75728
广 东	Guangdong	16975	14531	455264	454408	1064	412981
广 西	Guangxi	3501	2545	47796	38003	353	26974
海 南	Hainan	296	287	7589	5330	48	6608
重 庆	Chongqing	8445	6684	113771	113736	949	102252
四 川	Sichuan	12134	9100	99847	88457	1450	71348
贵 州	Guizhou	3279	2390	57796	57063	383	52376
云 南	Yunnan	3056	2021	36314	30007	458	33377
西 藏	Tibet	4	3	10	10		
陕 西	Shaanxi	14330	10458	237843	190080	981	197791
甘 肃	Gansu	4201	2974	40245	23077	436	26136
青 海	Qinghai	1232	1051	18960	6343	115	6193
宁 夏	Ningxia	1538	1177	18163	18029	164	16768
新 疆	Xinjiang	2213	1871	29704	25660	409	29063

3-89 分行业规模以上工业企业(国有控股)R&D 活动情况(2004)
R&D Major Indicators of Industrial Enterprises above Designated Size(State-controlled) by Industry

	R&D 人员全时当量(人年) Full-time Equivalent of R&D Personnel (man-year)	#科学家和工程师 Scientists & Engineers	R&D 经费(万元) R&D Expenditure (10 000 yuan)	#试验发展 Experimental Development	R&D 项目(项) Projects for R&D (item)	R&D 项目经费(万元) Expenditure on R&D Items (10 000 yuan)
总 计 Total	**299522**	**228956**	**5412681**	**4846696**	**28299**	**4394769**
煤炭开采和洗选业 Mining and Washing of Coal	18389	13760	258217	238406	1193	242830
石油和天然气开采业 Extraction of Petroleum and Natural Gas	21461	18728	217588	160248	1844	173919
黑色金属矿采选业 Mining of Ferrous Metal Ores	423	337	3071	2870	87	2813
有色金属矿采选业 Mining of Non-ferrous Metal Ores	895	637	10441	8885	106	8552
非金属矿采选业 Mining and Processing of Nonmetal Ores	635	495	4917	4601	67	3545
农副食品加工业 Processing of Food from Agricultural Products	2177	1667	32609	27846	241	29605
食品制造业 Manufacture of Foods	1431	955	13642	13579	130	11901
饮料制造业 Manufacture of Beverage	2495	1573	67638	65706	247	63666
烟草制品业 Manufacture of Tobacco	2363	1869	51980	44030	405	41637
纺织业 Manufacture of Textile	5884	2897	79277	76163	492	71386
纺织服装、鞋、帽制造业 Manufacture of Textile Wearing Apparel, Footware and Caps	130	67	643	637	17	155
皮革、毛皮、羽毛(绒)及其制品业 Manufacture of Leather, Fur, Feather and Its Products	34	24	137	124	4	59
木材加工及木、竹、藤、棕、草制品业 Processing of Timbers, Manufacture of Wood, Bamboo, Rattan, Palm, Straw	490	323	5483	5201	50	5289
家具制造业 Manufacture of Furniture	280	205	14355	14153	15	14246
造纸及纸制品业 Manufacture of Paper and Paper Products	2165	1570	34499	33672	149	28877
印刷业和记录媒介的复制 Printing, Reproduction of Recording Media	577	466	8423	6786	128	6770

	R&D 人员全时当量（人年）Full-time Equivalent of R&D Personnel (man-year)	#科学家和工程师 Scientists & Engineers	R&D 经费（万元）R&D Expenditure (10 000 yuan)	#试验发展 Experimental Development	R&D 项目（项）Projects for R&D (item)	R&D 项目经费（万元）Expenditure on R&D Items (10 000 yuan)
文教体育用品制造业 Manufacture of Articles for Culture, Education and Sport Activity	221	124	4946	4931	55	2030
石油加工、炼焦及核燃料加工业 Processing of Petroleum, Coking, Processing of Nucleus Fuel	5314	3994	70692	60887	743	62304
化学原料及化学制品制造业 Manufacture of Chemical Raw Material and Chemical Products	19398	13560	409694	355532	2002	338642
医药制造业 Manufacture of Medicines	8610	6580	122878	108490	1623	100702
化学纤维制造业 Manufacture of Chemical Fiber	1210	878	40483	34734	227	34541
橡胶制品业 Manufacture of Rubber	2416	1423	46678	45930	445	44001
塑料制品业 Manufacture of Plastic	1430	1077	38497	38054	164	36007
非金属矿物制品业 Manufacture of Non-metallic Mineral Products	3911	2816	56981	50577	515	50706
黑色金属冶炼及压延加工业 Manufacture and Processing of Ferrous Metals	23152	18007	786895	710546	1567	639066
有色金属冶炼及压延加工业 Manufacture and Processing of Non-ferrous Metals	7910	5676	135955	118797	914	84203
金属制品业 Manufacture of Metal Products	2491	2105	36068	33539	331	33904
通用设备制造业 Manufacture of General Purpose Machinery	27085	20498	341024	326509	2949	265546
专用设备制造业 Manufacture of Special Purpose Machinery	21197	17624	254982	234502	1716	201578
交通运输设备制造业 Manufacture of Transport Equipment	53902	38646	1089206	986208	3761	780217
电气机械及器材制造业 Manufacture of Electrical Machinery and Equipment	10148	8227	160416	147108	1229	128724
通信设备、计算机及其他电子设备制造业 Manufacture of Communication, Computer, Other Electronic Equipment	31273	26284	783416	699998	2042	699835
仪器仪表及文化、办公用机械制造业 Manufacture of Measuring Instrument, Machinery for Cultural and Office Work	7454	5759	81274	73408	975	69644
工艺品及其他制造业 Manufacture of Artwork, Other Manufacture	3326	1907	27095	19806	224	22872
电力、热力的生产和供应业 Production and Supply of Electric Power and Heat Power	8219	7338	111064	86379	1451	86015
燃气生产和供应业 Production and Distribution of Gas	211	190	2101	1499	37	1783
水的生产和供应业 Production and Distribution of Water	817	669	9418	6355	154	7203

3-90 各地区规模以上工业企业(有限责任公司)R&D活动情况(2004)

R&D Major Indicators of Industrial Enterprises above Designated Size (Limited Liability Corporations) by Region

		R&D人员全时当量(人年) Full-time Equivalent of R&D Personnel (man-year)	#科学家和工程师 Scientists & Engineers	R&D经费(万元) R&D Expenditure (10 000 yuan)	#试验发展 Experimental Development	R&D项目(项) Projects for R&D (item)	R&D项目经费(万元) Expenditure on R&D Items (10 000 yuan)
全　国	**Total**	**194267**	**147442**	**3286204**	**2981347**	**17715**	**2753685**
东部地区	Eastern Region	116211	88279	2414528	2220425	10611	2096176
中部地区	Mid Region	46338	35135	526703	469700	4221	387715
西部地区	Western Region	31718	24029	344973	291222	2883	269794
北　京	Beijing	10755	9021	159281	117954	1385	126590
天　津	Tianjin	4135	3026	64205	52694	596	49096
河　北	Hebei	10344	8584	143318	140715	726	135183
山　西	Shanxi	3568	2538	45304	37095	391	39620
内蒙古	Neimenggu	3390	2860	20306	19535	73	8398
辽　宁	Liaoning	15405	10502	242675	211716	1035	227910
吉　林	Jilin	1622	1357	20394	12161	118	18774
黑龙江	Heilongjiang	14036	12138	98768	98753	1139	73501
上　海	Shanghai	4385	3389	96702	89702	649	74192
江　苏	Jiangsu	23518	16888	438655	432399	1821	398840
浙　江	Zhejiang	9486	6182	186862	181981	1449	176645
安　徽	Anhui	4455	3062	105120	102906	435	68858
福　建	Fujian	1736	1334	26188	23138	215	23115
江　西	Jiangxi	5666	3165	62359	31746	349	41208
山　东	Shandong	19954	14501	532244	448209	1923	389210
河　南	Henan	8609	6270	90027	85969	946	75550
湖　北	Hubei	3927	3043	51993	50110	506	33464
湖　南	Hunan	4454	3562	52739	50961	337	36741
广　东	Guangdong	16248	14616	517846	516360	771	489420
广　西	Guangxi	1571	1167	9753	4874	162	9009
海　南	Hainan	247	235	6554	5558	41	5976
重　庆	Chongqing	4133	3027	62622	62619	527	56805
四　川	Sichuan	7345	5839	78358	67711	1051	57780
贵　州	Guizhou	1528	1031	13999	13913	197	11693
云　南	Yunnan	1660	856	17329	15719	194	16791
西　藏	Tibet						
陕　西	Shaanxi	8604	6627	117490	85691	417	94118
甘　肃	Gansu	2561	1893	14558	13378	139	8359
青　海	Qinghai	239	153	4224	1516	11	1235
宁　夏	Ningxia	614	504	5602	5536	93	4934
新　疆	Xinjiang	74	71	732	732	19	673

3－91 分行业规模以上工业企业(有限责任公司)R&D 活动情况(2004)
R&D Major Indicators of Industrial Enterprises above Designated Size (Limited Liability Corporations) by Industry

	R&D 人员全时当量(人年) Full-time Equivalent of R&D Personnel (man-year)	#科学家和工程师 Scientists & Engineers	R&D 经费(万元) R&D Expenditure (10 000 yuan)	#试验发展 Experimental Development	R&D 项目(项) Projects for R&D (item)	R&D 项目经费(万元) Expenditure on R&D Items (10 000 yuan)
总 计 Total	**194267**	**147442**	**3286204**	**2981347**	**17715**	**2753685**
煤炭开采和洗选业 Mining and Washing of Coal	11572	7914	146811	140219	785	136346
石油和天然气开采业 Extraction of Petroleum and Natural Gas	9382	8531	54841	47284	470	38141
黑色金属矿采选业 Mining of Ferrous Metal Ores	255	197	2100	2085	44	2047
有色金属矿采选业 Mining of Non-ferrous Metal Ores	594	398	6933	6304	43	6574
非金属矿采选业 Mining and Processing of Nonmetal Ores	457	336	4514	4118	86	4048
农副食品加工业 Processing of Food from Agricultural Products	2343	1332	36128	27345	288	32231
食品制造业 Manufacture of Foods	1328	791	16731	16223	203	14727
饮料制造业 Manufacture of Beverage	1049	652	15101	11337	127	9141
烟草制品业 Manufacture of Tobacco	403	308	11601	11273	128	10277
纺织业 Manufacture of Textile	4581	2706	68963	65129	452	59458
纺织服装、鞋、帽制造业 Manufacture of Textile Wearing Apparel, Footware and Caps	314	220	4225	3734	24	3489
皮革、毛皮、羽毛(绒)及其制品业 Manufacture of Leather, Fur, Feather and Its Products	792	341	5212	5195	27	4888
木材加工及木、竹、藤、棕、草制品业 Processing of Timbers, Manufacture of Wood, Bamboo, Rattan, Palm, Straw	328	280	17537	17174	21	17213
家具制造业 Manufacture of Furniture	160	45	1071	1070	10	942
造纸及纸制品业 Manufacture of Paper and Paper Products	1432	1081	30781	30300	106	27001
印刷业和记录媒介的复制 Printing, Reproduction of Recording Media	277	160	3502	2780	41	3334

3－91 续表

	R&D 人员全时当量（人年）Full-time Equivalent of R&D Personnel (man-year)	#科学家和工程师 Scientists & Engineers	R&D 经费（万元）R&D Expenditure (10 000 yuan)	#试验发展 Experimental Development	R&D 项目（项）Projects for R&D (item)	R&D 项目经费（万元）Expenditure on R&D Items (10 000 yuan)
文教体育用品制造业 Manufacture of Articles for Culture, Education and Sport Activity	396	261	6894	6893	45	4085
石油加工、炼焦及核燃料加工业 Processing of Petroleum, Coking, Processing of Nucleus Fuel	1650	1136	44823	30022	177	25295
化学原料及化学制品制造业 Manufacture of Chemical Raw Material and Chemical Products	11351	8054	237769	208255	1189	214537
医药制造业 Manufacture of Medicines	5777	4372	105352	93802	1334	91723
化学纤维制造业 Manufacture of Chemical Fiber	756	520	19556	19001	65	13149
橡胶制品业 Manufacture of Rubber	1907	1141	38573	38288	433	36851
塑料制品业 Manufacture of Plastic	1737	1209	34675	34416	223	32136
非金属矿物制品业 Manufacture of Non-metallic Mineral Products	5337	2980	66808	55513	514	63189
黑色金属冶炼及压延加工业 Manufacture and Processing of Ferrous Metals	14739	11711	332225	321055	874	281311
有色金属冶炼及压延加工业 Manufacture and Processing of Non-ferrous Metals	5032	3508	74859	69747	466	53489
金属制品业 Manufacture of Metal Products	770	542	12280	11121	155	10947
通用设备制造业 Manufacture of General Purpose Machinery	17514	14247	240244	227494	2153	205285
专用设备制造业 Manufacture of Special Purpose Machinery	16369	13207	188229	174321	1324	161006
交通运输设备制造业 Manufacture of Transport Equipment	28836	20741	460819	388443	1742	296833
电气机械及器材制造业 Manufacture of Electrical Machinery and Equipment	11499	8489	206709	193805	1310	171039
通信设备、计算机及其他电子设备制造业 Manufacture of Communication, Computer, Other Electronic Equipment	23973	21318	670220	624025	1423	617933
仪器仪表及文化、办公用机械制造业 Manufacture of Measuring Instrument, Machinery for Cultural and Office Work	6236	4984	57787	49959	802	51382
工艺品及其他制造业 Manufacture of Artwork, Other Manufacture	2321	1246	26013	19009	126	22834
电力、热力的生产和供应业 Production and Supply of Electric Power and Heat Power	2338	2065	30885	21420	396	26860
燃气生产和供应业 Production and Distribution of Gas	82	72	937	402	20	639
水的生产和供应业 Production and Distribution of Water	380	345	4406	2724	89	3304

3-92 各地区规模以上工业企业(股份有限公司)R&D活动情况(2004)

R&D Major Indicators of Industrial Enterprises above Designated Size(Share Holding Enterprises) by Region

		R&D人员全时当量(人年) Full-time Equivalent of R&D Personnel (man-year)	#科学家和工程师 Scientists & Engineers	R&D经费(万元) R&D Expenditure (10 000 yuan)	#试验发展 Experimental Development	R&D项目(项) Projects for R&D (item)	R&D项目经费(万元) Expenditure on R&D Items (10 000 yuan)
全　国	**Total**	**98497**	**74860**	**2138143**	**1901472**	**7915**	**1746469**
东部地区	Eastern Region	55104	42296	1514479	1349192	4268	1241381
中部地区	Mid Region	22237	17168	330084	299641	1912	266305
西部地区	Western Region	21157	15396	293580	252639	1735	238783
北　京	Beijing	6826	5975	107770	52590	510	78257
天　津	Tianjin	1403	1113	41743	23750	291	35386
河　北	Hebei	2600	1794	44652	39463	267	35668
山　西	Shanxi	914	517	24404	24377	71	23022
内蒙古	Neimenggu	751	521	7739	7578	81	6392
辽　宁	Liaoning	5094	4045	134939	124003	320	130856
吉　林	Jilin	1315	1136	30479	22285	127	21465
黑龙江	Heilongjiang	3095	2208	27820	27820	244	26499
上　海	Shanghai	1199	907	96332	58541	180	32286
江　苏	Jiangsu	7969	5157	247340	246137	718	227301
浙　江	Zhejiang	5954	4310	142696	140085	580	135712
安　徽	Anhui	1998	1289	39163	38620	266	37489
福　建	Fujian	2730	1809	52046	47686	207	50116
江　西	Jiangxi	1394	1118	27009	25635	186	22547
山　东	Shandong	7718	5198	179077	149820	673	128125
河　南	Henan	5099	3925	62599	58506	418	53923
湖　北	Hubei	5069	4071	81705	69570	419	63416
湖　南	Hunan	3353	2904	36905	32830	181	17945
广　东	Guangdong	13550	11928	466811	466318	510	386649
广　西	Guangxi	2072	1461	17927	14022	163	11953
海　南	Hainan	61	61	1073	800	12	1027
重　庆	Chongqing	2685	2218	29385	29385	202	25727
四　川	Sichuan	8842	5437	117564	109784	341	106241
贵　州	Guizhou	829	686	16191	16149	75	14952
云　南	Yunnan	639	554	10529	9910	122	9975
西　藏	Tibet	4	3	10	10		
陕　西	Shaanxi	1256	1146	21226	19676	147	12354
甘　肃	Gansu	868	663	19918	7052	151	12598
青　海	Qinghai	931	833	14086	4129	84	4454
宁　夏	Ningxia	634	506	8399	8381	61	8175
新　疆	Xinjiang	1645	1368	30608	26565	308	25962

3-93 分行业规模以上工业企业(股份有限公司)R&D 活动情况(2004)

R&D Major Indicators of Industrial Enterprises above Designated Size(Share Holding Enterprises) by Industry

	R&D 人员全时当量(人年) Full-time Equivalent of R&D Personnel (man-year)	#科学家和工程师 Scientists & Engineers	R&D 经费(万元) R&D Expenditure (10 000 yuan)	#试验发展 Experimental Development	R&D 项目(项) Projects for R&D (item)	R&D 项目经费(万元) Expenditure on R&D Items (10 000 yuan)
总计 Total	**98497**	**74860**	**2138143**	**1901472**	**7915**	**1746469**
煤炭开采和洗选业 Mining and Washing of Coal	796	607	11249	2595	87	9824
石油和天然气开采业 Extraction of Petroleum and Natural Gas	6397	5690	125355	81287	609	104187
黑色金属矿采选业 Mining of Ferrous Metal Ores	2	1	21	20		
有色金属矿采选业 Mining of Non-ferrous Metal Ores	73	58	1509	1504	22	885
非金属矿采选业 Mining and Processing of Nonmetal Ores	164	147	767	748	7	590
农副食品加工业 Processing of Food from Agricultural Products	1337	1180	12234	9178	63	10308
食品制造业 Manufacture of Foods	659	562	16003	13477	119	13795
饮料制造业 Manufacture of Beverage	1191	843	27756	25863	177	27146
烟草制品业 Manufacture of Tobacco	3	3	505	505	1	501
纺织业 Manufacture of Textile	2854	1370	50432	46891	158	45726
纺织服装、鞋、帽制造业 Manufacture of Textile Wearing Apparel, Footware and Caps	1060	731	30818	30816	27	26495
皮革、毛皮、羽毛(绒)及其制品业 Manufacture of Leather, Fur, Feather and Its Products	70	22	293	293	1	285
木材加工及木、竹、藤、棕、草制品业 Processing of Timbers, Manufacture of Wood, Bamboo, Rattan, Palm, Straw	148	96	2325	2324	8	2264
家具制造业 Manufacture of Furniture	141	101	576	375	5	488
造纸及纸制品业 Manufacture of Paper and Paper Products	996	660	16375	16331	53	13897
印刷业和记录媒介的复制 Printing, Reproduction of Recording Media	204	180	1509	758	20	959

3－93 续表

	R&D 人员全时当量（人年）Full-time Equivalent of R&D Personnel（man-year）	#科学家和工程师 Scientists & Engineers	R&D 经费（万元）R&D Expenditure（10 000 yuan）	#试验发展 Experimental Development	R&D 项目（项）Projects for R&D（item）	R&D 项目经费（万元）Expenditure on R&D Items（10 000 yuan）
文教体育用品制造业 Manufacture of Articles for Culture, Education and Sport Activity	282	217	3292	3290	24	3266
石油加工、炼焦及核燃料加工业 Processing of Petroleum, Coking, Processing of Nucleus Fuel	3204	2324	45295	41623	450	38170
化学原料及化学制品制造业 Manufacture of Chemical Raw Material and Chemical Products	8285	6064	262393	251627	810	217204
医药制造业 Manufacture of Medicines	6319	5042	114633	103678	935	97201
化学纤维制造业 Manufacture of Chemical Fiber	914	517	31139	26079	62	26730
橡胶制品业 Manufacture of Rubber	546	474	16802	16355	30	14256
塑料制品业 Manufacture of Plastic	522	423	19909	19237	42	19194
非金属矿物制品业 Manufacture of Non-metallic Mineral Products	2556	1865	40435	31526	187	32858
黑色金属冶炼及压延加工业 Manufacture and Processing of Ferrous Metals	2630	2006	145176	104351	265	79573
有色金属冶炼及压延加工业 Manufacture and Processing of Non-ferrous Metals	2725	1882	56490	45796	269	45892
金属制品业 Manufacture of Metal Products	1052	857	20203	17358	105	15647
通用设备制造业 Manufacture of General Purpose Machinery	8533	5548	107088	106700	709	95455
专用设备制造业 Manufacture of Special Purpose Machinery	5095	4074	87374	79314	462	58045
交通运输设备制造业 Manufacture of Transport Equipment	8038	6773	164140	140535	569	127118
电气机械及器材制造业 Manufacture of Electrical Machinery and Equipment	7009	5327	226936	211383	634	144123
通信设备、计算机及其他电子设备制造业 Manufacture of Communication, Computer, Other Electronic Equipment	21848	17031	466200	439923	690	447220
仪器仪表及文化、办公用机械制造业 Manufacture of Measuring Instrument, Machinery for Cultural and Office Work	2197	1754	24634	22475	224	19821
工艺品及其他制造业 Manufacture of Artwork, Other Manufacture	186	69	418	418	10	418
电力、热力的生产和供应业 Production and Supply of Electric Power and Heat Power	444	352	7706	6726	77	6778
燃气生产和供应业 Production and Distribution of Gas						
水的生产和供应业 Production and Distribution of Water	15	9	154	113	4	152

3-94 各地区规模以上工业企业(三资)R&D活动情况(2004)

R&D Major Indicators of Industrial Enterprises above Designated Size (Joint Ventures) by Region

		R&D人员全时当量(人年) Full-time Equivalent of R&D Personnel (man-year)	#科学家和工程师 Scientists & Engineers	R&D经费(万元) R&D Expenditure (10 000 yuan)	#试验发展 Experimental Development	R&D项目(项) Projects for R&D (item)	R&D项目经费(万元) Expenditure on R&D Items (10 000 yuan)
全 国	**Total**	**97497**	**71692**	**2995041**	**2705706**	**9002**	**2443318**
东部地区	Eastern Region	84235	61379	2680318	2412536	7675	2205979
中部地区	Mid Region	9906	7733	232037	215957	864	174220
西部地区	Western Region	3356	2580	82687	77214	463	63119
北 京	Beijing	5213	4497	256314	120105	498	158202
天 津	Tianjin	3840	1845	137882	115233	256	123014
河 北	Hebei	1210	994	19758	19613	232	13943
山 西	Shanxi	541	518	3811	3499	17	1209
内蒙古	Neimenggu	241	157	13311	13262	18	12970
辽 宁	Liaoning	1990	1665	37745	34344	217	36822
吉 林	Jilin	194	145	2285	2276	17	1665
黑龙江	Heilongjiang	1161	949	28546	28546	193	28090
上 海	Shanghai	12566	9855	677022	624216	1406	499129
江 苏	Jiangsu	16257	11412	408168	404581	1356	349284
浙 江	Zhejiang	12073	8640	305063	295729	1123	292753
安 徽	Anhui	1101	840	21676	21337	65	21019
福 建	Fujian	9768	6566	231475	202955	719	221785
江 西	Jiangxi	473	418	32860	32444	90	6545
山 东	Shandong	3520	2272	93797	88016	338	82733
河 南	Henan	1978	1261	40028	35052	243	39039
湖 北	Hubei	3420	2751	72835	69155	174	49844
湖 南	Hunan	1038	851	29996	23648	65	26810
广 东	Guangdong	17752	13594	512476	507745	1511	427724
广 西	Guangxi	379	279	25768	21933	52	12451
海 南	Hainan	44	38	619		19	589
重 庆	Chongqing	972	843	11153	11142	124	10299
四 川	Sichuan	689	499	19219	18092	88	16171
贵 州	Guizhou	200	169	1620	1614	17	1226
云 南	Yunnan	223	148	1585	1406	46	1492
西 藏	Tibet						
陕 西	Shaanxi	302	275	4853	4785	90	3824
甘 肃	Gansu	8	4	2403	2403	4	2335
青 海	Qinghai	28	15	502	305	9	512
宁 夏	Ningxia	315	192	2272	2272	15	1840
新 疆	Xinjiang						

3－95 分行业规模以上工业企业(三资)R&D 活动情况(2004)

R&D Major Indicators of Industrial Enterprises above Designated Size(Joint Ventures) by Industry

	R&D 人员全时当量(人年) Full-time Equivalent of R&D Personnel (man-year)	#科学家和工程师 Scientists & Engineers	R&D 经费(万元) R&D Expenditure (10 000 yuan)	#试验发展 Experimental Development	R&D 项目(项) Projects for R&D (item)	R&D 项目经费(万元) Expenditure on R&D Items (10 000 yuan)
总 计 Total	**97497**	**71692**	**2995041**	**2705706**	**9002**	**2443318**
石油和天然气开采业 Extraction of Petroleum and Natural Gas	44	44	637	637	19	637
黑色金属矿采选业 Mining of Ferrous Metal Ores	10	10	64		2	64
有色金属矿采选业 Mining of Non-ferrous Metal Ores	6	6	123	103	6	153
非金属矿采选业 Mining and Processing of Nonmetal Ores	1	1	20	18		
农副食品加工业 Processing of Food from Agricultural Products	772	571	12015	11123	114	10477
食品制造业 Manufacture of Foods	674	492	22648	20954	138	11462
饮料制造业 Manufacture of Beverage	1035	775	52705	51783	131	51551
烟草制品业 Manufacture of Tobacco	2	2	503		2	503
纺织业 Manufacture of Textile	2714	1542	90341	79531	255	77029
纺织服装、鞋、帽制造业 Manufacture of Textile Wearing Apparel, Footware and Caps	738	266	9949	9946	80	9589
皮革、毛皮、羽毛(绒)及其制品业 Manufacture of Leather, Fur, Feather and Its Products	1022	370	11895	11710	50	10907
木材加工及木、竹、藤、棕、草制品业 Processing of Timbers, Manufacture of Wood, Bamboo, Rattan, Palm, Straw	170	106	4113	4106	19	4087
家具制造业 Manufacture of Furniture	274	201	15321	15319	17	14809
造纸及纸制品业 Manufacture of Paper and Paper Products	942	716	37709	33353	81	19775
印刷业和记录媒介的复制 Printing, Reproduction of Recording Media	449	269	11533	11037	36	7177

3 -95 续表

	R&D 人员全时当量（人年）Full-time Equivalent of R&D Personnel (man-year)	#科学家和工程师 Scientists & Engineers	R&D 经费（万元）R&D Expenditure (10 000 yuan)	#试验发展 Experimental Development	R&D 项目（项）Projects for R&D (item)	R&D 项目经费（万元）Expenditure on R&D Items (10 000 yuan)
文教体育用品制造业 Manufacture of Articles for Culture, Education and Sport Activity	1204	546	17231	14860	88	16340
石油加工、炼焦及核燃料加工业 Processing of Petroleum, Coking, Processing of Nucleus Fuel	557	451	8047	7821	88	5772
化学原料及化学制品制造业 Manufacture of Chemical Raw Material and Chemical Products	4199	2789	138322	135054	611	116047
医药制造业 Manufacture of Medicines	3760	2912	96466	87072	680	74323
化学纤维制造业 Manufacture of Chemical Fiber	617	427	17951	17453	127	16718
橡胶制品业 Manufacture of Rubber	1087	674	24787	20031	86	22632
塑料制品业 Manufacture of Plastic	1453	948	35094	33052	149	32609
非金属矿物制品业 Manufacture of Non-metallic Mineral Products	2247	1209	53935	43885	189	49002
黑色金属冶炼及压延加工业 Manufacture and Processing of Ferrous Metals	1691	1288	43703	37912	142	35289
有色金属冶炼及压延加工业 Manufacture and Processing of Non-ferrous Metals	1253	976	55695	55425	132	28109
金属制品业 Manufacture of Metal Products	1593	924	24370	18681	193	19563
通用设备制造业 Manufacture of General Purpose Machinery	7377	5213	144344	134471	726	111710
专用设备制造业 Manufacture of Special Purpose Machinery	4635	3394	77750	71480	463	67476
交通运输设备制造业 Manufacture of Transport Equipment	11059	8727	435543	426541	1088	355119
电气机械及器材制造业 Manufacture of Electrical Machinery and Equipment	8635	6711	260077	239992	942	225741
通信设备、计算机及其他电子设备制造业 Manufacture of Communication, Computer, Other Electronic Equipment	32794	25981	1192953	1026254	1749	966980
仪器仪表及文化、办公用机械制造业 Manufacture of Measuring Instrument, Machinery for Cultural and Office Work	3794	2640	82567	70889	453	67698
工艺品及其他制造业 Manufacture of Artwork, Other Manufacture	255	179	4547	4463	53	4105
电力、热力的生产和供应业 Production and Supply of Electric Power and Heat Power	340	263	9256	8946	64	7413
水的生产和供应业 Production and Distribution of Water	81	58	2751	1730	24	2391

3－96 分登记注册类型大中型

Major Indicators of Large and Medium-size

单位:万元

注册类型 Type of Registration	企业数(个) Number of Large & Medium-sized Enterprises (unit)	#有科技机构的企业数 Having Institutions for S&T	#有科技活动的企业数 Having Activities for S&T
总计 Total	**27692**	**6468**	**10620**
内资企业 Domestic Funded	**18791**	**5228**	**8140**
国有企业 State-owned Enterprises	3681	972	1641
集体企业 Collective-owned Enterprises	936	123	220
股份合作企业 Cooperative Enterprises	370	85	142
联营企业 Joint Ownership Enterprises	116	19	39
国有联营企业 State Joint Ownership Enterprises	51	8	17
集体联营企业 Collective Joint Ownership Enterprises	18		3
国有与集体联营企业 Joint State-collective Enterprises	31	8	16
其他联营企业 Other Joint Ownership Enterprises	16	3	3
有限责任公司 Limited Liability Corporations	6683	2013	3084
国有独资公司 State Sole Funded Corporations	809	398	539
其他有限责任公司 Other Limited Liability Corporations	5874	1615	2545
股份有限公司 Share-holding Corporations Ltd.	2456	1167	1506
私营企业 Private Enterprises	4525	849	1503

工业企业基本情况(2004)
Industrial Enterprises by Registration

(10 000 yuan)

工业总产值 Gross Value of Industrial Output	#新产品 New Products	产品销售收入 Total Revenue from the Sale of Products	#新产品 New Products	年末从业人员(人) Employees (year-end) (person)	#工程技术人员 Technical Engineering Personnel	生产经营用设备原价 Original Value of Equipment	#微电子控制 Equipment Controlled by Micro-electronics
1332649764	**205625718**	**1339293305**	**204212346**	**35076565**	**2958708**	**595437558**	**58742397**
875010786	**119509416**	**883384826**	**118884945**	**25569986**	**2469566**	**458344255**	**39061251**
206327160	16008976	218343029	16266772	6487413	757956	141937288	11016404
31989631	6848252	30974560	6608509	1009678	56774	6014782	700379
7723485	652609	7328756	627888	269011	20581	2279757	210247
5426375	858685	5200183	855028	104001	14647	4608537	517278
4277941	732351	4041185	730539	52999	11485	4336949	501790
241118	1000	236382	650	13585	1193	60862	827
558343	122549	573477	121396	21587	973	152126	13231
348973	2786	349140	2443	15830	996	58600	1430
317594543	50201154	321418805	50769911	10383475	979138	175788451	14176370
95462212	15843176	100138545	17086032	3533376	365412	64865772	5508050
222132331	34357978	221280260	33683879	6850099	613726	110922679	8668321
210168804	35926242	208425340	35246245	3997749	454776	107194823	10630076
95096191	8997922	91063068	8496105	3293824	184876	20391189	1807413

3－96 续表

单位:万元

注册类型 Type of Registration	企业数(个) Number of Large & Medium-sized Enterprises (unit)	#有科技机构的企业数 Having Institutions for S&T	#有科技活动的企业数 Having Activities for S&T
私营独资企业 Private-funded Enterprises	341	42	73
私营合伙企业 Private Partnership Enterprises	61	9	14
私营有限责任公司 Private Limited Liability Corporations	3823	732	1311
私营股份有限公司 Private Share-holding Corporations Ltd.	300	66	105
其他企业 Others Enterprises	24		5
港澳台商投资企业 **Enterprises with Funds from Hong Kong, Macau and Taiwan**	**4201**	**553**	**1070**
与港澳台商合资经营企业 Joint-venture Enterprises(with Funds from Hong Kong, Macau and Taiwan)	1617	310	554
与港澳台商合作经营企业 Cooperative Enterprises(with Funds from Hong Kong, Macau and Taiwan)	222	21	45
港澳台商独资经营企业 Enterprises with Sole Funds from Hong Kong, Macau and Taiwan	2273	184	421
港澳台商投资股份有限公司 Share-holding Corporations Ltd. with Funds from Hong Kong, Macau and Taiwan	89	38	50
外商投资企业 **Foreign Funded Enterprises**	**4700**	**687**	**1410**
中外合资经营企业 Joint-venture Enterprises	2044	414	809
中外合作经营 Cooperation Enterprises	227	27	50
外资企业 Enterprises with Sole Foreign Funds	2301	191	480
外商投资股份有限公司 Share-holding Corporations Ltd. with Foreign Funds	128	55	71

(10 000 yuan)

工业总产值 Gross Value of Industrial Output	#新产品 New Products	产品销售收入 Total Revenue from the Sale of Products	#新产品 New Products	年末从业人员(人) Employees (year-end) (person)	#工程技术人员 Technical Engineering Personnel	生产经营用设备原价 Original Value of Equipment	#微电子控制 Equipment Controlled by Micro-electronics
6381978	257398	6140874	183097	237619	10358	1283961	41531
1042672	83354	1021736	80051	37004	1397	152714	8111
80164708	8117379	76785883	7727943	2772878	159255	17228985	1673564
7506833	539791	7114575	505014	246323	13866	1725529	84207
684598	15575	631087	14486	24835	818	129429	3086
147520217	**22925399**	**144743255**	**22968451**	**4513727**	**206440**	**49153226**	**5423659**
57854223	10164685	55322253	9756295	1428732	91286	20155811	2888849
8462623	489720	8367192	514787	244666	10791	3869204	140362
69873305	10389458	68719367	10715782	2684661	85356	18368639	1721688
11330066	1881535	12334443	1981586	155668	19007	6759572	672761
310118761	**63190903**	**311165223**	**62358951**	**4992852**	**282702**	**87940077**	**14257487**
144289811	40879157	141394208	39685645	1899250	134957	41979979	6933249
10077945	369258	9352491	341080	231451	11147	4237352	245945
140397650	16964813	144496428	17580047	2647972	109507	30966992	5608005
15353355	4977676	15922096	4752179	214179	27091	10755754	1470288

3-97 分登记注册类型大中型工业

Major Relative Indicators of Large and Medium-size

单位:%

注册类型 Type of Registration	有科技机构的企业占全部企业比重 Enterprises Having Institutions for S&T as a Percentage of Total Enterprises	科技活动人员占从业人员比重 S&T Personnel as a Percentage of Total Employees	科学家与工程师占科技活动人员比重 Scientists and Engineers as a Percentage of S&T Personnel
总计 Total	**23.4**	**4.1**	**58.1**
内资企业 Domestic Funded	**27.8**	**4.7**	**57.8**
国有企业 State-owned Enterprises	26.4	4.5	56.7
集体企业 Collective-owned Enterprises	13.1	2.4	62.2
股份合作企业 Cooperative Enterprises	23.0	3.0	47.1
联营企业 Joint Ownership Enterprises	16.4	6.4	62.8
国有联营企业 State Joint Ownership Enterprises	15.7	10.9	63.9
集体联营企业 Collective Joint Ownership Enterprises		0.9	70.1
国有与集体联营企业 Joint State-collective Enterprises	25.8	3.0	48.8
其他联营企业 Other Joint Ownership Enterprises	18.8	1.0	75.6
有限责任公司 Limited Liability Corporations	30.1	5.0	57.7
国有独资公司 State Sole Funded Corporations	49.2	5.6	58.9
其他有限责任公司 Other Limited Liability Corporations	27.5	4.8	57.0
股份有限公司 Share-holding Corporations Ltd.	47.5	7.1	59.9
私营企业 Private Enterprises	18.8	2.4	53.7

企业基本情况分析指标(2004)
Industrial Enterprises by Registration

(%)

R&D经费占产品销售收入比重 Expenditure for R&D as a Percentage of Total Revenue from the Sale of Products	科技活动经费占产品销售收入比重 Expenditure for S&T Activities as a Percentage of Total Revenue from the Sale of Products	新产品产值占工业总产值比重 Output Value of New Products as a Percentage of Gross Output of Industrial Value	新产品销售收入占产品销售收入比重 Sales Revenue of New Products as a Percentage of Total Revenue from the Sale of Products	微电子控制设备占生产经营用设备原价比重 Equipment Controlled by Micro-electronics as a Percentage of Original Value of Productive Equipment
0.7	**1.5**	**15.4**	**15.3**	**9.9**
0.8	**1.7**	**13.7**	**13.5**	**8.5**
0.6	1.3	7.8	7.5	7.8
0.9	1.8	21.4	21.3	11.6
0.5	1.3	8.5	8.6	9.2
1.1	2.4	15.8	16.4	11.2
1.3	2.6	17.1	18.1	11.6
0.0	0.7	0.4	0.3	1.4
0.5	2.1	22.0	21.2	8.7
0.6	0.8	0.8	0.7	2.4
0.9	1.9	15.8	15.8	8.1
1.0	2.1	16.6	17.1	8.5
0.8	1.9	15.5	15.2	7.8
1.0	2.0	17.1	16.9	9.9
0.5	1.1	9.5	9.3	8.9

3 -97 续表

单位:%

注册类型 Type of Registration	有科技机构的企业占全部企业比重 Enterprises Having Institutions for S&T as a Percentage of Total Enterprises	科技活动人员占从业人员比重 S&T Personnel as a Percentage of Total Employees	科学家与工程师占科技活动人员比重 Scientists and Engineers as a Percentage of S&T Personnel
私营独资企业 Private-funded Enterprises	12.3	1.3	49.3
私营合伙企业 Private Partnership Enterprises	14.8	2.3	39.3
私营有限责任公司 Private Limited Liability Corporations	19.2	2.4	53.5
私营股份有限公司 Private Share-holding Corporations Ltd.	22.0	2.7	59.6
其他企业 Others Enterprises		1.6	39.6
港澳台商投资企业 Enterprises with Funds from Hong Kong, Macau and Taiwan	**13.2**	**2.0**	**55.4**
与港澳台商合资经营企业 Joint-venture Enterprises(with Funds from Hong Kong, Macau and Taiwan)	19.2	3.2	55.8
与港澳台商合作经营企业 Cooperative Enterprises(with Funds from Hong Kong, Macau and Taiwan)	9.5	1.3	46.6
港澳台商独资经营企业 Enterprises with Sole Funds from Hong Kong, Macau and Taiwan	8.1	1.0	54.0
港澳台商投资股份有限公司 Share-holding Corporations Ltd. with Funds from Hong Kong, Macau and Taiwan	42.7	8.2	59.2
外商投资企业 Foreign Funded Enterprises	**14.6**	**3.0**	**62.2**
中外合资经营企业 Joint-venture Enterprises	20.3	3.9	59.4
中外合作经营 Cooperation Enterprises	12	2	71
外资企业 Enterprises with Sole Foreign Funds	8	2	65
外商投资股份有限公司 Share-holding Corporations Ltd. with Foreign Funds	43	10	63

(%)

R&D 经费占产品销售收入比重 Expenditure for R&D as a Percentage of Total Revenue from the Sale of Products	科技活动经费占产品销售收入比重 Expenditure for S&T Activities as a Percentage of Total Revenue from the Sale of Products	新产品产值占工业总产值比重 Output Value of New Products as a Percentage of Gross Output of Industrial Value	新产品销售收入占产品销售收入比重 Sales Revenue of New Products as a Percentage of Total Revenue from the Sale of Products	微电子控制设备占生产经营用设备原价比重 Equipment Controlled by Micro-electronics as a Percentage of Original Value of Productive Equipment
0.3	0.7	4.0	3.0	3.2
0.3	1.0	8.0	7.8	5.3
0.4	1.1	10.1	10.1	9.7
0.7	1.4	7.2	7.1	4.9
0.4	0.5	2.3	2.3	2.4
0.5	**1.1**	**15.5**	**15.9**	**11.0**
0.6	1.4	17.6	17.6	14.3
0.4	0.7	5.8	6.2	3.6
0.5	0.8	14.9	15.6	9.4
0.5	1.7	16.6	16.1	10.0
0.6	**1.1**	**20.4**	**20.0**	**16.2**
0.7	1.3	28.3	28.1	16.5
0	1	4	4	6
0	1	12	12	18
1	2	32	30	14

3-98 各地区大中型工业

Major Indicators of Large and Medium-size

单位:万元

地 区 Region		企业数(个) Number of Large & Medium-sized Enterprises (unit)	#有科技机构的企业数 Having Institutions for S&T	#有科技活动的企业数 Having Activities for S&T	工业总产值 Gross Value of Industrial Output	#新产品 New Products
全 国	**Total**	**27692**	**6468**	**10620**	**1332649764**	**205625718**
东部地区	Eastern Region	18719	4069	6950	940538775	162106148
中部地区	Mid Region	5145	1368	2045	235849318	25263537
西部地区	Western Region	3828	1031	1625	156261671	18256032
北 京	Beijing	496	106	231	40873274	8956388
天 津	Tianjin	516	114	201	41029533	13404081
河 北	Hebei	1164	269	402	59374526	3403213
山 西	Shanxi	771	144	196	29102903	2129901
内蒙古	Neimenggu	337	55	97	15734239	1327958
辽 宁	Liaoning	964	191	322	63209443	9044686
吉 林	Jilin	394	89	127	26888530	1445215
黑龙江	Heilongjiang	479	91	146	31202288	2241975
上 海	Shanghai	1352	206	524	93690036	26113560
江 苏	Jiangsu	3157	894	1569	162911822	25406827
浙 江	Zhejiang	3043	845	1349	93308294	15801162
安 徽	Anhui	593	227	342	26947612	3948978
福 建	Fujian	1015	201	349	41057204	7765274
江 西	Jiangxi	396	108	163	14465969	1783348
山 东	Shandong	2943	599	918	144648907	21676458
河 南	Henan	1189	292	456	48538124	4389266
湖 北	Hubei	747	224	334	36577938	5075617
湖 南	Hunan	576	193	281	22125955	4249238
广 东	Guangdong	4009	634	1067	197998849	29889026
广 西	Guangxi	422	105	160	12696753	2787565
海 南	Hainan	60	10	18	2436887	645472
重 庆	Chongqing	435	147	262	16035871	4980436
四 川	Sichuan	909	243	397	30750020	4467362
贵 州	Guizhou	261	83	110	9937164	680504
云 南	Yunnan	375	87	144	15635219	679032
西 藏	Tibet	8	1	1	76131	28
陕 西	Shaanxi	467	157	227	22483132	2288097
甘 肃	Gansu	238	63	100	12820009	463473
青 海	Qinghai	58	16	23	3127042	52473
宁 夏	Ningxia	115	28	49	4124066	244385
新 疆	Xinjiang	203	46	55	12842025	284720

企业基本情况(2004)
Industrial Enterprises by Region

(10 000 yuan)

产品销售收入 Total Revenue from the Sale of Products	#新产品 New Products	年末从业人员(人) Employees (year-end) (person)	#工程技术人员 Technical Engineering Personnel	生产经营用设备原价 Original Value of Equipment	#微电子控制 Equipment Controlled by Micro-electronics
1339293305	**204212346**	**35076565**	**2958708**	**595437558**	**58742397**
949044466	162003045	21397392	1610274	351505296	41647819
234496726	23161785	8365637	798490	144098006	8942087
155752113	19047516	5313536	549944	99834256	8152491
43006991	9645363	574191	57791	22014584	3798891
41667264	13027742	618694	52976	14264491	1294977
59777555	3433635	1727986	127276	26661988	3002973
29547719	1848753	1445330	120454	19570128	1246036
16202021	2615427	527140	53219	12444050	1026013
63492971	8790693	1593112	186842	42767740	3835833
25512093	1478121	665330	72234	15557708	511163
32123102	1879647	1041197	110800	30490951	612442
100877748	26565552	1199250	95745	44863179	6791603
160154279	24140530	3233315	295831	49660416	7896281
92951461	15297779	2246580	143614	31028925	3815375
27133935	3745446	1011325	89785	14017851	1773595
40098625	7648386	1169424	72119	14559084	2461563
14485711	1623717	493860	54831	8010025	562500
148193842	22261453	4074254	351733	54670355	3626248
47492945	4070229	1963004	174945	23746706	2068645
36240591	4491459	1016894	99367	20841492	1461635
21960631	4024412	728697	76074	11863146	706071
196278019	30551860	4902709	221833	49113703	5063588
12691252	2608265	398604	38942	6013600	312466
2545713	640052	57877	4514	1900830	60487
15873212	4883322	551016	57841	6608420	1385541
30685137	4421756	1190976	126283	14183818	1145560
9626585	673824	391912	33343	8399737	499955
15355396	634110	388087	49649	9157924	947399
93272	239	4565	54	69363	1000
21857532	2112417	822115	87678	19658727	1283486
13160626	409320	451914	39220	6763382	405517
3158207	36197	91663	7863	3936303	112048
4017408	252705	182226	15985	2567856	141085
13031466	399935	313318	39867	10031075	892420

3-99 各地区大中型工业企业
Major Relative Indicators of Large and

单位:%

地 区 Region		有科技机构的企业占全部企业比重 Enterprises Having Institutions for S&T as a Percentage of Total Enterprises	科技活动人员占从业人员比重 S&T Personnel as a Percentage of Total Employees	科学家与工程师占科技活动人员比重 Scientists and Engineers as a Percentage of S&T Personnel
全 国	**Total**	**23.4**	**4.1**	**58.1**
东部地区	Eastern Region	21.7	3.8	59.9
中部地区	Mid Region	26.6	4.5	54.8
西部地区	Western Region	26.9	4.8	57.1
北 京	Beijing	21.4	5.9	72.4
天 津	Tianjin	22.1	4.3	54.8
河 北	Hebei	23.1	3.5	62.3
山 西	Shanxi	18.7	4.0	48.2
内蒙古	Neimenggu	16.3	3.4	55.6
辽 宁	Liaoning	19.8	5.3	62.9
吉 林	Jilin	22.6	2.5	70.0
黑龙江	Heilongjiang	19.0	4.8	67.6
上 海	Shanghai	15.2	4.9	63.9
江 苏	Jiangsu	28.3	5.2	53.7
浙 江	Zhejiang	27.8	3.5	56.8
安 徽	Anhui	38.3	4.1	54.8
福 建	Fujian	19.8	2.7	58.1
江 西	Jiangxi	27.3	6.7	42.0
山 东	Shandong	20.4	3.5	56.4
河 南	Henan	24.6	4.0	52.5
湖 北	Hubei	30.0	5.3	59.1
湖 南	Hunan	33.5	5.9	52.1
广 东	Guangdong	15.8	2.7	66.4
广 西	Guangxi	24.9	4.2	56.7
海 南	Hainan	16.7	1.5	83.5
重 庆	Chongqing	33.8	5.6	65.4
四 川	Sichuan	26.7	6.3	55.3
贵 州	Guizhou	31.8	3.9	56.5
云 南	Yunnan	23.2	3.1	58.0
西 藏	Tibet	12.5	0.5	100.0
陕 西	Shaanxi	33.6	6.3	50.4
甘 肃	Gansu	26.5	4.0	61.8
青 海	Qinghai	27.6	3.5	57.8
宁 夏	Ningxia	24.4	2.2	70.0
新 疆	Xinjiang	22.7	2.9	71.8

基本情况分析指标(2004)
Medium-size Industrial Enterprises by Region

(%)

R&D 经费占产品销售收入比重 Expenditure for R&D as a Percentage of Total Revenue from the Sale of Products	科技活动经费占产品销售收入比重 Expenditure for S&T Activities as a Percentage of Total Revenue from the Sale of Products	新产品产值占工业总产值比重 Output Value of New Products as a Percentage of Gross Output of Industrial Value	新产品销售收入占产品销售收入比重 Sales Revenue of New Products as a Percentage of Total Revenue from the Sale of Products	微电子控制设备占生产经营用设备原价比重 Equipment Controlled by Micro-electronics as a Percentage of Original Value of Productive Equipment
0.7	**1.5**	**15.4**	**15.3**	**9.9**
0.8	1.4	17.2	17.1	11.9
0.6	1.6	10.7	9.9	6.2
0.6	1.8	11.7	12.2	8.2
1.0	1.3	21.9	22.4	17.3
0.6	1.3	32.7	31.3	9.1
0.4	0.9	5.7	5.7	11.3
0.5	1.5	7.3	6.3	6.4
0.3	1.0	8.4	16.1	8.3
1.1	1.7	14.3	13.9	9.0
0.5	1.0	5.4	5.8	3.3
0.6	1.0	7.2	5.9	2.0
0.8	1.8	27.9	26.3	15.1
0.8	1.8	15.6	15.1	15.9
0.7	1.2	16.9	16.5	12.3
0.7	2.4	14.7	13.8	12.7
0.7	1.2	18.9	19.1	16.9
0.9	1.6	12.3	11.2	7.0
0.8	1.5	15.0	15.0	6.6
0.5	1.5	9.0	8.6	8.7
0.6	1.6	13.9	12.4	7.0
0.7	1.9	19.2	18.3	6.0
0.8	1.2	15.1	15.6	10.3
0.5	1.9	22.0	20.6	5.2
0.3	0.3	26.5	25.1	3.2
0.9	2.4	31.1	30.8	21.0
0.8	2.5	14.5	14.4	8.1
0.6	1.4	6.9	7.0	6.0
0.2	0.9	4.3	4.1	10.4
0.0	0.1	0.0	0.3	1.4
1.1	2.7	10.2	9.7	6.5
0.3	0.9	3.6	3.1	6.0
0.6	1.3	1.7	1.2	2.9
0.5	1.0	5.9	6.3	5.5
0.3	1.3	2.2	3.1	8.9

3－100 分行业大中型工业

Major Indicators of Large and Medium-size

单位:万元

行业 Industry	企业数(个) Number of Large & Medium-sized Enterprises (unit)	#有科技机构的企业数 Having Institutions for S&T	#有科技活动的企业数 Having Activities for S&T
总计 **Total**	**27692**	**6468**	**10620**
煤炭开采和洗选业 Mining and Washing of Coal	628	90	158
石油和天然气开采业 Extraction of Petroleum and Natural Gas	71	37	45
黑色金属矿采选业 Mining of Ferrous Metal Ores	146	8	27
有色金属矿采选业 Mining of Non-ferrous Metal Ores	193	30	61
非金属矿采选业 Mining and Processing of Nonmetal Ores	108	24	38
其他采矿业 Mining of Other Ores	1		
农副食品加工业 Processing of Food from Agricultural Products	906	115	185
食品制造业 Manufacture of Foods	575	128	192
饮料制造业 Manufacture of Beverage	542	138	216
烟草制品业 Manufacture of Tobacco	125	61	77
纺织业 Manufacture of Textile	2449	363	650
纺织服装、鞋、帽制造业 Manufacture of Textile Wearing Apparel, Footware and Caps	837	57	139
皮革、毛皮、羽毛(绒)及其制品业 Manufacture of Leather, Fur, Feather and Its Products	534	68	113
木材加工及木、竹、藤、棕、草制品业 Processing of Timbers, Manufacture of Wood, Bamboo, Rattan, Palm, Straw	202	28	46
家具制造业 Manufacture of Furniture	264	26	50
造纸及纸制品业 Manufacture of Paper and Paper Products	612	102	180
印刷业和记录媒介的复制 Printing, Reproduction of Recording Media	295	38	59

企业基本情况(2004)

Industrial Enterprises by Industry

(10 000 yuan)

工业总产值 Gross Value of Industrial Output	#新产品 New Products	产品销售收入 Total Revenue from the Sale of Products	#新产品 New Products	年末从业人员(人) Employees (year-end) (person)	#工程技术人员 Technical Engineering Personnel	生产经营用设备原价 Original Value of Equipment	#微电子控制 Equipment Controlled by Micro-electronics
1332649764	**205625718**	**1339293305**	**204212346**	**35076565**	**2958708**	**595437558**	**58742397**
30979064	1100929	32034070	1040807	3281537	197379	19961457	1295217
41756238	296578	42329748	307388	948884	121450	47807014	713183
3411970	2023	3610689	3993	209903	13655	1200026	17747
4471661	35998	4438966	31293	216272	17055	1778793	18081
1725575	23676	1791981	34596	147269	9219	1169874	34186
37749		37749		1050	27	25467	
35166629	680722	34666971	683901	798750	52097	7661713	301439
17321866	1128147	16803711	1144354	558241	33275	5485067	475452
16577590	1516676	16709077	1868105	517162	44690	7628739	680851
25551580	2779907	25326192	2590784	178433	20752	6822438	1570898
51800918	5906469	50765378	5594324	2807373	145128	20614767	2355366
16143202	1840812	15293287	1775161	979808	27386	3026552	296571
12556122	1002299	12078890	1017881	895164	21754	1780271	59212
4067601	456125	3985215	447647	188432	16427	1637766	161512
5486450	576320	5392766	567337	279296	10062	1056566	35400
17350440	2339890	16812103	2297622	573769	39133	12569484	1252642
4579722	300987	4507554	380594	202701	11736	3106442	741671

3－100 续表

单位:万元

行 业 Industry	企业数(个) Number of Large & Medium-sized Enterprises (unit)	#有科技机构的企业数 Having Institutions for S&T	#有科技活动的企业数 Having Activities for S&T
文教体育用品制造业 Manufacture of Articles for Culture, Education and Sport Activity	337	37	69
石油加工、炼焦及核燃料加工业 Processing of Petroleum ,Coking, Processing of Nucleus Fuel	367	69	113
化学原料及化学制品制造业 Manufacture of Chemical Raw Material and Chemical Products	1664	614	845
医药制造业 Manufacture of Medicines	751	446	571
化学纤维制造业 Manufacture of Chemical Fiber	223	70	113
橡胶制品业 Manufacture of Rubber	360	93	139
塑料制品业 Manufacture of Plastic	722	109	208
非金属矿物制品业 Manufacture of Non-metallic Mineral Products	1804	267	510
黑色金属冶炼及压延加工业 Manufacture and Processing of Ferrous Metals	927	143	256
有色金属冶炼及压延加工业 Manufacture and Processing of Non-ferrous Metals	558	164	251
金属制品业 Manufacture of Metal Products	807	128	248
通用设备制造业 Manufacture of General Purpose Machinery	1650	607	954
专用设备制造业 Manufacture of Special Purpose Machinery	1003	413	626
交通运输设备制造业 Manufacture of Transport Equipment	1668	633	969
电气机械及器材制造业 Manufacture of Electrical Machinery and Equipment	1761	566	906
通信设备、计算机及其他电子设备制造业 Manufacture of Communication, Computer, Other Electronic Equipment	1934	476	847
仪器仪表及文化、办公用机械制造业 Manufacture of Measuring Instrument, Machinery for Cultural and Office Work	390	124	209
工艺品及其他制造业 Manufacture of Artwork, Other Manufacture	340	52	93
电力、热力的生产和供应业 Production and Supply of Electric Power and Heat Power	1656	111	366
燃气生产和供应业 Production and Distribution of Gas	92	6	29
水的生产和供应业 Production and Distribution of Water	180	27	61

(10 000 yuan)

工业总产值 Gross Value of Industrial Output	#新产品 New Products	产品销售收入 Total Revenue from the Sale of Products	#新产品 New Products	年末从业人员(人) Employees (year-end) (person)	#工程技术人员 Technical Engineering Personnel	生产经营用设备原价 Original Value of Equipment	#微电子控制 Equipment Controlled by Micro-electronics
5866912	360577	5768835	354488	478352	10997	1422310	48770
79974569	1685079	80918315	1750059	525990	66229	27336957	2392476
74632735	9212363	73981241	9030519	1742936	211270	41207559	4678316
20352809	4191678	19796839	3887153	667376	81146	7131516	1054858
14159139	2025521	13772566	1953739	263894	22296	7602119	826518
12251468	2450437	11678576	2280433	423185	23124	5354037	1222110
14936963	1733626	15005009	1720694	556432	27202	5633929	902889
31228537	2229294	30421754	2353903	1547818	113606	20513063	1580741
137161870	17583430	140008947	18870594	2139841	210117	56220400	5325410
35395612	2899061	35533390	2937234	855690	85195	15441522	1457933
19855378	1684254	19399267	1628870	688654	40982	4343064	561970
43815963	11402079	41773891	10576372	1453845	152894	11625030	1522843
28548132	7060120	28057711	6503817	1128407	119125	7890456	903901
110903193	44470114	108573597	43262036	2216519	228861	26932588	4912242
69589554	21047439	67790436	21223190	1811130	147853	13058189	1651154
195755035	52493753	199522713	52981835	2649614	189374	34240037	9669100
13998427	2516259	14141667	2548295	406458	31081	2638226	329136
6455291	346443	6198158	368416	415413	22265	1876149	227633
123526816	235656	134310886	184311	2017408	360154	150698377	9101741
2102019	9262	2994226	8782	109534	10745	3249309	103596
2791655	1563	2693307	1680	187534	22774	7668894	259517

3-101 分行业大中型工业企业

Major Relative Indicators of Large and

单位:%

行业 Industry	有科技机构的企业占全部企业比重 Enterprises Having Institutions for S&T as a Percentage of Total Enterprises	科技活动人员占从业人员比重 S&T Personnel as a Percentage of Total Employees	科学家与工程师占科技活动人员比重 Scientists and Engineers as a Percentage of S&T Personnel
总计 Total	**23.4**	**4.1**	**58.1**
煤炭开采和洗选业 Mining and Washing of Coal	14.3	2.8	48.2
石油和天然气开采业 Extraction of Petroleum and Natural Gas	52.1	5.7	73.6
黑色金属矿采选业 Mining of Ferrous Metal Ores	5.5	2.6	59.2
有色金属矿采选业 Mining of Non-ferrous Metal Ores	15.5	2.0	59.0
非金属矿采选业 Mining and Processing of Nonmetal Ores	22.2	1.5	57.8
农副食品加工业 Processing of Food from Agricultural Products	12.7	1.8	53.9
食品制造业 Manufacture of Foods	22.3	2.5	47.8
饮料制造业 Manufacture of Beverage	25.5	3.2	49.4
烟草制品业 Manufacture of Tobacco	48.8	3.7	61.1
纺织业 Manufacture of Textile	14.8	1.8	39.3
纺织服装、鞋、帽制造业 Manufacture of Textile Wearing Apparel, Footware and Caps	6.8	1.1	49.6
皮革、毛皮、羽毛(绒)及其制品业 Manufacture of Leather, Fur, Feather and Its Products	12.7	0.6	38.7
木材加工及木、竹、藤、棕、草制品业 Processing of Timbers, Manufacture of Wood, Bamboo, Rattan, Palm, Straw	13.9	1.2	62.5
家具制造业 Manufacture of Furniture	9.9	0.8	43.2
造纸及纸制品业 Manufacture of Paper and Paper Products	16.7	2.8	50.1
印刷业和记录媒介的复制 Printing, Reproduction of Recording Media	12.9	2.1	49.7

基本情况分析指标(2004)
Medium-size Industrial Enterprises by Industry

(%)

R&D 经费占产品销售收入比重 Expenditure for R&D as a Percentage of Total Revenue from the Sale of Products	科技活动经费占产品销售收入比重 Expenditure for S&T Activities as a Percentage of Total Revenue from the Sale of Products	新产品产值占工业总产值比重 Output Value of New Products as a Percentage of Gross Output of Industrial Value	新产品销售收入占产品销售收入比重 Sales Revenue of New Products as a Percentage of Total Revenue from the Sale of Products	微电子控制设备占生产经营用设备原价比重 Equipment Controlled by Micro-electronics as a Percentage of Original Value of Productive Equipment
0.7	**1.5**	**15.4**	**15.3**	**9.9**
0.8	1.7	3.6	3.3	6.5
0.5	1.1	0.7	0.7	1.5
0.1	0.9	0.1	0.1	1.5
0.3	0.8	0.8	0.7	1.0
0.3	1.5	1.4	1.9	2.9
0.2	0.4	1.9	2.0	3.9
0.4	0.9	6.5	6.8	8.7
0.7	1.6	9.2	11.2	8.9
0.2	0.7	10.9	10.2	23.0
0.5	1.1	11.4	11.0	11.4
0.4	0.8	11.4	11.6	9.8
0.2	0.4	8.0	8.4	3.3
0.6	1.2	11.2	11.2	9.9
0.3	0.5	10.5	10.5	3.4
0.5	1.4	13.5	13.7	10.0
0.4	0.9	6.6	8.4	23.9

3－101 续表

单位:%

行业 Industry	有科技机构的企业占全部企业比重 Enterprises Having Institutions for S&T as a Percentage of Total Enterprises	科技活动人员占从业人员比重 S&T Personnel as a Percentage of Total Employees	科学家与工程师占科技活动人员比重 Scientists and Engineers as a Percentage of S&T Personnel
文教体育用品制造业 Manufacture of Articles for Culture, Education and Sport Activity	11.0	1.0	49.2
石油加工、炼焦及核燃料加工业 Processing of Petroleum, Coking, Processing of Nucleus Fuel	18.8	4.3	59.6
化学原料及化学制品制造业 Manufacture of Chemical Raw Material and Chemical Products	36.9	5.2	54.6
医药制造业 Manufacture of Medicines	59.4	7.0	65.0
化学纤维制造业 Manufacture of Chemical Fiber	31.4	4.7	55.2
橡胶制品业 Manufacture of Rubber	25.8	3.4	44.9
塑料制品业 Manufacture of Plastic	15.1	2.0	55.6
非金属矿物制品业 Manufacture of Non-metallic Mineral Products	14.8	2.4	48.8
黑色金属冶炼及压延加工业 Manufacture and Processing of Ferrous Metals	15.4	5.7	55.9
有色金属冶炼及压延加工业 Manufacture and Processing of Non-ferrous Metals	29.4	5.1	59.5
金属制品业 Manufacture of Metal Products	15.9	2.7	59.8
通用设备制造业 Manufacture of General Purpose Machinery	36.8	7.8	57.4
专用设备制造业 Manufacture of Special Purpose Machinery	41.2	7.1	60.9
交通运输设备制造业 Manufacture of Transport Equipment	38.0	8.0	57.8
电气机械及器材制造业 Manufacture of Electrical Machinery and Equipment	32.1	5.6	59.5
通信设备、计算机及其他电子设备制造业 Manufacture of Communication, Computer, Other Electronic Equipment	24.6	6.4	68.7
仪器仪表及文化、办公用机械制造业 Manufacture of Measuring Instrument, Machinery for Cultural and Office Work	31.8	5.4	59.2
工艺品及其他制造业 Manufacture of Artwork, Other Manufacture	15.3	2.8	43.5
电力、热力的生产和供应业 Production and Supply of Electric Power and Heat Power	6.7	2.4	69.5
燃气生产和供应业 Production and Distribution of Gas	6.5	1.8	65.9
水的生产和供应业 Production and Distribution of Water	15.0	1.8	74.7

(%)

R&D 经费占产品销售收入比重 Expenditure for R&D as a Percentage of Total Revenue from the Sale of Products	科技活动经费占产品销售收入比重 Expenditure for S&T Activities as a Percentage of Total Revenue from the Sale of Products	新产品产值占工业总产值比重 Output Value of New Products as a Percentage of Gross Output of Industrial Value	新产品销售收入占产品销售收入比重 Sales Revenue of New Products as a Percentage of Total Revenue from the Sale of Products	微电子控制设备占生产经营用设备原价比重 Equipment Controlled by Micro-electronics as a Percentage of Original Value of Productive Equipment
0.4	1.0	6.2	6.1	3.4
0.1	0.4	2.1	2.2	8.8
0.9	2.1	12.3	12.2	11.4
1.4	3.1	20.6	19.6	14.8
0.6	1.6	14.3	14.2	10.9
0.9	1.9	20.0	19.5	22.8
0.6	1.4	11.6	11.5	16.0
0.5	1.2	7.1	7.7	7.7
0.6	1.6	12.8	13.5	9.5
0.6	1.5	8.2	8.3	9.4
0.4	1.3	8.5	8.4	12.9
1.2	2.5	26.0	25.3	13.1
1.2	2.7	24.7	23.2	11.5
1.2	2.3	40.1	39.9	18.2
1.4	2.6	30.3	31.3	12.6
1.1	1.8	26.8	26.6	28.2
0.9	1.5	18.0	18.0	12.5
0.6	1.3	5.4	5.9	12.1
0.1	0.3	0.2	0.1	6.0
0.1	1.0	0.4	0.3	3.2
0.3	1.1	0.1	0.1	3.4

3－102 分登记注册类型大中型工业企业科技活动人员(2004)

Personnel for S&T in Large and Medium-size Industrial Enterprises by Registration

单位:人 (person)

注册类型 Type of Registration	科技活动人员 Personnel for S&T Activities	#科学家和工程师 Scientists & Engineers	#R&D人员 Personnel for R&D Activities	科技机构人员 Personnel in S&T Institutions
总计 Total	**1449441**	**841919**	**653932**	**528382**
内资企业 Domestic Funded	**1212579**	**700529**	**538625**	**445560**
国有企业 State-owned Enterprises	288679	163803	118820	88539
集体企业 Collective-owned Enterprises	24395	15168	10628	6870
股份合作企业 Cooperative Enterprises	8062	3800	3478	2705
联营企业 Joint Ownership Enterprises	6686	4200	1784	3403
国有联营企业 State Joint Ownership Enterprises	5760	3680	1532	3031
集体联营企业 Collective Joint Ownership Enterprises	117	82	8	
国有与集体联营企业 Joint State-collective Enterprises	649	317	154	233
其他联营企业 Other Joint Ownership Enterprises	160	121	90	139
有限责任公司 Limited Liability Corporations	522199	301275	236638	184131
国有独资公司 State Sole Funded Corporations	197162	116156	92646	60443
其他有限责任公司 Other Limited Liability Corporations	325037	185119	143992	123688
股份有限公司 Share-holding Corporations Ltd.	283803	170040	137007	128143
私营企业 Private Enterprises	78348	42082	30036	31769

3－102 续表

单位:人 (person)

注册类型 Type of Registration	科技活动人员 Personnel for S&T Activities	#科学家和工程师 Scientists & Engineers	#R&D 人员 Personnel for R&D Activities	科技机构人员 Personnel in S&T Institutions
私营独资企业 Private-funded Enterprises	3159	1557	1207	1297
私营合伙企业 Private Partnership Enterprises	863	339	91	253
私营有限责任公司 Private Limited Liability Corporations	67738	36258	25565	27273
私营股份有限公司 Private Share-holding Corporations Ltd.	6588	3928	3173	2946
其他企业 Others Enterprises	407	161	234	
港澳台商投资企业 Enterprises with Funds from Hong Kong, Macau and Taiwan	**88134**	**48842**	**40937**	**33551**
与港澳台商合资经营企业 Joint-venture Enterprises(with Funds from Hong Kong, Macau and Taiwan)	45433	25357	21365	17985
与港澳台商合作经营企业 Cooperative Enterprises(with Funds from Hong Kong, Macau and Taiwan)	3085	1438	1528	1562
港澳台商独资经营企业 Enterprises with Sole Funds from Hong Kong, Macau and Taiwan	26838	14488	12325	9304
港澳台商投资股份有限公司 Share-holding Corporations Ltd. with Funds from Hong Kong, Macau and Taiwan	12778	7559	5719	4700
外商投资企业 Foreign Funded Enterprises	**148728**	**92548**	**74370**	**49271**
中外合资经营企业 Joint-venture Enterprises	74203	44083	34367	26180
中外合作经营 Cooperation Enterprises	3740	2662	1553	1154
外资企业 Enterprises with Sole Foreign Funds	50327	32946	26924	13611
外商投资股份有限公司 Share-holding Corporations Ltd. with Foreign Funds	20458	12857	11526	8326

3-103 各地区大中型工业企业科技活动人员(2004)

Personnel for S&T in Large and Medium-size Industrial Enterprises by Region

单位:人 (person)

地 区 Region		科技活动人员 Personnel for S&T Activities	#科学家和工程师 Scientists & Engineers	#R&D人员 Personnel for R&D Activities	科技机构人员 Personnel in S&T Institutions
全 国	**Total**	**1449441**	**841919**	**653932**	**528382**
东部地区	Eastern Region	821725	491839	391314	323640
中部地区	Mid Region	373722	204944	153615	114156
西部地区	Western Region	253994	145136	109003	90586
北 京	Beijing	33800	24479	21922	10291
天 津	Tianjin	26796	14677	12928	10790
河 北	Hebei	60090	37416	23872	21920
山 西	Shanxi	57365	27646	17121	12207
内蒙古	Neimenggu	17709	9849	6564	4901
辽 宁	Liaoning	84327	53077	42888	26730
吉 林	Jilin	16459	11519	7572	8351
黑龙江	Heilongjiang	49735	33617	27499	13755
上 海	Shanghai	58550	37420	26661	17535
江 苏	Jiangsu	169503	91093	74852	55986
浙 江	Zhejiang	79488	45147	36644	39158
安 徽	Anhui	41543	22743	12759	14239
福 建	Fujian	30943	17982	17577	12853
江 西	Jiangxi	33086	13893	14760	7541
山 东	Shandong	144155	81315	62733	64073
河 南	Henan	78564	41243	33156	26777
湖 北	Hubei	53740	31760	25451	17783
湖 南	Hunan	43230	22523	15297	13503
广 东	Guangdong	133181	88488	70760	63790
广 西	Guangxi	16739	9489	7992	4969
海 南	Hainan	892	745	477	514
重 庆	Chongqing	31021	20291	13056	11255
四 川	Sichuan	74918	41389	29751	28632
贵 州	Guizhou	15425	8719	5177	6244
云 南	Yunnan	11826	6860	4653	3968
西 藏	Tibet	22	22	6	6
陕 西	Shaanxi	52122	26272	26003	15541
甘 肃	Gansu	17989	11117	8479	6370
青 海	Qinghai	3166	1829	2014	1456
宁 夏	Ningxia	3988	2790	2233	2074
新 疆	Xinjiang	9069	6509	3075	5170

3－104 分行业大中型工业企业科技活动人员(2004)

Personnel for S&T in Large and Medium-size Industrial Enterprises by Industry

单位:人 (person)

行 业 Industry	科技活动人员 Personnel for S&T Activities	#科学家和工程师 Scientists & Engineers	#R&D 人员 Personnel for R&D Activities	科技机构人员 Personnel in S&T Institutions
总计 Total	**1449441**	**841919**	**653932**	**528382**
煤炭开采和洗选业 Mining and Washing of Coal	90761	43760	32238	15697
石油和天然气开采业 Extraction of Petroleum and Natural Gas	53864	39627	27994	25029
黑色金属矿采选业 Mining of Ferrous Metal Ores	5476	3241	2290	394
有色金属矿采选业 Mining of Non-ferrous Metal Ores	4258	2511	1805	1173
非金属矿采选业 Mining and Processing of Nonmetal Ores	2227	1286	1171	857
农副食品加工业 Processing of Food from Agricultural Products	14257	7683	5877	5582
食品制造业 Manufacture of Foods	13840	6614	6075	5857
饮料制造业 Manufacture of Beverage	16275	8031	5990	7037
烟草制品业 Manufacture of Tobacco	6644	4059	3566	2861
纺织业 Manufacture of Textile	51744	20325	19770	18724
纺织服装、鞋、帽制造业 Manufacture of Textile Wearing Apparel, Footware and Caps	10658	5291	3194	3299
皮革、毛皮、羽毛(绒)及其制品业 Manufacture of Leather, Fur, Feather and Its Products	5135	1988	2419	3288
木材加工及木、竹、藤、棕、草制品业 Processing of Timbers, Manufacture of Wood, Bamboo, Rattan, Palm, Straw	2232	1395	864	1225
家具制造业 Manufacture of Furniture	2105	910	972	1127
造纸及纸制品业 Manufacture of Paper and Paper Products	15922	7971	5936	5669
印刷业和记录媒介的复制 Printing, Reproduction of Recording Media	4197	2087	1819	1818

3－104 续表

单位：人 (person)

行 业 Industry	科技活动人员 Personnel for S&T Activities	#科学家和工程师 Scientists & Engineers	#R&D 人员 Personnel for R&D Activities	科技机构人员 Personnel in S&T Institutions
文教体育用品制造业 Manufacture of Articles for Culture, Education and Sport Activity	4707	2316	2393	2305
石油加工、炼焦及核燃料加工业 Processing of Petroleum, Coking, Processing of Nucleus Fuel	22352	13331	8593	7242
化学原料及化学制品制造业 Manufacture of Chemical Raw Material and Chemical Products	89797	49043	37482	36027
医药制造业 Manufacture of Medicines	46594	30277	19902	18182
化学纤维制造业 Manufacture of Chemical Fiber	12499	6900	5031	4322
橡胶制品业 Manufacture of Rubber	14237	6385	4951	6389
塑料制品业 Manufacture of Plastic	11225	6244	4777	4077
非金属矿物制品业 Manufacture of Non-metallic Mineral Products	36814	17953	15610	13342
黑色金属冶炼及压延加工业 Manufacture and Processing of Ferrous Metals	122063	68193	42280	29231
有色金属冶炼及压延加工业 Manufacture and Processing of Non-ferrous Metals	43180	25710	20994	13064
金属制品业 Manufacture of Metal Products	18469	11038	7377	6048
通用设备制造业 Manufacture of General Purpose Machinery	113040	64875	50373	44051
专用设备制造业 Manufacture of Special Purpose Machinery	80504	49050	34276	37290
交通运输设备制造业 Manufacture of Transport Equipment	177688	102648	92432	67237
电气机械及器材制造业 Manufacture of Electrical Machinery and Equipment	100546	59825	47681	39788
通信设备、计算机及其他电子设备制造业 Manufacture of Communication, Computer, Other Electronic Equipment	169361	116287	101593	78395
仪器仪表及文化、办公用机械制造业 Manufacture of Measuring Instrument, Machinery for Cultural and Office Work	22024	13037	12894	8251
工艺品及其他制造业 Manufacture of Artwork, Other Manufacture	11741	5105	4719	4022
电力、热力的生产和供应业 Production and Supply of Electric Power and Heat Power	47719	33155	16503	8668
燃气生产和供应业 Production and Distribution of Gas	1980	1305	725	203
水的生产和供应业 Production and Distribution of Water	3289	2458	1366	611

3-105 分登记注册类型大中型工业企业科技活动经费内部支出(2004)

Intramural Expenditure on S&T Activities in Large and Medium-size Industrial Enterprises by Registration

单位:万元 (10 000 yuan)

注册类型 Type of Registration	科技活动经费内部支出总额 Intramural Expenditure on S&T Activities	#R&D经费支出 R&D Expenditure	#开发新产品经费 Spending for New Products	#科技机构经费 Spending for S&T Institutions
总计 Total	**20020466**	**9544311**	**8209592**	**7456426**
内资企业 Domestic Funded	**14989340**	**6967742**	**5817134**	**5704623**
国有企业 State-owned Enterprises	2900775	1257601	1019389	786369
集体企业 Collective-owned Enterprises	544738	272518	239075	172052
股份合作企业 Cooperative Enterprises	92372	37309	35487	32809
联营企业 Joint Ownership Enterprises	122124	58606	22295	78341
国有联营企业 State Joint Ownership Enterprises	106122	53733	14638	74081
集体联营企业 Collective Joint Ownership Enterprises	1610	35	552	
国有与集体联营企业 Joint State-collective Enterprises	11729	2741	6061	3585
其他联营企业 Other Joint Ownership Enterprises	2663	2098	1045	675
有限责任公司 Limited Liability Corporations	6161069	2865532	2345280	2467256
国有独资公司 State Sole Funded Corporations	2070309	1017524	794192	720882
其他有限责任公司 Other Limited Liability Corporations	4090760	1848008	1551088	1746374
股份有限公司 Share-holding Corporations Ltd.	4162748	2065199	1721251	1818061
私营企业 Private Enterprises	1002332	408611	434254	349736

3－105 续表

单位：万元 （10 000 yuan）

注册类型 Type of Registration	科技活动经费内部支出总额 Intramural Expenditure on S&T Activities	#R&D 经费支出 R&D Expenditure	#开发新产品经费 Spending for New Products	#科技机构经费 Spending for S&T Institutions
私营独资企业 Private-funded Enterprises	42531	15735	18670	12910
私营合伙企业 Private Partnership Enterprises	10251	3238	7470	7606
私营有限责任公司 Private Limited Liability Corporations	852505	340062	385727	298614
私营股份有限公司 Private Share-holding Corporations Ltd.	97044	49576	22388	30605
其他企业 Others Enterprises	3184	2367	104	
港澳台商投资企业 Enterprises with Funds from Hong Kong, Macau and Taiwan	**1605869**	**743741**	**726836**	**563819**
与港澳台商合资经营企业 Joint-venture Enterprises(with Funds from Hong Kong, Macau and Taiwan)	777573	330601	357097	325409
与港澳台商合作经营企业 Cooperative Enterprises(with Funds from Hong Kong, Macau and Taiwan)	61578	33930	28179	27974
港澳台商独资经营企业 Enterprises with Sole Funds from Hong Kong, Macau and Taiwan	559518	321155	257927	138806
港澳台商投资股份有限公司 Share-holding Corporations Ltd. with Funds from Hong Kong, Macau and Taiwan	207199	58055	83633	71630
外商投资企业 Foreign Funded Enterprises	**3425257**	**1832828**	**1665622**	**1187983**
中外合资经营企业 Joint-venture Enterprises	1809428	986681	859809	658066
中外合作经营 Cooperation Enterprises	60798	32650	18343	13612
外资企业 Enterprises with Sole Foreign Funds	1226810	592064	585170	337202
外商投资股份有限公司 Share-holding Corporations Ltd. with Foreign Funds	328220	221432	202300	179104

3-106 各地区大中型工业企业科技经费内部支出(2004)

Intramural Expenditure on S&T Activities in Large and Medium-size Industrial Enterprises by Region

单位:万元 (10 000 yuan)

地 区 Region	科技活动经费内部支出总额 Intramural Expenditure on S&T Activities	#R&D 经费支出 R&D Expenditure	#开发新产品经费 Spending for New Products	#科技机构经费 Spending for S&T Institutions
全 国 Total	**20020466**	**9544311**	**8209592**	**7456426**
东部地区 Eastern Region	13594886	7183079	6155136	5368146
中部地区 Mid Region	3631544	1407658	1202406	1096701
西部地区 Western Region	2794036	953575	852049	991578
北 京 Beijing	563868	412199	277785	152035
天 津 Tianjin	529879	244217	179975	211055
河 北 Hebei	513343	248944	201455	191212
山 西 Shanxi	427607	159728	106365	109111
内蒙古 Neimenggu	164892	48402	38418	47093
辽 宁 Liaoning	1048478	699084	499486	231590
吉 林 Jilin	258398	118512	83219	118657
黑龙江 Heilongjiang	335153	183981	101574	107331
上 海 Shanghai	1785733	821069	1011379	489179
江 苏 Jiangsu	2822780	1239904	1159030	958699
浙 江 Zhejiang	1149793	622376	651958	533236
安 徽 Anhui	658781	184162	194838	205489
福 建 Fujian	491935	291900	237266	187373
江 西 Jiangxi	230038	134953	73117	69195
山 东 Shandong	2269489	1121522	892503	1002320
河 南 Henan	714574	249587	218764	199684
湖 北 Hubei	584694	218378	283738	157311
湖 南 Hunan	422299	158358	140792	129922
广 东 Guangdong	2411060	1475602	1038335	1405461
广 西 Guangxi	243087	56742	50140	69685
海 南 Hainan	8529	6263	5966	5987
重 庆 Chongqing	382149	146463	163480	130800
四 川 Sichuan	771300	244604	268690	316975
贵 州 Guizhou	133248	59043	55089	72354
云 南 Yunnan	142885	33286	56296	47223
西 藏 Tibet	61	10	7	10
陕 西 Shaanxi	586313	249286	169288	145375
甘 肃 Gansu	121400	39987	15209	30410
青 海 Qinghai	41650	18927	7906	19947
宁 夏 Ningxia	41823	21296	18791	18131
新 疆 Xinjiang	165230	35530	8735	93575

3－107 分行业大中型工业企业科技活动经费内部支出(2004)

Intramural Expenditure on S&T Activities in Large and Medium-size Industrial Enterprises by Industry

单位:万元 (10 000 yuan)

行业 Industry	科技活动经费内部支出总额 Intramural Expenditure on S&T Activities	#R&D 经费支出 R&D Expenditure	#开发新产品经费 Spending for New Products	#科技机构经费 Spending for S&T Institutions
总计 **Total**	**20020466**	**9544311**	**8209592**	**7456426**
煤炭开采和洗选业 Mining and Washing of Coal	555207	258467	60935	79086
石油和天然气开采业 Extraction of Petroleum and Natural Gas	474379	217296	11649	269922
黑色金属矿采选业 Mining of Ferrous Metal Ores	33701	2890	12650	2534
有色金属矿采选业 Mining of Non-ferrous Metal Ores	37056	12713	5503	10954
非金属矿采选业 Mining and Processing of Nonmetal Ores	27677	6064	9749	11619
农副食品加工业 Processing of Food from Agricultural Products	132442	53777	42140	54942
食品制造业 Manufacture of Foods	151684	64065	48984	50974
饮料制造业 Manufacture of Beverage	273172	118054	99188	113116
烟草制品业 Manufacture of Tobacco	170163	52279	24496	74625
纺织业 Manufacture of Textile	549066	253159	239561	201486
纺织服装、鞋、帽制造业 Manufacture of Textile Wearing Apparel, Footware and Caps	120765	54083	44332	35116
皮革、毛皮、羽毛(绒)及其制品业 Manufacture of Leather, Fur, Feather and Its Products	46828	19363	27354	25564
木材加工及木、竹、藤、棕、草制品业 Processing of Timbers, Manufacture of Wood, Bamboo, Rattan, Palm, Straw	46527	23102	22348	13175
家具制造业 Manufacture of Furniture	27784	18429	14968	14456
造纸及纸制品业 Manufacture of Paper and Paper Products	239964	84822	87030	103547
印刷业和记录媒介的复制 Printing, Reproduction of Recording Media	39475	17235	17129	22417

3－107 续表

单位:万元 (10 000 yuan)

行业 Industry	科技活动经费内部支出总额 Intramural Expenditure on S&T Activities	#R&D经费支出 R&D Expenditure	#开发新产品经费 Spending for New Products	#科技机构经费 Spending for S&T Institutions
文教体育用品制造业 Manufacture of Articles for Culture, Education and Sport Activity	54674	24129	20745	21263
石油加工、炼焦及核燃料加工业 Processing of Petroleum, Coking, Processing of Nucleus Fuel	338583	102484	45894	99729
化学原料及化学制品制造业 Manufacture of Chemical Raw Material and Chemical Products	1550307	676867	420039	499764
医药制造业 Manufacture of Medicines	613700	281812	264970	235824
化学纤维制造业 Manufacture of Chemical Fiber	215544	79431	97810	75291
橡胶制品业 Manufacture of Rubber	224526	99437	121502	135976
塑料制品业 Manufacture of Plastic	204254	83026	72423	54755
非金属矿物制品业 Manufacture of Non-metallic Mineral Products	355799	160514	133826	107774
黑色金属冶炼及压延加工业 Manufacture and Processing of Ferrous Metals	2261250	886566	835993	501925
有色金属冶炼及压延加工业 Manufacture and Processing of Non-ferrous Metals	533019	198657	118078	139179
金属制品业 Manufacture of Metal Products	243836	83989	83685	78013
通用设备制造业 Manufacture of General Purpose Machinery	1038912	509239	540235	406048
专用设备制造业 Manufacture of Special Purpose Machinery	760563	346521	395602	334946
交通运输设备制造业 Manufacture of Transport Equipment	2534322	1274728	1215769	968045
电气机械及器材制造业 Manufacture of Electrical Machinery and Equipment	1791728	934264	912495	791988
通信设备、计算机及其他电子设备制造业 Manufacture of Communication, Computer, Other Electronic Equipment	3619481	2262135	2003785	1759109
仪器仪表及文化、办公用机械制造业 Manufacture of Measuring Instrument, Machinery for Cultural and Office Work	216958	125810	102796	63994
工艺品及其他制造业 Manufacture of Artwork, Other Manufacture	77917	39766	31163	29031
电力、热力的生产和供应业 Production and Supply of Electric Power and Heat Power	398848	108497	23614	63325
燃气生产和供应业 Production and Distribution of Gas	31184	2085	825	1645
水的生产和供应业 Production and Distribution of Water	29166	8559	330	5272

3-108 分登记注册类型大中型工业企业科技项目与专利(2004)

Projects and Patents for S&T Activities in Large and Medium-size Industrial Enterprises by Registration

单位:项 (item)

注册类型 Type of Registration	科技活动项目数 Projects for S&T Activities	#新产品开发项目数 Projects for New Product	专利申请 Patent Applications	#发明专利数 Inventive Patent	拥有发明专利数 Owning Inventive Patent
总计 Total	**67804**	**46575**	**42318**	**13908**	**17988**
内资企业 Domestic Funded	**57948**	**38852**	**28298**	**8312**	**13884**
国有企业 State-owned Enterprises	13665	8138	2258	683	1531
集体企业 Collective-owned Enterprises	1550	1414	1065	221	292
股份合作企业 Cooperative Enterprises	386	293	188	71	117
联营企业 Joint Ownership Enterprises	317	157	87	16	16
国有联营企业 State Joint Ownership Enterprises	241	89	37	11	9
集体联营企业 Collective Joint Ownership Enterprises	2	2	35		
国有与集体联营企业 Joint State-collective Enterprises	71	64	12	3	7
其他联营企业 Other Joint Ownership Enterprises	3	2	3	2	
有限责任公司 Limited Liability Corporations	25343	16919	10575	4182	5553
国有独资公司 State Sole Funded Corporations	10326	6456	2375	539	914
其他有限责任公司 Other Limited Liability Corporations	15017	10463	8200	3643	4639
股份有限公司 Share-holding Corporations Ltd.	12725	8724	7850	2081	4388
私营企业 Private Enterprises	3954	3201	6264	1058	1987

3－108 续表

单位:项 (item)

注册类型 Type of Registration	科技活动项目数 Projects for S&T Activities	#新产品开发项目数 Projects for New Product	专利申请 Patent Applications	#发明专利数 Inventive Patent	拥有发明专利数 Owning Inventive Patent
私营独资企业 Private-funded Enterprises	139	113	165	14	21
私营合伙企业 Private Partnership Enterprises	28	18	166		158
私营有限责任公司 Private Limited Liability Corporations	3459	2791	5616	953	1615
私营股份有限公司 Private Share-holding Corporations Ltd.	328	279	317	91	193
其他企业 Others Enterprises	8	6	11		
港澳台商投资企业 Enterprises with Funds from Hong Kong, Macau and Taiwan	**3966**	**3002**	**4929**	**1157**	**1612**
与港澳台商合资经营企业 Joint-venture Enterprises(with Funds from Hong Kong, Macau and Taiwan)	2123	1651	2800	516	743
与港澳台商合作经营企业 Cooperative Enterprises(with Funds from Hong Kong, Macau and Taiwan)	122	74	98	11	26
港澳台商独资经营企业 Enterprises with Sole Funds from Hong Kong, Macau and Taiwan	956	837	1515	483	662
港澳台商投资股份有限公司 Share-holding Corporations Ltd. with Funds from Hong Kong, Macau and Taiwan	765	440	516	147	181
外商投资企业 Foreign Funded Enterprises	**5890**	**4721**	**9091**	**4439**	**2492**
中外合资经营企业 Joint-venture Enterprises	3456	2714	5553	3448	935
中外合作经营 Cooperation Enterprises	143	92	212	13	46
外资企业 Enterprises with Sole Foreign Funds	1289	1101	2361	728	1306
外商投资股份有限公司 Share-holding Corporations Ltd. with Foreign Funds	1002	814	965	250	205

3-109 各地区工业企业科技项目与专利(2004)

Projects and Patents for S&T Activities in Large and Medium-size Industrial Enterprises by Region

单位:项 (item)

地区 Region		科技活动项目数 Projects for S&T Activities	#新产品开发项目数 Projects for New Product	专利申请 Patent Applications	#发明专利数 Inventive Patent	拥有发明专利数 Owning Inventive Patent
全国	**Total**	**67804**	**46575**	**42318**	**13908**	**17988**
东部地区	Eastern Region	39367	28616	31423	11619	11889
中部地区	Mid Region	15898	9798	4932	1325	3979
西部地区	Western Region	12539	8161	5963	964	2120
北京	Beijing	1739	1222	1377	544	987
天津	Tianjin	1550	1087	2977	2540	632
河北	Hebei	3188	1878	975	303	453
山西	Shanxi	1973	772	248	81	1044
内蒙古	Neimenggu	657	352	352	42	89
辽宁	Liaoning	2996	2061	809	190	447
吉林	Jilin	747	550	378	69	139
黑龙江	Heilongjiang	2954	1956	643	185	468
上海	Shanghai	3935	2845	3879	1611	705
江苏	Jiangsu	7193	5363	3878	972	1639
浙江	Zhejiang	4828	4002	4078	1049	1953
安徽	Anhui	2178	1298	706	154	258
福建	Fujian	1461	1031	802	184	559
江西	Jiangxi	1130	721	178	75	90
山东	Shandong	8349	6045	4064	933	1543
河南	Henan	3542	2174	1453	289	521
湖北	Hubei	2125	1559	579	222	502
湖南	Hunan	1249	768	747	250	957
广东	Guangdong	4063	3050	8571	3286	2939
广西	Guangxi	792	584	439	73	95
海南	Hainan	65	32	13	7	32
重庆	Chongqing	2260	1780	2743	141	346
四川	Sichuan	3283	2125	1050	311	655
贵州	Guizhou	668	504	176	49	160
云南	Yunnan	831	500	251	87	119
西藏	Tibet	1	1	1		
陕西	Shaanxi	1694	1178	363	120	189
甘肃	Gansu	710	357	166	64	215
青海	Qinghai	203	59	44	14	29
宁夏	Ningxia	489	379	82	13	96
新疆	Xinjiang	951	342	296	50	127

3-110 分行业工业企业科技项目与专利(2004)
Projects and Patents for S&T Activities in Large and Medium-size Industrial Enterprises by Industry

单位:项 (item)

行业 Industry	科技活动项目数 Projects for S&T Activities	#新产品开发项目数 Projects for New Product	专利申请 Patent Applications	#发明专利数 Inventive Patent	拥有发明专利数 Owning Inventive Patent
总计 Total	**67804**	**46575**	**42318**	**13908**	**17988**
煤炭开采和洗选业 Mining and Washing of Coal	3126	541	210	48	101
石油和天然气开采业 Extraction of Petroleum and Natural Gas	2897	745	771	137	475
黑色金属矿采选业 Mining of Ferrous Metal Ores	277	79	12	6	8
有色金属矿采选业 Mining of Non-ferrous Metal Ores	226	49	12	9	7
非金属矿采选业 Mining and Processing of Nonmetal Ores	146	64	32	20	14
农副食品加工业 Processing of Food from Agricultural Products	545	425	252	75	123
食品制造业 Manufacture of Foods	634	501	1104	165	301
饮料制造业 Manufacture of Beverage	837	614	971	141	630
烟草制品业 Manufacture of Tobacco	613	366	115	39	82
纺织业 Manufacture of Textile	2676	2365	719	134	197
纺织服装、鞋、帽制造业 Manufacture of Textile Wearing Apparel, Footware and Caps	295	219	249	31	35
皮革、毛皮、羽毛(绒)及其制品业 Manufacture of Leather, Fur, Feather and Its Products	163	132	105	8	24
木材加工及木、竹、藤、棕、草制品业 Processing of Timbers, Manufacture of Wood, Bamboo, Rattan, Palm, Straw	124	94	111	86	87
家具制造业 Manufacture of Furniture	82	69	124	10	34
造纸及纸制品业 Manufacture of Paper and Paper Products	487	277	109	67	57
印刷业和记录媒介的复制 Printing, Reproduction of Recording Media	243	100	181	42	20

3－110 续表

单位:项 (item)

行 业 Industry	科技活动项目数 Projects for S&T Activities	#新产品开发项目数 Projects for New Product	专利申请 Patent Applic-ations	#发 明专利数 Inventive Patent	拥有发明专利数 Owning Inventive Patent
文教体育用品制造业 Manufacture of Articles for Culture, Education and Sport Activity	206	178	676	128	210
石油加工、炼焦及核燃料加工业 Processing of Petroleum ,Coking, Processing of Nucleus Fuel	1374	549	389	188	688
化学原料及化学制品制造业 Manufacture of Chemical Raw Material and Chemical Products	4392	2809	1606	649	1034
医药制造业 Manufacture of Medicines	3721	3232	1696	1018	902
化学纤维制造业 Manufacture of Chemical Fiber	586	362	128	52	56
橡胶制品业 Manufacture of Rubber	1186	824	249	43	119
塑料制品业 Manufacture of Plastic	590	450	440	137	375
非金属矿物制品业 Manufacture of Non-metallic Mineral Products	1622	1048	1220	433	565
黑色金属冶炼及压延加工业 Manufacture and Processing of Ferrous Metals	4021	1905	921	287	518
有色金属冶炼及压延加工业 Manufacture and Processing of Non-ferrous Metals	1674	816	770	237	580
金属制品业 Manufacture of Metal Products	1120	864	1093	242	460
通用设备制造业 Manufacture of General Purpose Machinery	6861	5604	2597	424	1148
专用设备制造业 Manufacture of Special Purpose Machinery	3503	3017	2098	354	1881
交通运输设备制造业 Manufacture of Transport Equipment	7763	6512	4849	490	1239
电气机械及器材制造业 Manufacture of Electrical Machinery and Equipment	5701	5021	8353	3297	2135
通信设备、计算机及其他电子设备制造业 Manufacture of Communication, Computer, Other Electronic Equipment	4726	4200	8286	4511	3149
仪器仪表及文化、办公用机械制造业 Manufacture of Measuring Instrument, Machinery for Cultural and Office Work	1422	1301	1132	188	344
工艺品及其他制造业 Manufacture of Artwork, Other Manufacture	401	294	382	71	109
电力、热力的生产和供应业 Production and Supply of Electric Power and Heat Power	3226	869	275	110	270
燃气生产和供应业 Production and Distribution of Gas	88	8	18	4	3
水的生产和供应业 Production and Distribution of Water	248	72	63	27	8

3-111 分登记注册类型大中型工业企业其他技术活动经费支出(2004)
Expenditure on Other Technical Activities in Large and Medium-size Industrial Enterprises by Registration

单位:万元 (10 000 yuan)

注册类型 Type of Registration	技术改造经费 Expenditure on Technical Renovation	技术引进经费 Expenditure on Import of Technology	消化吸收经费 Expenditure on Technology Absorption	购买国内技术经费 Expenditure on Purchase of Domestic Technology
总计 Total	**25885031**	**3679496**	**539700**	**699192**
内资企业 Domestic Funded	**22904878**	**1987093**	**372870**	**642303**
国有企业 State-owned Enterprises	6411801	472601	41901	144577
集体企业 Collective-owned Enterprises	205760	26264	10514	12709
股份合作企业 Cooperative Enterprises	85527	1787	1545	1826
联营企业 Joint Ownership Enterprises	336044	57836	3435	10565
国有联营企业 State Joint Ownership Enterprises	313869	51032	3259	10535
集体联营企业 Collective Joint Ownership Enterprises	3543	21	161	
国有与集体联营企业 Joint State-collective Enterprises	17337	6783	15	
其他联营企业 Other Joint Ownership Enterprises	1296			30
有限责任公司 Limited Liability Corporations	8894789	725291	183063	225838
国有独资公司 State Sole Funded Corporations	3856343	250978	45899	73766
其他有限责任公司 Other Limited Liability Corporations	5038446	474313	137164	152072
股份有限公司 Share-holding Corporations Ltd.	5891029	668321	115313	206749
私营企业 Private Enterprises	1079199	33447	17100	40040

3－111 续表

单位：万元 (10 000 yuan)

注册类型 Type of Registration	技术改造经费 Expenditure on Technical Renovation	技术引进经费 Expenditure on Import of Technology	消化吸收经费 Expenditure on Technology Absorption	购买国内技术经费 Expenditure on Purchase of Domestic Technology
私营独资企业 Private-funded Enterprises	18870	95	231	1458
私营合伙企业 Private Partnership Enterprises	10121			200
私营有限责任公司 Private Limited Liability Corporations	1014857	27519	15543	35207
私营股份有限公司 Private Share-holding Corporations Ltd.	35350	5834	1326	3176
其他企业 Others Enterprises	729	1545		
港澳台商投资企业 **Enterprises with Funds from Hong Kong, Macau and Taiwan**	**1093393**	**186540**	**24207**	**20388**
与港澳台商合资经营企业 Joint-venture Enterprises (with Funds from Hong Kong, Macau and Taiwan)	659419	106527	15470	13166
与港澳台商合作经营企业 Cooperative Enterprises (with Funds from Hong Kong, Macau and Taiwan)	29191	2069	259	61
港澳台商独资经营企业 Enterprises with Sole Funds from Hong Kong, Macau and Taiwan	162521	45703	2569	2031
港澳台商投资股份有限公司 Share-holding Corporations Ltd. with Funds from Hong Kong, Macau and Taiwan	242261	32240	5908	5130
外商投资企业 **Foreign Funded Enterprises**	**1886760**	**1505864**	**142623**	**36501**
中外合资经营企业 Joint-venture Enterprises	1383140	1217215	101757	26568
中外合作经营 Cooperation Enterprises	27692	32772	62	144
外资企业 Enterprises with Sole Foreign Funds	185410	191440	34616	2312
外商投资股份有限公司 Share-holding Corporations Ltd. with Foreign Funds	290518	64438	6188	7477

3-112 各地区大中型工业企业其他技术活动经费支出(2004)
Expenditure on Other Technical Activities in Large and Medium-size Industrial Enterprises by Region

单位:万元 (10 000 yuan)

地区 Region		技术改造经费 Expenditure on Technical Renovation	技术引进经费 Expenditure on Import of Technology	消化吸收经费 Expenditure on Technology Absorption	购买国内技术经费 Expenditure on Purchase of Domestic Technology
全　国	**Total**	**25885031**	**3679496**	**539700**	**699192**
东部地区	Eastern Region	14634944	2528660	345938	386481
中部地区	Mid Region	6620041	695260	100564	158755
西部地区	Western Region	4630046	455576	93197	153957
北　京	Beijing	319115	314287	2872	2865
天　津	Tianjin	301090	163259	7901	6578
河　北	Hebei	997904	137388	18568	29658
山　西	Shanxi	1155824	54788	7736	18144
内蒙古	Neimenggu	310510	20988	1529	6157
辽　宁	Liaoning	1920915	210968	10182	14075
吉　林	Jilin	386558	84493	1415	2695
黑龙江	Heilongjiang	430401	74177	15585	29977
上　海	Shanghai	1453102	540190	79823	33743
江　苏	Jiangsu	2666644	549744	63688	90289
浙　江	Zhejiang	2328232	151700	35094	40682
安　徽	Anhui	1097978	85003	22844	10095
福　建	Fujian	311979	64123	9801	25842
江　西	Jiangxi	497761	48822	11270	24384
山　东	Shandong	3358731	138257	34805	80177
河　南	Henan	960696	127227	18360	27226
湖　北	Hubei	1172728	154054	13862	38464
湖　南	Hunan	918096	66696	9492	7769
广　东	Guangdong	961223	258259	82962	61465
广　西	Guangxi	518229	33388	1762	11368
海　南	Hainan	16007	486	242	1108
重　庆	Chongqing	622896	253162	50241	36568
四　川	Sichuan	1068697	47248	19216	41492
贵　州	Guizhou	467524	3966	414	4525
云　南	Yunnan	219630	9627	723	15479
西　藏	Tibet	560		15	
陕　西	Shaanxi	594114	60553	15510	27010
甘　肃	Gansu	318315	16013	2985	5579
青　海	Qinghai	16351	90	30	4
宁　夏	Ningxia	142265	9012	629	1850
新　疆	Xinjiang	350956	1529	143	3925

3-113 分行业大中型工业企业其他技术活动经费支出(2004)
Expenditure on Other Technical Activities in Large and Medium-size Industrial Enterprises by Industry

单位:万元 (10 000 yuan)

行业 Industry	技术改造经费 Expenditure on Technical Renovation	技术引进经费 Expenditure on Import of Technology	消化吸收经费 Expenditure on Technology Absorption	购买国内技术经费 Expenditure on Purchase of Domestic Technology
总计 Total	**25885031**	**3679496**	**539700**	**699192**
煤炭开采和洗选业 Mining and Washing of Coal	740003	56239	16951	23091
石油和天然气开采业 Extraction of Petroleum and Natural Gas	97607	39831	957	1773
黑色金属矿采选业 Mining of Ferrous Metal Ores	40644	150	5110	542
有色金属矿采选业 Mining of Non-ferrous Metal Ores	56087	10838	3336	1214
非金属矿采选业 Mining and Processing of Nonmetal Ores	56853	1177	364	900
农副食品加工业 Processing of Food from Agricultural Products	149395	13239	1379	3923
食品制造业 Manufacture of Foods	136555	31361	7010	16563
饮料制造业 Manufacture of Beverage	366620	14023	7626	6014
烟草制品业 Manufacture of Tobacco	558259	71239	2056	46597
纺织业 Manufacture of Textile	646706	174598	11572	43148
纺织服装、鞋、帽制造业 Manufacture of Textile Wearing Apparel, Footware and Caps	138282	48786	6260	2879
皮革、毛皮、羽毛(绒)及其制品业 Manufacture of Leather, Fur, Feather and Its Products	45374	563	5	148
木材加工及木、竹、藤、棕、草制品业 Processing of Timbers, Manufacture of Wood, Bamboo, Rattan, Palm, Straw	35979	15874	1066	1240
家具制造业 Manufacture of Furniture	16856	179	325	96
造纸及纸制品业 Manufacture of Paper and Paper Products	240551	26765	2594	5240
印刷业和记录媒介的复制 Printing, Reproduction of Recording Media	67014	19483	1213	5189

3－113 续表

单位:万元 (10 000 yuan)

行 业 Industry	技术改造经费 Expenditure on Technical Renovation	技术引进经费 Expenditure on Import of Technology	消化吸收经费 Expenditure on Technology Absorption	购买国内技术经费 Expenditure on Purchase of Domestic Technology
文教体育用品制造业 Manufacture of Articles for Culture,Education and Sport Activity	14660	3636	335	270
石油加工、炼焦及核燃料加工业 Processing of Petroleum ,Coking,Processing of Nucleus Fuel	1555622	90533	27320	85220
化学原料及化学制品制造业 Manufacture of Chemical Raw Material and Chemical Products	2775005	301250	24423	51540
医药制造业 Manufacture of Medicines	571002	57500	23488	46002
化学纤维制造业 Manufacture of Chemical Fiber	283474	62896	3482	8116
橡胶制品业 Manufacture of Rubber	233943	28247	7358	7904
塑料制品业 Manufacture of Plastic	100107	26160	13046	2259
非金属矿物制品业 Manufacture of Non-metallic Mineral Products	724687	33245	13180	9262
黑色金属冶炼及压延加工业 Manufacture and Processing of Ferrous Metals	7703845	412325	50760	67805
有色金属冶炼及压延加工业 Manufacture and Processing of Non-ferrous Metals	1273816	165934	61998	28904
金属制品业 Manufacture of Metal Products	272065	21273	3188	1909
通用设备制造业 Manufacture of General Purpose Machinery	825353	131692	23285	16516
专用设备制造业 Manufacture of Special Purpose Machinery.	555661	48325	9507	25357
交通运输设备制造业 Manufacture of Transport Equipment	2031078	595998	60553	98192
电气机械及器材制造业 Manufacture of Electrical Machinery and Equipment	955644	120146	44867	33045
通信设备、计算机及其他电子设备制造业 Manufacture of Communication,Computer,Other Electronic Equipment	882724	1006124	98007	25230
仪器仪表及文化、办公用机械制造业 Manufacture of Measuring Instrument,Machinery for Cultural and Office Work	139583	19016	1757	2179
工艺品及其他制造业 Manufacture of Artwork, Other Manufacture	55811	4398	360	542
电力、热力的生产和供应业 Production and Supply of Electric Power and Heat Power	1453472	25027	4628	29844
燃气生产和供应业 Production and Distribution of Gas	27100	1349	4	88
水的生产和供应业 Production and Distribution of Water	57575	81	330	445

四、高等学校
Institutions of Higher Education

4-1 高等学校基本
Major Indicators of Institutions

	单位	1994	1995	1996
学校数	**个**	**1080**	**1054**	**1032**
Number of Institutions of Higher Education	**unit**			
从业人员	**万人**	**104**	**104**	**104**
Employees	**10 000 person**			
科技活动人员	**人**	**319092**	**324279**	**332008**
S&T Personnel	**person**			
#科学家与工程师	人	301323	307985	316354
Scientists and Engineers	person			
研究与试验发展机构	**个**	**3309**	**3431**	**3398**
R&D Institutes	**unit**			
研究与试验发展人员全时当量	**万人年**	**17.2**	**14.4**	**14.8**
Full-time Equivalent of R&D Personnel	**10 000 man-year**			
#科学家和工程师	万人年	15.8	13.2	13.2
Scientists and Engineers	10 000 man-year			
#基础研究	万人年	4.7	3.9	4.1
Basic Research	10 000 man-year			
应用研究	万人年	9.1	7.8	8.0
Applied Research	10 000 man-year			
试验发展	万人年	3.4	2.7	2.7
Experimental Development	10 000 man-year			
科技经费筹集额	**万元**	**414628**	**494756**	**565380**
Sources of Fund for S&T	**10 000 yuan**			
#政府资金	万元	191891	220525	258241
Government Funds	10 000 yuan			
企业资金	万元			
Enterprise Funds	10 000 yuan			
金融机构贷款	万元	9482	11748	8302
Bank Loans	10 000 yuan			
科技经费内部支出额	**万元**	**376015**	**443889**	**511824**
Intramural Expenditure for S&T	**10 000 yuan**			
#劳务费	万元	45249	55082	66018
Labor Expenses	10 000 yuan			
业务费	万元	216120	255264	290012
Operating Expenses	10 000 yuan			
固定资产购建费	万元	71302	78290	95645
Expenditure on the Purchase of Fixed Assets	10 000 yuan			
#研究与试验发展经费支出	亿元	38.7	42.3	47.8
R&D Expenditure	100 million yuan			
基础研究	亿元	5.1	6.5	7.5
Basic Research	100 million yuan			
应用研究	亿元	21.4	23.3	26.7
Applied Research	100 million yuan			
试验发展	亿元	12.1	12.5	13.7
Experimantal Development	100 million yuan			

情况(1994－2004)
of Higher Education

	1997	1998	1999	2000	2001	2002	2003	2004
	1020	**1022**	**1071**	**1041**	**1225**	**1396**	**1552**	**1731**
	103	**103**	**107**	**111**	**121**	**130**	**145**	**161**
	326202	**345159**	**341910**	**352231**	**366410**	**383004**	**410995**	**436807**
	311622	311417	328991	315110	358844	376136	403785	363793
	3306	**3241**	**3124**	**3735**	**3481**	**3702**	**3145**	**3681**
	16.6	**16.9**	**17.6**	**15.9**	**17.1**	**18.1**	**18.9**	**21.2**
	15.7	16.1	16.8	14.7	16.8	17.8	18.6	20.6
	4.3	4.6	4.7	5.1	5.1	5.6	5.8	7.4
	9.2	9.3	9.8	8.7	9.2	9.5	10.0	10.4
	3.0	3.0	3.1	2.1	2.8	3.1	3.1	3.4
	730763	**849566**	**1029460**	**1667784**	**2000002**	**2476965**	**3077922**	**3916254**
	364700	411494	492174	974653	1098293	1372924	1647568	2106019
		367733	532425	554523	724562	895801	1125898	1486215
	7126		4509	13797	9721	13015	14586	12994
	629892	**731542**	**850978**	**1371450**	**1659188**	**2041666**	**2538792**	**3181669**
	80622	70565	89185	285406	298112	382150	491491	582750
	362203	450954	492875	811771				
	125786	131629	170262	274273	512638	383353	450616	813701
	57.7	57.3	63.5	76.7	102.4	130.5	162.3	200.9
	9.7	9.5	11.4	17.8	19.0	27.8	32.9	47.9
	31.6	31.4	37.7	40.0	56.6	67.1	89.7	108.8
	16.4	16.3	14.4	18.9	26.8	35.6	39.7	44.2

4-2 各地区高等学校研究与试验发展(R&D)机构(2004)

R&D Institutions in Institutions of Higher Education by Region

单位:个 (unit)

地 区 Region		学校数 Number of Institutions of Higher Education	高等院校属研究与试验发展机构 R&D Institutions in Institutions of Higher Education	理工农医 Natural Sciences & Technology	人文社会 Social Sciences & Humanities
全 国	**Total**	**1731**	**3681**	**2872**	**809**
东部地区	Eastern Region	770	2132	1654	478
中部地区	Mid Region	552	765	597	168
西部地区	Western Region	409	784	621	163
北 京	Beijing	77	373	256	117
天 津	Tianjin	40	145	97	48
河 北	Hebei	87	99	76	23
山 西	Shanxi	56	56	46	10
内蒙古	Neimenggu	31	45	29	16
辽 宁	Liaoning	71	253	211	42
吉 林	Jilin	42	85	50	35
黑龙江	Heilongjiang	59	68	60	8
上 海	Shanghai	58	225	177	48
江 苏	Jiangsu	112	349	287	62
浙 江	Zhejiang	67	184	159	25
安 徽	Anhui	81	108	96	12
福 建	Fujian	53	89	67	22
江 西	Jiangxi	66	66	49	17
山 东	Shandong	97	222	181	41
河 南	Henan	82	62	47	15
湖 北	Hubei	85	212	179	33
湖 南	Hunan	81	108	70	38
广 东	Guangdong	94	175	129	46
广 西	Guangxi	49	67	49	18
海 南	Hainan	14	18	14	4
重 庆	Chongqing	35	145	115	30
四 川	Sichuan	68	197	167	30
贵 州	Guizhou	34	25	18	7
云 南	Yunnan	43	39	26	13
西 藏	Tibet	4	2	1	1
陕 西	Shaanxi	62	153	133	20
甘 肃	Gansu	31	58	48	10
青 海	Qinghai	11	21	15	6
宁 夏	Ningxia	13	15	11	4
新 疆	Xinjiang	28	17	9	8

4－3 各地区高等学校科技活动人员(2004)
S&T Personnel in Institutions of Higher Education by Region

单位:人 (person)

地 区 Region		科技活动人员 S&T Personnel Total	#科学家和工程师 Scientists & Engineers	理工农医 Natural Sciences and Technologies Sub-total	#科学家和工程师 Scientists & Engineers	人文社会 Social Sciences and Humanities Sub-total	#科学家和工程师 Scientists & Engineers
全 国	**Total**	**436807**	**363793**	**316653**	**244333**	**120154**	**119460**
东部地区	Eastern Region	233569	194646	169879	131258	63690	63388
中部地区	Mid Region	113968	95042	80627	62001	33341	33041
西部地区	Western Region	89270	74105	66147	51074	23123	23031
北 京	Beijing	45872	38236	33453	25854	12419	12382
天 津	Tianjin	11711	9793	8295	6394	3416	3399
河 北	Hebei	12322	10543	8150	6375	4172	4168
山 西	Shanxi	8420	7197	5397	4275	3023	2922
内蒙古	Neimenggu	4372	3634	3413	2678	959	956
辽 宁	Liaoning	25673	21393	19495	15284	6178	6109
吉 林	Jilin	15279	12429	10907	8087	4372	4342
黑龙江	Heilongjiang	17170	13855	14556	11252	2614	2603
上 海	Shanghai	26111	21221	20877	16028	5234	5193
江 苏	Jiangsu	32182	26606	24800	19240	7382	7366
浙 江	Zhejiang	22927	19522	13922	10551	9005	8971
安 徽	Anhui	11183	9291	8114	6236	3069	3055
福 建	Fujian	9018	7656	6099	4757	2919	2899
江 西	Jiangxi	9165	7685	6363	4890	2802	2795
山 东	Shandong	22661	18829	17386	13584	5275	5245
河 南	Henan	9122	8026	4992	3926	4130	4100
湖 北	Hubei	27242	22525	20244	15608	6998	6917
湖 南	Hunan	16388	14034	10054	7727	6334	6307
广 东	Guangdong	24170	20083	16697	12645	7473	7438
广 西	Guangxi	11662	9953	8029	6344	3633	3609
海 南	Hainan	923	764	705	546	218	218
重 庆	Chongqing	10988	8869	7605	5489	3383	3380
四 川	Sichuan	22515	18423	17603	13538	4912	4885
贵 州	Guizhou	2846	2376	2075	1606	771	770
云 南	Yunnan	8411	7244	5574	4415	2837	2829
西 藏	Tibet	29	28	10	9	19	19
陕 西	Shaanxi	18118	14722	15262	11878	2856	2844
甘 肃	Gansu	5187	4502	3263	2587	1924	1915
青 海	Qinghai	1138	965	772	599	366	366
宁 夏	Ningxia	870	768	489	391	381	377
新 疆	Xinjiang	3135	2621	2052	1540	1083	1081

4-4 各地区高等学校研究与

Full-time Equivalent (FTE) of R&D Personnel

单位:人年

地区 Region		研究与试验发展人员全时当量 FTE of R&D Personnel Total	#科学家和工程师 Scientists & Engineers
全国	**Total**	**212075**	**206409**
东部地区	Eastern Region	113261	110290
中部地区	Mid Region	55724	54091
西部地区	Western Region	43091	42031
北京	Beijing	23831	23223
天津	Tianjin	6190	6027
河北	Hebei	5233	5155
山西	Shanxi	4069	4016
内蒙古	Neimenggu	2258	2226
辽宁	Liaoning	12464	12272
吉林	Jilin	7864	7401
黑龙江	Heilongjiang	9402	9176
上海	Shanghai	12366	11991
江苏	Jiangsu	14661	14273
浙江	Zhejiang	10290	9924
安徽	Anhui	5242	5097
福建	Fujian	3972	3900
江西	Jiangxi	3928	3801
山东	Shandong	11824	11595
河南	Henan	3847	3797
湖北	Hubei	13683	13312
湖南	Hunan	7689	7491
广东	Guangdong	11980	11492
广西	Guangxi	5584	5536
海南	Hainan	450	439
重庆	Chongqing	4343	4105
四川	Sichuan	11605	11232
贵州	Guizhou	1456	1423
云南	Yunnan	4732	4697
西藏	Tibet	15	15
陕西	Shaanxi	8115	7920
甘肃	Gansu	2491	2473
青海	Qinghai	523	513
宁夏	Ningxia	414	413
新疆	Xinjiang	1555	1479

试验发展(R&D)人员全时当量(2004)
in Institutions of Higher Education by Region

(man-year)

理工农医 Natural Sciences and Technologies Sub-total	#科学家和工程师 Scientists & Engineers	人文社会 Social Sciences and Humanities Sub-total	#科学家和工程师 Scientists & Engineers
160694	**155235**	**51381**	**51174**
85794	82922	27467	27368
41974	40416	13750	13675
32927	31900	10164	10131
18014	17414	5817	5809
4637	4479	1553	1548
3505	3429	1728	1726
2652	2625	1417	1391
1919	1887	339	339
9607	9435	2857	2837
5860	5410	2004	1991
7977	7755	1425	1421
9819	9461	2547	2530
11424	11042	3237	3231
7270	6915	3020	3009
4170	4029	1072	1068
2925	2859	1047	1041
3107	2982	821	819
9426	9204	2398	2391
2696	2651	1151	1146
10400	10041	3283	3271
5112	4923	2577	2568
8766	8294	3214	3198
3731	3692	1853	1844
401	390	49	49
2755	2517	1588	1588
9568	9208	2037	2024
1163	1130	293	293
2954	2922	1778	1775
3	3	12	12
7180	6989	935	931
1831	1815	660	658
374	364	149	149
279	279	135	134
1170	1094	385	385

4-5 各地区高等学校

Sources of Funds for S&T in Institutions

单位:万元

地 区 Region		科技活动经费筹集总额 Total Funds obtained for S&T	#政府资金 Government Grant	#企业资金 Enterprise Fund	理工农医 Natural Sciences and Technologies Sub-total
全 国	**Total**	**3916254**	**2106019**	**1486215**	**3672822**
东部地区	Eastern Region	2412430	1297861	906595	2256490
中部地区	Mid Region	861284	458745	333153	813011
西部地区	Western Region	642541	349413	246468	603322
北 京	Beijing	623810	365077	205146	579042
天 津	Tianjin	109973	61063	44022	103268
河 北	Hebei	71786	33940	35046	67547
山 西	Shanxi	44258	29012	11392	38194
内蒙古	Neimenggu	13654	10260	2333	12084
辽 宁	Liaoning	220929	93906	103400	209720
吉 林	Jilin	67665	37650	24959	63380
黑龙江	Heilongjiang	176702	75826	96265	173104
上 海	Shanghai	399976	192459	171713	378769
江 苏	Jiangsu	402043	212716	164287	387454
浙 江	Zhejiang	229050	101767	105033	211291
安 徽	Anhui	134039	84473	29079	128931
福 建	Fujian	44132	32724	8362	40002
江 西	Jiangxi	43921	26878	14461	40161
山 东	Shandong	110079	68241	27818	99502
河 南	Henan	35346	21650	9703	32777
湖 北	Hubei	226692	121440	87899	212732
湖 南	Hunan	132662	61816	59395	123732
广 东	Guangdong	194747	130537	41684	175177
广 西	Guangxi	35788	22883	10652	32245
海 南	Hainan	5906	5431	84	4718
重 庆	Chongqing	71937	32054	31154	65317
四 川	Sichuan	160140	67578	77686	148612
贵 州	Guizhou	6820	4994	792	5873
云 南	Yunnan	22643	16215	5299	19001
西 藏	Tibet	2125	1889		2104
陕 西	Shaanxi	289706	170542	105429	284220
甘 肃	Gansu	28884	13483	12718	24739
青 海	Qinghai	2979	2929	23	2653
宁 夏	Ningxia	1833	1639	55	1505
新 疆	Xinjiang	6033	4947	327	4969

科技活动经费筹集(2004)
of Higher Education by Region

(10 000 yuan)

		人文社会 Social Sciences and Humanities Sub-total		
#政府资金 Government Grant	#企业资金 Enterprise Fund		#政府资金 Government Grant	#企业资金 Enterprise Fund
1954060	**1440293**	**243432**	**151959**	**45922**
1204126	873503	155940	93735	33092
425647	325865	48273	33098	7288
324287	240926	39219	25126	5542
339847	198252	44768	25230	6894
56661	42598	6705	4402	1424
30915	34401	4239	3025	645
24474	10706	6064	4538	686
9016	2167	1570	1244	166
86069	102924	11209	7837	476
34305	24689	4285	3345	270
73131	95522	3598	2695	743
182276	164416	21207	10183	7297
202823	161059	14589	9893	3228
92984	97871	17759	8783	7162
80457	28767	5108	4016	312
29994	7350	4130	2730	1012
24141	13870	3760	2737	591
59650	27282	10577	8591	536
19573	9589	2569	2077	114
113979	84240	13960	7461	3659
55587	58482	8930	6229	913
118556	37266	19570	11981	4418
20555	9965	3543	2328	687
4351	84	1188	1080	
28735	29196	6620	3319	1958
61163	76695	11528	6415	991
4181	749	947	813	43
13393	4832	3642	2822	467
1873		21	16	
166463	104748	5486	4079	681
10887	12198	4145	2596	520
2624	15	326	305	8
1354	43	328	285	12
4043	318	1064	904	9

4-6 各地区高等学校科技

Intramural Expenditure on S&T in Institutions

单位:万元

地区 Region		科技活动经费内部支出 Intramural Expenses on S&T Total	#劳务费 Compensation for Labourers	#固定资产购建费 Expenditure on the Purchase of Fixed Assets	理工农医 Natural Sciences and Technologies Sub-total
全　国	**Total**	**3181669**	**582750**	**813701**	**2972843**
东部地区	Eastern Region	1897320	371962	476882	1767419
中部地区	Mid Region	714165	99022	184431	669103
西部地区	Western Region	570182	111767	152391	536319
北　京	Beijing	429614	75477	104788	392971
天　津	Tianjin	82710	12635	24405	78334
河　北	Hebei	65647	10250	21814	61499
山　西	Shanxi	39295	11591	13752	32776
内蒙古	Neimenggu	11996	1780	2091	10773
辽　宁	Liaoning	192691	32631	46047	183112
吉　林	Jilin	59161	10074	8035	56028
黑龙江	Heilongjiang	150448	9612	31191	147254
上　海	Shanghai	310306	79877	55668	293827
江　苏	Jiangsu	343534	59395	95340	330529
浙　江	Zhejiang	190892	32318	44080	176255
安　徽	Anhui	120246	15229	50670	114755
福　建	Fujian	35766	6845	8018	31538
江　西	Jiangxi	37163	7421	17597	33833
山　东	Shandong	88970	20034	28986	80123
河　南	Henan	30587	5055	9548	28192
湖　北	Hubei	164402	24429	31399	151871
湖　南	Hunan	112863	15611	22239	104394
广　东	Guangdong	151631	41281	44893	135004
广　西	Guangxi	33344	13540	10071	29925
海　南	Hainan	5559	1219	2843	4227
重　庆	Chongqing	60085	12620	14090	54177
四　川	Sichuan	147021	32000	52590	137727
贵　州	Guizhou	6446	1936	2045	5567
云　南	Yunnan	19013	6977	1929	15603
西　藏	Tibet	1817	38	605	1796
陕　西	Shaanxi	251892	33577	60014	247210
甘　肃	Gansu	26805	4695	5835	23549
青　海	Qinghai	2629	1277	614	2226
宁　夏	Ningxia	3153	1540	761	2821
新　疆	Xinjiang	5982	1787	1746	4945

活动经费内部支出(2004)

of Higher Education by Region

(10 000 yuan)

		人文社会 Social Sciences		
#劳务费 Compensation for Labourers	#固定资产购建费 Expenditure on the Purchase of Fixed Assets	and Humanities Sub-total	#劳务费 Compensation for Labourers	#固定资产购建费 Expenditure on the Purchase of Fixed Assets
511680	**771204**	**208826**	**71070**	**42497**
328769	451072	129901	43193	25810
84104	173054	45062	14918	11377
98808	147081	33863	12959	5310
66542	97865	36643	8935	6923
10831	23418	4376	1804	987
8334	21157	4148	1916	657
8987	11277	6519	2604	2475
1342	1766	1223	438	325
28083	43835	9579	4548	2212
8118	7483	3133	1956	552
8849	30719	3194	763	472
74744	53293	16479	5133	2375
55081	92282	13005	4314	3058
27313	41113	14637	5005	2967
13477	48623	5491	1752	2047
5237	7533	4228	1608	485
6439	16705	3330	982	892
15816	26836	8847	4218	2150
3673	9007	2395	1382	541
22287	29117	12531	2142	2282
12274	20123	8469	3337	2116
35698	41841	16627	5583	3052
12241	9705	3419	1299	366
1090	1899	1332	129	944
10937	13246	5908	1683	844
28117	50694	9294	3883	1896
1504	1894	879	432	151
4852	1721	3410	2125	208
30	603	21	8	2
32409	59325	4682	1168	689
3779	5279	3256	916	556
1052	470	403	225	144
1311	717	332	229	44
1234	1661	1037	553	85

4-7 各地区高等学校研究与

Intramural Expenditure for R&D in

单位:万元

地 区 Region		研究与试验发展经费支出 Intramural Expenditure for R&D Total	基础研究 Basic Research	应用研究 Applied Research	试验发展 Experimental Development	理工农医 Natural Sciences and Technologies Sub-total
全 国	**Total**	**2009393**	**479365**	**1088031**	**441996**	**1800567**
东部地区	Eastern Region	1199138	288138	650205	260794	1069236
中部地区	Mid Region	456935	113797	263228	79910	411874
西部地区	Western Region	353319	77430	174598	101291	319457
北 京	Beijing	287135	88581	149689	48865	250492
天 津	Tianjin	77178	15642	37427	24108	72801
河 北	Hebei	41186	12132	24860	4194	37038
山 西	Shanxi	28146	8714	13815	5618	21627
内蒙古	Neimenggu	7187	1629	1524	4034	5964
辽 宁	Liaoning	102049	16921	67612	17516	92469
吉 林	Jilin	31896	10092	15830	5974	28763
黑龙江	Heilongjiang	93913	12224	72300	9389	90719
上 海	Shanghai	189180	31570	113964	43646	172701
江 苏	Jiangsu	200181	48153	116059	35970	187176
浙 江	Zhejiang	133257	24404	59186	49668	118621
安 徽	Anhui	75173	36867	28667	9638	69682
福 建	Fujian	19794	5817	9276	4700	15565
江 西	Jiangxi	21802	2694	12257	6851	18472
山 东	Shandong	46750	15114	22972	8664	37904
河 南	Henan	15336	3935	5614	5788	12942
湖 北	Hubei	98171	17718	53354	27099	85640
湖 南	Hunan	92499	21553	61391	9555	84030
广 东	Guangdong	98760	28475	47179	23106	82133
广 西	Guangxi	26010	5742	12203	8065	22592
海 南	Hainan	3668	1329	1981	359	2337
重 庆	Chongqing	47263	9577	28570	9116	41355
四 川	Sichuan	122393	33382	50946	38065	113099
贵 州	Guizhou	4268	1459	2313	496	3389
云 南	Yunnan	13618	3197	6509	3913	10208
西 藏	Tibet	21	13	8		
陕 西	Shaanxi	108075	14551	57492	36032	103393
甘 肃	Gansu	19077	6369	12019	689	15821
青 海	Qinghai	1008	207	636	165	605
宁 夏	Ningxia	1149	296	536	318	818
新 疆	Xinjiang	3250	1008	1844	398	2213

注:由于全国总计中基础研究、应用研究和试验发展的测算方法与各地区三分类数据的测算方法不一致,所以全国总计中的三分类数不等于各地区之和。

试验发展(R&D)经费支出(2004)

Institutions of Higher Education by Region

(10 000 yuan)

			人文社会			
基础研究 Basic Research	应用研究 Applied Research	试验发展 Experimental Development	Social Sciences and Humanities Sub-total	基础研究 Basic Research	应用研究 Applied Research	试验发展 Experimental Development
420459	**1036595**	**343513**	**208826**	**58906**	**51437**	**98483**
253622	619551	196064	129901	34516	30655	64731
98780	252384	60709	45062	15016	10844	19201
68057	164660	86740	33863	9373	9938	14551
79680	141877	28935	36643	8900	7812	19930
14919	35945	21937	4376	723	1482	2171
10707	23720	2612	4148	1426	1140	1583
6116	12837	2675	6519	2598	978	2943
1228	1438	3298	1223	401	85	736
12712	65093	14664	9579	4208	2519	2852
8400	14868	5495	3133	1692	962	479
11528	70601	8590	3194	697	1699	799
27460	108231	37010	16479	4110	5733	6636
45492	113860	27824	13005	2661	2199	8145
21820	56156	40644	14637	2583	3030	9024
34683	27548	7451	5491	2184	1119	2188
4458	7759	3349	4228	1359	1518	1351
1616	10722	6133	3330	1078	1535	718
11490	21573	4841	8847	3624	1400	3823
2839	5121	4981	2395	1096	493	806
14101	51259	20279	12531	3616	2095	6819
19498	59427	5105	8469	2055	1964	4449
24197	43691	14245	16627	4278	3488	8860
5015	11613	5963	3418	726	590	2102
686	1648	3	1332	643	333	356
8675	26905	5776	5907	902	1665	3340
30117	48378	34604	9294	3265	2568	3461
1242	1826	321	879	217	487	174
2278	5787	2143	3410	919	722	1769
			21	13	8	
12754	56606	34033	4682	1797	886	1999
5577	10038	206	3256	792	1980	484
146	347	112	403	61	289	53
192	444	183	332	104	92	135
833	1279	101	1037	176	564	297

4－8 各地区高等学校研究与

R&D Topics Taken by Institutions

地 区 Region		合计 Total		
		课题数(个) Number of Topics (item)	投入人员(人年) Input of Personnel (man-year)	经费支出(万元) Expenditure (10 000 yuan)
全 国	**Total**	**237463**	**208367**	**1477327**
东部地区	Eastern Region	136795	111525	876716
中部地区	Mid Region	54942	54617	353639
西部地区	Western Region	45726	42225	246972
北 京	Beijing	25206	23378	224288
天 津	Tianjin	7348	6169	59394
河 北	Hebei	6090	4946	14037
山 西	Shanxi	2962	3783	13944
内蒙古	Neimenggu	2255	2257	5307
辽 宁	Liaoning	9139	11955	77279
吉 林	Jilin	5471	7707	31463
黑龙江	Heilongjiang	7458	9399	104597
上 海	Shanghai	19588	12235	171906
江 苏	Jiangsu	17543	14628	146358
浙 江	Zhejiang	20661	10024	82148
安 徽	Anhui	5623	5156	26467
福 建	Fujian	6443	3965	13971
江 西	Jiangxi	4792	3890	12022
山 东	Shandong	9321	11973	32197
河 南	Henan	4336	3824	10187
湖 北	Hubei	14944	13392	92017
湖 南	Hunan	9356	7466	62941
广 东	Guangdong	14835	11802	54008
广 西	Guangxi	4383	5222	9855
海 南	Hainan	621	450	1130
重 庆	Chongqing	5384	4285	19561
四 川	Sichuan	12053	11472	87110
贵 州	Guizhou	1590	1425	2077
云 南	Yunnan	3531	4645	10483
西 藏	Tibet	9	12	121
陕 西	Shaanxi	11092	8110	93406
甘 肃	Gansu	3202	2411	15323
青 海	Qinghai	222	444	566
宁 夏	Ningxia	935	404	771
新 疆	Xinjiang	1070	1538	2391

试验发展(R&D)课题(2004)
of Higher Education by Region

理工农医 Natural Sciences & Technology			人文社会 Social Sciences & Humanities		
课题数(个) Number of Topics (item)	投入人员(人年) Input of Personnel (man-year)	经费支出(万元) Expenditure (10 000 yuan)	课题数(个) Number of Topics (item)	投入人员(人年) Input of Personnel (man-year)	经费支出(万元) Expenditure (10 000 yuan)
157632	**160688**	**1390552**	**79831**	**47679**	**86775**
89287	85787	816587	47508	25738	60129
37248	41974	339319	17694	12643	14320
31097	32927	234646	14629	9298	12326
16501	17786	203532	8705	5592	20756
4615	4637	57438	2733	1532	1956
3842	3505	12635	2248	1441	1402
2136	2652	12589	826	1131	1355
1531	1919	4846	724	338	461
6512	9601	74889	2627	2354	2390
3490	5860	30431	1981	1847	1032
6144	7977	103183	1314	1422	1414
12641	9819	162891	6947	2416	9015
12344	11424	139793	5199	3204	6565
12397	7270	74758	8264	2754	7390
4173	4170	25565	1450	986	902
4013	2925	12679	2430	1040	1292
2169	3107	11076	2623	783	946
5876	9653	30044	3445	2320	2153
2549	2696	9672	1787	1128	515
10883	10400	86921	4061	2992	5096
5704	5112	59881	3652	2354	3060
10167	8766	46876	4668	3036	7132
2874	3731	8387	1509	1491	1468
379	401	1052	242	49	78
2999	2755	17057	2385	1530	2504
8432	9568	84411	3621	1904	2699
1103	1163	1844	487	262	233
1998	2954	9490	1533	1691	993
4	3	108	5	9	13
8707	7180	91757	2385	930	1649
2118	1831	13509	1084	580	1814
137	374	530	85	70	36
617	279	654	318	125	117
577	1170	2052	493	368	339

4-9 高等学校研究与试验发展(R&D)课题学科分组情况(2004)
R&D Topics Taken by Institutions of Higher Education by Discipline

	R&D 课题数(项) Projects of R&D (item)	R&D 课题参加人员全时当量(人年) Participants (man-year)	#科学家和工程师 Scientists & Engineers	R&D 项目(课题)经费内部支出(万元) Expenditure (10 000 yuan)
全国 Total	**237463**	**208367**	**202633**	**1477327**
数学 Mathematics	4233	3796	3696	14392
信息科学与系统科学 Information & System Science	2615	2295	2223	31191
力学 Mechanics	1356	1041	1020	9384
物理学 Physics	5133	5108	4821	41177
化学 Chemistry	7746	7089	6962	51842
天文学 Astronomy	112	102	100	1010
地球科学 Earth Science	4997	4412	4273	46774
生物学 Biology	8369	8596	8339	59425
农学 Agriculture	7189	7294	6956	47598
林学 Forestry	1956	1926	1861	10575
畜牧、兽医科学 Livestock, Veterinary Medicine	2283	2366	2229	15849
水产学 Aquatic	983	760	739	5256
基础医学 Basic Medicine	6986	9417	8940	27736
临床医学 Clinic Medicine	17366	25839	24909	48083
预防医学与卫生学 Protective Medicine	1260	1697	1644	5663
军事医学与特种医学 Military Medicine & Special Medicine	27	31	31	68
药学 Pharmacy	2247	2414	2313	16273
中医学与中药学 Traditional Chinese Medicine	5305	6176	5975	12482
工程与技术科学基础学科 Engineering & Basic Technology Science	1485	1238	1200	16541
测绘科学技术 Surveying & Mapping	617	607	585	5653
材料科学 Material Science	8292	8553	8282	105194
矿山工程技术 Mining	3000	2219	2186	30829
冶金工程技术 Metallurgy	925	888	880	11787
机械工程 Mechanical Engineering	8671	8313	8048	102371
动力与电气工程 Power & Electrical Engineering	4577	4029	3927	63990
能源科学技术 Energy Technology	1237	976	938	18653
核科学技术 Nuclear Technology	207	206	204	10352
电子、通信与自动控制技术 Electronics, Communication & Automation	11643	10732	10428	154581

4 -9 续表

	R&D 课题数（项）Projects of R&D（item）	R&D 课题参加人员全时当量（人年）Participants（man-year）	#科学家和工程师 Scientists & Engineers	R&D 项目(课题)经费内部支出（万元）Expenditure（10 000 yuan）
计算机科学技术 Computer Technology	8085	7513	7245	117377
化学工程 Chemical Engineering	4740	4349	4276	49107
纺织科学技术 Textile Technology	799	848	826	8046
食品科学技术 Food Technology	1544	1662	1563	7596
土木建筑工程 Civil Construction	5757	4716	4595	61765
水利工程 Water Conservancy	1971	1640	1522	28082
交通运输工程 Transportaiton Engineering	3018	2640	2583	45386
航空、航天科学技术 Aviation and Aerospace	1618	1432	1347	47186
环境科学技术 Environment	3516	2925	2863	29103
安全科学技术 Security	196	199	179	3116
管理学 Management	17988	11246	11149	45154
马克思主义 Marxism	2208	1573	1566	2399
哲学 Phylosophy	2240	1329	1324	1625
宗教学 Religion	251	147	146	375
语言学 Linguistics	5542	3776	3760	3007
文学 Literature	5367	3382	3362	3274
艺术学 Arts	3802	2457	2443	6768
历史学 Histry	3348	1949	1940	2833
考古学 Archaeology	323	170	169	1059
经济学 Economics	15733	9143	9072	20907
政治学 Politics	2330	1365	1355	1504
法学 Law	5644	3104	3089	4420
军事 Strategics	56	223	216	494
社会学 Sociology	3448	1915	1905	4714
民族学 Ethnography	568	440	438	637
新闻学与传播学 Journalism	1407	689	685	1301
图书馆、情报与文献学 Library and Information Literature	1591	1160	1137	1189
教育学 Education	9634	5431	5367	11016
体育科学 Physical Science	3234	2468	2449	2211
统计学 Statistics	688	360	357	946

4-10 分地区高等学校科技服务课题(2004)
S&T Service Topics Taken by Institutions of Higher Education by Region

地区 Region		课题数(个) Number of Topics (item)	投入人员(人) Input of Personnel (person)	经费支出(万元) Expenditure (10 000 yuan)
全　国	**Total**	**34109**	**29299**	**549212**
东部地区	Eastern Region	22540	16136	366294
中部地区	Mid Region	5067	6401	86592
西部地区	Western Region	6502	6762	96326
北　京	Beijing	2547	1817	73940
天　津	Tianjin	439	339	8659
河　北	Hebei	1293	1385	28826
山　西	Shanxi	396	586	4209
内蒙古	Neimenggu	101	129	1597
辽　宁	Liaoning	1802	2091	41064
吉　林	Jilin	421	684	5542
黑龙江	Heilongjiang	526	756	15012
上　海	Shanghai	3816	2708	79897
江　苏	Jiangsu	4740	3456	61053
浙　江	Zhejiang	3606	1083	32761
安　徽	Anhui	544	698	14972
福　建	Fujian	624	735	5321
江　西	Jiangxi	336	711	5304
山　东	Shandong	1418	1247	16026
河　南	Henan	366	299	5635
湖　北	Hubei	1606	1747	21765
湖　南	Hunan	872	920	14154
广　东	Guangdong	2243	1253	18558
广　西	Guangxi	674	1087	5636
海　南	Hainan	12	22	189
重　庆	Chongqing	1669	1808	21653
四　川	Sichuan	1010	993	20810
贵　州	Guizhou	112	82	64
云　南	Yunnan	228	390	2051
西　藏	Tibet	1	3	80
陕　西	Shaanxi	2444	1978	38270
甘　肃	Gansu	162	127	5328
青　海	Qinghai	33	89	502
宁　夏	Ningxia	39	14	175
新　疆	Xinjiang	29	62	160

五、国家科技发展计划

National Program for Science and Technology Development

5-1 国家主要科技计划中央财政拨款(1998-2004)

Appropriation for S&T by Central Government in the Main Programmes of S&T

单位:万元 (10 000 yuan)

	1998	1999	2000	2001	2002	2003	2004
国家科技攻关计划 Key Technologies R&D Program	**103700**	**116600**	**103209**	**106340**	**106340**	**124640**	**146440**
基础研究计划 Basic Research Program							
国家自然科学基金 National Natural Science Fund	88862	108358	128431	159835	196839	204943	224995
国家重点基础研究发展计划(973计划) National Basic Research Program of China	30000	40000	50000	60000	70000	80000	90000
基础研究重大项目前期研究专项① National Key Program of Basic Research	7100	7600	7600	7600	7600	5000	5000
研究开发条件建设计划 Conditional Construction Program on Research and Development							
国家重点实验室建设项目计划 State Key Laboratory Construction Program	12500	10500	12500	13000	13000	13000	13000
国家工程技术研究中心计划 National Engineering Research Centres	4000	4000	4000	5000	5000	5000	8550
科技基础性工作 Scientific and Technical Basic Work		13000	15000	20000	20000	20000	20000
社会公益研究专项 Special Research Project on Social Public Welfare			13000	15000	15000	15500	17500
科技产业化环境建设计划 Environmental Construction Program on Science and Technology Industrialization							
星火计划 Spark Program	3900	4000	4000	10000	10000	10000	10500
火炬计划 Torch Program	5100	5100	5000	5000	5000	5000	5000
科技成果重点推广计划 Science and Technology Achievements Spreading Program	2000	2000	2000	2000	2000	2000	2300
国家重点新产品计划(专项资助) National New Products Program	13500	14000	14000	14000	14000	14000	14000
科技型中小企业技术创新基金 Innovation Fund for Small Technology-based Firms		100000	80000	50000	50000	50000	50000
农业科技成果转化资金 Agricultural Science and Technology Transfer Fund				40000	20000	20000	25000
科技兴贸行动计划 Action Plan for Promoting Trade by Science and Technology			2000	2000	2000	2000	2000
科研院所技术开发专项 Special Technology Development Project for Research Institutions		14720	16866	16000	21392	19301	18261

注:①1998-2000年为攀登计划。

5-2 国家科技攻关计划中央财政拨款(1998-2004)
Appropriation for S&T by Central Government in Key Technologies R&D Program

单位:万元　(10 000 yuan)

	1998	1999	2000	2001	2002	2003	2004
合计 Total	**103700**	**116600**	**103209**	**106340**	**106340**	**124640**	**146440**
农业、生物技术* Agricultrue, Biological Technology	11700	23100	15169	36600	36450	45440	73350
工业高新技术 Hi-tech Industry	70000	66200	44851	37400	36900	37900	30000
社会发展 Social Development	22000	19100	24821				
其他 Others		8200	18368	32340	32990	41300	43090

注: 2001-2004年数据包括农业、生物技术领域和社会发展领域。

5-3 国家重点基础研究发展计划中央财政拨款(1998-2004)
Appropriation for S&T by Central Government in National Basic Research Program of China

单位:万元　(10 000 yuan)

	1998	1999	2000	2001	2002	2003	2004
合计 Total	**30000**	**40000**	**50000**	**60000**	**70000**	**80000**	**90000**
农业 Agriculture Science	3572	5407	3434	9970	8553	9442	10530
能源 Energy Science	1695	6312	5381	7707	6811	9001	8444
信息 Information Science	4908	5472	5965	7917	8080	10463	8464
资源环境 Environment Science	7245	8609	7572	13758	10825	14988	12678
人口与健康 Human and Health Science	6174	6644	7380	8921	11441	12771	17068
材料 Materials Science	6006	6778	6955	8838	9890	11095	12670
综合交叉与重要科学前沿 Synthesis and Forefront of Major Science			12477	1819	12987	11717	18185
其它 Others	400	778	836	1070	1413	523	1961

5-4 基础研究重大项目前期研究专项中央财政拨款(1998-2004)

Appropriation for S&T by Central Government in National Key Program of Basic Research

单位:万元 (10 000 yuan)

	1998	1999	2000	2001	2002	2003	2004
合计 Total	**7100**	**7600**	**7600**	**7600**	**7600**	**5000**	**5000**
数学 Mathematics	300	300	40	370	290	75	140
物理学 Physics	1480	1600	1998	1835	1302	190	610
化学 Chemistry	610	1250	1026	381	415	635	470
天文学 Astronomy	300	300	370	90	50	0	35
地学 Earth Sciences	1125	1150	1025	1609	2345	1275	880
生物学 Biological Sciences	1760	1590	1941	2650	2620	1550	1708
前沿与交叉 Synthesis and Forefront of Majore Science	940	950	960	460	485	775	500
其他 Others	585	460	240	205	93	500	657

注:1998-2000年为攀登计划。

5-5 国家自然科学基金资助项目经费(1998-2004)

Projects Funds Approved by the National Natural Science Foundation

单位:万元 (10 000 yuan)

	1998	1999	2000	2001	2002	2003	2004
合计 Total	**102558**	**100580**	**111879**	**139975**	**218431**	**223637**	**270224**
面上项目 General Programs	43668	47163	63348	79762	115631	132203	167516
重点项目 Leading Programs	15858	8258	6826	18044	31230	36573	33330
重大项目 Major Program	14380	11455	765	500	1800	8600	13850
重大研究计划 Major Research Plan				7065	17057	5973	13486
国家杰出青年科学基金 Projects of State Sciences Foundation for Disting uished Young Scientists	7450	10290	17015	13145	15670	15570	15370
海外和香港、澳门青年学者合作研究基金 Programs of Joint Funds		2160	2400	2440	3160	3120	3160
创新研究群体科学基金 Programs of Innovation Joint Research Funds			5280	6960	7080	7320	7080
国家基础科学人才培养基金 Projects of States Foundation for Basic Science Scientists	8185	8400	3804		11600		
委主任基金、科学部主任基金 President and Directors´Funds	1841	1656	2732	2724	4519	5424	5499
专项基金 Special Funded Projects	6204	4186	4472	2950	2581	2245	2616
国际合作与交流 International Cooperation and Exchange	2922	3833	5236	6385	8104	6609	8317
其他 Others	2050	3179					

5-6 分部门国家自然科学基金资助项目经费(2004)

Projects Funds Approved by the National Natural Science Foundation by Sectors

单位:万元 (10 000 yuan)

	合计 Total	高等学校 High Education	教育部所属院校 Subordinated Directly to Ministry of Education	科研机构 Research Institution	中国科学院 China Academy of Sciences	其他 Others
合计 Total	**270224**	**189922**	**122910**	**76457**	**63348**	**3845**
面上项目 General Programs	167516	127982	76564	37524	27682	2010
重点项目 Leading Programs	33330	21705	16230	11625	9335	
重大项目 Major Program	13850	6300	5500	7550	7550	
重大研究计划 Major Research Plan	13486	8239	5120	4997	4954	250
国家杰出青年科学基金 Porjects of State Sciences Foundation for Distinguished Young Scientists	15370	9690	8090	5680	5480	
海外和香港、澳门青年学者合作研究基金 Programs of Joint Funds	3160	2080	1520	1080	1040	
创新研究群体科学基金 Programs of Innovation Joint Research Funds	7080	3960	3240	3120	3120	
国家基础科学人才培养基金 Projects of States Foundation for Basic Science Scientists						
委主任基金、学部主任基金 President and Directors´Funds	5499	4058	2398	1232	987	209
专项基金 Special Funded Projects	2616	1766	1127	746	690	105
国际合作与交流 International Cooperation and Exchange	8317	4142	3121	2904	2509	1272

5-7 国家重点实验室运行情况(2004)

National Leading Laboratories By Sectors

	实验室数(个) Number of Laboratories (unit)	实验室人员 Personnel of Laboratories		研究经费 Funds	
		固定人员(人) Full-time Personnel (person)	客座人员(人) Guest Researchers (person)	筹集(万元) R&D Founds (10 000 yuan)	支出(万元) R&D Expenditure (10 000 yuan)
总计 Total	**158**	**6774**	**2886**	**299661**	**207270**
国防科工委 Commission of Science, Technology	4	180	66	10030	6874
国家计生委 State Family Planning Commission	1	25	25	1304	1645
教育部 Ministry of Education	87	3519	1342	160296	107341
农业部 Ministry of Agriculture	4	145	66	4516	3492
卫生部 Ministry of Health	5	180	52	6966	5324
中国科学院 China Academy of Science	52	2479	1212	108959	76805
中国地震局 China Seismological Bureau	1	36	27	1360	636
总后卫生部 Health Department of The General Logistics Department, PLA	1	60	44	602	580
山西省 Shanxi	1	24	17	704	646
上海市 Shanghai	1	45	20	806	702
四川省 Sichuan	1	81	15	4118	3225

5-7 续表

	科研项目 Projects		获奖成果(项) Achievements Awarded (item)	发表论文(篇) Paper Published (piece)	毕业研究生(人) Graduated Masters & Doctors (person)
	项数(项) R&D Projects (item)	经费(万元) Funds (10 000 yuan)			
总计 Total	**12030**	**286000**	**37**	**35235**	**8197**
国防科工委 Commission of Science, Technology	118	3870		1776	379
国家计生委 State Family Planning Commission	59	1076		84	21
教育部 Ministry of Education	8050	167911	29	21613	5988
农业部 Ministry of Agriculture	315	7100	1	456	156
卫生部 Ministry of Health	162	4236		251	123
中国科学院 China Academy of Science	3052	98375	7	9934	1229
中国地震局 China Seismological Bureau	46	1293		126	9
总后卫生部 Health Department of The General Logistics Department, PLA	69	2139		259	46
山西省 Shanxi	47	1236		168	16
上海市 Shanghai	67	1862		262	31
四川省 Sichuan	45	3833		306	199

注:1. 截至2004年底,我国正在运行的国家实验室(筹)6个,国家重点实验室160个,其中8个国家重点实验室参与国家实验室筹建。以上数据按152个国家重点实验室和6个国家实验室(筹)统计。

2. 获奖成果按国家自然科学奖、国家科技进步奖、国家技术发明奖三项国家科技奖励统计。

5-8 国家主体性计划项目实施情况(2004)
Projects of National Main Research Program

	合计 Total	基础研究计划* Basic Research Program	"863"计划 "863" Program	国家科技攻关计划 Key Technologies R&D Program
实施项目数(项) Projects in Practice(item)	6245	379	3827	2039
项目组人员(人次) Personnel in Project Group(person-times)	185682	28211	82539	74932
高级职称 Seniro Titel	74327	11697	32940	29690
中级职称 Middle Titel	50024	4275	22444	23305
项目人员当年投入工作量(人年) Personnel Input(man-year)	88838	13942	43174	31722
当年落实项目资金(万元) Funds Arranged(10 000 yuan)	2530898	103130	929279	1498489
#政府资金 Government Funds	813766	90333	423143	300290
#科研机构承担的项目 Performed by R&D Institutes	333863	47838	125945	160079
高等学校承担的项目 Performed by Higher Education	365293	48319	180179	136796
企业承担的项目 Performed by Enterprises	1253326	6216	567542	679568
培养博士、硕士(人) Cultivated of Master and Doctor(person)	25600	7183	12561	5856
发表科技论文(篇) Science Papers(piece)	63371	21598	29467	12306
#向国外发表 Published abroad	17445	8218	7590	1637
出版科技著作(万字) Science Works(10 000 words)	28825	5680	13618	9527
专利申请数(项) Patents Received(item)	10537	1074	7271	2192
#发明 Invention	8277	978	5627	1672
#向国外申请专利 Received by Foreign Countries	519	40	391	88
专利授权数(项) Patents Granted(item)	3368	575	2173	620
#发明 Invention	2346	539	1422	385
#国外授权专利 Granted by Foreign Countries	169	9	142	18

注:基础研究计划统计范围包括国家重点基础研究发展计划和基础研究重大项目前期研究专项。

5-9 分社会经济目标国家主体性计划项目投入(2004)

Input of Projects of National Mandatory Program by Socio-economic Objective

单位:万元 (10 000 yuan)

	当年落实资金 Funds Arranged	基础研究计划 Basic Research Program	"863"计划 "863" Program	国家科技攻关计划 Key Technologies R&D Program
合计 Total	**2530898**	**103130**	**929279**	**1498489**
农业、林业和渔业的发展 Development of Agriculture, Forestry and Fishing	326802	14406	90156	222240
促进工业的发展 Promotion of Industrial Development and Technology	1261274	13372	424209	823692
能源的生产和合理利用 Production and Rational Use of Energy	205885	10096	117271	78519
基础设施的发展 Development of the Infrastructure	108211	5518	72325	30369
环境治理与保护 Control and Care of the Environment	136001	7190	39344	89467
卫生 Health	193156	21909	98015	73232
社会发展和社会服务 Social Development and Services	192484	921	37294	154270
地球和大气层的探索与利用 Exploration and Exploitation of the Earth and Atmosphere	34802	9107	20571	5124
知识的发展 General Advancement of Knowledge	40946	20613	7137	13196
民用空间 Civil Space	13548		5846	7702
国防 Defence	17789		17110	679

注:统计范围同前表。

5-9 续表

单位:人年 (man-year)

	当年投入工作量 Personnel Input (FTE)	基础研究计划 Basic Research Program	"863"计划 "863" Program	国家科技攻关计划 Key Technologies R&D Program
合计 Total	**88838**	**13942**	**43174**	**31722**
农业、林业和渔业的发展 Development of Agriculture, Forestry and Fishing	18449	1873	6808	9769
促进工业的发展 Promotion of Industrial Development and Technology	27524	2627	16952	7946
能源的生产和合理利用 Production and Rational Use of Energy	6135	1301	2641	2193
基础设施的发展 Development of the Infrastructure	4346	341	2801	1204
环境治理与保护 Control and Care of the Environment	4994	1184	2307	1504
卫生 Health	11854	2334	5432	4089
社会发展和社会服务 Social Development and Services	6644	377	2814	3454
地球和大气层的探索与利用 Exploration and Exploitation of the Earth and Atmosphere	2506	1057	1046	403
知识的发展 General Advancement of Knowledge	4539	2840	817	881
民用空间 Civil Space	623	6	394	223
国防 Defence	1224	3	1164	58

注:统计范围同前表。

5-10 分技术领域国家级火炬计划项目(2004)
National Torch Program by Technological Fields

	项目数(项) Number of Projects (item)	当年落实资金(万元) Funds Arranged (10 000 yuan)	#政府资金 Goverement Funds	#企业资金 Enterprises Funds
总计 Total	**4582**	**7131315**	**154020**	**5128583**
电子与信息技术 Electronic Information Technology	994	1797782	67489	1327788
生物、医药技术 Biological, Medical Technology	666	1025729	13123	763329
新材料 New Materials	1157	1947373	22619	1286855
光机电一体化技术 Integrated Light, Electronics and Machinery	1137	1360333	33412	990110
新能源、高效节能 New Energy and Efficient Energe-saving	308	670929	8182	535922
环境保护 Environment Protection	185	191794	4830	132181
其他高技术领域 Other High-tech Fields	135	137376	4365	92399

5-11 国家产业化计划项目实施情况(2004)
Projects of National Industrialization Program

	合计 Total	火炬计划 Torch Program	星火计划 Spark Program	科技成果重点推广计划 S&T Achievements Spreading Program
实施项目数(项) Projects in Practice(item)	9304	4582	3531	1191
当年落实项目资金(万元) Funds Arranged(10 000 yuan)	9873365	7131315	2057289	684762
#政府资金 Government Funds	281649	154020	97361	30269
企业资金 Enterprise Funds	6819695	5128583	1246864	444249
贷款 Bank Loans	2312194	1522090	615924	174180
国外资金 Oversea Funds	36534	18700	16591	1243
#科研机构承担项目 Performed by R&D Institutions	87304	8742	28902	49660
高等学校承担项目 Performed by Higher Education	46931	1085	18667	27179
企业承担项目 Performed by Enterprises	9550102	7121037	1848264	580801
新增产值(万元) Added Value of Output(10 000 yuan)	28229265	22550367	4438647	1240252
净利润额(万元) After-tax Profit(10 000 yuan)	3484549	2519627	811867	153055
上缴税金(万元) Tax(10 000 yuan)	2107808	1679197	339164	89446
出口创汇(万美元) Export(USD 10 000)	533587	363020	144545	26021
专利申请数(项) Patents Received(item)	4643	3675	968	
#发明 Invention	1951	1342	609	
#向国外申请专利 Received by Foreign Countries	137	121	16	
专利授权数(项) Patents Granted(item)	2543	2083	460	
#发明 Invention	932	643	289	
#国外授权专利 Granted by Foreign Countries	50	40	10	

5-12 各地区国家产业化

Projects of National Industrialization

地 区 Region		项目数合计（项） Total (item)	火炬计划 Torch Program	星火计划 Spark Program
全 国	**Total**	**9304**	**4582**	**3531**
东部地区	Eastern Region	5539	2947	1956
中部地区	Middle Region	2179	998	869
西部地区	Western Region	1586	637	706
北 京	Beijing	351	172	113
天 津	Tianjin	119	45	47
河 北	Hebei	241	59	126
山 西	Shanxi	257	102	98
内蒙古	Neimenggu	175	46	79
辽 宁	Liaoning	386	170	163
吉 林	Jilin	270	143	98
黑龙江	Heilongjiang	285	124	106
上 海	Shanghai	157	85	47
江 苏	Jiangsu	1305	786	454
浙 江	Zhejiang	1112	707	372
安 徽	Anhui	260	137	108
福 建	Fujian	195	110	67
江 西	Jiangxi	175	75	82
山 东	Shandong	847	379	347
河 南	Henan	320	111	149
湖 北	Hubei	395	202	140
湖 南	Hunan	217	104	88
广 东	Guangdong	781	393	220
广 西	Guangxi	117	47	58
海 南	Hainan	45	41	
重 庆	Chongqing	88	50	31
四 川	Sichuan	357	164	139
贵 州	Guizhou	64	25	24
云 南	Yunnan	86	24	56
西 藏	Tibet	5	5	
陕 西	Shaanxi	325	144	134
甘 肃	Gansu	131	68	50
青 海	Qinghai	38	5	27
宁 夏	Ningxia	81	31	32
新 疆	Xinjiang	119	28	76

说明：按统计局采用的分类划分东中西部。

计划项目(2004)
Program by Region

科技成果重点推广计划 S&T Achievements Spreading Program	当年落实资金(万元) Funds Arranged (10 000 yuan)	火炬计划 Torch Program	星火计划 Spark Program	科技成果重点推广计划 S&T Achievements Spreading Program
1191	**9873365**	**7131315**	**2057289**	**684762**
636	6948448	5240527	1272839	435082
312	1898295	1276434	466793	155068
243	1026621	614354	317656	94611
66	182358	108987	36405	36967
27	66701	50484	11405	4813
56	161251	78942	48468	33841
57	236175	143659	72208	20309
50	118307	94433	17555	6319
53	1392053	1138667	238571	14814
29	148661	100619	44457	3585
55	187689	108273	67074	12342
25	176370	157846	12119	6405
65	1104251	746346	308663	49242
33	1046238	778683	252590	14964
15	278291	226807	48384	3100
18	122844	79168	31230	12446
18	103908	56329	43340	4239
121	1618430	1328928	227071	62431
60	318094	213035	75339	29719
53	371804	252499	51864	67441
25	253674	175213	64126	14335
168	1031502	729311	106318	195874
12	49302	26483	21528	1291
4	46450	43165		3285
7	60435	45759	10955	3721
54	213384	95270	101016	17098
15	63024	38935	13038	11052
6	59595	23632	19733	16230
	4653	4653		
47	163098	85659	64567	12872
13	81332	57890	12681	10761
6	7821	721	6635	465
18	50124	34511	8956	6658
15	155548	106408	40994	8146

5－13 各地区国家高新技术

Major Indicators of High-technology

单位:万元

		企业数 (个) Number of Enterprises (unit)	从业人员 (人) Employees (person)	全年收入 Revenue
合 计	**Total**	**38565**	**4484387**	**274663091**
东部地区	Eastern Region	27445	2654357	193995933
中部地区	Mid Region	5421	983648	47867837
西部地区	Western Region	5699	846382	32799320
北 京	Beijing	13890	557213	36867835
天 津	Tianjin	2705	161101	6332746
石家庄	Shijiazhuang	504	65755	2945978
保 定	Baoding	140	38975	1494949
太 原	Taiyuan	649	82001	3756608
包 头	Baotou	335	82130	2482333
沈 阳	Shenyang	1793	68784	5500097
大 连	Dalian	1437	116701	5221122
鞍 山	Anshan	333	66143	2105464
长 春	Changchun	718	101580	8292991
吉 林	Jilin	554	80791	5000057
哈尔滨	Haerbin	362	102404	4171504
大 庆	Daqing	250	50902	2720385
上 海	Shanghai	587	150507	25404258
南 京	Nanjing	220	84042	11678820
常 州	Changzhou	398	63597	2698814
无 锡	Wuxi	545	126105	8957940
苏 州	Suzhou	663	191900	12001684
杭 州	Hangzhou	509	59658	6792962
合 肥	Hefei	202	58359	2970228
福 州	Fuzhou	160	41195	2155565
厦 门	Xiamen	140	38912	4815368
南 昌	Nanchang	220	52557	1578220

产业开发区基本情况(2004)

Industrial Development Zone

(10 000 yuan)

#技术性收入 Tech-related	#销售收入 Sales revenue	总产值 Gross Output Value	净利润 After Tax Profits	实交税金 Tax	年出口额 (万美元) Exports (USD 10 000)
15915940	**250943679**	**226389345**	**14228376**	**12396020**	**8238168**
10625056	177294234	156252290	10280575	7702393	7707973
1905842	45368367	43385619	2461275	3259027	275029
3385042	28281078	26751436	1486526	1434600	255167
5587582	28975309	18738118	2012740	1357240	535898
553585	5705678	5986766	357218	247747	176697
36687	2827069	2308377	100758	153989	16728
7767	1467210	1392903	106057	101756	13571
252857	3499640	3245846	148333	229875	9304
48370	2407663	2526414	73408	85489	32212
872959	4589361	3291334	322332	245377	104147
570020	4301902	4154801	326136	226131	133799
74453	1916379	1738312	81305	114872	3984
167703	8059872	8120315	418453	962984	45282
75839	4921195	4851548	201321	293436	7686
63775	4041350	3470562	191533	197272	22131
69407	2643080	2660881	124866	172770	3352
381874	24827693	17710631	1741655	1027417	1364367
45425	11530655	11230151	824554	573354	370500
4901	2679475	2645176	121266	93345	62622
10404	8894272	8988591	440650	327471	544095
8302	10730630	11005979	436939	219687	1207067
1087942	5624884	4546283	338419	254905	110423
192227	2770113	2849498	180163	278892	23629
42964	2108677	2186534	153086	76659	102214
7771	4792419	4759802	365569	245212	293230
23703	1519062	1422497	84126	75764	19868

5－13 续表

单位:万元

	企业数(个) Number of Enterprises (unit)	从业人员(人) Employees (person)	全年收入 Revenue
济　南　Jinan	330	82042	4957346
青　岛　Qingdao	183	67155	6514148
淄　博　Zibo	170	86271	3778554
潍　坊　Weifang	302	70561	3596675
威　海　Weihai	177	43635	2724209
郑　州　Zhengzhou	439	59272	2673588
洛　阳　Luoyang	276	55736	1923531
武　汉　Wuhan	756	136405	5862507
襄　樊　Xiangfan	99	52147	1858379
长　沙　Changsha	742	99245	5055798
株　州　Zhuzhou	154	52249	2004041
广　州　Guangzhou	945	89069	8317410
深　圳　Shenzhen	276	93390	10799637
珠　海　Zhuhai	331	93151	5364848
惠　州　Huizhou	89	69577	4646990
中　山　Zhongshan	438	70726	3888942
佛　山　Foshan	70	41068	3049834
南　宁　Nanning	306	43775	1967137
桂　林　Guilin	230	58699	1315513
海　南　Hainan	110	17124	1383739
成　都　Chengdu	605	135241	7176850
重　庆　Chongqing	339	105332	3335217
绵　阳　Mianyang	90	46390	1806238
贵　阳　Guiyang	116	57051	1283870
昆　明　Kunming	148	37457	1972523
西　安　Xian	2771	168922	8498425
宝　鸡　Baoji	165	50337	1113156
杨　凌　Yangling	88	9170	276169
兰　州　Lanzhou	364	39546	1208727
乌鲁木齐　Wulumuqi	142	12332	363163

(10 000 yuan)

#销售收入 Sales revenue	#技术性收入 Tech-related	总产值 Gross Output Value	净利润 After Tax Profits	实交税金 Tax	年出口额(万美元) Exports (USD 10 000)
79150	4598189	4727619	107385	269115	24452
141210	5634925	5537055	263258	289942	142040
103341	3675115	3600864	289385	261440	50041
22537	3545284	3521426	203821	172740	22584
4395	2719802	2650844	130264	144117	125168
233280	2386615	2184455	201396	192576	22152
169506	1609857	1474853	74205	123515	14479
335181	5401696	4937366	276142	301438	33866
145834	1712231	1676522	131276	117084	4643
172580	4811256	4617872	363999	234548	45402
3951	1992399	1873404	65462	78874	23236
613029	7556128	6136208	386148	198988	275044
232938	10511615	10883847	531865	516603	716468
9175	5337651	5216716	193666	84203	504466
98448	4471336	4753714	136779	85935	352862
3723	3885168	4007171	109676	106269	305922
19062	3028128	3222541	126785	111647	142362
372481	1569856	1485764	136282	96944	10134
4050	1254672	1305105	73256	85065	14973
5412	1359282	1310531	72858	196234	7223
588323	6120974	6043173	616832	322995	11089
431282	2882740	3049080	163939	165415	43447
6379	1562380	1563322	(240511)	53696	38971
45061	1227214	1301961	45610	78141	15037
23583	1783350	1638956	128491	80834	27836
1824557	6673742	5105174	332767	340212	42329
1844	1077991	1166721	58788	55059	6579
1378	274617	240954	11020	5495	5558
29229	1121385	1040334	71589	49439	3025
8506	324495	284478	15057	15815	3978

六、科技活动成果

Results of Science and Technology Activities

6-1 国内专利申请受理数(1995-2004)
Domestic Application for Patents Received

单位:件 (piece)

地 区	Region	1995	1997	1998	1999	2000	2001	2002	2003	2004
全 国	**Total**	**69535**	**90071**	**96233**	**109958**	**140339**	**165773**	**205544**	**251238**	**278943**
东部地区	Eastern Region	40257	53790	57997	68152	89851	107548	139029	171874	194909
中部地区	Mid Region	13927	16341	17485	19164	21942	24300	28044	34042	38124
西部地区	Western Region	9741	11662	12109	13148	16381	17497	20527	25376	25912
北 京	Beijing	6362	6313	6321	7723	10344	12174	13842	17003	18402
天 津	Tianjin	1648	1540	1485	2016	2789	3081	5360	6812	8406
河 北	Hebei	2707	3292	3295	3330	3848	4695	5390	5623	5647
山 西	Shanxi	917	1020	1070	1140	1475	1473	1630	1743	1949
内蒙古	Neimenggu	647	940	785	971	1138	1087	1202	1393	1457
辽 宁	Liaoning	4449	5142	5643	6065	7151	7514	9851	13545	14695
吉 林	Jilin	1389	1672	1960	2111	2501	2627	3413	4267	3657
黑龙江	Heilongjiang	2569	2642	2695	2987	3106	3670	4392	4972	4919
上 海	Shanghai	2456	3120	3419	4605	11337	12777	19970	22374	20471
江 苏	Jiangsu	4078	5339	5829	7091	8211	10352	13075	18393	23532
浙 江	Zhejiang	4042	6262	7074	8177	10316	12828	17265	21463	25294
安 徽	Anhui	1026	1404	1484	1721	1877	2045	2312	2676	2943
福 建	Fujian	1979	3018	3393	3381	4211	4971	6522	7236	7498
江 西	Jiangxi	1008	1307	1259	1387	1557	1778	2037	2434	2685
山 东	Shandong	4624	6523	7597	8589	10019	11170	12856	15794	18388
河 南	Henan	2386	2948	3163	3452	3823	4093	4441	5261	6318
湖 北	Hubei	2004	2278	2629	2963	3486	4322	4960	6635	7960
湖 南	Hunan	2628	3070	3225	3403	4117	4292	4859	6054	7693
广 东	Guangdong	7729	12858	13473	16802	21123	27596	34352	43186	52201
广 西	Guangxi	1231	1374	1317	1604	1762	1838	1927	2250	2202
海 南	Hainan	183	383	468	373	502	390	546	445	375
重 庆	Chongqing	318	952	1255	1274	1780	2047	3142	4589	5171
四 川	Sichuan	2868	3020	3187	3676	4496	5039	5997	7443	7260
贵 州	Guizhou	562	785	800	789	986	950	1260	1242	1486
云 南	Yunnan	959	1109	1136	1246	1710	1793	1780	1966	2132
西 藏	Tibet	11	12	14	10	28	23	15	24	62
陕 西	Shaanxi	1721	1811	1723	1685	2080	2326	2530	3421	3217
甘 肃	Gansu	546	553	598	583	798	734	781	961	910
青 海	Qinghai	100	130	137	172	174	162	151	173	124
宁 夏	Ningxia	169	177	179	262	341	412	503	441	399
新 疆	Xinjiang	609	799	978	876	1088	1086	1239	1473	1492
香 港	Hongkong	655	802	915	1226	1374	1329	1746	1816	2148
澳 门	Macao					13	5	18	18	9
台 湾	Taiwan	4955	7476	7727	8268	10778	15094	16180	18112	17841

注:本年鉴中有关专利申请受理与授权的数据口径为由我国专利机构受理与授权的专利,不包括我国在外国申请专利及被授权的数据。

6-2 国内专利申请授权数(1995-2004)

Domestic Patents Granted

单位:件 (piece)

地 区	Region	1995	1997	1998	1999	2000	2001	2002	2003	2004
全 国	**Total**	**41881**	**46389**	**61378**	**92101**	**95236**	**99278**	**112103**	**149588**	**151328**
东部地区	Eastern Region	23877	28259	38076	56273	59231	63738	75099	104869	104158
中部地区	Mid Region	7556	7309	9601	14903	14943	13824	14133	17514	18798
西部地区	Western Region	5774	5751	7317	10968	11299	11360	11496	14297	15834
北 京	Beijing	4025	3327	3800	5829	5905	6246	6345	8248	9005
天 津	Tianjin	1034	940	1042	1508	1611	1829	1827	2505	2578
河 北	Hebei	1580	1560	2090	3011	2812	2791	3353	3572	3407
山 西	Shanxi	569	487	644	920	968	1047	934	1175	1189
内蒙古	Neimenggu	415	372	523	723	775	743	679	817	831
辽 宁	Liaoning	2745	2624	3162	4906	4842	4448	4551	5656	5749
吉 林	Jilin	824	679	1051	1550	1650	1443	1507	1690	2145
黑龙江	Heilongjiang	1403	1288	1517	2378	2252	1870	2083	2794	2809
上 海	Shanghai	1436	1886	2334	3665	4050	5371	6695	16671	10625
江 苏	Jiangsu	2413	2962	3787	6143	6432	6158	7595	9840	11330
浙 江	Zhejiang	2131	3167	4470	7071	7495	8312	10479	14402	15249
安 徽	Anhui	574	637	933	1422	1482	1278	1419	1610	1607
福 建	Fujian	933	1546	2318	2934	3003	3296	4001	5377	4758
江 西	Jiangxi	509	611	765	1011	1072	999	1044	1238	1169
山 东	Shandong	2861	2907	4127	6536	6962	6725	7293	9067	9733
河 南	Henan	1145	1233	1803	2871	2766	2582	2590	2961	3318
湖 北	Hubei	1017	1041	1265	2228	2198	2204	2209	2871	3280
湖 南	Hunan	1515	1333	1623	2523	2555	2401	2347	3175	3281
广 东	Guangdong	4611	7173	10707	14328	15799	18259	22761	29235	31446
广 西	Guangxi	665	705	853	1232	1191	1099	1054	1331	1272
海 南	Hainan	108	167	239	342	320	303	199	296	278
重 庆	Chongqing	305	339	612	1078	1158	1197	1761	2883	3601
四 川	Sichuan	1714	1591	1971	2921	3218	3357	3403	4051	4430
贵 州	Guizhou	274	337	418	620	710	642	615	723	737
云 南	Yunnan	569	692	832	1185	1217	1347	1128	1213	1264
西 藏	Tibet	2	6	10	14	17	22	7	16	23
陕 西	Shaanxi	1085	946	1129	1569	1462	1354	1524	1609	2007
甘 肃	Gansu	257	295	349	494	493	512	397	474	514
青 海	Qinghai	65	56	62	123	117	101	85	90	70
宁 夏	Ningxia	111	84	96	150	224	231	216	338	293
新 疆	Xinjiang	312	328	462	859	717	755	627	752	792
香 港	Hongkong	633	726	794	1106	1285	1026	1185	1565	1495
澳 门	Macao					13	10	3	14	12
台 湾	Taiwan	4041	4344	5590	8851	8465	9320	10187	11329	11031

6-3 国内、外三种专利申请受理数(1995-2004)

Three Kinds of Applications for Patents Received

单位:件 (piece)

	1995	1997	1998	1999	2000	2001	2002	2003	2004
合计 Total	**83045**	**114208**	**121989**	**134239**	**170682**	**203573**	**252631**	**308487**	**353807**
1、发明 Invention	21636	33666	35960	36694	51747	63204	80232	105318	130133
国内 Domestic	10018	12713	13726	15596	25346	30038	39806	56769	65786
职务 Service	2993	4248	4618	6009	12609	14815	22668	34731	41750
大专院校 Universities and Colleges	574	635	794	988	1942	2636	4282	7704	9683
科研单位 R&D Institutions	865	1262	1248	1413	2228	2659	3429	4711	4543
工矿企业 Industries Enterprises	1086	2239	2480	3490	8316	9371	14657	21858	27029
机关团体 Organs	468	112	96	118	123	149	300	458	495
非职务 Non-service	7025	8465	9108	9587	12737	15223	17138	22038	24036
国外 Foreign	11618	20953	22234	21098	26401	33166	40426	48549	64347
职务 Service	11045	20003	21351	20245	25334	31820	38764	46764	62113
非职务 Non-service	573	953	883	853	1067	1346	1662	1785	2234
2、实用新型 Utility Model	43741	50129	51397	57492	68815	79722	93139	109115	112825
国内 Domestic	43429	49902	51220	57214	68461	79275	92166	107842	111578
职务 Service	8727	10775	11289	14053	17792	21802	27612	34044	35218
大专院校 Universities and Colleges	771	649	619	747	965	1137	1658	2375	2844
科研单位 R&D Institutions	1376	1396	1422	1465	1616	1542	1642	2104	1881
工矿企业 Industries Enterprises	4739	8437	9004	11512	14912	18671	23800	28998	29933
机关团体 Organs	1841	293	244	329	299	452	512	567	560
非职务 Non-service	34702	39127	39931	43161	50669	57473	64554	73798	76360
国外 Foreign	312	227	177	278	354	447	973	1273	1247
职务 Service	190	151	117	201	259	294	640	1076	1020
非职务 Non-service	122	76	60	77	95	153	333	197	227
3、外观设计 Design	17668	30413	34632	40053	50120	60647	79260	94054	110849
国内 Domestic	15433	27456	31287	37148	46532	56460	73572	86627	101579
职务 Service	8193	14995	15971	17894	22974	23487	30962	33681	34312
大专院校 Universities and Colleges	18	9	32	34	17	37	41	173	470
科研单位 R&D Institutions	104	171	191	170	278	159	302	183	285
工矿企业 Industries Enterprises	6031	14793	15695	17634	22634	23260	30505	33261	33186
机关团体 Organs	2040	22	53	56	45	31	114	64	371
非职务 Non-service	7240	12461	15316	19254	23558	32973	42610	52946	67267
国外 Foreign	2235	2957	3345	2905	3588	4187	5688	7427	9270
职务 Service	2013	2853	3229	2742	3432	4003	5458	7192	8904
非职务 Non-service	222	104	116	163	156	184	230	235	366

6-4 国内、外三种专利申请授权数(1995-2004)

Three Kinds of Patents Granted

单位:件 (piece)

	1995	1997	1998	1999	2000	2001	2002	2003	2004
合计 Total	**45064**	**50992**	**67889**	**100156**	**105345**	**114251**	**132399**	**182226**	**190238**
1、发明 Invention	3393	3494	4733	7637	12683	16296	21473	37154	49360
国内 Domestic	1530	1532	1655	3097	6177	5395	5868	11404	18241
职务 Service	932	912	954	1685	2824	2614	3144	6895	12176
大专院校 Universities and Colleges	258	256	243	425	652	579	697	1730	3484
科研单位 R&D Institutions	304	316	337	543	910	800	907	1677	2406
工矿企业 Industries Enterprises	205	170	182	462	1016	1089	1461	3382	6128
机关团体 Organs	165	170	192	255	246	146	79	106	158
非职务 Non-service	598	620	701	1412	3353	2781	2724	4509	6065
国外 Foreign	1863	1962	3078	4540	6506	10901	15605	25750	31119
职务 Service	1748	1889	2949	4295	6222	10455	15013	24849	30089
非职务 Non-service	115	73	129	245	284	446	592	901	1030
2、实用新型 Utility Model	30471	27338	33902	56368	54743	54359	57484	68906	70623
国内 Domestic	30195	27185	33717	56094	54407	54018	57092	68291	70019
职务 Service	6766	6564	8492	14603	15519	16544	18369	24008	26218
大专院校 Universities and Colleges	623	511	600	848	868	943	973	1582	1910
科研单位 R&D Institutions	1025	962	1276	1860	1529	1473	1276	1485	1557
工矿企业 Industries Enterprises	2627	4601	6305	11519	12821	13783	15753	20485	22299
机关团体 Organs	2491	490	311	376	301	345	367	456	452
非职务 Non-service	23429	20621	25225	41491	38888	37474	38723	44283	43801
国外 Foreign	276	153	185	274	336	341	392	615	604
职务 Service	154	97	111	185	261	241	252	498	485
非职务 Non-service	122	56	74	89	75	100	140	117	119
3、外观设计 Design	11200	20160	29254	36151	37919	43596	53442	76166	70255
国内 Domestic	9523	17672	26006	32910	34652	39865	49143	69893	63068
职务 Service	5344	10556	15000	17627	17789	19220	20020	31465	24171
大专院校 Universities and Colleges	10	7	17	31	28	12	40	104	111
科研单位 R&D Institutions	156	194	216	170	248	155	140	270	174
工矿企业 Industries Enterprises	2554	10239	14742	17360	17482	19015	19802	31002	23830
机关团体 Organs	2624	116	25	66	31	38	38	89	56
非职务 Non-service	4179	7116	11006	15283	16863	20645	29123	38428	38897
国外 Foreign	1677	2488	3248	3241	3267	3731	4299	6273	7187
职务 Service	1402	2407	3150	3111	3108	3567	4106	6113	6936
非职务 Non-service	275	81	98	130	159	164	193	160	251

6-5 国内三种专利申请受理数按地区分布(2004)

Three Kinds of Domestic Applications for Patents Received by Region

单位:件 (piece)

地 区 Region	合计 Total	发明 Invention	实用新型 Utility Model	外观设计 Design
全 国 Total	**278943**	**65786**	**111578**	**101579**
东部地区 Eastern Region	194909	43555	71498	79856
中部地区 Mid Region	38124	8886	19347	9891
西部地区 Western Region	25912	6034	11237	8641
北 京 Beijing	18402	8608	6321	3473
天 津 Tianjin	8406	4013	3142	1251
河 北 Hebei	5647	979	3258	1410
山 西 Shanxi	1949	571	1013	365
内蒙古 Neimenggu	1457	286	699	472
辽 宁 Liaoning	14695	2907	7494	4294
吉 林 Jilin	3657	1048	1951	658
黑龙江 Heilongjiang	4919	1325	2932	662
上 海 Shanghai	20471	6737	6131	7603
江 苏 Jiangsu	23532	4423	9405	9704
浙 江 Zhejiang	25294	3578	9021	12695
安 徽 Anhui	2943	658	1597	688
福 建 Fujian	7498	850	2524	4124
江 西 Jiangxi	2685	663	1152	870
山 东 Shandong	18388	3230	9385	5773
河 南 Henan	6318	1213	3448	1657
湖 北 Hubei	7960	1674	3953	2333
湖 南 Hunan	7693	1734	3301	2658
广 东 Guangdong	52201	8093	14682	29426
广 西 Guangxi	2202	495	1114	593
海 南 Hainan	375	137	135	103
重 庆 Chongqing	5171	562	1910	2699
四 川 Sichuan	7260	1638	2775	2847
贵 州 Guizhou	1486	450	765	271
云 南 Yunnan	2132	740	793	599
西 藏 Xizang	62	20	13	29
陕 西 Shaanxi	3217	1099	1587	531
甘 肃 Gansu	910	334	483	93
青 海 Qinghai	124	49	44	31
宁 夏 Ningxia	399	89	184	126
新 疆 Xinjiang	1492	272	870	350
香 港 HongKong	2148	403	375	1370
澳 门 Macao	9	7	2	
台 湾 Taiwan	17841	6901	9119	1821

6-6 国内三种专利申请授权数按地区分布(2004)

Three Kinds of Domestic Patents Granted by Region

单位:件 (piece)

地区	Region	合计 Total	发明 Invention	实用新型 Utility Model	外观设计 Design
全国	**Total**	**151328**	**18241**	**70019**	**63068**
东部地区	Eastern Region	104158	11339	43569	49250
中部地区	Mid Region	18798	2813	11293	4692
西部地区	Western Region	15834	2110	7321	6403
北京	Beijing	9005	3216	3956	1833
天津	Tianjin	2578	432	1587	559
河北	Hebei	3407	357	2064	986
山西	Shanxi	1189	295	636	258
内蒙古	Neimenggu	831	108	437	286
辽宁	Liaoning	5749	911	3752	1086
吉林	Jilin	2145	451	1179	515
黑龙江	Heilongjiang	2809	326	1997	486
上海	Shanghai	10625	1687	4040	4898
江苏	Jiangsu	11330	1026	5474	4830
浙江	Zhejiang	15249	785	5492	8972
安徽	Anhui	1607	150	972	485
福建	Fujian	4758	160	1776	2822
江西	Jiangxi	1169	105	625	439
山东	Shandong	9733	788	6028	2917
河南	Henan	3318	306	2117	895
湖北	Hubei	3280	744	1966	570
湖南	Hunan	3281	436	1801	1044
广东	Guangdong	31446	1941	9307	20198
广西	Guangxi	1272	127	666	479
海南	Hainan	278	36	93	149
重庆	Chongqing	3601	147	1247	2207
四川	Sichuan	4430	583	1822	2025
贵州	Guizhou	737	179	364	194
云南	Yunnan	1264	235	586	443
西藏	Xizang	23	3	5	15
陕西	Shaanxi	2007	459	1193	355
甘肃	Gansu	514	127	322	65
青海	Qinghai	70	21	30	19
宁夏	Ningxia	293	46	119	128
新疆	Xinjiang	792	75	530	187
香港	HongKong	1495	132	289	1074
澳门	Macao	12	2	8	2
台湾	Taiwan	11031	1845	7539	1647

6－7 按国别(地区)分三种专利申请受理(2004)

Three Kinds of Applications for Patents Received by Country

单位:件 (piece)

		合计 Total	发明 Invention	实用新型 Utility Model	外观设计 Design
总计	**Total**	**74864**	**64347**	**1247**	**9270**
安道尔	Andorra	2	2		
阿拉伯联合酋长国	United Arab Emirates	3	2		1
安提瓜和巴布达	Antigua and Barbuda	2	2		
荷属安的列斯群岛	Netherlands Antilles	22	19		3
阿根廷	Argentina	2	2		
奥地利	Austria	223	206	2	15
澳大利亚	Australia	637	499	10	128
巴巴多斯	Barbados	22	22		
比利时	Belgium	275	249	1	25
保加利亚	Bulgaria	5	2	1	2
百慕大	Bermuda	34	33	1	
文莱	Brunei Darussalam	1		1	
巴西	Brazil	63	50		13
巴哈马	Bahamas	24	16	3	5
白俄罗斯	Belarus	4	1		3
伯利兹	Belize	1	1		
加拿大	Canada	607	555	11	41
瑞士	Switzerland	1744	1455	12	277
库克群岛	Cook Islands	1	1		
智利	Chile	3	3		
喀麦隆	Cameroon	1	1		
哥伦比亚	Colombia	1	1		
古巴	Cuba	12	12		
塞浦路斯	Cyprus	9	8		1
捷克共和国	Czech Republic	25	18		7
德国	Germany	5917	5182	24	711
丹麦	Denmark	406	310	15	81
爱沙尼亚	Estonia	1	1		
埃及	Egypt	1			1
西班牙	Spain	213	133	6	74
芬兰	Finland	817	720	3	94
法国	France	2465	2098	8	359
英国	United Kingdom	1401	1127	22	252
希腊	Greece	9	8		1
克罗地亚	Croatia	12	11		1
匈牙利	Hungary	33	33		
印度尼西亚	Indonesia	11	3	2	6
爱尔兰	Ireland	77	52	6	19
以色列	Israel	251	238		13
印度	India	171	121		50
冰岛	Iceland	6	6		
意大利	Italy	1167	852	15	300
泽西岛	Jersey Island	5	5		

6－7 续表

单位:件 (piece)

		合计 Total	发明 Invention	实用新型 Utility Model	外观设计 Design
日本	Japan	30444	25542	603	4299
朝鲜	Democratic Peopleś Republic of Korea	1	1		
韩国	Republic of Korea	6660	5858	128	674
开曼群岛	Cayman Islands	20	13	3	4
黎巴嫩	Lebanon	2		2	
列支敦士登	Liechtenstein	87	52		35
斯里兰卡	Sri Lanka	1		1	
卢森堡	Luxembourg	28	27		1
拉托维亚	Latvia	1	1		
摩洛哥	Morocco	3	1		2
摩纳哥	Monaco	4	3		1
马里	Mali	4	4		
马耳他	Malta	1			1
毛里求斯	Mauritius	1		1	
马拉维	Malawi	1	1		
墨西哥	Mexico	15	13		2
马来西亚	Malaysia	66	28	5	33
尼日利亚	Nigeria	2			2
荷兰	Netherlands	2960	2789	7	164
挪威	Norway	159	148		11
新西兰	New Zealand	44	40	1	3
巴拿马	Panama	47	45	1	1
菲律宾	Philippines	7	3	1	3
波兰	Poland	12	7	2	3
葡萄牙	Portugal	11	9		2
俄罗斯联邦	Russian Federation	65	54	10	1
沙特阿拉伯	Saudi Arabia	4	4		
瑞典	Sweden	899	806	2	91
新加坡	Singapore	156	111	5	40
斯洛文尼亚	Slovenia	11	10		1
斯洛伐克	Slovakia	4	3		1
圣马利诺	San Marino	1			1
泰国	Thailand	51	23	5	23
土耳其	Turkey	20	11	2	7
乌克兰	Ukraine	3	3		
美国	United States of America	16187	14562	288	1337
乌拉圭	Uruguay	6	6		
委内瑞拉	Venezuela	2	1		1
维尔京群岛	Virgin Islands, British	111	39	33	39
萨摩亚	Samoa	5		4	1
南非	South Africa	69	66		3
赞比亚	Zambia	1	1		
津巴布韦	Zimbabwe	2	2		

6-8 按国别(地区)分三种专利授权(2004)

Three Kinds of Patents Granted by Country

单位:件 (piece)

		合计 Total	发明 Invention	实用新型 Utility Model	外观设计 Design
合计	**Total**	**38910**	**31119**	**604**	**7187**
阿拉伯联合酋长国	United Arab Emirates	1	1		
荷属安的列斯群岛	Netherlands Antilles	14	14		
阿根廷	Argentina	2	2		
奥地利	Austria	125	116		9
澳大利亚	Australia	251	195		56
巴巴多斯	Barbados	5	5		
比利时	Belgium	124	108		16
保加利亚	Bulgaria	2			2
巴林	Bahrain	1	1		
百慕大	Bermuda	11	10		1
文莱	Brunei Darussalam	1		1	
巴西	Brazil	25	18		7
巴哈马	Bahamas	5	2	2	1
白俄罗斯	Belarus	1			1
伯利兹	Belize	1		1	
加拿大	Canada	244	227	5	12
瑞士	Switzerland	1084	892	4	188
智利	Chile	2	2		
哥伦比亚	Colombia	2	1		1
古巴	Cuba	4	4		
塞浦路斯	Cyprus	5	5		
捷克共和国	Czech Republic	3	2		1
德国	Germany	3379	2948	19	412
丹麦	Denmark	234	198	1	35
西班牙	Spain	91	56	1	34
芬兰	Finland	466	380		86
法国	France	1541	1285		256
英国	United Kingdom	787	590	13	184
直布罗陀	Gibraltar	1	1		
希腊	Greece	6	6		
克罗地亚	Croatia	7	7		
匈牙利	Hungary	14	14		
印度尼西亚	Indonesia	5	1	1	3
爱尔兰	Ireland	36	20	1	15
以色列	Israel	112	95		17

6-8 续表

单位:件 (piece)

		合计 Total	发明 Invention	实用新型 Utility Model	外观设计 Design
印度	India	75	24	3	48
冰岛	Iceland	3	3		
意大利	Italy	506	326	3	177
日本	Japan	16356	12490	252	3614
韩国	Democratic People's Republic of Korea	2865	2248	76	541
科威特	Kuwait	1	1		
开曼群岛	Cayman Islands	12	8		4
列支敦士登	Liechtenstein	65	45	1	19
卢森堡	Luxembourg	21	20		1
摩洛哥	Morocco	2			2
摩纳哥	Monaco	4	4		
马达加斯加	Madagascar	1	1		
马耳他	Malta	3	1		2
墨西哥	Mexico	4	2		2
马来西亚	Malaysia	15	3	2	10
荷兰	Netherlands	1276	1157	2	117
挪威	Norway	92	82		10
新西兰	New Zealand	30	24		6
巴拿马	Panama	12	7	1	4
菲律宾	Philippines	2		1	1
波兰	Poland	3	3		
葡萄牙	Portugal	2	2		
俄罗斯联邦	Russian Federation	35	33		2
沙特阿拉伯	Saudi Arabia	4	3		1
塞舌尔	Seychelles	1	1		
瑞典	Sweden	841	777		64
新加坡	Singapore	73	35	3	35
斯洛文尼亚	Slovenia	8	7		1
斯洛伐克	Slovakia	2	1		1
泰国	Thailand	54	3	6	45
土耳其	Turkey	17	3		14
乌克兰	Ukraine	2	2		
美国	United States of America	7824	6538	197	1089
乌兹别克斯坦	Uzbekistan	1	1		
委内瑞拉	Venezuela	3	3		
维尔京群岛	Virgin Islands, British	78	34	8	36
萨摩亚	Samoa	2			2
南非	South Africa	23	21		2

6-9 按国际专利标准分类的发明、实用新型专利申请和授权(2004)
Inventions and Utility Models of Patents Applications Received and Granted by International Patent Classification

单位:件 (piece)

	申请 Application	授权 Granted
合计 Total	**240026**	**119983**
A 部(人类生活需要) Section A: Human Necessities	**47173**	**23159**
农、林、牧、渔 Agriculture, Forestry, Animal Husbandry and Fishery	5856	2758
烘烤、食用面团 Baking and Edible Doughs	455	162
屠宰、加工 Butchering and Meat Treatment	92	40
食品、食物及处理 Foods and Foodstuffs and their Treatment	3297	905
烟类及用品 Tobacco, Cigars and Cigarettes	698	300
服装 Wearing Apparel	1513	722
帽类制品 Headwear	232	120
鞋类 Footwear	1175	580
男用服饰用品、珠宝 Haberdashery and Jewelry	367	329
手携及旅行用品 Hand or Traveling Articles	1794	874
刷类用品 Brushware	592	237
家具、家庭日用品或设备 Furniture, Domestic Articles, and Appliance	10020	4788
医学、兽医学、卫生学 Medical or Veterinary Science and Hygiene	17448	9094
救生、消防 Life -saving and Fire-fighting	762	527
运动、游戏、娱乐活动 Sports, Games and Amusements	2872	1723
B 部(作业、运输) Section B: Performing Operaton and Transportation	**41558**	**22138**
物理或化学的方法功能装置 Physical or Chemical Processes or Apparatus	3010	2099
破碎、研磨、粉碎 Crushing,Pulverizing or Disintegrating	659	365
分选、分离 Separation of Solid Materials, Electrostatic Separation	274	183
离心装置、离心机 Centrifugal Apparatus or Machines	135	66
喷射、雾化 Spraying or Atomizing in General	981	665
机械振动的产生和传递 Generating or Transmitting Mechanical Vibrations	79	32
固体分离、分选 Separating Solids from Solids	314	184
清洁 Cleaning	379	202
固体废料的处理 Disposal of Solid Waste	182	96
金属加工、冲裁 Mechanical Metal-working and Punching Metal	1207	759
铸造、粉末冶金 Casting and Powder Metallurgy	700	373
机床、其他金属加工 Machine Tools	2687	1425
磨削、抛光 Grinding and Polishing	627	342
简单工具 Hand tools, Portable Power Tools and Workshop Equipment	1447	710
手工切割工具、切断 Hand Cutting Tools, Cutting and Servering	696	334
木材加工、保存、钉钉机 Preserving Wood and Nailing or Stapling	618	285
加工水泥、粘土和石料 Working Cement, Clay or Stone	685	341
塑料制品的加工 Working of Plastics	1771	830
压力机 Presses	209	143
纸品制作、纸的加工 Making Paper Articles and Working Paper	220	68
叠层产品 Layered Products	613	289
印刷、打字机、印刷机 Pringting, Lining Machines, and Typewriters	1803	853
装订、图册、文件夹 Bookbinding, Albums, and Files	724	289
绘图具、办公附属用品 Writing or Drawing Appliances	1905	687

6－9 续表 1

单位：件 (piece)

	申请 Application	授权 Granted
装饰艺术 Decorative Arts	857	319
一般车辆 Vehicles in General	5860	3078
铁路 Railways	513	311
无轨陆用车牌 Land Vehicles other than on Rails	3502	1796
船舶、船只，有关的设备 Ships and Related Equipment	672.	331
飞行器、航空、宇宙航行 Aircraft and Aviation	293	80
输送、包装、存储、搬运 Conveying aand Packing Filamentary Material	6339	3793
卷扬、提升、牵引 Hoistng, Lifting, and Hauling	1230	644
液体的储运 Opening or Closing Bottles, Jars or Similar Containers	251	135
鞍具、室内装璜 Saddlery and Upholstery	19	13
微观结构技术 Micro-structural Technology	63	13
超微技术 Nano-technology	34	5
C 部(化学、冶金) Section C: Chemistry and Metallurgy	**21163**	**12349**
无机化学 Inorganic Chemistry	1117	636
水、废污水、泥浆的处理 Treatment of Water, waste Water, Sewage or Sludge	1971	1093
玻璃、矿棉和渣棉 Glass, Mineral or Slag Wool	814	258
水泥、陶瓷等、隔音材料 Cements, Concrete, Ceramics, Refractories	984	405
肥料及制造 Fertilizers and Manufacture Thereof	358	158
炸药、火柴 Explosives and Matches	74	35
有机化学 Organic Chemistry	4082	3155
有机高分子化合物 Organic Macromolecular Compounds	2979	2151
杂料、涂料、抛光剂等 Dyes, Paints, Polishes, Resins, and Adhesives	1904	984
石油、煤气及炼焦工业 Petroleum, Gas or Coke Industries	934	521
动植物油、脂类 Animal or Vegetable Oils, Fats	402	223
生化、酒、醋、酶、遗传工程 Biochemistry, Beer, Spirits, Wine, Microbiology	2553	1235
糖或淀粉工业 Sugar Industry	28	12
大小原皮、毛皮、皮革 Skins, Hides, Pelts, Leather	69	38
黑色冶金 Metallurgy of Iron	510	252
冶金学、合金或有色合金 Metallurgy, Ferrous or Non-ferrous Alloys	845	468
金属加工涂料、防腐防锈 Coating Metallic Material	834	383
电解电泳方法及设备 Electrolytic or Electrophoretic Processes	536	275
晶体生长 Crystal Growth	169	67
D 部(纺织、造纸) Section D: Textiles and Papers	**4795**	**2219**
线、纤维、纺纱 Natural or Artificial Threads or Fibres, Spinning	920	490
纺纱、整经或络经 Yarn, Mechanical Finishing of Yarns or Ropes	170	76
织造 Weaving	364	159
编带、花边、针织、整理 Braiding, Lacce-making, Knitting	464	226
缝纫、绣花、簇绒 Sewing, Embroidering, Tufting	402	192
织物等的处理、洗涤 Treatment of Textiles, Laundering	1736	781
绳、除电缆外的缆绳 Ropes, Cables other than Electric	87	44
造纸、纤维素的生产 Paper-making, Production of Cellulose	652	251
E 部(固定建筑物) Section E: Fixed Constructions	**14671**	**8028**
道路、铁路和桥梁的建筑 Construction od Roads, Railways, or Bridges	1178	645
水利工程、基础、运土 Hydraulic Engineering, Foundations, Soil-shifting	1222	637
给水、排水 Water Supply, Sewerage	1783	919

6 -9 续表 2

单位:件 (piece)

	申请 Application	授权 Granted
建筑物 Building	4219	2150
锁、钥匙、门窗、保险箱 Locks, Keys, Windows or Door Fittings	2199	1336
一般门、窗、百叶窗、梯子 Doors, Windows, Shutters, or Roller Blinds in General	1716	1024
钻进、采矿 Earth Drilling, Mining	2354	1317
F 部(机械工程) Section F: Mechanical Engineering	**28567**	**14581**
一般机器、发动机、蒸汽机 Machines or Engines in General	1190	443
内燃机等 Combustion Engines	2170	781
液力机械和其他发动机 Machines or Engines for Liquids	768	154
液体变容机械、泵 Prositive-displacement Machines for Liquids	2843	1459
液压调节器、液压技术 Fluid-pressure Acurators	410	243
工程元件或部件 Engineering Elements of Units	7385	3830
气体或液体的储藏或分配 Storing or Distributing Gases or Liquids	213	119
照明 Lighting	1746	985
蒸汽的产生 Steam Generation	131	129
燃烧设备、燃烧技术 Combustion Apparatus	1463	999
采暖、炉灶、通风 Heating, Ranges, Ventilating	6490	3315
制冷气体的液化和固化 Refrigeration or Cooling, Heat Pump System	1552	970
干燥 Drying	300	173
炉、窑、灶、罐 Furnaces, Kins, Ovens	442	273
一般热交换 Heat Exchanges in General	912	475
武器 Weapons	285	134
弹药、爆破 Ammunition, Blasting	267	99
G 部(物理) Section G: Physics	**38768**	**16944**
测量、测试 Measuring,Testing	9548	4604
光学技术 Optics	4890	1967
照相术、电影术、电刻术 Photographphy,Cinematography, Electrography	2510	847
测时技术 Horology	453	260
控制、调节技术 Controlling, Regulating, Counting	997	392
计算、推算、计数技术 Computing, Calculating, Counting	10607	4277
核算装置 Checking Devices	644	404
信号装置 Signaling	982	390
教育、密码、显示、广告等 Educating, Cryptography, Advertising, Seals	3178	1343
乐器、声学 Musical Instruments, Acoustics	793	508
信息的储存 Information Storage	3864	1711
仪器的零部件 Instrument Details	213	110
核物理、核工程 Nuclear Physics, Nuclear Engineering	89	131
H 部(电学) Section H: Electricity	**43331**	**20565**
基本电器元件 Basic Electric Elements	16054	8406
电力的发电、变电或配电 Generation, Conversion, or Distribution of Electric Power	4673	2293
基本电子电路 Basic Electronic Circuitry	1607	869
电信技术 Electric Communication Technique	17449	7677
其他类不包括的电技术 Electric Technique not Otherwise Provided for	3548	1320

6-10 国外主要检索工具收录我国论文总数及在世界上的位置(1995-2003)

Number of Chinese Paper Taken by Major Foreign Referencing Systems and Precedence in the World

单位:篇 (piece)

	1995	1997	1998	1999	2000	2001	2002	2003
篇数合计 Total Number	**26395**	**35311**	**35003**	**46188**	**49678**	**64526**	**77395**	**93352**
《Science Citation Index》	13134	16883	19838	24476	30499	35685	40758	49788
《Index to Science and Technical Proceeding》	5152	5790	5273	6905	6016	10263	13413	18567
《Engineering Index》	8109	12638	9892	14807	13163	18578	23224	24997
位次 Precedence								
《Science Citation Index》	15	12	12	10	8	8	6	6
《Index to Science and Technical Proceeding》	10	9	10	8	8	6	5	6
《Engineering Index》	7	4	5	3	3	3	2	3

6-11 国外主要检索工具收录的我国科技人员在国内外期刊上发表论文数(1995-2003)

Number of Papers by Chinese Scientists and Technicians Published in Domestic and Foreign Periodicals and Taken by Major Foreign Referencing System

单位:篇 (piece)

	1995	1997	1998	1999	2000	2001	2002	2003
《Science Citation Index》收录合计	**7980**	**10033**	**11456**	**19936**	**22608**	**25889**	**31572**	**38092**
Taken by SCI								
国内发表 Published in Domestic Periodicals	1087	1708	2119	7647	9208	9580	11425	12441
比重(%) as % of Total	14	17	19	38	41	37	36	32.7
国外发表 Published in Foreign Periodicals	6893	8325	9337	12289	13400	16309	20147	25651
比重(%) as % of Total	86	83	81	62	59	63	64	67.3
《Engineering Index》收录合计	**6791**	**9834**	**8220**	**13155**	**13991**	**15605**	**19268**	**26857**
Taken by《Engineering Index》								
国内发表 Published in Domestic Periodicals	3038	5121	4160	8324	8293	9055	6458	13329
比重(%) as % of Total	45	52	51	63	59	58	34	49.6
国外发表 Published in Foreign Periodicals	3753	4713	4060	4821	5698	6550	12810	13528
比重(%) as % of Total	55	48	49	37	41	42	66	50.4

* 1999 年开始使用《SCI-EXPANDED》统计。

6－12 国外主要检索工具收录我国科技论文按学科分布(2003)

Chinese Scientific Papers Taken by Major Foreign Referencing System by Discipline

单位:篇,% (piece,%)

	位次 Precedence	篇数 pieces				比重 as % of total		
		合计 Total	SCI	EI	ISTP	SCI	EI	ISTP
合计 Total		**80563**	**38092**	**26857**	**15614**	**100.0**	**100.0**	**100.0**
数学 Mathematics	8	3344	2170	1042	132	5.7	3.9	0.8
力学 Mechanics	19	1305	598	310	397	1.6	1.2	2.5
信息、系统科学 Information, Systems Science	18	1400	315		1085	0.8		6.9
物理学 Physics	2	11843	6567	4240	1036	17.2	15.8	6.6
化学 Chemistry	1	12637	9100	3293	244	23.9	12.3	1.6
天文学 Astronomy	23	486	335	78	73	0.9	0.3	0.5
地学 Earth Science	11	2228	1456	633	139	3.8	2.4	0.9
生物学 Biology	5	4202	3165	853	184	8.3	3.2	1.2
预防医学与卫生学 Protective Medicine	29	276	111	12	153	0.3		1.0
基础医学 Basic Medicine	13	1872	1209	501	162	3.2	1.9	1.0
药学 Pharmacy	22	700	691		9	1.8		0.1
临床医学 Clinic Medicine	12	2145	1485		660	3.9		4.2
中医学 Traditional Chinese Medicine	37	83	82		1	0.2		
军事医学与特种医学 Special Medicine	35	86	78		8	0.2		0.1
农学 Agriculture	24	454	319	53	82	0.8	0.2	0.5
林学 Forestry	40	14	6		8			0.1
畜牧、兽医科学 Livestock, Veterinary Medicine	38	44	44			0.1		
水产学 Aquatic	39	17	10		7			
测绘科学技术 Surveying & Mapping	17	1406		9	1397			8.9
材料科学 Material Science	3	7610	5261	1021	1328	13.8	3.8	8.5
工程与技术基础学科 Engineering & Basic Technology Science	32	220		120	100		0.4	0.6
矿山工程技术 Mining	27	290	49	219	22	0.1	0.8	0.1
能源科学技术 Energy	14	1709	286	554	869	0.8	2.1	5.6
冶金、金属学 Metallurgy, Metallography	15	1600	241	1121	238	0.6	4.2	1.5
机械、仪表 Machinery, Instrument	10	2274	539	887	848	1.4	3.3	5.4
动力与电气 Power & Electrical Engineering	9	2549	139	2357	53	0.4	8.8	0.3
核科学技术 Nuclear Technology	28	280	142	78	60	0.4	0.3	0.4
电子、通讯与自动控制 Electronics, Communication & Automation	4	6947	1022	2948	2977	2.7	11.0	19.1
计算技术 Computer	6	3792	743	1778	1271	2.0	6.6	8.1
化工 Chemical Engineering	7	3500	945	2483	72	2.5	9.2	0.5
轻工、纺织 Light Industry & Textile Industry	33	215	45	61	109	0.1	0.2	0.7
食品 Food	31	222	63	13	146	0.2		0.9
土木建筑 Civil Construction	21	1001	163	756	82	0.4	2.8	0.5
水利 Water Conservancy	34	118	27	71	20	0.1	0.3	0.1
交通运输 Transportaiton	30	260	16	185	59		0.7	0.4
航空航天 Aviation and Aerospace	26	356	30	307	19	0.1	1.1	0.1
环境 Environment	25	371	33	51	287	0.1	0.2	1.8
安全科学技术 Security	20	1202	575	275	352	1.5	1.0	2.3
管理 Management Science	16	1420	23	479	918	0.1	1.8	5.9
其他 Others	36	85	9	69	7		0.3	

6－13　国外主要检索工具收录我国科技论文按地区分布(2003)

Chinese Scientific Papers Taken by Major Foreign Referencing System by Region

单位:篇,%　　　　　　　　　　　　　　　　　　　　(piece,%)

地　区 Region		位次 Precedence	篇数 pieces				比重 as % of total		
			合计 Total	SCI	EI	ISTP	SCI	EI	ISTP
全　国	**Total**		**80563**	**38092**	**26857**	**15614**	**47.3**	**33.3**	**19.4**
北　京	Beijing	1	21393	10179	7128	4086	47.6	33.3	19.1
天　津	Tianjin	10	2686	1277	881	528	47.5	32.8	19.7
河　北	Hebei	18	1288	366	244	678	28.4	18.9	52.6
山　西	Shanxi	19	1029	367	189	473	35.7	18.4	46.0
内蒙古	Neimenggu	27	96	61	21	14	63.5	21.9	14.6
辽　宁	Liaoning	7	3539	1522	1432	585	43.0	40.5	16.5
吉　林	Jilin	12	2386	1269	757	360	53.2	31.7	15.1
黑龙江	Heilongjiang	13	2379	622	975	782	26.1	41.0	32.9
上　海	Shanghai	2	9844	4662	3769	1413	47.4	38.3	14.4
江　苏	Jiangsu	3	5550	2792	1850	908	50.3	33.3	16.4
浙　江	Zhejiang	5	4053	1961	1323	769	48.4	32.6	19.0
安　徽	Anhui	15	2042	814	867	361	39.9	42.5	17.7
福　建	Fujian	16	1868	1479	291	98	79.2	15.6	5.2
江　西	Jiangxi	23	178	86	36	56	48.3	20.2	31.5
山　东	Shandong	9	2694	1483	862	349	55.0	32.0	13.0
河　南	Henan	21	588	339	162	87	57.7	27.6	14.8
湖　北	Hubei	4	4294	1989	1283	1022	46.3	29.9	23.8
湖　南	Hunan	14	2219	966	889	364	43.5	40.1	16.4
广　东	Guangdong	8	2847	1561	775	511	54.8	27.2	17.9
广　西	Guangxi	25	168	83	44	41	49.4	26.2	24.4
海　南	Hainan	28	23	12	6	5	52.2	26.1	21.7
重　庆	Chongqing	20	819	348	222	249	42.5	27.1	30.4
四　川	Sichuan	11	2493	995	950	548	39.9	38.1	22.0
贵　州	Guizhou	24	176	97	43	36	55.1	24.4	20.5
云　南	Yunnan	22	579	382	121	76	66.0	20.9	13.1
西　藏	Xizang	31	1	1			100.0		
陕　西	Shaanxi	6	3793	1411	1378	1004	37.2	36.3	26.5
甘　肃	Gansu	17	1324	871	328	125	65.8	24.8	9.4
青　海	Qinghai	29	23	19	2	2	82.6	8.7	8.7
宁　夏	Ningxia	30	18	7	6	5	38.9	33.3	27.8
新　疆	Xinjiang	26	150	71	21	58	47.3	14.0	38.7
地区不详			23		2	21		8.7	91.3

6-14 1998-2002年《SCI》收录的我国科技论文在2003年被引用情况

Citation of Chinese Scientific Papers Taken in SCI

单位:篇 (piece)

	1998	1999	2000	2001	2002	合计
收录论文数(A) Number of Papers Taken by SCI	11456	13357	15313	17995	21204	79325
被引用论文数(B) Number of Papers Cited	4022	5065	6534	8100	7447	31168
收录论文被引用次数(C) Times of Citation	8540	11620	15813	19539	16619	72131
B/A	0.35	0.38	0.43	0.45	0.35	0.39
C/B	2.12	2.29	2.42	2.41	2.23	2.31
C/A	0.75	0.87	1.03	1.09	0.78	0.91

6-15 中文科技期刊刊登的科技论文篇数按机构类型分布(2003)

Scientific Papers Published in Chinese Science and Technology Periodicals by Type of Institutions

单位:篇 (piece)

	总计 Total	高等院校 Universities	研究机构 Research Institutions	企业 Enterprises	医院 Hospital	其他 Others
合计 Total	**274604**	**181902**	**30123**	**15489**	**33242**	**13848**
基础学科 Basic Disciplines	47633	35636	8338	826	226	2607
数学 Mathematics	6037	5646	221	38	2	130
力学 Mechanics	1221	1083	107	12		19
信息、系统 Information, System Science	5748	5033	364	156	16	179
物理 Physics	5143	4015	1020	9	3	96
化学 Chemistry	10388	8359	1436	204	20	369
天文 Astronomy	282	117	155			10
地学 Earth Sciences	8284	3973	2426	358	1	1526
生物 Biological Sciences	10530	7410	2609	49	184	278
医药卫生 Medical Care	99063	56579	4619	1077	32621	4167
农林牧渔 Agriculture, Forestry, Animal Husbandry and Fishery	17771	9500	5443	398	22	2408
工业技术 Manufacturing Technology	104347	75538	11312	12941	238	4318
其他 Other	5790	4649	411	247	135	348

6-16 重大科技成果(1998-2004)

Major Research Results of Science and Technology

单位:项 (item)

	1998	1999	2000	2001	2002	2003	2004
合计 Total	**28584**	**31060**	**32858**	**28448**	**26697**	**30486**	**31720**
#基础理论 Elementary Theory	3258	2490	2368	1970	1808	2006	2839
#应用技术 Applied Technology	23015	26706	28843	25119	23649	26837	27363
#软科学 Soft Science	2311	1864	1647	1359	1240	1643	1518
按完成单位类型分 by Type of Performing Institutes							
研究机构 R&D Institutions	6863	9322	7859	6244	5543	6794	6869
高等院校 Universities	7336	6841	6508	6156	5640	6546	6857
企业 Enterprises	7979	9595	10586	9371	8821	10084	10286
其他 Other	6406	5302	7905	6677	6693	7062	7708
应用技术成果按行业分 by Industries							
农林牧渔业 Farming, Forestry, Animal Husbandry and Fishery	3698	3714	4147	3695	3453	3722	4186
采掘业 Mining and Quarrying	630	481	600	1201	667	674	695
制造业 Manufacturing	5530	5467	5334	3997	3786	4795	4143
电力、煤气及水的生产和供应业 Electric Power, Gas and Water Production and Supply	798	947	1279	1483	1244	1412	1349
建筑业 Construction	979	983	1189	1246	1031	1149	1247
地质勘查业水利管理业 Geological Prospecting and Water Conservancy	769	556	580	820	710	741	628
交通运输仓储及邮电通信业 Transportation, Storage, Postal and Telecommunications Services	1176	1323	1963	1715	1535	2037	1637
批发和零售贸易餐饮业 Wholesale and Retail Trade and Catering Services	248	182	152	184	156	153	150
金融保险业 Finance and Insurance	149	122	244	320	210	231	208
房地产业 Real Estate Management	340	161	176	208	159	145	208
社会服务业 Social Services	386	258	404	376	326	341	390
卫生体育和社会福利业 Health Care, Sports, and Social Welfare	4984	5557	6009	5184	4836	5319	5590
教育文化艺术和广播电影电视业 Education, Culture, and Arts, Radio, Film and Television	436	313	456	455	376	437	424
科学研究和综合技术服务业 Scientific Research and Polytechnic Services	1766	3567	2154	1812	3242	3427	4057
国家机关党政机关和社会团体 Government Agencies, Party Agencies and Social Organizations	353	199	501	384	395	561	622
其他 Other	773	2876	3655	2039	1523	1693	1829

6－17　国家级科技奖励(1997－2004)

National S&T Awards

单位:项　　　　　　　　　　　　　　　　　　　　　　　　　　　　　　　　　　　　　(item)

	1997	1998	1999	2000	2001	2002	2003	2004
合计 Total	**626**	**543**	**602**	**288**	**223**	**263**	**254**	**300**
一、获国家科学技术进步奖 National S&T Advance Award	**475**	**471**	**476**	**250**	**191**	**218**	**216**	**244**
特等 Special Class	3	3	2				1	
一等 1st Class	19	22	17	22	17	18	16	16
二等 2nd Class	150	133	143	228	174	200	199	228
三等 3rd Class	303	313	314					
二、获国家技术发明奖 National Invention Award	**100**	**72**	**69**	**23**	**14**	**21**	**19**	**28**
特等 Special Class								
一等 1st Class	1							2
二等 2nd Class	13	10	13	23	14	21	19	26
三等 3rd Class	46	30	38					
四等 4th Class	40	32	18					
三、获国家自然科学奖 National Natural Sciences Award	**51**		**57**	**15**	**18**	**24**	**19**	**28**
一等 1st Class	1					1	1	
二等 2nd Class	8		10	15	18	23	18	28
三等 3rd Class	30		31					
四等 4th Class	12		16					

6-18 国家级科技奖励分布(1997-2004)

Distribution of National S&T Awards

单位:项 (item)

	1997	1998	1999	2000	2001	2002	2003	2004
一、国家科技进步奖 National S&T Advance Award	**475**	**471**	**506**	**250**	**191**	**218**	**216**	**244**
按行业分 by Industries								
工业交通 Manufacturing and Transportation	144	145	136	79	86	75	101	123
农林牧渔 Agriculture, Forestry, Animal Husbandry and Fishery	70	69	65	24	23	33	23	31
文教卫生 Education, Culture and Health Care	70	67	55	35	24	25	22	29
国防公安 National Defense and Public Security	108	106	144	71	54	62	63	59
其他 Others	83	84	106	41	4	23	7	2
按隶属分 by Subordination								
部委 Ministries and Commissions	333	310	297	123	75	64	50	63
省市自治区 Province	92	87	106	51	54	64	70	83
其它单位 Others						28	33	36
军口 Military System	50	74	73	76	62	62	63	61
二、国家发明奖 National Invention Award	**100**	**72**	**69**	**23**	**14**	**21**	**19**	**28**
按行业分 by Industries								
工业交通 Manufacturing and Transportation	39	21	26	16	9	13	12	16
农林牧渔 Agriculture, Forestry, Animal Husbandry and Fishery	14	11	11	1	1	3	1	3
文教卫生 Education, Culture and Health Care	10	3	3	3	2	1	1	1
国防公安 National Defense and Public Security	25	20	16	2	2	3	5	8
其他 Others	12	17	13	1		1		
按隶属分 by Subordination								
部委 Ministries and Commissions	54	38	37	12	4	7	3	9
省市自治区 Province	38	26	24	9	7	8	4	7
其它单位 Others						3	7	4
军口 Military System	8	8	8	2	2	3	5	8
三、获国家自然科学奖 National Natural Sciences Award	**51**		**57**	**15**	**18**	**24**	**19**	**28**
按学科分 by Disciplines								
数理 Maths & Physics	10		12	3	4	5	3	6
化学 Chemistry	8		8	3	1	5	4	6
生物医学 Biol-medical	7		9	3	6	5	5	6
地球 Earth Sciences	14		12	5	3	3	2	3
材料工程 Material Engineering	7		9	1	3	4	2	3
信息 Information	5		7		1	2	3	4
其他 Other								
按隶属分 by Subordination								
部委 Ministries and Commissions	38		44	11	14	13	8	16
省市自治区 Province	7		12	4	3	5	8	8
专家推荐 Expertise						6	3	4
军口 Military System	1							
国外 Foreign	5							

6－19 全国技术市场成交合同数(1998－2004)
Contract Deals in Domestic Technical Markets

单位:项　　(item)

	1998	1999	2000	2001	2002	2003	2004
一、按合同类型分 by Type of Contracts	**281782**	**264496**	**241008**	**229702**	**237093**	**267997**	**264638**
技术开发 Technology Development	47529	43380	47324	45427	48411	58591	66480
技术转让 Technology Transfer	39070	36313	27624	25638	22749	25118	23204
技术咨询 Technology Consultation	43936	44889	44411	43346	48782	59256	56204
技术服务 Technology Service	151247	139914	121649	115291	117151	125032	118750
二、按卖方类型分 by Type of Sellers	**281782**	**264496**	**241008**	**229702**	**237093**	**267997**	**264638**
科研机构 R&D Institutes	77464	66699	62468	56753	52060	59989	55247
大中专院校 Universities	40658	32705	31202	29553	31257	37974	39289
工业企业 Industrial Enterprises	43022	34407	40934	47177	57480	73390	89398
技术贸易机构 Technology Trade Agencies	90077	95068	68873	67238	67555	74113	59768
个人及个人合伙 Individuals or in Partners	9512	10521	5747	5504	4826	4609	3350
其他 Other	21049	25096	31784	23477	23915	17922	17548
三、按企业买方类型分 by Type of Buyers of Enterprises	**170278**	**150212**	**155999**	**164044**	**175093**	**196605**	**196050**
国有企业 State-own Enterprise		69711	65697	55796	52676	44967	42552
集体企业 Collective-own Enterprises		37207	24269	23935	16276	17632	13750
私营企业 Private Enterprise		21282	17278	9617	13009	19482	12920
有限责任公司 Limited Company		14015	34845	53524	68589	86186	97073
股份有限公司 Share Holding Company		6635	10880	18590	21559	25293	25995
港澳台商投资企业 Gang, Ao, Tai-invested Joint Venture		635	1298	885	1068	925	1161
外商投资企业 Foreign-invested Enterprises		727	1732	1697	1916	2120	2599

6-20 全国技术市场成交合同金额(1998-2004)

Value of Contractual Deals in Domestic Technical Markets

单位:万元 (10 000 yuan)

	1998	1999	2000	2001	2002	2003	2004
一、按合同类型分 by Type of Contracts	**4358228**	**5234544**	**6507519**	**7827489**	**8841713**	**10846727**	**13343630**
技术开发 Technology Development	1494044	2019721	2405017	3097061	3629959	4260691	5089647
技术转让 Technology Transfer	731959	911856	1578757	2038727	2024073	2462116	2947324
技术咨询 Technology Consultation	345210	329693	382002	430805	541279	715256	838179
技术服务 Technology Service	1787015	1973274	2141743	2260896	2646402	3408664	4468480
二、按卖方类型分 by Type of Sellers	**4358228**	**5234544**	**6507519**	**7827489**	**8841713**	**10846727**	**13343630**
科研机构 R&D Institutes	1519120	1639014	1663127	1816447	1870829	1913669	1904281
大中专院校 Universities	517675	622819	1105282	864067	726423	1066945	1166153
工业企业 Industrial Enterprises	695416	1091667	1426338	2856100	3585850	5187431	7541196
技术贸易机构 Technology Trade Agencies	912389	993110	1035197	1082778	1387621	1464591	1499467
个人及个人合伙 Individuals or in Partners	84851	115140	204040	130152	74565	76871	81149
其他 Other	628777	772794	1073535	1077945	1196425	1137220	1151384
三、按企业买方类型分 by Type of Buyers of Enterprises	**2459464**	**3310761**	**4573520**	**5736291**	**6420039**	**8007481**	**10066279**
国有企业 State-own Enterprise		1685610	1774988	1778165	1917331	2142338	2207125
集体企业 Collective-own Enterprises		477626	402421	288871	234964	291719	402881
私营企业 Private Enterprise		211064	150238	199055	288799	343844	278208
有限责任公司 Limited Company		629701	1297539	2044323	2398769	3353227	5091883
股份有限公司 Share Holding Company		206482	358389	651566	789220	1122593	1302608
港澳台商投资企业 Gang,Ao,Tai-invested Joint Venture		33320	78702	203242	84351	58263	63952
外商投资企业 Foreign-invested Enterprises		66958	511243	571069	706605	695497	719622

6-21 各地区技术市场成交合同数(1998-2004)
Contract Deals in Domestic Technical Markets by Region

单位:项 (item)

		1998	1999	2000	2001	2002	2003	2004
全 国	**Total**	**281782**	**264496**	**241008**	**229702**	**237093**	**267997**	**264638**
东部地区	Eastern Region	187986	175184	165313	163819	175186	203496	199165
中部地区	Mid Region	71214	68458	56226	49151	45997	48671	49050
西部地区	Western Region	22582	20854	19469	16732	15910	15830	16423
北 京	Beijing	20724	20711	21270	23921	27038	32173	35549
天 津	Tianjin	7416	5572	6415	7335	6889	7278	8002
河 北	Hebei	21794	9399	3340	1886	1901	2152	2622
山 西	Shanxi	244	232	290	256	698	407	439
内蒙古	Neimenggu	3110	4407	3075	2148	776	679	1147
辽 宁	Liaoning	13060	12682	11455	10197	9571	11528	11504
吉 林	Jilin	5033	5498	5386	4990	4550	4436	3599
黑龙江	Heilongjiang	11180	10218	9883	2229	2548	2918	2485
上 海	Shanghai	18364	19721	20974	23816	26010	27292	27327
江 苏	Jiangsu	44430	40471	28618	30855	33150	30393	31020
浙 江	Zhejiang	21774	25479	31218	33728	38400	50861	39974
安 徽	Anhui	2529	2794	3184	4034	3599	4082	4092
福 建	Fujian	5698	6506	5597	4589	4668	5496	5656
江 西	Jiangxi	4157	2802	5068	3033	2899	2721	3114
山 东	Shandong	28091	29135	30962	17840	19263	24368	26154
河 南	Henan	19511	13376	4097	2824	3209	3668	3691
湖 北	Hubei	10842	9664	7203	9024	9832	9124	12260
湖 南	Hunan	17718	23874	21115	22761	18662	21315	19370
广 东	Guangdong	6253	5004	5464	9270	8265	11924	11328
广 西	Guangxi	1377	1533	912	1117	906	748	655
海 南	Hainan	382	504		382	31	31	29
重 庆	Chongqing	3131	1374	1610	1594	1098	1925	1768
四 川	Sichuan	3937	4313	3441	1870	1966	3278	4272
贵 州	Guizhou	65	128	43	46	551	318	407
云 南	Yunnan	2258	2033	2054	1802	2059	2082	1857
西 藏	Tibet							
陕 西	Shaanxi	3962	2640	4023	6023	5496	3221	2467
甘 肃	Gansu	1904	3200	2960	317	993	1526	1646
青 海	Qinghai	440	540		236	329	205	327
宁 夏	Ningxia	534	201	233	266	386	332	258
新 疆	Xinjiang	1864	485	1118	1313	1350	1516	1619

6-22 各地区技术市场成交合同金额(1998-2004)

Value of Contractual Inflows in Domestic Technical Markets by Region

单位:万元 (10 000 yuan)

		1998	1999	2000	2001	2002	2003	2004
全 国	**Total**	**4358228**	**5234544**	**6507519**	**7827489**	**8841713**	**10846727**	**13343630**
东部地区	Eastern Region	2863915	3351953	4515047	5661567	6500517	7995226	10188850
中部地区	Mid Region	917648	1043071	1133795	1186213	1230890	1386526	1551098
西部地区	Western Region	576665	839519	858677	979709	1110306	1464975	1603682
北 京	Beijing	815591	921889	1402871	1910065	2211738	2653574	4249975
天 津	Tianjin	200298	220296	262581	306009	363262	420008	450276
河 北	Hebei	139090	153795	94143	46784	60406	67969	72718
山 西	Shanxi	9758	3955	5258	14693	39014	32251	59960
内蒙古	Neimenggu	31332	29687	60287	62359	58197	108452	104085
辽 宁	Liaoning	280977	301546	347817	408698	508326	620200	752817
吉 林	Jilin	93167	103498	71390	88543	82921	87292	107900
黑龙江	Heilongjiang	152569	157121	152382	111035	120110	121165	125715
上 海	Shanghai	314060	366324	738952	1061603	1202170	1427790	1716963
江 苏	Jiangsu	330684	416683	449568	529165	594873	765163	897855
浙 江	Zhejiang	162275	188496	276275	316652	389438	530353	581465
安 徽	Anhui	39545	48626	61012	64145	75423	87960	90675
福 建	Fujian	69363	80868	172601	136941	128988	166779	141395
江 西	Jiangxi	38332	51444	69299	62724	62891	83324	93661
山 东	Shandong	261922	275121	288135	321938	347650	525682	750850
河 南	Henan	176492	201661	211621	212589	178506	192690	203207
湖 北	Hubei	187596	230161	276000	338597	348603	412538	461700
湖 南	Hunan	220189	246605	286833	293887	323422	369306	408280
广 东	Guangdong	248122	344528	482104	539722	684532	805730	572651
广 西	Guangxi	37021	25344	17741	37753	44406	41808	90955
海 南	Hainan	41533	82407		83990	9134	11978	1885
重 庆	Chongqing	92951	325345	296594	289484	409433	555083	596186
四 川	Sichuan	152000	125931	104150	126311	77524	128686	165640
贵 州	Guizhou	14071	762	620	599	13484	17892	13533
云 南	Yunnan	127222	172339	187742	255279	179496	228718	215555
西 藏	Tibet							
陕 西	Shaanxi	57765	82537	92560	84615	151554	168022	139129
甘 肃	Gansu	28137	25816	26413	27393	54644	77581	119608
青 海	Qinghai	2917	4282		4657	12373	8291	12793
宁 夏	Ningxia	2643	4654	6402	8872	8496	10047	12827
新 疆	Xinjiang	30606	42822	66168	82387	100699	120395	133371

6-23 技术市场技术流向地域(合同数)(1998-2004)

Contract Inflows to Domestic Technical Markets by Region

单位:项 (item)

		1998	1999	2000	2001	2002	2003	2004
全 国	**Total**	**281782**	**264496**	**241008**	**229702**	**237093**	**267997**	**264638**
东部地区	Eastern Region	186242	172243	161446	160832	168209	195057	190139
中部地区	Mid Region	66305	64662	54854	46281	45478	48551	48793
西部地区	Western Region	29235	27335	23905	20147	21331	21924	23002
北 京	Beijing	15414	14559	16998	16195	17276	21387	23237
天 津	Tianjin	7535	5876	6297	6850	5671	6189	7027
河 北	Hebei	21696	9210	5230	3638	3632	4276	4851
山 西	Shanxi	1755	1764	1693	1249	1868	1672	1845
内蒙古	Neimenggu	3803	5171	3907	2914	1487	1530	2084
辽 宁	Liaoning	13010	12785	9631	9689	9319	10292	10816
吉 林	Jilin	4802	5228	5257	4993	4502	4349	3592
黑龙江	Heilongjiang	10610	9063	8391	2971	3280	3768	3643
上 海	Shanghai	17129	18605	21036	22717	24645	26166	26581
江 苏	Jiangsu	41967	36789	25957	29202	31133	28074	26757
浙 江	Zhejiang	23062	26413	29197	33747	38427	50679	40239
安 徽	Anhui	3562	3225	3276	3362	3045	3447	4025
福 建	Fujian	6643	7745	6532	5638	5372	6781	6713
江 西	Jiangxi	4826	4049	5772	3284	3467	3638	3766
山 东	Shandong	29552	31256	30909	20760	21890	26999	28652
河 南	Henan	15134	11732	5312	3814	4387	5087	5220
湖 北	Hubei	9744	8020	6166	7352	8118	7534	9459
湖 南	Hunan	15872	21581	18987	19256	16811	19056	17243
广 东	Guangdong	9343	8026	9277	11746	10412	13771	14812
广 西	Guangxi	2147	2034	1566	1788	1677	1561	1482
海 南	Hainan	891	979	382	650	432	443	454
重 庆	Chongqing	2435	1731	1639	1583	1430	2247	1886
四 川	Sichuan	7098	6000	4330	2946	3063	4117	4767
贵 州	Guizhou	1035	1249	806	611	1208	1229	1175
云 南	Yunnan	2857	2697	2754	2397	2742	2886	3114
西 藏	Tibet	55	37	41	71	93	95	83
陕 西	Shaanxi	3180	2146	2582	3963	4526	2802	2703
甘 肃	Gansu	2453	3623	3590	885	1662	2082	2095
青 海	Qinghai	698	810	280	460	638	487	587
宁 夏	Ningxia	818	466	488	466	684	530	494
新 疆	Xinjiang	2656	1371	1922	2063	2121	2358	2532
港澳台	Taiwan, Macao & Hongkong		77	203	265	231	317	385
其 它	Other		179	600	2177	1844	2148	2319

6-24 技术市场技术流向地域(合同金额)(1998-2004)

Value of Contractual Inflows to Domestic Technical Markets by Region

单位:万元 (10 000 yuan)

		1998	1999	2000	2001	2002	2003	2004
全　国	**Total**	**4358228**	**5234544**	**6507519**	**7827489**	**8841713**	**10846727**	**13343630**
东部地区	Eastern Region	2665240	3233472	4326995	5283623	5497169	7023630	8593734
中部地区	Mid Region	957942	1082717	1024928	1189459	1318959	1458703	1835423
西部地区	Western Region	735046	861115	898411	1154901	1290327	1653698	1944565
北　京	Beijing	488692	596177	1031906	1265786	1221450	1554698	2622122
天　津	Tianjin	187310	207963	231158	278593	327808	375363	425792
河　北	Hebei	142243	157913	163950	115412	140416	159251	213172
山　西	Shanxi	42511	88961	49350	60104	107826	127311	160211
内蒙古	Neimenggu	37029	43664	79600	84291	103019	151723	167241
辽　宁	Liaoning	289291	311332	326885	386687	421852	479685	329476
吉　林	Jilin	90173	106171	78926	103570	104469	120162	118764
黑龙江	Heilongjiang	184639	145270	155168	123141	126770	132629	148357
上　海	Shanghai	330306	383685	633736	970110	1031660	1274888	1586172
江　苏	Jiangsu	310100	354546	411821	496369	528419	748114	816018
浙　江	Zhejiang	213460	218765	303584	383328	441292	633039	665931
安　徽	Anhui	45809	54384	66604	82081	90357	97017	135567
福　建	Fujian	92464	113385	193767	176242	158639	207635	202952
江　西	Jiangxi	45687	79365	66104	68326	80195	162123	173589
山　东	Shandong	229464	377530	345610	445567	480009	741602	953518
河　南	Henan	174963	182656	190434	213028	208120	238466	243627
湖　北	Hubei	154468	187409	190942	284923	316095	303856	358152
湖　南	Hunan	219692	238501	227400	254286	285127	277139	497154
广　东	Guangdong	333307	423772	669783	664496	721967	819589	754631
广　西	Guangxi	57623	33350	38736	57675	66729	71785	132929
海　南	Hainan	48603	88404	14795	101033	23657	29766	23949
重　庆	Chongqing	80759	204307	164500	193421	331867	312251	415044
四　川	Sichuan	193718	153643	128590	154186	128784	199430	300235
贵　州	Guizhou	25959	19200	16522	23307	38492	104378	55119
云　南	Yunnan	156189	194576	228497	304949	207002	271710	275359
西　藏	Tibet	2665	753	2994	8463	6443	15012	21756
陕　西	Shaanxi	56338	83227	84188	94803	143097	135801	148402
甘　肃	Gansu	44878	44708	54557	63195	79619	164079	155866
青　海	Qinghai	12028	13961	7628	16870	24518	28739	31313
宁　夏	Ningxia	9462	13459	9752	27544	24318	23998	26869
新　疆	Xinjiang	58398	56267	82847	126197	136439	174792	214432
港澳台	Taiwan, Macao & Hongkong		24172	47241	68354	124048	60685	200281
其　它	Other		33068	209944	131152	611210	650011	769627

6－25 按合同类别分技术市场技术流向地域(合同数)(2004)

Contract Inflows to Domestic Technical Markets by Region

单位:项 (item)

地 区 Region	合计 Total	技术开发 Technology Development	技术转让 Technology Transfer	技术咨询 Technology Consultation	技术服务 Technology Service
全 国 Total	**264638**	**74534**	**27071**	**61292**	**133663**
东部地区 Eastern Region	190139	44170	15531	44022	86416
中部地区 Mid Region	48793	12509	5504	8536	22244
西部地区 Western Region	23002	7748	1963	3577	9714
北 京 Beijing	23237	6834	1087	3220	12096
天 津 Tianjin	7027	2146	275	1478	3128
河 北 Hebei	4851	1440	578	701	2132
山 西 Shanxi	1845	642	290	208	705
内蒙古 Neimenggu	2084	425	206	476	977
辽 宁 Liaoning	10816	1647	454	3445	5270
吉 林 Jilin	3592	765	293	1091	1443
黑龙江 Heilongjiang	3643	808	194	595	2046
上 海 Shanghai	26581	4241	2525	5154	14661
江 苏 Jiangsu	26757	5622	2495	5702	12938
浙 江 Zhejiang	40239	6777	1163	17754	14545
安 徽 Anhui	4025	1217	462	795	1551
福 建 Fujian	6713	1344	346	1604	3419
江 西 Jiangxi	3766	1016	404	760	1586
山 东 Shandong	28652	8829	5466	3526	10831
河 南 Henan	5220	1534	595	533	2558
湖 北 Hubei	9459	3057	1158	1371	3873
湖 南 Hunan	17243	3470	2108	3183	8482
广 东 Guangdong	14812	5152	1066	1367	7227
广 西 Guangxi	1482	429	150	212	691
海 南 Hainan	454	138	76	71	169
重 庆 Chongqing	1886	562	221	285	818
四 川 Sichuan	4767	1634	403	867	1863
贵 州 Guizhou	1175	525	140	112	398
云 南 Yunnan	3114	1528	162	202	1222
西 藏 Tibet	83	35	5	19	24
陕 西 Shaanxi	2703	1020	209	390	1084
甘 肃 Gansu	2095	649	117	225	1104
青 海 Qinghai	587	195	117	57	218
宁 夏 Ningxia	494	118	33	54	289
新 疆 Xinjiang	2532	628	200	678	1026
港澳台 Taiwan, Macao & Hongkong	385	169	87	19	110
其 它 Other	2319	1877	125	51	266

6-26 按合同类别分技术市场技术流向地域(合同金额)(2004)

Value of Contractual Inflows to Domestic Technical Markets by Region

单位:万元 (10 000 yuan)

地 区 Region		合计 Total	技术开发 Technology Development	技术转让 Technology Transfer	技术咨询 Technology Consultation	技术服务 Technology Service
全 国	**Total**	**13343630**	**5089303**	**2947476**	**838192**	**4468660**
东部地区	Eastern Region	8593734	2811403	2293040	617041	2872250
中部地区	Mid Region	1835423	776370	237461	88795	732796
西部地区	Western Region	1944565	902174	290562	124090	627740
北 京	Beijing	2622122	633867	1020862	118350	849044
天 津	Tianjin	425792	265767	24601	19237	116187
河 北	Hebei	213172	59447	34118	10730	108877
山 西	Shanxi	160211	37981	45874	5228	71127
内蒙古	Neimenggu	167241	50151	17378	21251	78461
辽 宁	Liaoning	329476	98673	39249	37473	154081
吉 林	Jilin	118764	52390	18439	11928	36007
黑龙江	Heilongjiang	148357	44623	22823	8218	72693
上 海	Shanghai	1586172	385960	517123	67954	615135
江 苏	Jiangsu	816018	279440	143152	55188	338238
浙 江	Zhejiang	665931	197559	52937	192407	223027
安 徽	Anhui	135567	56408	23190	11189	44781
福 建	Fujian	202952	64710	71266	13796	53180
江 西	Jiangxi	173589	88109	16195	10655	58630
山 东	Shandong	953518	457210	213163	61594	221551
河 南	Henan	243627	95218	37570	11275	99565
湖 北	Hubei	358152	230885	38750	14104	74412
湖 南	Hunan	497154	170755	34619	16200	275581
广 东	Guangdong	754631	360326	168498	38294	187513
广 西	Guangxi	132929	92091	6814	4177	29847
海 南	Hainan	23949	8445	8070	2018	5416
重 庆	Chongqing	415044	183302	88453	18206	125082
四 川	Sichuan	300235	157515	41483	35130	66107
贵 州	Guizhou	55119	23489	9421	4119	18090
云 南	Yunnan	275359	189289	25693	5069	55308
西 藏	Tibet	21756	11412	2549	776	7018
陕 西	Shaanxi	148402	59171	11682	8892	68657
甘 肃	Gansu	155866	53912	23297	5671	72986
青 海	Qinghai	31313	14083	3806	1582	11842
宁 夏	Ningxia	26869	10867	1778	1805	12420
新 疆	Xinjiang	214432	56892	58207	17411	81922
港澳台	Taiwan, Macao & Hongkong	200281	133519	61643	821	4299
其 它	Other	769627	465838	64769	7444	231576

6-27 按地区分的国外技术引进合同(2004)

Technology Contracts Imported by Region

单位:万美元 (USD 10 000)

		合同数(项) Number of Contracts (item)	合同金额 Value of Contracts	技术费 for Technology	设备费 for Equipment
全 国	**Total**	**8605**	**1385558**	**962528**	**423145**
东部地区	Eastern Region	7319	918765	755047	163720
中部地区	Mid Region	494	94168	78625	15543
西部地区	Western Region	565	62733	45771	17076
北 京	Beijing	1615	210436	127816	82621
天 津	Tianjin	489	49215	42829	6386
河 北	Hebei	59	11097	6466	4631
山 西	Shanxi	19	2932	1829	1103
内蒙古	Neimenggu				
辽 宁	Liaoning	287	49940	31579	18361
吉 林	Jilin	104	4776	4475	301
黑龙江	Heilongjiang	53	33418	33036	381
上 海	Shanghai	2824	362746	319954	42792
江 苏	Jiangsu	478	47727	43808	3919
浙 江	Zhejiang	330	57398	55827	1571
安 徽	Anhui	101	20024	11702	8322
福 建	Fujian	333	41599	41525	75
江 西	Jiangxi	48	4562	2021	2541
山 东	Shandong	461	20895	18174	2721
河 南	Henan	34	5943	5043	900
湖 北	Hubei	108	14473	13888	585
湖 南	Hunan	27	8038	6631	1408
广 东	Guangdong	418	57858	57215	643
广 西	Guangxi	31	2234	1440	794
海 南	Hainan	25	9854	9854	
重 庆	Chongqing	154	16124	15438	466
四 川	Sichuan	233	20447	16060	4386
贵 州	Guizhou	19	3178	2484	694
云 南	Yunnan	43	6253	3792	2794
西 藏	Tibet				
陕 西	Shaanxi	42	4595	2923	1673
甘 肃	Gansu	14	4285	3085	1200
青 海	Qinghai	1	175		175
宁 夏	Ningxia	11	3387	201	3186
新 疆	Xinjiang	17	2056	348	1708

注:国外技术引进合同有一部分无法按地区分类,所以分地区之和不等于全国总计。

6-28 按行业分的国外技术引进合同(2004)

Technology Contracts Imported by Industry

单位:万美元 (USD 10 000)

	合同数(项) Number of Contracts (item)	合同金额 Value of Contracts	技术费 for Technology	设备费 for Equipment
总计 Total	**8605**	**1385558**	**962528**	**423145**
农、林、牧、渔业 Farming, Forestry, Animal Husbandry and Fishery	27	1494	1493	
采掘业 Mining and Quarrying	228	29407	23983	5424
制造业 Manufacturing	5040	874343	708140	166538
电力、煤气及水的生产和供应业 Production and Supply of Electricity, Gas and Water	190	210556	33198	177138
建筑业 Construction	169	11344	10468	876
地质勘查业、水利管理业 Geological Prospecting and Water Conservancy	22	1841	942	899
交通运输、仓储及邮电通信业 Transport, Storage, Post and Telecommunications	165	95939	39303	56636
批发和零售贸易、餐饮业 Wholesale, Retail Trade and Catering Service	102	14062	14062	
金融、保险业 Finance and Insurance	30	8210	3086	5124
房地产业 Real Estate	645	38463	37955	509
社会服务业 Public Service	888	52185	52152	33
卫生、体育和社会福利业 Health Care, Sporting and Social Welfare	18	1144	1122	22
教育、文化艺术及广播电影电视业 Education, Culture and Arts, Radio, Film and Television	70	1523	1311	212
科学研究和综合技术服务业 Scientific Research and Polytechnic Service	174	4659	3718	941
国家机关、政党机关和社会团体 Government, Party Agencies and Social Organizations	6	218	218	
其他行业 Other	829	40161	31368	8793

6-29 国外技术引进合同按引进方式分(2004)
Technology Contracts Imported by type of Import

单位:万美元　　　　(USD 10 000)

	合同数(项) Number of Contracts (item)	合同金额 Value of Contracts	技术费 for Technology	设备费 for Equipment
总计 Total	**8605**	**1385558**	**962528**	**423145**
专利技术的许可或转让(包括专利申请权的转让) Patent Technology License and Transfer	361	102633	100052	2580
专有技术的许可或转让 Technology License and Transfer	1385	413003	398204	15134
技术咨询、技术服务 Technology Consultation and Service	5256	346073	308712	37361
计算机软件的进口 Import of Computer Software	901	25415	20291	5124
商标许可 Trade Mark License	57	25673	25672	2
合资生产、合作生产等 Joint-venture Production and Cooperative Production	95	11496	9407	2088
为实施以上内容而进口的成套设备、关键设备、生产线等 Comolete Set of Equipment, Key Equipment and Production Line	335	378430	42019	336411
其它方式的技术进口 Other	215	82835	58171	24444

6-30 按引进国别和地区分的国外技术引进合同(2004)

Technology Contracts Imported by Country

单位:万美元 (USD 10 000)

		合同数(项) Number of Contracts (item)	合同金额 Value of Contracts	技术费 for Technology	设备费 for Equipment
总计	**Total**	**8605**	**1385558**	**962528**	**423145**
阿拉伯酋长国	United Arab Emirates	1	11	11	
文莱	Brunei	1	55	55	
中国香港	Hongkong	1066	67755	60399	7356
印度尼西亚	Indonesia	10	865	865	
以色列	Israel	14	1218	918	300
印度	India	22	574	574	
日本	Japan	2219	293790	195624	98166
韩国	Republic of Korea	491	80726	80618	108
黎巴嫩	Lebanon	1	365	365	
缅甸	Burma	1	19	19	
蒙古	Mongolia	1	10	10	
中国澳门	Macao	2	51	51	
马来西亚	Malaysia	34	3809	1861	1948
菲律宾	Philippines	7	290	290	
巴基斯坦	Pakistan	1	12	12	
新加坡	Singapore	292	9675	9492	184
泰国	Thailand	22	425	425	
土耳其	Turkey	2	7	7	
中国台湾	Taiwan	229	8651	8651	
越南	Vietnam	1	4	4	
埃及	Egypt	1	1	1	
毛里求斯	Mauritius	9	208	208	
南非	South Africa	3	34	34	
奥地利	Austria	82	12324	6560	5543
比利时	Belgium	38	4943	2794	2149
瑞士	Swiss	94	39673	39499	174
捷克共和国	Czech Republic	4	54	54	
德意志联邦共和国	Germany	940	219307	98331	121310
丹麦	Danmark	51	8863	4650	4212
西班牙	Spain	45	7183	1570	5613
芬兰	Finland	31	27745	27323	422

6-30 续表

单位:万美元 (USD 10 000)

		合同数(项) Number of Contracts (item)	合同金额 Value of Contracts	技术费 for technology	设备费 for equipment
法国	France	304	129214	55393	73821
英国	Britain	288	34630	30333	4297
希腊	Greece	1	0.35	0.35	
克罗地亚共和国	Croatia	1	41	40	0.32
匈牙利	Hungary	4	593	593	
爱尔兰	Ireland	82	2254	2254	
意大利	Italy	177	27670	15360	12310
列支敦士登	Liechtenstein	3	54	54	
卢森堡	Luxemburg	6	4680	3570	1110
荷兰	Netherland	96	18892	17421	1471
挪威	Norway	36	2996	2316	680
波兰	Poland	7	1409	1409	
葡萄牙	Portugal	2	48	48	
罗马尼亚	Romania	2	106	106	
俄罗斯	Russia	39	2129	1797	332
瑞典	Sweden	51	53445	15262	38184
斯洛文尼亚共和国	Slovenia	1	24	24	
乌克兰	Ukraine	26	568	527	41
阿根廷	Argentina	2	54	54	
巴西	Brazil	5	786	425	362
开曼群岛	Cayman Is.	11	2098	1580	517
墨西哥	Mexico	3	38	38	
巴拿马	Panama	1	45	45	
英属维尔京	Virgin	83	8434	8434	
百慕大	Bermuda	1	67	67	
加拿大	Canada	185	7136	5727	1409
美国	United States	1287	292109	251144	40965
澳大利亚	Australia	154	6771	6611	160
马绍尔群岛共和国	The Republic of Marshall Island	1	16	16	
新西兰	New Zealand	5	52	52	
萨摩亚	Samoa	25	550	550	

6-31 高技术产品的进出口贸易额按类别分(2004)

Exports and Imports of High-tech Products

单位:百万美元 (USD million)

	出口贸易总额 Export	%	进口贸易总额 Import	%	进出口贸易总额 Export and Import
合计 Total	**165540**	**100**	**161432**	**100**	**326972**
计算机技术 Computers	83930	50.7	28583	17.7	112513
通信技术 Telecommunications	52444	31.7	22145	13.7	74589
生命科学技术 Life Science	3237	2.0	3793	2.4	7031
电子技术 Electronics	18443	11.1	77195	47.8	95638
计算机集成制造技术 Computer Integrated Manufacturing	1496	0.9	17404	10.8	18900
航空航天技术 Aerospace and Aeronautics	998	0.6	6373	3.9	7371
光电技术 Opto-electronics	3799	2.3	3214	2.0	7013
生物技术 Biotechnology	219	0.1	108	0.1	326
材料技术 Material	670	0.4	2295	1.4	2964
其它技术 Others	304	0.2	322	0.2	626

6-32 高技术产品、工业制成品、初级产品的进出口贸易额(1995-2004)

Imports and Exports of High-tech Products, ManufacturedGoods and Primary Goods

单位:亿美元 (USD 100 million)

	1995	1997	1998	1999	2000	2001	2002	2003	2004
一、商品出进口贸易总额 Total value of Exports and Imports	**2808**	**3251**	**3239**	**3606**	**4743**	**5098**	**6208**	**8512**	**11548**
工业制成品 Manufactured Goods	2350	2725	2804	3139	4021	4376	5430	7437	9969
占总额(%) % of Total Exports and Imports	83.7	83.8	86.6	87.0	85.0	85.9	87.5	87.4	86.3
#高技术产品 High-tech Products	319	402	495	623	896	1106	1507	2296	3267
占总额(%) % of Total Exports and Imports	11.4	12.4	15.3	17.3	18.9	21.7	24.3	27.0	28.3
占工业制成品(%) % of Total Manufactured Goods	13.6	14.8	17.6	19.8	22.3	25.3	27.8	30.9	32.8
初级产品 Primary Goods	459	525	436	468	722	721	778	1076	1579
占总额(%) % of Total Exports and Imports	16.3	16.2	13.4	13.0	15.0	14.1	12.5	12.6	13.7
二、商品出口贸易总额 Total Value of Exports	**1488**	**1827**	**1838**	**1949**	**2492**	**2662**	**3256**	**4384**	**5934**
工业制成品 Manufactured Goods	1273	1588	1632	1750	2238	2398	2971	4036	5528
占总额(%) % of Total Exports	85.6	86.9	88.8	89.8	89.8	90.1	91.3	92.1	93.2
#高技术产品 High-tech Products	101	163	203	247	370	465	679	1103	1654
占总额(%) % of Total Exports	6.8	8.9	11.0	12.7	14.9	17.5	20.8	25.2	27.9
占工业制成品(%) % of Total Manufactured Goods	7.9	10.3	12.4	14.1	16.6	19.4	22.8	27.3	29.9
初级产品 Primary Goods	215	239	206	199	255	264	285	348	406
占总额(%) % of Total Exports	14.4	13.1	11.2	10.2	10.2	9.9	8.7	7.9	6.8
三、商品进口贸易总额 Total Value of Imports	**1321**	**1424**	**1402**	**1657**	**2251**	**2436**	**2952**	**4128**	**5614**
工业制成品 Manufactured Goods	1077	1137	1172	1389	1784	1978	2459	3401	4441
占总额(%) % of Total Impost	81.5	79.9	83.6	83.8	79.2	81.2	83.3	82.4	79.1
#高技术产品 High-tech Products	218	239	292	376	525	641	828	1193	1613
占总额(%) % of Total Imports	16.5	16.8	20.8	22.7	23.3	26.3	28.1	28.9	28.7
占工业制成品(%) % of Total Manufactured Goods	20.3	21	24.9	27.1	29.4	32.4	33.7	35.1	36.3
初级产品 Primary Goods	244	286	230	268	467	458	493	728	1173
占总额(%) % of Total Imports	18.5	20.1	16.4	16.2	20.8	18.8	16.7	17.6	20.9
四、商品出进口贸易差额 Balance	**167**	**403**	**436**	**292**	**241**	**225**	**304**	**256**	**319**
工业制成品 Manufactured Goods	196	450	459	361	241	420	512	635	1087
#高技术产品 High-tech Products	-117	-76	-90	-129	-155	-177	-150	-90	41
初级产品 Primary Goods	-29	-47	-24	-69	-213	-194	-208	-380	-768

七、科技服务

Scientific and Technologic Services

7-1 全国地质勘查分部门情况(1992-2004)

Basic Statistics on Geological Work by Sector

	从业人员(人) Employees (year end) (person)	#技术人员 Technical Personnel	地质勘查工作费用(万元) Expenditure on Geological Work(10 000 yuan)
一、按年度分(By Year)			
1992	1111821	103609	1277192
1993	1058557	91491	1458115
1994	994952	87729	1857485
1995	969269	84411	2141855
1996	807663	79994	2581164
1997	792126	80775	2920572
1998	742998	39407	3008294
1999 *	314789	41955	2075697
2000	258713	38863	2176666
2001	240148	51059	2223651
2002	221524	52310	2220273
2003	209398	47470	2597619
2004	224978	49661	3129145
二、全国情况(By Sector)			
属地化单位 Localized Unit	41532	20239	316644
冶金部门 Metallurgic Industry	824	570	12555
有色金属部门 Nonferrous	240	170	2276
地质调查局 Geological Prospecting	980	762	15934
武警黄金部门 Gold Industry	3545	667	6368
煤田部门 Coal Industry	3414	709	30719
石油天然气 Oil Industry	99063	11232	1533284
海洋石油部门 Offshore Oil	6479	4781	313651
石化集团 Petrol-chem Corp.	63976	8065	852101
核工业部门 Nuclear Industry	1408	917	9358
化工部门 Chemical Engineering	1739	633	7563
建材部门 Building Material	1720	865	8537
中联煤层气公司 China United Coalbed Methane Corporation, Ltd.	58	51	20155

注:原地矿、有色、轻工所属地勘单位已全部属地化,与各部门的属地化单位合称属地化单位。

7-2 全国地质勘查分地区情况(2004)

Basic Statistics on Geological Work by Region

地 区 Region		年末从业人员(人) Employees (person)	#技术人员 Technical Personnel	地质勘查工作费用(万元) Expenditure on Geological Work (10 000 yuan)
全 国	**Total**	**224978**	**49661**	**3129145**
北 京	Beijing	1079	634	45607
天 津	Tianjin	12943	3284	191106
河 北	Hebei	28718	6301	109260
山 西	Shanxi	1387	637	25951
内蒙古	Neimenggu	2126	928	40091
辽 宁	Liaoning	14967	2041	91642
吉 林	Jilin	10504	2190	139681
黑龙江	Heilongjiang	16137	1831	282951
上 海	Shanghai	1285	495	32323
江 苏	Jiangsu	8024	1602	65158
浙 江	Zhejiang	594	293	6582
安 徽	Anhui	2471	704	39346
福 建	Fujian	1201	687	9447
江 西	Jiangxi	1247	957	6059
山 东	Shandong	24912	2739	252222
河 南	Henan	22813	3625	154913
湖 北	Hubei	8159	1142	33847
湖 南	Hunan	3400	1262	18422
广 东	Guangdong	3473	2584	136503
广 西	Guangxi	2438	1208	18735
海 南	Hainan	364	190	624
重 庆	Chongqing	998	230	68491
四 川	Sichuan	19252	3437	143493
贵 州	Guizhou	1645	807	18950
云 南	Yunnan	3811	1235	87667
西 藏	Tibet	795	394	8153
陕 西	Shaanxi	10606	2813	142771
甘 肃	Gansu	3720	1215	129298
青 海	Qinghai	2621	873	69229
宁 夏	Ningxia	147	97	7307
新 疆	Xinjiang	13122	3209	717195

注:全国总量中含我国在国外开展的地质勘查工作数据。

7-3 全国气象部门基本情况(1997-2004)

Basic Statistics on Meteorological Units

	1997	1998	1999	2000	2001	2002	2003	2004
一、人员(人) Number of Personnel(person)								
全国气象部门职工总数 Total Staff and Workers	65522	63390	62116	59113	58162	56872	56590	57023
#专业技术人员 Technical Personnel	55834	54263	53453	51495	48163	49507	49837	50186
#气象观测人员 for Observation	15815	15106	14636	14180	13968	13098	12585	12673
气象通信人员 for Telecommunication	2194	1894	1894	1520	1481	1274	1068	1075
气象预报人员 for Prediction	6481	6056	5755	5468	5210	4944	4674	4707
农业气象人员 for Agriculture	1770	1582	1441	1391	1341	1206	1128	1136
气象资料人员 for Information	1223	1080	938	911	827	717	644	649
计算机人员 for Computer	1033	1007	929	806	717	650	557	561
二、业务站点(个) Operating Station(unit)								
1. 气象台站总数 Total Meteorological Observations and Stations	2599	2615	2623	2641	2604	2615	2632	2611
气象台 Meteorological Observations	346	349	355	356	356	363	366	366
气象站 Meteorological Stations	2253	2206	2208	2206	2483	2483	2481	2486
2. 地面观测站点数 for Ground	2569	2691	2800	2819	2422	2409	2411	2414
3. 高空探测站点数 for High-altitude Observation	141	138	138	156	120	124	124	124
4. 天气雷达观测站点数 for Radar	231	233	237	238	256	236	243	245
5. 农业气象观测站点数 for Agriculture	1136	1125	1134	1125	833	783	780	784
6. 农业气象试验站点数 for Agriculture	70	70	69	68	70	66	66	68
7. 卫星云图接收站点数 Number of Satellite Cloud Images Receiving Stations	235	277	315	319	356	454	413	389
云图接收机数(台) Number of Cloud Images Receiving Stations	262	308	346	354		570	567	469
三、装备 Equipment								
1. 拥有计算机数(台) Number of Computers(unit)	17677	20933	26737	27724	28634	33219	37898	43671
高性能计算机 High-powered Computers						24	32	56
服务器及工作站 Servers and Workstations						410	536	608
PC 服务器 PC Servers						814	1109	1463
PC 机(含 PC 工作站) Personal Computers						31971	36221	41544
2. 拥有雷达数(部) Number of Radar(unit)	434	437	441	436	405	401	426	436

7-4 海洋观测预报单位机构、人员情况(1992-2004)

Institutions and Personnel in Ocean Observation and Forecasting

	中心站 Central Station	观测站 Observing Station	监测监视中心 Monitoring Center	预报区台 Forecast Station	预测中心 Forecast Center
一、机构数(个)					
Institutions (unit)					
1992	8	56	5	3	1
1993	9	53	3	3	1
1994	7	56	4	3	1
1995	9	57	4	3	1
1996	10	56	4	3	1
1997	10	60	4	3	1
1998	10	56	4	3	1
1999	12	60	4	3	1
2000	12	60	4	3	1
2001	12	60	4	3	1
2002	12	63	4	3	1
2003	12	63	4	3	1
2004					
二、人员数(人)					
Personnel (person)					
1992	279	573	937	316	354
1993	348	582	488	307	360
1994	267	558	819	292	360
1995	348	580	697	300	358
1996	379	557	690	289	360
1997	531	592	624	574	358
1998	395	525	777	304	313
1999	362	468	809	352	269
2000	362	468	809	352	269
2001	362	468	809	352	269
2002	530	427	739	421	313
2003	530	427	739	421	313
2004	530	427	739	421	313

7-5 海洋监测调查情况(2004)

Basic Statistics on Ocean Observation

	合计 Total	#台站监测 Station Observation	#污染监测网 Pollution Monitoring	#验潮井 Tide Well	#浮标监测 Buoy Monitoring	#断面调查 Sectional Monitoring
站点(个) Stations (unit)	1505	61	1269	102	4	171
数据(万组) Data (10 000 groups)	1702.3	1686.5	6.3	79.7	7.4	2.0

7-6 地震台、网基本情况(1991-2004)

Statistics on Earthquake Monitoring Stations and Networks

	1991	1996	1997	1998	1999	2000	2001	2002	2003	2004
一、国家地震观测台、网 State Earthquake Stations, Networks										
人员总数(人) Personnel (person)	3537	3217	3244	3038	2979	3023	2862	3905	4146	4254
#科技人员 S&T Personnel	2935	2776	2714	2628	2594	2551	2428	3618	3768	3710
地震台、站(个) Earthquake Stations(unit)	420	396	391	386	383	381	381	524	536	484
#1.基准台 Standard	35	44	52	34	36	38	38	42	39	30
2.基本台 Comprehensive	156	137	137	137	157	157	180	262	267	178
3.省级台 Monitoring	229	215	202	215	190	186	163	220	230	276
#强震台 Strong Earthquake Observation	209	241	265	255	258	252	243	286	307	292
二、国家地震遥测台、网 State Earthquake Remote Measure Stations, Networks										
人员总数(人) Total Personnel(person)	382	489	498	490	475	516	371	432	474	547
子台(个) Observation Spot(unit)	287	303	345	334	341	411	433	682	649	712
有线传输 Cable Transmit	104	85	108	116	149	229	262	347	378	421
无线传输 Radio Transmit	183	218	237	218	192	182	171	335	271	291
三、地方地震工作情况 Local Earthquake Measure										
地(市、州)级地震局(个) Prefecture(unit)	317	293	293	288	279	293	298	338	325	326
重点县地震办(个) Focal County(unit)	751	776	779	931	1280	1341	1331	1160	1140	1379
人员总数(人) Total Personnel(person)	6157	6128	5841	6733	7097	7520	7475	7761	7711	8454
地方办台站(个) Station run by Local Government(unit)	453	597	643	620	647	651	715	345	458	463
企业办台站(个) Station run by Enterprises(unit)	252	248	229	258	204	213	210	77	104	74
骨干测报点(个) Leading Observations(unit)	2413	1753	1974	1703	1311	1666	1754	1758	1803	2387
一般测报点(个) Normal Observations(unit)	5200	5682	6291	6528	5685	4597	5112	5076	5746	6755

7-7 国家标准、计量
Statistics on National Standards

	1992	1993	1994	1995
一、本年度制、修订标准合计(个)	**1063**	**1411**	**1304**	**1319**
制定 Formulation	865	1109	883	899
修订 Redaction	198	302	421	420
二、国标标准采用程度合计(个)	**437**	**602**	**438**	**505**
等同 Same	143	45	59	96
修改 Modified	34	148	140	185
非等效 Non-equivalent	260	409	239	224
三、计量基准、标准建立情况				
类别 Categories	10	10	10	10
项别 Items	89	85	87	86
种别 Sorts	144	144	147	147
四、计量仪器检定按类别分(台、件)				
合计 Total	28047661	24976346	25735737	26344211
长度 Length	3320171	2550392	2419281	2441130
温度 Temperature	848883	525141	630550	534085
力学 Mechanics	19574291	18366649	18638860	8845119
衡器 Weighing Apparatus	11462462	10533832	10728650	10442331
电磁 Electromagnetism	3652924	2972965	3373039	3688655
光学 Optics	101953	114313	117165	113448
声学 Acoustics	9899	9179	11518	15262
化学 Chemistry	163355	142023	168165	151530
放射性 Radioactivity	6433	10643	12637	18485
无线电 Radio	95959	59443	70586	94819
时间频率 Time Frequency	28311	13351	45841	32525
其他 Other	245482	212247	248095	409153

7-8 地方标准、质量监督
Statistics on Local Standards

	1992	1993	1994	1995
本年末标准累计(个) Number of Standards(unit)	16755	16910	11473	8553
本年度制、修订标准合计(个) Number of Standards for Formulation or Redaction(unit)	1716	934	1030	985
制定 Formulation	1251	866	1017	930
修订 Redaction	465	68	13	55
产品质量监督检验企业数(家) Number of Enterprises Supervised and Checked for Product Quality(unit)	251652	235252	265975	260490
检验批次数(批次) Inspection Batch-time(batch-time)	418077	409691	439125	435900
批次合格率(%) Rate of Batch-time Qualified(%)	74.6	77.75	77.38	77
商品质量监督检验企业数(家) Number of Enterprises Supervised and Checked for Commodity Quality(unit)	191957	146567	208253	211012
检验批次数(批次) Inspection Batch-time(batch-time)	667757	703703	914025	558606
批次合格率(%) Rate of Batch-time Qualified(%)	65	78	77	67

基本情况（1992－2004）
and Measurement

1996	1997	1998	1999	2000	2001	2002	2003	2004
1387	**1162**	**990**	**900**	**1087**	**1045**	**1049**	**1653**	**893**
818	658	587	477	605	497	514	734	458
569	504	403	423	482	548	535	919	435
560	**688**	**600**	**526**	**538**	**492**	**608**	**661**	**365**
203	281	249	194	230	213	222	361	151
186	267	235	194	220	167	269	192	147
171	140	116	138	88	112	117	108	67
10	10	10	10	10	10	10	10	10
83	87	88	133	133	133	133	130	130
143	141	140	190	191	190	190	177	177
27611905	29374465	27597670	31004284	40058507	38935133	44993208	41587596	40006798
2584605	2358173	2086995	2283278	2990725	3033660	3475520	3476880	2885297
670683	689446	669758	745406	5019420	1294382	1881378	1421727	1182162
19252999	20153072	17955936	18393406	20325728	20623794	23679332	21153580	19729179
10229244	9751864	8971949	9470396	8197099	8375575	8051990	7937044	6331145
4012280	4997291	5231026	7569615	8565969	10885992	11827159	11610007	13204391
157343	173046	254095	322881	336359	397073	410101	381681	418509
19272	24641	25778	32937	46625	43058	67133	52472	48714
228704	221255	210298	224892	294201	317330	484879	477352	406095
32522	28914	40257	43377	49763	53111	115578	65886	80627
86536	97672	107467	156113	688232	731195	813242	832157	191300
77136	84747	145744	252201	401238	407959	380299	396674	313220
489825	546208	870316	980178	1340247	1156036	1858587	1719179	1547304

基本情况（1992－2004）
and Quality Supervision

1996	1997	1998	1999	2000	2001	2002	2003	2004
10216	10793	10965	12156	11464	11914	12269	12877	13166
801	738	678	1151	921	722	1388	2109	2134
787	637	644	1021	873	689	1255	1976	1992
14	101	34	130	48	33	133	133	142
301839	422153	395015	401089	389675	355119	351882	319492	181820
476885	633563	508191	501121	484581	445044	448718	392712	226334
78	80	79.4	79.92	81	81.07	83.59	86.07	83.62
258168	367317	397843	422987	392346	409077	313305	244734	81654
725350	1090214	908762	790028	757906	790193	563532	419100	135575
68	69	71	71	70	73	75	77	78

7-9 全国测绘部门资料提供情况(2004)

Statistics on Surveying and Mapping Materials

地 区 Region	地形图合计(张) Topographic (piece)			大地成果(点) Geodetic Results (point)	航摄成果(片) Aerial Photograph (piece)	挂图(张) Wall-map (piece)	地图集(册) Atlas (volume)
		1:10000	1:50000				
全 国 Total	**795902**	**195363**	**138217**	**100737**	**377833**	**9607**	**2597**
东部地区 Eastern Region	461753	67732	10241	60646	39814	488	449
中部地区 Mid Region	72359	41200	25009	11110	211348	772	251
西部地区 Western Region	198240	86431	50994	24945	126671	8347	1897
北 京 Beijing	33687	2501	85	13189		245	
天 津 Tianjin	14771	3747	131	172		3	
河 北 Hebei	9484	5871	2670	882	48	64	
山 西 Shanxi	10066	7041	1873	1190	15450		
内蒙古 Neimenggu	18337	5583	9120	3390			
辽 宁 Liaoning	4422	4422					
吉 林 Jilin	9414	5709	2522	2344	22309	535	
黑龙江 Heilongjiang	14327	2414	10625	717	102047	237	251
上 海 Shanghai	340465	1545	167	31750	5594		
江 苏 Jiangsu	6900	6082	614	2329	16	167	432
浙 江 Zhejiang	12011	10911	930	1525	41		
安 徽 Anhui	9902	4668	4225	3457	15057		
福 建 Fujian	7684	6376	866	2269	11594		
江 西 Jiangxi	6243	3959	1909	513	27000		
山 东 Shandong	15116	12355	2453	4837	43	9	17
河 南 Henan	4246	2974	1103	928	12041		
湖 北 Hubei	3202	2498	400	974	2842		
湖 南 Hunan	14959	11937	2352	987	14602		
广 东 Guangdong	16817	13652	2222	3670			
广 西 Guangxi	15719	13905	1232	8455	11544	4225	1434
海 南 Hainan	396	270	103	23	22478		
重 庆 Chongqing	27347	55		96	2665	12	1
四 川 Sichuan	24988	13063	8534	2058	45345	168	174
贵 州 Guizhou	38948	28977	8999	1020	33510	152	
云 南 Yunnan	19698	7607	7912	4925	1838	706	
西 藏 Tibet	14541	150	427	75		1562	
陕 西 Shaanxi	4798	3012	1336	535	381	70	
甘 肃 Gansu	7380	2602	3606	489	3867		14
青 海 Qinghai	5184	1674	2494	414	8824	1335	
宁 夏 Ningxia	8547	6956	1277	1668		10	
新 疆 Xinjiang	12753	2847	6057	1820	18697	107	274
国家基础地理信息中心 National Geomatics Center of China	63550		51973	4036			

7－10 软科学基本情况(1993－2004)

Basic Statistics on Soft Sciences

	1993－1994	1995－1996	1997－1998	1999－2000	2001－2002	2003－2004
软科学机构数(个) Number of Institutes(unit)	1076	1241	1224	1323	1634	1079
从事科学活动人员数(人) S&T Personnel(person)	29529	44300	36230	37347	48589	31214
#科学家工程师 Scientists and Engineers	22404	27898	24308	27548	35840	
#高级职称 Senior Title	9107	10841	12172	14207	19207	14615
中级职称 Middle Title	12452	16107	12070	13314	16514	10417
完成软科学课题(项) Finished Projects(item)	6047	5761	7672	7147	9213	9133
正在进行的软科学课题(项) Ongoing Projects(item)	2361	2367	3262	3020	5139	5336
投入软科学研究经费(万元) Research Funds(10 000 yuan)	23600	48400	62400	58500	886492	1559358
投入软科学研究人力(人年) Research Personnel(man-year)	23500	22400	33700	26011	37647	47162
发表科学论文(篇) Scientific Papers(piece)	34464	44230	45862	42934	64671	63313
#国外发表 Published abroad	2552	2154	2658	1895	2391	3984
获奖成果(项) Achievements Awarded(item)	1542	1411	1976	1642	2027	1549
开展国际合作项目(项) International Cooperative Projects(item)	808	592	1222	995	1022	741
参加人数(人) Personnel Participated(person)	5602	2307	3154	3476	4753	
出席国际会议或出国考察(项) Participated Intl Conference or Field Trip abroad(item)	1242	2714	3338	3616	4370	
参加人数(人) Personnel Participated(person)	3795	5736	7480	7208	10172	5139

7-11 国际科技合作项目(1995-2004)

International Cooperation Exchange for Science and Technology

单位:项 (item)

	1995	1997	1998	1999	2000	2001	2002	2003	2004
按出国项目分 by Type of Project Going Abroad									
合计 Total	**18845**	**24493**	**15818**	**19407**	**17652**	**16496**	**18272**	**16305**	**19078**
考察访问 Field Trip	6133	8984	5222	6167	5825	5903	7104	4796	5695
国际会议 International Conference	5170	7661	5519	6710	6600	5616	5974	5368	7309
合作研究 Cooperative Research	3052	2705	2079	2660	2250	2196	2313	2300	2195
培训 Training	2687	2909	1754	2410	1836	1834	1794	1339	1340
展览会 Exhibition	496	482	407	491	293	224	292	267	450
其他 Other	1307	1752	837	969	848	723	795	2235	2089
按来华项目分 by Type of Project Coming to China									
合计 Total	**8940**	**7832**	**6192**	**4711**	**5085**	**7507**	**7892**	**6219**	**15910**
考察访问 Field Trip	5050	3361	2638	1949	1893	3432	3430	2703	6785
国际会议 International Conference	1212	1472	911	1012	1240	1282	1640	1095	2853
合作研究 Cooperative Research	1522	1227	1330	702	1281	1766	2011	1593	4147
培训 Training	363	297	245	231	248	287	231	271	651
展览会 Exhibition	149	112	232	182	150	351	97	94	220
其他 Other	644	1363	836	635	273	389	483	463	1254

7-12 国际科技合作项目参加人数(1995-2004)

Personnel Participated in International Cooperation Exchange for Science and Technology

单位:人次 (person-times)

	1995	1997	1998	1999	2000	2001	2002	2003	2004
按出国项目分 by Type of Project Going Abroad									
合计 Total	**58883**	**69115**	**45020**	**52948**	**48826**	**48616**	**57247**	**48992**	**57908**
考察访问 Field Trip	21578	30499	19322	20833	20568	21574	27605	20061	25365
国际会议 International Conference	10937	13951	10317	12113	12576	11079	11948	9641	11870
合作研究 Cooperative Research	6873	5152	3607	4700	4166	4862	4683	3716	4619
培训 Training	12127	10733	6754	8912	6425	7218	6826	5690	6022
展览会 Exhibition	3729	3809	2296	3545	2023	1447	2983	2392	2493
其他 Other	3639	4971	2724	2845	3068	2436	3202	7422	7539
按来华项目分 by Type of Project Coming to China									
合计 Total	**35098**	**37504**	**24913**	**20630**	**21991**	**32472**	**53510**	**29022**	**87029**
考察访问 Field Trip	15587	13325	8545	7973	7070	11078	10701	7857	24812
国际会议 International Conference	9101	11988	6495	7402	8930	9484	35904	10328	38223
合作研究 Cooperative Research	4029	3413	3144	1996	2552	4212	4060	3879	8719
培训 Training	1376	1281	1065	671	745	817	818	914	2007
展览会 Exhibition	3271	4377	4014	1099	1729	5498	1051	4853	10666
其他 Other	1734	3120	1650	1489	965	1383	976	1191	2602

7-13 中国科协系统科技

Basic Statistics on Scientific and Technological Activities of

项目	Item	总计 Tatal
机构和人员	**Number of Associations or Academic Societies and Personnel**	
实有机构（个）	Number of Associations or Academic Societies(unit)	6920
从业人员（人）	Number of Employed Persons (person)	44991
学会个人会员(万人)	Number of Personal Members of Academic Societies (10 000 person)	818
学术交流活动	**Academic Exchange**	
境内举办学术交流活动(次)	Number of Academic Meetings Held in China (time)	23112
参加人数(万人次)	Number of Participants(10 000 person-time)	283.92
科学技术普及(综合)	**S&T Popularization Activities (Overview)**	
举办科普讲座(次)	Number of S&T Popularization Lectures (time)	107247
听讲人数(万人次)	Number of Participants (10 000 person-time)	5400.09
举办科普展览(次)	Number of S&T Popularization Exhibitions(time)	46169
参观人数（万人次）	Number of Participants (10 000 person-time)	10224.58
举办科普宣传（次）	Number of S&T Popularization Propagation (time)	51105
工作人员(万人次)	Working Staffs and S&T Personnels(10 000 person-time)	82.42
科普场馆(个)	Number of S&T Halls and Stations(unit)	775
展厅面积（平方米）	Dimension of Exhibition Hall (square metre)	504406
科普教育基地(个)	Number of Education Bases for S&T Popularization (unit)	8245
标准科普画廊建筑总长度(米)	Length of Building of Galleries for S&T Popularization (metre)	221533
本年展览总长度（米）	Length of Exhibition(metre)	783522
科学技术普及专题1	**S&T Popularization Activities specifics**	
——青少年科技教育	**——Activities for Education in Popular S&T among Adolescent**	
举办青少年科普讲座(次)	Number of S&T Popularization Lectures for Adolescent (time)	18644
听讲人数（万人次）	Number of Participants (10 000 person-time)	1214.69
举办青少年科普展览（次）	Number of S&T Popularization Exhibitionsfor Adolescent (time)	10640
参观人数（万人次）	Number of Participants (10 000 person-time)	2319.95
举办青少年科技竞赛（次）	Number of S&T Competitions for Adolescent (time)	10022
参加人数（万人次）	Number of Participants(10 000 person-time)	3476.61
举办青少年科技夏冬令营(次)	Number of Summer-winter Camps for Adolescent (time)	3332
参加人数(万人次)	Number of Participants(10 000 person-time)	80.22

活动情况（2004）

China Associations for Science and Technology (2004)

科协小计 Total Number of Associations	中国科协 China Associations	省级科协 Provincial Associations	地级科协 Prefectural Associations	县级科协 County Associations	学会小计 Total Number of Learned Societies	全国性学会 National Learned Societies	省级学会 Provincial Learned Societies
3136	1	31	397	2707	3784	167	3617
33456	1514	6505	9264	16173	11535	2117	9418
					818	409	409
10026	42	365	4469	5150	13086	2920	10166
128.74	1.53	8.78	59.92	58.51	155.18	43.23	111.94
92353	209	1478	13216	77450	14894	1633	13261
4561.90	7.43	166.14	513.27	3875.06	838.19	46.00	792.19
42845	58	1373	6820	34594	3324	231	3093
9207.78	356.50	740.44	1658.81	6452.02	1016.81	89.99	926.82
46524	30	839	9620	36035	4581	369	4212
72.83	0.02	1.39	12.61	58.81	9.59	0.23	9.36
775	1	27	155	592			
504406	21000	88791	189662	204953			
8245	393	920	1873	5059			
221533		3449	49185	168899			
783522		47607	151791	584124			
18644	177	469	3341	14657			
1214.69	6.98	44.79	154.83	1008.08			
10640	57	464	1875	8244			
2319.95	356.00	250.65	401.64	1311.66			
9449	2	215	1686	7546	573	36	537
2759.00	0.14	1042.55	822.31	894.00	717.61	294.68	422.93
2910	5	78	630	2197	422	41	381
74.82	0.02	0.86	12.75	61.19	5.40	0.59	4.81

7－13 续表

项　目	Item	总计 Tatal
科学技术普及专题 2	**S&T Popularization Activities Specifics**	
——全国科普日活动	**——National S&T Popularization Day Activities**	
举办科普讲座（次）	Number of S&T Popularization Lectures（time）	11409
听讲人数（万人次）	Number of Participants(10 000 person-time)	523.85
举办科普展览（次）	Number of S&T Popularization Exhibitions(time)	7785
参观人数（万人次）	Number of Participants（10 000 person-time）	1668.32
举办科普宣传（次）	Number of S&T Popularization Propagation（time）	11968
工作人员（万人次）	Working Staffs and S&T Personnels(10 000 person-time)	19.51
开展科技咨询(次)	Number of S&T Popularization Consultion（time）	23079
工作人员（万人次）	Working Staffs and S&T Personnels(10 000 person-time)	21.00
科学技术普及专题 3	**S&T Popularization Activities specifics**	
——科技下乡活动	**——National S&T Activities Conducted in Rural Section**	
组织科技下乡次数（次）	Number of S&T Popularization activities in Rural Section（time）	47247
举办科普讲座（次）	Number of S&T Popularization Lectures（time）	30341
听讲人数（万人次）	Number of Participants(10 000 person-time)	972.14
举办科普展览(次)	Number of S&T Popularization Exhibitions(time)	14239
参观人数（万人次）	Number of Participants（10 000 person-time）	2625.63
开展科技咨询（次）	Number of S&T Popularization Consultion（time）	54293
工作人员(万人次)	Working Staffs and S&T Personnels(10 000 person-time)	40.21
国际民间科技交流活动	**International S&T Exchange**	
国外及港澳台地区来访团组（个）	Visits from Foreign Countries, Hong Kong, Macao and Taiwan(unit)	3190
来访总人数（人次）	Total Number of Visitors（person-time）	36075
派往国外及港澳台地区团组（个）	Visits to Foreign Countries, Hong Kong, Macao and Taiwan（unit）	2072
派出总人数（人次）	Total Number of Visitors（person-time）	16538
社会、科技服务活动	**Public Service on S&T**	
"金桥工程"本年完成数（项）	Number of Completed "Golden Bridge Program" Projects(item)	
完成技术咨询合同（项）	Number of Consultative Contracts Completed（item）	46584
反映科技建议（项）	Number of S&T Proposals（time）	21831
举办培训班（次）	Number of Training Courses(unit)	61890
培训人数（万人次）	Persons Trained（10 000 person-time）	917.72
科技传媒情况	**S&T Media**	
主办科技期刊(种)	Number of Scientific & Technological Journals(kind)	2158
总印数（万册）	Printed Copies（10 000 copies）	10758.58
主办科技报纸(种)	Number of Scientific & Technological Newspapers（kind）	103
总印数（万份）	Printed Copies（10 000 copies）	18303.2
编著科技图书(种)	Number of Scientific & Technological Books（kind）	1421
总印数（万册）	Printed Copies（10 000 copies）	1434.04

科协小计 Total Number of Associations	中国科协 China Associations	省级科协 Provincial Associations	地级科协 Prefectural Associations	县级科协 County Associations	学会小计 Total Number of Learned Societies	全国性学会 National Learned Societies	省级学会 Provincial Learned Societies
11409	6	297	2399	8707			
523.85	0.02	12.74	68.87	442.23			
7785	1	167	1280	6337			
1668.32	0.50	76.08	336.73	1255.01			
11968	2	312	1914	9740			
19.51	0.01	0.61	3.86	15.03			
23079	181	235	2712	19951			
21.00	0.05	0.16	2.61	18.17			
42057	3	443	4251	37360	5190	166	5024
26107	12	289	2144	23662	4234	273	3961
769.34	0.10	13.82	61.66	693.76	202.8	4.91	197.89
13429	0	275	1658	11496	810	29	781
2472.08	0.00	122.65	386.29	1963.14	153.55	4.20	149.35
48410	599	535	4945	42331	5883	177	5706
37.93	0.06	0.27	4.20	33.40	2.28	0.10	2.18
552	31	212	204	105	2638	849	1789
7065	1533	1739	2143	1650	29010	14997	14013
648	148	253	198	49	1424	521	903
5636	1322	2418	1492	404	10902	4066	6836
8221	0	1352	3186	3683			
41937	0	7730	27037	7170	4647	166	4481
18709	14	628	5731	12336	3122	218	2904
53587	683	1327	6396	45181	8303	1149	7154
819.93	4.48	7.99	68.16	739.31	97.79	15.38	82.41
70	11	59			2088	858	1230
2609.81	272.02	2337.79			8148.77	5597.32	2551.45
29	1	28			74	13	61
13336.5	797.6	12538.9			4966.7	459.9	4506.8
747	18	158	263	308	674	132	542
844.63	9.10	488.88	167.18	179.47	589.41	78.32	511.09

八、国际比较

International Comparison

8－1　研究与试验发展(R&D)经费及占国内生产总值的比重

R&D Expenditure and Its Share in GDP

单位:10 亿本国货币单位　　　　(billion of national currency)

国家(地区)	Region	R&D 经费　R&D Expenditure							
		1992	1993	1994	1995	1996	1997	1998	1999
中国	China	19.80	24.80	30.63	34.87	40.45	50.92	55.11	67.89
美国	USA	165.74	166.21	169.63	184.08	197.75	212.69	226.77	244.02
日本	Japan	13909.49	13709.14	13596.03	14408.24	14155.06	14794.03	15169.20	15032.66
英国	UK	12.37	13.19	13.68	14.03	14.34	14.66	15.45	16.93
法国	France	25.82	26.48	26.76	27.30	27.84	27.76	28.32	29.53
德国	Germany	38.69	38.62	38.90	40.46	41.17	42.86	44.65	48.19
澳大利亚	Australia	6.48		7.47		8.79		8.94	
加拿大	Canada	11.34	12.18	13.34	13.75	13.82	14.64	16.08	17.63
意大利	Italy	9.27	9.10	8.98	9.23	9.89	10.79	11.44	11.52
瑞典	Sweden		49.01		59.30		66.92		75.81
瑞士	Swiss	9.09				9.99			
土耳其	Turkey	5356.81	8776.14	13991.27	29509.39	66727.98	141781.67	260422.14	489162.88
奥地利	Austria	2.20	2.30	2.54	2.68	2.86	3.12	3.40	3.67
比利时	Belgium		3.15	3.31	3.47	3.74	4.06	4.28	4.62
捷克	Czech	14.50	12.32	12.98	13.98	16.26	19.48	22.87	23.65
丹麦	Denmark	14.90	15.70		18.54	19.66	21.65	23.79	26.42
芬兰	Finland	1.75	1.80	2.01	2.17	2.50	2.90	3.35	3.88
希腊	Greek		0.29		0.39		0.49		0.76
冰岛	Iceland	5.31	5.50	6.05	6.96		9.65	11.77	14.52
爱尔兰	Ireland	0.41	0.51	0.59	0.67	0.76	0.86	0.97	1.07
墨西哥	Mexico		2.76	4.17	5.69	7.83	10.94	14.52	19.75
荷兰	Netherlands	5.08	5.29	5.67	6.01	6.34	6.81	6.87	7.56
新西兰	New Zealand	0.76	0.82		0.89		1.11		1.09
挪威	Norway		14.26		15.91		18.19		20.32
葡萄牙	Portugal	0.40			0.46		0.58	0.70	0.81
西班牙	Spain	3.24	3.35	3.29	3.55	3.85	4.04	4.72	5.00
韩国	Korea	4989.03	6152.98	7894.75	9440.61	10878.05	12185.81	11336.62	11921.75
中国台北	Taipei				125.03	137.96	156.32	176.46	190.52
新加坡	Singapore			1.17	1.37	1.79	2.10	2.49	2.66
匈牙利	Hungary	30.99	34.69	38.85	41.20	44.89	61.75	68.62	78.19
波兰	Poland			1.72	2.13	2.76	3.36	4.01	4.59
俄罗斯联邦	Russian Federation	0.14	1.32	5.15	12.15	19.39	24.45	25.08	48.05
巴西	Brazil	2321	3072	4657	5360				4623
印度	India	1931	1992	2174		2188		2303	3500

8－1 续表 1

单位:10 亿本国货币单位 (billion of national currency)

国家(地区)	Region	R&D 经费 R&D Expenditure				R&D/GDP(%)			
		2000	2001	2002	2003	1992	1993	1994	1995
中国	China	89.57	104.25	128.76	153.96	0.74	0.72	0.65	0.60
美国	USA	265.19	274.76	277.10	284.58	2.65	2.52	2.43	2.51
日本	Japan	15304.42	15542.82	15551.51	15683.4	2.89	2.83	2.77	2.9
英国	UK	17.72	18.62	19.82	20.82	2.02	2.05	2.01	1.95
法国	France	30.95	32.89	34.53	34.12	2.38	2.4	2.34	2.31
德国	Germany	50.62	52.00	53.36	54.31	2.4	2.33	2.24	2.25
澳大利亚	Australia	10.42		12.25		1.52		1.58	
加拿大	Canada	20.53	22.73	22.37	23.29	1.64	1.7	1.76	1.72
意大利	Italy	12.46	13.57	14.6		1.18	1.13	1.05	1
瑞典	Sweden		96.79				3.17		3.35
瑞士	Swiss	10.68				2.59			
土耳其	Turkey	798437.97				0.49	0.44	0.36	0.38
奥地利	Austria	4.03	4.39	4.68	4.97	1.45	1.47	1.54	1.56
比利时	Belgium	5.05	5.51	5.81	6.24		1.7	1.69	1.72
捷克	Czech	26.49	28.34	29.55	32.25	1.72	1.21	1.1	1.01
丹麦	Denmark		31.88	34.43		1.68	1.74		1.84
芬兰	Finland	4.42	4.62	4.83	5.00	2.13	2.16	2.29	2.28
希腊	Greek		0.85				0.47		0.49
冰岛	Iceland	18.25	22.78	24.10	24.62	1.35	1.36	1.41	1.57
爱尔兰	Ireland	1.18	1.29	1.44		1.04	1.17	1.27	1.28
墨西哥	Mexico	20.49	22.92				0.22	0.29	0.31
荷兰	Netherlands	7.63	8.07	8.02		1.9	1.93	1.97	1.99
新西兰	New Zealand		1.42		1.60	1	1.01		0.96
挪威	Norway		24.44	25.44	27.30		1.72		1.7
葡萄牙	Portugal	0.93	1.04	1.20		0.61			0.57
西班牙	Spain	5.72	6.23	7.19	8.21	0.88	0.88	0.81	0.81
韩国	Korea	13848.50	16110.52	17325.08	19068.68	2.03	2.22	2.44	2.5
中国台北	Taipei	197.63	204.97	224.43	240.82				1.78
新加坡	Singapore	3.01	3.23	3.40	3.42			1.09	1.15
匈牙利	Hungary	105.39	140.61	171.47	175.77	1.04	0.97	0.88	0.73
波兰	Poland	4.80	4.86	4.52	4.56			0.71	0.65
俄罗斯联邦	Russian Federation	76.70	105.26	135.00	169.86	0.74	0.77	0.84	0.85
巴西	Brazil	5844				0.38	0.48	0.69	0.69
印度	India					0.81	0.86	0.81	

8－1 续表2

国家(地区)	Region	R&D/GDP(%)							
		1996	1997	1998	1999	2000	2001	2002	2003
中国	China	0.60	0.68	0.7	0.83	1.00	1.07	1.22	1.31
美国	USA	2.55	2.58	2.6	2.65	2.72	2.73	2.66	2.60
日本	Japan	2.78	2.84	2.95	2.96	2.99	3.07	3.12	3.15
英国	UK	1.88	1.81	1.8	1.87	1.86	1.87	1.90	1.89
法国	France	2.3	2.22	2.17	2.18	2.18	2.23	2.26	2.19
德国	Germany	2.25	2.29	2.31	2.44	2.49	2.51	2.53	2.55
澳大利亚	Australia	1.66		1.51		1.56		1.62	
加拿大	Canada	1.68	1.68	1.79	1.82	1.93	2.08	1.96	1.94
意大利	Italy	1.01	1.05	1.07	1.04	1.07	1.11	1.16	
瑞典	Sweden		3.54		3.65		4.27		
瑞士	Swiss	2.67				2.57			
土耳其	Turkey	0.45	0.49	0.5	0.63	0.64	0.72	0.66	
奥地利	Austria	1.6	1.71	1.78	1.86	1.86	1.92	1.93	1.94
比利时	Belgium	1.8	1.87	1.9	1.96	2.04	2.17	2.23	2.31
捷克	Czech	1.04	1.16	1.24	1.24	1.23	1.22	1.22	1.26
丹麦	Denmark	1.85	1.94	2.06	2.19		2.41	2.53	
芬兰	Finland	2.54	2.71	2.88	3.23	3.4	3.41	3.44	3.49
希腊	Greek		0.51		0.67		0.65		
冰岛	Iceland		1.88	2.07	2.38	2.75	3.06	3.09	3.04
爱尔兰	Ireland	1.32	1.28	1.25	1.19	1.14	1.11	1.12	
墨西哥	Mexico	0.31	0.34	0.38	0.43	0.37	0.39		
荷兰	Netherlands	2.01	2.04	1.94	2.02	1.90	1.88	1.80	
新西兰	New Zealand		1.1		1.02		1.14		1.16
挪威	Norway		1.64		1.65		1.60	1.67	1.75
葡萄牙	Portugal		0.62	0.69	0.75	0.8	0.85	0.94	
西班牙	Spain	0.83	0.82	0.89	0.88	0.94	0.95	1.03	1.10
韩国	Korea	2.6	2.69	2.55	2.47	2.39	2.59	2.53	2.64
中国台北	Taipei	1.8	1.88	1.97	2.05	2.06	2.17	2.31	2.45
新加坡	Singapore	1.38	1.49	1.82	1.9	1.89	2.1	2.15	2.13
匈牙利	Hungary	0.65	0.72	0.68	0.69	0.8	0.95	1.02	0.95
波兰	Poland	0.67	0.67	0.68	0.7	0.66	0.64	0.58	0.56
俄罗斯联邦	Russian Federation	0.97	1.04	0.95	1	1.05	1.18	1.25	1.29
巴西	Brazil				0.87	1.04			
印度	India	0.77		0.67	0.86		0.78		

8-2 研究与试验发展(R&D)活动
International Comparison

	中国 China	美国 USA	日本 Japan	英国 UK	法国 France	德国 Germany	澳大利亚 Australia
一、R&D 人员 R&D personnel							
1. 人力资源(千人) Human Resources(1000 persons)	**(2003)**	**(1999)**	**(2003)**	**(1993)**	**(2002)**	**(2003)**	**(2002)**
从事 R&D 活动人员 R&D Personnel	1094.8		882.4	257.0 (1998)	343.7	480.6	104.3
#科学家工程师 Scientists and Engineers	862.1	1261.2	675.3	157.7 (1993)	186.4	264.7	71.6
每万人劳动力中从事 R&D 活动人员 R&D Personnel in 10,000 Labor Forces	15		132	90 (1998)	127	122	105
#科学家工程师 Scientists and Engineers	12	90	101	55	69	67	72
2. 从事 R&D 活动人员按执行部门分(%) R&D Personnel by Performing Sectors (%)	**(2003)**		**(2003)**	**(1993)**	**(2002)**	**(2003)**	**(2002)**
企业 Enterprises	59.9		65.8	58.4	55.6	63.2	31.6
研究机构 Research Institutes	22.8		7.0	13.2	15.0	15.0	17.8
高等学校 Higher Learning	17.3		25.4	25.7	27.4	21.8	47.6
二、R&D 经费 R&D Funds							
1. 按经费来源分(%) By sources of Funds (%)	**(2003)**	**(2003)**	**(2003)**	**(2003)**	**(2002)**	**(2003)**	**(2002)**
企业 Enterprises	60.1	63.1	74.5	43.9	52.1	66.1	46.4
政府 Government	29.9	31.2	17.7	31.3	38.4	31.1	44.4
其他 Other	10.0	5.7	7.8	24.8	9.5	2.8	9.2
2. 按执行部门分(%) By Performing Sector (%)	**(2003)**	**(2003)**	**(2003)**	**(2003)**	**(2003)**	**(2003)**	**(2002)**
企业 Enterprises	62.4	68.9	75.0	65.7	62.3	69.8	48.8
研究机构 Research Institutes	27.1	9.1	9.3	9.6	17.1	13.4	20.3
高等学校 Higher Learning	10.5	16.8	13.7	21.4	19.3	16.8	28.0
其他 Other	0.00	5.2	2.1	3.2	1.4		2.9
3. 按研究类型分(%) By types of Research (%)	**(2003)**	**(2003)**	**(2001)**		**(2001)**		**(2000)**
基础研究 Fundamental Research	5.7	19.1	13.0		23.3		25.6
应用研究 Applied Research	20.2	23.9	22.8		33.5		35.8
实验发展 Experimental Development	74.1	57.1	64.2		43.2		38.5

的国际比较
of R&D Activities

加拿大 Canada	意大利 Italy	瑞典 Sweden	瑞士 Swiss	土耳其 Turkey	奥地利 Austria	比利时 Belgium	捷克 Czech	丹麦 Denmark	韩国 Korea	俄罗斯联邦 Russian Federation
(2002)	**(2002)**	**(2001)**	**(2000)**	**(2002)**	**(2002)**	**(2004)**	**(2003)**	**(2002)**	**(2003)**	**(2003)**
177.1	164.0	72.2	52.3	29.0	38.9	62.9	28.0	42.4	186.2	973.4
112.6	71.2	46.0	25.8	24.0	24.1	36.2	15.8	25.5	151.3	487.5
107	68	162	125	12	99	140	55	149	81	135
68	30	103	62	10	61	81	31	90	66	67
(2002)	**(2002)**	**(2001)**	**(2000)**	**(2002)**	**(2002)**	**(2004)**	**(2003)**	**(2002)**	**(2003)**	**(2003)**
63.1	42.8	68.5	69.3	20.4	68.7	64.6	49.0	67.2	69.0	60.9
9.7	18.9	3.9	1.7	19.0	5.3	7.6	28.5	8.0	8.0	28.6
26.7	36.8	27.5	29.1		25.4	26.8	21.4	34.2	21.9	10.2
(2004)	**(1999)**	**(2001)**	**(2000)**	**(2002)**	**(2004)**	**(2001)**	**(2003)**	**(2001)**	**(2003)**	**(2003)**
46.2	44.0	71.9	69.1	41.3	43.4	64.3	51.5	61.4	74.0	30.8
35.4	51.3	21.0	23.2	50.6	35.8	21.4	41.8	28.2	23.9	59.6
18.4	4.7	7.1	7.7	8.1	20.8	14.3	6.7	10.4	2.1	9.6
(2004)	**(2002)**	**(2001)**	**(2000)**	**(2002)**	**(2002)**	**(2004)**	**(2003)**	**(2002)**	**(2003)**	**(2003)**
51.2	48.3	77.6	73.9	28.7	66.8	74.5	61.0	69.0	76.1	68.4
10.5	17.6	2.8	1.3	7.0	5.7	6.5	23.3	7.4	12.6	25.3
38.1	32.8	19.4	22.9	64.3	27.0	17.9	15.3	23.1	10.1	6.1
0.3	1.3	0.2	1.9	0.00	0.5	1.1	0.4	0.5	1.2	0.2
	(1998)		**(2000)**		**(1998)**		**(2002)**	**(2001)**	**(2002)**	**(2002)**
	22.2		28.0		17.4		37.4	19.6	13.7	14.6
	43.7		35.8		38.7		35.5	27.8	21.7	15.9
	34.1		36.3		43.9		27.0	52.6	64.5	69.5

指标解释
Explanatory Notes of Indicators

指标解释

科学事业费：是拨给政府部门属研究与开发机构及高等学校属科研机构的科研行政费和业务费。

科技三项费：新产品试制费、中间试制费、重要科学研究补助费及其专项费，由国家根据科研项目拨给相关单位。

科技活动：指在自然科学、农业科学、医药科学、工程与技术科学、人文与社会科学领域（简称科学技术领域）中，与科技知识的产生、发展、传播和应用密切相关的有组织的活动。

科技活动人员：指直接从事科技活动、以及专门从事科技活动管理和为科技活动提供直接服务累计从事科技活动的实际工作时间占全年制度工作时间10%及以上的人员。(1)直接从事科技活动的人员包括：在独立核算的科学研究与技术开发机构、高等学校、各类企业及其他事业单位内设的研究室、实验室、技术开发中心及中试车间（基地）等机构中从事科技活动的研究人员、工程技术人员、技术工人及其它人员；虽不在上述机构工作，但编入科技活动项目（课题）组的人员；科技信息与文献机构中的专业技术人员；从事论文设计的研究生等。(2)专门从事科技活动管理和为科技活动提供直接服务的人员包括：独立核算的科学研究与技术开发机构、科技信息与文献机构、高等学校、各类企业及其他事业单位主管科技工作的负责人，专门从事科技活动的计划、行政、人事、财务、物资供应、设备维护、图书资料管理等工作的各类人员，但不包括保卫、医疗保健人员、司机、食堂人员、茶炉工、水暖工、清洁工等为科技活动提供间接服务的人员。

科学家与工程师：指科技活动人员中具有高、中级技术职称（职务）的人员和不具有高、中级技术职称（职务）的大学本科及以上学历人员。

研究与试验发展（R&D）：是指在科学技术领域，为增加知识总量、以及运用这些知识去创造新的应用进行的系统的创造性的活动，包括基础研究、应用研究、试验发展三类活动。

基础研究：是指为了获得关于现象和可观察事实的基本原理的新知识（揭示客观事物的本质、运动规律，获得新发现、新学说）而进行的实验性或理论性研究，它不以任何专门或特定的应用或使用为目的。其成果以科学论文和科学著作为主要形式。

应用研究：是指为获得新知识而进行的创造性研究，主要针对某一特定的目的或目标。应用研究是为了确定基础研究成果可能的用途，或是为达到预定的目标探索应采取的新方法（原理性）或新途径。其成果形式以科学论文、专著、原理性模型或发明专利为主。

试验发展：是指利用从基础研究、应用研究和实际经验所获得的现有知识，为产生新的产品、材料和装置，建立新的工艺、系统和服务，以及对已产生和建立的上述各项作实质性的改进而进行的系统性工作。其成果形式主要是专利、专有技术、具有新产品基本特征的产品原型或具有新装置基本特征的原始样机等。在社会科学领域，试验发展是指把通过基础研究、应用研究获得的知识转变成可以实施的计划（包括为进行检验和评估实施示范项目）的过程。人文科学领域没有对应的试验发展活动。

研究与试验发展人员：指参与研究与试验发展项目研究、管理和辅助工作的人员，包括项目（课题）组人员，企业科技行政管理人员和直接为项目（课题）活动提供服务的辅助人员。

全时人员：指报告年内从事R&D活动的时间占全年工作时间90%及以上的人员。

非全时人员：指报告年内从事R&D活动的时间占全年工作时间10%（含10%）－90%（不含90%）的人员。

非全时人员折合全时人员：指所有非全时人员按实际工作时间折算为全时人员。例如，有三个非全时人员，他们从事R&D活动的时间分别为全年工

作时间的20%、30%、70%,折合全时人数为0.2+0.3+0.7=1.2(人年)≈1(人年)

全时当量:指全时人员数加非全时人员按工作量折算为全时人员数的总和。例如:有两个全时人员和三个非全时人员(工作时间分别为20%、30%和70%,则全时当量为2+0.2+0.3+0.7=3.2人年。

专业技术人员:指从事专业技术工作和专业技术管理工作的人员,即企事业单位中已经聘任专业技术职务从事专业技术工作和专业技术管理工作的人员,以及未聘任专业技术职务,现在专业技术岗位上工作的人员。包括工程技术人员,农业技术人员,科学研究人员,卫生技术人员,教学人员,经济人员,会计人员,统计人员,翻译人员,图书资料、档案、文博人员,新闻出版人员,律师、公证人员,广播电视播音人员,工艺美术人员,体育人员,艺术人员及企业政治思想工作人员,共十七个专业技术职务类别。

科技活动经费筹集:指从各种渠道筹集到的计划用于科技活动的经费,包括政府资金、企业资金、事业单位资金、金融机构贷款、国外资金和其他资金等。

政府资金:指从各级政府部门获得的计划用于科技活动的经费,包括科学事业费、科技三项费、科研基建费、科学基金、教育等部门事业费中计划用于科技活动的经费以及政府部门预算外资金中计划用于科技活动的经费等。

企业资金:指从自有资金中提取或接受其他企业委托的、科研院所和高校等事业单位接受企业委托获得的,计划用于科研和技术开发的经费。不包括来自政府、金融机构及国外的计划用于科技活动的资金。

金融机构贷款:指从各类金融机构获得的用于科技活动的贷款。

科技活动经费内部支出:指报告年内用于科技活动的实际支出。包括劳务费、科研业务费、科研管理费,非基建投资购建的固定资产、科研基建支出以及其他用于科技活动的支出。不包括生产性活动支出、归还贷款支出及转拨外单位支出。

劳务费:指以货币或实物形式直接或间接支付给从事科技活动人员的劳动报酬及各种费用。包括各种形式的工资、津贴、奖金、福利、离退休人员费用、人民助学金等。

业务费:指报告年内用于科技活动的全部实际消耗性支出。如原材料费、水电费、差旅费、资料费等各种业务费。

固定资产购建费:指报告年内使用非基建投资购建的固定资产和用于科研基建投资的实际支出额,即固定资产实际支出和科研基建投资实际完成额之和。固定资产是指长期使用而不改变原有实物形态的主要物资设备、图书资料、实验材料和标本以及其他设备和家具、房屋、建筑物。

新产品:指采用新技术原理、新设计构思研制、生产的全新产品,或在结构、材质、工艺等某一方面比原有产品有明显改进,从而显著提高了产品性能或扩大了使用功能的产品。既包括政府有关部门认定并在有效期内的新产品,也包括企业自行研制开发,未经政府有关部门认定,从投产之日起一年之内的新产品。

专利:是专利权的简称,是对发明人的发明创造经审查合格后,由专利局依据专利法授予发明人和设计人对该项发明创造享有的专有权。包括发明、实用新型和外观设计。

发明:是指对产品、方法或者其改进所提出的新的技术方案。

实用新型:是指对产品的形状、构造或者其结合所提出的适于实用的新的技术方案。

外观设计:是指对产品的形状、图案、色彩或者其结合所作出的富有美感并适于工业上应用的新设计。

职务发明:执行本单位的任务或者主要是利用本单位的物质条件所完成的发明创造,申请专利的权利属于本单位。

"执行本单位的任务"是指(1)在本职工作中作出的发明创造;(2)履行本单位交付的本职工作之外的任务所作出的发明创造;(3)退职、退休或者调动工作一年内作出的,与其在原单位承担的本职工作或者原单位分配的任务有关的发明创造。"本单位的物质条件"是指本单位的资金、设备、零部件、原材料或者不对外公开的技术资料等。

非职务发明：申请专利的权利属于发明人或者设计人。

《SCI》：美国《科学引文索引》（Science Citation Index），是由美国科学情报研究所于1961年创立，报道生命科学、医学、生物、物理、化学、农业、工程技术领域内的科技文献。是目前国际上最具权威性的用于基础研究和应用研究科研成果的评价体系。

《EI》：美国《工程索引》（The Engineering Index），创刊于1884年，由美国工程信息公司编辑出版。作为世界著名的工程技术领域的文献检索系统，其收录文献的内容包括以下工程技术领域：生物工程、土木、地质、环境、矿业、石油、冶金、机械、燃料工程、核能、汽车、宇航工程、电气、电子、控制工程、化工、食品、农业、工业管理、数学、物理、仪表等。

《ISTP》：《科学技术会议录索引》（Index to Scientific and Technical Proceedings）。

东部地区：包括北京，天津，河北，辽宁，上海，江苏，浙江，福建，山东，广东和海南11个省区市。

中部地区：包括山西，吉林，黑龙江，安徽，江西，河南，湖北，湖南8个省区市。

西部地区：包括广西，内蒙古，重庆，四川，贵州，云南，西藏，陕西，甘肃，青海，宁夏，新疆12个省区市。